你一定要知道的

史记 故事

（全4册）

汪 阳 / 编

1

中国华侨出版社

·北京·

图书在版编目（CIP）数据

你一定要知道的史记故事：全 4 册 / 汪阳编 . — 北京：中国华侨出版社，2012.8
（2024.11 重印）.

ISBN 978-7-5113-2749-9

Ⅰ . ①你… Ⅱ . ①汪… Ⅲ . ①中国历史—古代史—纪传体—通俗读物 Ⅳ . ① K204.2-49

中国版本图书馆 CIP 数据核字（2012）第 177424 号

你一定要知道的史记故事：全 4 册

编　　者：汪　阳		
责任编辑：张亚娟		
经　　销：新华书店		
开　　本：645 毫米 ×915 毫米　1/16 开	总印张：32	总字数：580 千字
印　　刷：德富泰（唐山）印务有限公司		
版　　次：2012 年 8 月第 1 版		
印　　次：2024 年 11 月第 3 次印刷		
书　　号：ISBN 978-7-5113-2749-9		
定　　价：160.00 元（全 4 册）		

中国华侨出版社　北京市朝阳区西坝河东里 77 号楼底商 5 号　邮编：100028
发 行 部：（010）64443051　　传真：（010）64439708

如发现印装质量问题，影响阅读，请与印刷厂联系调换。

前 言
FOREWORD

《史记》是我国汉代史学家、文学家司马迁所著，记载了上起上古传说中的黄帝时代，下至汉武帝太初年间，共三千多年的历史。它规模宏大、体制完备，涉及哲学、政治、经济、文学、美学、天文、地理、医学、占卜等方面，几乎囊括了当时人类思想活动的全部内容，是一部百科全书式的鸿篇巨制。

司马迁以"不虚美、不隐恶"的客观态度记述历史，字里行间流露出一种积极精神和一股凛然正气。《史记》既是对先秦文化的重要总结，也是后人了解西汉社会政治、经济、生活的第一手资料，无怪乎鲁迅先生感叹《史记》是"史家之绝唱，无韵之《离骚》"。

《史记》之所以为后人所重，不仅因为它是第一部纪传体通史，更因为它是一部划时代的文学巨著。其中的很多传记是用故事构成的，如信陵君窃符救赵、蔺相如完璧归赵、孙膑教田忌赛马、荆轲刺秦王等，通过故事的形式运用酣畅淋漓的笔触，塑造了无数性格鲜明的人物形象。

《史记》准确而生动地再现了历史，揭示了历史发展的轨迹和规律，反映和推究了人类生活中的各种矛盾，对于现代人同样有着无尽的启发。然而，随着时代的变迁，《史记》原本精彩的语言给现代人造成了阅读障碍，加之篇幅浩繁，影响了普通读者对这座巨大宝库的开掘。鉴于此，我们推出这部史记故事，遴选《史记》的本纪、世家、列传中最为人称道的精华篇章，按照时间顺序重新编撰分为四册，用通俗直白而不失文采的语言诠释历史，勾勒历史演进的基本脉络和发展历程。

本纪是《史记》全书的总纲，实质上是全书编年大事记，起提纲挈领的作用，记载历代帝王的世系，年代久远的以朝代为主，年代稍近的以帝王或实际当权者为主。世家记述王侯将相、开国功臣和有特殊地位、特殊影响的人物，诸如《晋世家》、《楚世家》、《孔子世家》、《陈涉世家》等。列传对本纪起了充实和具体化的作用，所占篇幅最多，可分两大类：一类是人物传记，有一人一传的专传，有两人或数人的合传，按人物性质排列立传。所记人物范围极广，涉及贵族、政治家、经济家、军事家、哲学家、文学家、隐士、说客、刺客、游侠、医士等社会各个阶层，这一类列传有《伯夷列传》、《孙子吴起列传》、《刺客列传》、《儒林列传》等；另一类是对外国或国内少数民族的记载，涉及中外关系史和国内民族关系史，这一类有《匈奴列传》、《南越列传》、《西南夷列传》、《朝鲜列传》等。

本书以适合现代人阅读的习惯和口味为原则，通过科学的体例与创新的形式，全方位、新视角、多层面地阐释《史记》，力求在知识性、趣味性和启发性等方面达到全新的高度。除了一个个语言通俗生动的故事，书中穿插有大量知识链接，内容涉及典故、成语、政令、民俗、人物、事件、科技等诸多方面，极大拓展并丰富了与原文相关的知识。本书还精选了200多幅内容涵盖面广、表现形式丰富的图片，与文字互为补充和解释，将历史更直观、更生动地呈现在读者面前。

经典经得住时间的考验，历经两千年的洗刷，《史记》仍然熠熠生辉。现代人仍能从中汲取营养，所获得的也不只是历史知识，更可从中总结历史发展的规律，获得各方面的人生经验和启示。走进这本书，在故事中畅读历史，在历史中汲取智慧。

目　录

本 纪

本纪是《史记》全书的总纲，以编年为体，记载历代帝王的世系，年代久远的以朝代为主，年代稍近的以帝王或实际当权者为主。本纪实质上是全书编年大事记，起提纲挈领的作用。

五帝本纪·第一

华夏始祖黄帝

黄帝，本姓公孙，是少典的儿子，名字叫轩辕。轩辕刚出生两个多月就会说话。小时候他就才思敏捷，口才出众，是远近闻名的神童。长大以后，轩辕更是做事果断，聪慧过人。20岁的时候，他已经见多识广，能明辨是非了。

轩辕生活的时代，正是神农氏统治的衰落时期。当时，四方诸侯相互争斗，百姓饱受战争之苦，神农氏却没有能力征服他们。在这种情况下，轩辕不得不动用武力，讨伐那些不驯服的诸侯，而且每次都能打败他们。于是，诸侯们都跑来归服他。在危害百姓的诸侯中，蚩尤拥有十分强大的武力，短时间内还没有谁能降服他们。

当时，炎帝想利用自己的势力欺凌诸侯。四方诸侯便带着民众来投靠轩辕。轩辕实行宽厚仁爱的政策，一边给归附的诸侯和百姓规划土地，教导他们根据土地的情况，适时播种五谷，让人们安居乐业，一边整顿军队，习练武艺，去和炎帝作战。经过几番艰苦的战斗，终于打败了炎帝。

凶暴的蚩尤不服从轩辕的命令，兴兵作乱，轩辕下定决心整治他。他命令各地诸侯各率军队，汇合起来，组成联军，和蚩尤在涿鹿的荒野上展开大战。双方都集中了全部兵力，经过长时期的对峙和激烈的战斗，轩辕的军队最终擒获并杀死了蚩尤。

战争之后，天下平定。各方诸侯一致拥戴轩辕为盟主。他代替了神农氏，统治天下，这就是黄帝。黄帝登基后，天下只要有不顺从的势力作乱，他就亲自率兵前往征讨。他经常跋山涉水，披荆斩棘，开山造

轩辕问道图卷　明　石锐　绢本

图绘黄帝轩辕氏到崆峒山向广成子问道的场景。图中山峰如障，苍松劲挺，殿宇于山坳丛林间隐约可见。黄帝、广成子二人相对而坐，倾心论道，周围侍从或近前待立，或忙忙碌碌，准备饭菜，构图虽疏朗，而人物神情肃穆，气氛庄严而现宏大。

路，没有过上一天安逸的日子。

　　在来来往往的征战和巡视中，黄帝往东到达过海滨，登上过泰山和丸山。向西到达崆峒，登上了鸡头山。往南到了长江流域，登上过熊山和湘山。在北方击败并驱逐了少数民族荤粥，到达釜山并在那里与几个部落的首领会盟订约。他常年东奔西走，南征北战，从来没有固定的住所，经常简单地搭起一个帐篷来歇息，四周安排军队守卫。

　　在治理国家方面，黄帝所设的官职都用云、瑞来命名，军队也称为"云师"。他设立左右大监，负责监察万国。各国之间都友好和睦，所以每逢封官晋爵、祭祀神灵的时候，各方诸侯都来参加，场面宏大，热闹非凡。黄帝得到了象征权力的宝鼎后，制定历法来预知节气日辰；选任风后、力牧、常先、大鸿四人来治理百姓；利用天地四时的规律，预测阴阳五行的变化；制定生老病死的礼仪制度，总结国家兴旺衰败的经验教训。他遵循时令节气，教导百姓适时地播种各种农作物，驯化各类鸟兽鱼虫；告诉民众要勤劳节俭，利用大自然的时候要有节制，懂得爱惜江湖山林和土地；狩猎也都要按季节进行，不允许过度捕杀。由于黄帝推行英明仁慈的政策，在他统治的多年中，大多是风调雨顺，天下太平的。

黄帝的正妃嫘祖，是西陵部落的女子。她为黄帝生了两个儿子，一个叫玄嚣，一个叫昌意。黄帝去世后，安葬在桥山，昌意的儿子高阳即位，这就是颛顼帝。

颛顼性格沉静而且很有智谋，心胸豁达又明白事理。他继承黄帝家族的优良传统，不辞辛劳地造福天下百姓。他让土地充分地发挥作用，多生产粮食谷物，一切行动都遵循自然的发展规律。他制定仪礼，规定贵贱尊卑，教化民众，并诚心诚意地举行祭祀活动。所以他在位的时候，统治的地区非常广大，凡是日月之光能够照得到的地方，百姓就都自愿地归顺他。

颛顼十分喜欢音乐。他曾命令大臣飞龙模仿风的声音，创作了一首叫《承云》的乐曲，奉献给祖父黄帝，受到黄帝的赞许。他还让飞龙铸造了一口声音洪亮的大钟，悠扬的钟声能够传到千里之外。因为颛顼热爱人民，推行德政，所以国家呈现一片欢乐祥和的景象。

颛顼逝世后，玄嚣的孙子高辛继位，他就是帝喾。帝喾有两个儿子，一个是挚，一个是放勋。帝喾死后，挚继位。挚发现自己没有管理国家的能力，就把王位让给了弟弟放勋，放勋就是唐尧。

圣明的唐尧

唐尧天资聪慧，拥有一颗仁爱之心，他像太阳一样照耀着每个人，也温暖了每个人的心。他是继炎帝、黄帝后的又一个很有威望的首领。

尧在位时，勤勤恳恳地为人们办事，认认真真地治理国家。他身为天下部落联盟的首领，却从不奢侈浪费，他住的是茅草屋，吃的是粗粮淡饭，穿的是粗布衣服，就是在寒冷的冬天也只是披一张鹿皮来抵御风寒。人们看在眼里，疼在心上，对他说："您是我们的首领，吃、穿、住都应是最好的，你现在这个样子，我们心里实在是过意不去啊！"尧笑着摇了摇头，回答说："我之所以这样，就是想让你们都吃饱穿暖，过上富裕的生活，在我的国家里，哪怕有一个人挨饿受冻，也是我尧的无能啊！你们是我心爱的臣民，我怎么忍心看着你们受苦，我自己去享乐呢？"听了这些话，人们都感动得流下眼泪，因此更加信任他，敬仰他。

尧善于招纳贤才，并给他们分配合适的职务，让他们充分发挥自己的特长。因此他的手下拥有很多有能力又负责任的名臣。他们为国家的发展都做出过很大的贡献。

他任命羲氏、和氏推算日月星辰的运行规律，并制定出相应的历法。羲氏、和氏把一年定为366天，分为春夏秋冬4个季节，还设置闰月来调整各年的四时，然后将每年的节气时令告诉人们，让人们了解大自然的循环规律，安排生产和生活。由于用人得当，措施得力，各项事业都兴旺发达起来，全国上下到处呈现出一派生机勃勃的景象。

尧出身尊贵，却从来都不轻视别人。虽然身为至高无上的首领，做事从不独断专行。他经常召开部落会议，广泛征求大家的意见，共同商讨治理国家的最好办法。尧在位70年后，在一次部落会议上，他问众大臣："在你们的心目中，谁能统领百官，辅佐我治理国家呢？"大家讨论之后，一致认为舜既孝顺又有才干，是最合适的人选。舜的父亲是瞎子，品质十分恶劣，他娶后妻生子之后，就想除掉舜。舜不但不怨恨他，还特别孝顺老人，疼爱弟弟，劝说他们走正路。那时的舜虽说还没成家，却早已美名远扬了。尧为了全面深入地了解舜，就把自己的两个女儿嫁给他做妻子，以观察他内在的德行，随后又派了9名随行，观察他的外在表现和办事能力。

舜很有修养。结婚后，他没有因为妻子是帝王的女儿就百般骄纵，而是让她们赡养老人，照顾弟弟，讲究妇人之道。那9名随行也都很忠实地为他做事，对他毕恭毕敬。尧认为舜做得很好，就让他担任司徒的职务，来协调君臣、父子、夫妻、兄弟、邻里等关系，让天下人都遵从五常（指君臣、父子、夫妻、兄弟、邻里应当遵守的规矩）之教。在舜的引导下，很多家庭都和和美美，邻里之间也非常和睦。尧十分高兴，开始让他参与国家重要事务。他把各种事都处理得很合适，并且做事很有秩序；不但工作做得好，而且表现得很有威严，所有的人对他都很恭敬。尧还派舜到河流沼泽密布的深山老林里去，即便遇到狂风暴雨，舜也不会迷失道路，耽误事情。此时尧确信舜有非凡的智慧和才能，就打算有朝一日把王位交给他。

尧一天一天地老了，他按照惯例召开部落会议，确立自己的继承人。大家既不想深受爱戴的尧退位，又担心他的身体，不忍心让他继续为国事操劳，就极力推举他的儿子丹朱继承首领的位置。尧知道丹朱无才无德，没有管理国家的才干，不想把权力交给他，就对大臣们说："把权力交给一个有才能的人，那么天下人就都能得到好处，只有丹朱一个人受到损害；要是把大权交给丹朱，那么天下人就会受到损害。我怎能因为我个人的利益而损害天下人的利益呢？"于是他把首领之位交给了德才兼备的舜。这就是被后人传为佳话的"尧舜禅让"。

舜帝继位28年后，尧去世了，百姓们都特别伤心，就像是自己的亲生父母去世了一样，悲哀地给他守孝3年。在这3年之中，全国各地都没有表演过歌舞、演奏过音乐，人们用这种方式来祭奠和怀念他们心中圣明的首领。

贤德的虞舜

虞舜本是颛顼帝的后代，但从颛顼的儿子一直到舜的父亲，几代人都没有做过什么显赫的官职，都是普通的平民。

舜的母亲在他很小的时候就去世了，他的父亲瞽叟是个盲人，而且品行不端。瞽叟续娶了后妻，又生了个儿子，取名叫象。象生来性情孤傲，盛气凌人，再加上有父母的娇纵，根本不把哥哥放在眼里，总欺侮他。舜一点也不生气，依然爱护着弟弟。瞽叟偏爱后妻和她所生的儿子，不但对舜不闻不问，还非打即骂。心肠狠毒的后母也总想找机会杀了他。憨厚的舜一点都不记恨他们，还心甘情愿地侍候他们，孝敬他们，一点都不怠慢。

后来，他实在坚持不下去了，就一个人来到历山脚下，盖了一间茅草屋，开垦了一片荒地，种起了田。因为他的勤劳能干，每年收获的粮食都吃不完，于是他就把自己的多余的粮食拿出来接济那些没有饭吃的穷人们，人们都十分感激他。赶上了荒年，他听别人说，家里因为没人干活都断顿了，

尧舜禅位图

就趁着夜晚回家，把米悄悄地放在大门口，然后躲在旁边。看着家里人把米拿进去，他才笑着跑回茅草屋。时间长了，他的事情被人发现并传扬开来，人们被他真诚的孝心打动了。在他的感召下，那些曾经为地界而争斗的人们，都不再计较，都能和睦相处了。后来，舜又去雷池捕鱼，渔场的渔民也因为他的到来而变得彬彬有礼，互相谦让。舜走到哪里，哪里的人们都喜欢他，他所居住过的地方，一年之内，就会发展成为一个村落，两年之后，就会变成一个繁荣的小镇。刚刚20岁的舜，孝顺贤德的美名就传遍了四面八方。

舜30岁的时候，恰逢尧帝在天下寻找贤人志士做自己的接班人，四方诸侯都推荐舜。尧便把两个女儿嫁给他，又赏给他大批的粮食、琴、布匹和牛羊。父亲瞽叟听说了这件事，就想杀掉舜，霸占他的财产。瞽叟假装让舜回家帮他修粮仓，就在舜爬上粮仓顶的时候，瞽叟在下面点燃了粮仓。惊慌失措的舜手持两个斗笠，纵身从房上跳下来，逃出火海。瞽叟的毒计未能得逞，还是不罢休，他又让舜帮他挖井，当

氏族社会

氏族公社是原始社会的基本单位，是以生产资料公有制为基础、以血缘纽带和血统世系相联结的社会组织形式，曾普遍存在于世界各地的原始社会中，是人类社会发展的必经阶段。氏族公社产生于旧石器时代晚期，基本贯穿于新石器时代始终。氏族社会初期，以母系血缘为纽带，即母权制，称母系氏族社会。大约在新石器时代末期，逐渐过渡到以父系血缘为纽带，即父权制，称父系氏族社会。氏族内部生产资料公有，实行集体生产，劳动果实平均分配。公共事务由选举产生的氏族首领管理，遇有氏族内外的重大问题，则由氏族成员会议决定。氏族社会时期实行族外婚制，内部禁止通婚。随着金属工具的使用，社会生产力得到较快的发展，劳动效率提高，又出现剩余的劳动产品，私有制随之产生，导致氏族内部贫富分化，进而演变为对立，阶级逐渐形成，氏族亦随之解体。

舜在井的深处挖掘的时候，瞽叟和象突然用力往井里填土，想把他埋在里面。幸亏在挖井的时候，舜多了个心眼，在旁边偷偷地挖了一条暗道，才得以死里逃生。

后来，孝顺又有才干的舜被选为首领。他在位时，时刻关心百姓的疾苦，深受百姓爱戴。他召集社会上有名望的人的后代，让他们担任重要的职位，发挥他们的特长。果然，这些人不但很好地完成了任务，而且成功地教化了民众，使中原的各个部族之间都相安无事，边远地区的部族也都向往中原，愿意遵从舜的领导。然后他又把缺乏道德、祸害民众的家族发配到偏僻边远的地区，让他们去治理那些更加邪恶的人，这样一来，全国几乎就没有恶人了。

舜又召集四方诸侯，商量如何任用在尧时代曾为国效力的大臣，舜问："在他们这些人里面，谁能够统领百官，辅佐我把尧帝的事业发扬光大呢？"大家都说非禹不可，于是舜就派他去治理水患。随后，他把所有有才能的人都分配给合适的职位，并且，每3年考察一次政绩，根据3次考察的结果决定官位的升降。

　　舜任命皋陶做掌管监狱的官，执行各种刑罚，因为他执法严正公平，百姓们都很顺从；伯益主管天、地、人三事的礼仪，全国人民表现谦让，相互之间都很和睦；典乐官夔用诗歌舞蹈教导人们，陶冶人们的情操，使神与人达到和谐。禹的功劳最大，他开凿了九座大山，又修通了道路，疏通了九处湖泊，筑好了堤防，引导了九条河流，划定了九州方界，让九州的君长都按照相应的职分来向舜帝进贡物产。这样一来，广阔的国土乃至遥远的荒凉地区的人民，都能安居乐业。禹为了歌颂舜的英明，创作了一首名字叫《九韶》的乐曲。这首曲子十分悦耳，引来了四方的珍奇异鸟，人们也都被美妙的声音所陶醉。

　　后来，舜在去南方巡回视察的时候，在苍梧的郊野中去世。舜在生前就安排禹来做他的继承人，舜去世后，禹也像舜为尧守丧一样为舜守孝3年。后来他又让位给舜的儿子，可是诸侯们都来归附禹，于是禹又登上了天子之位。

夏本纪·第二

大禹治水

　　夏禹，名叫文命，他是黄帝的玄孙，也是颛顼帝的孙子，他的曾祖父昌意和父亲鲧都没能做天子，只是普通的臣民。

　　尧在位的时候，黄河流域遭遇了很大的水灾。当时，洪水泛滥，浊浪滔天，大水淹没了山冈和丘陵。眼看着庄稼和房子被毁，老百姓们惶恐不安，四处逃避。

　　尧召开部落联盟会议，问各方首领："百姓们现在正处于危急关头，谁能够担当治水的重任呢？"首领们都推荐鲧。尧不太信任鲧，但又不好违背大家的意愿，于是就派他去治理洪水。结果9年过去了，水灾不但没有平息，反而更加严重了。百姓们叫苦连天，怨声载道。就在这个时候，尧任用有才智的舜，代替天子处理国家大事。舜亲自前往遭受洪灾的地方去考察。他发现鲧治理洪水的方法没有一点成效，就把他流放到羽山，后来鲧就死在那里。舜又任用鲧的儿子禹，接替父亲，继续鲧的治水事业。

　　禹遵从舜的旨意，带领大小官员，发动老百姓，组成一支治水的大军。因为父亲治水没有成功而受到了惩处，禹的心里很难过。他暗下决心，一定要把洪水治理好。他带领民众翻山越岭，长途跋涉，所经之处都作上标记，为治理山河做规划。在实地勘测基础上，他确定了治水新思路，抛弃了父亲以堵为主的治水方法，决定采用开渠排水、疏通河道的方式治理洪水。

　　当时的禹刚刚新婚不久，为了治水，到处奔波，整日不知疲倦地劳作，甚至几次经过自己的家门，都没有进去休息一下。有一次，禹从自家门外经过，当时，他妻子涂山氏刚生下儿子，婴儿正在屋里哇哇地哭，禹听见哭声，仍旧狠下心没进去探望。他把所有的精力、物力、财力都用在治理洪水上，从不讲究自己的衣食。他和老百姓一起劳动，戴着箬帽，拿着锹子，带头挖土、挑土。在陆地上行走的时候，他坐着车；在水路行进的时候，他驾着船；碰上泥泞的沙滩，他就用一根木橇支撑着前进；在山路上行走的时候，就穿上一双带铁齿的鞋子。

当时，黄河中游有一座大山，叫龙门山（在今山西河津县西北）。奔腾而下的黄河水流到此处，受到龙门山的阻挡，溢出河道，闹起水灾，一次又一次地冲毁人们的房屋和财产。禹到了那里，决定劈开山口，让洪水下泄。他观察好地形，带领当地的人们开凿龙门，硬是把这座大山凿开了一个大口子。这样一来，河水就畅通无阻了，治水最大的难题得到解决。

禹的巡行治水从冀州开始，首先治理了壶口和梁山地区，然后从太原一直到太岳山一带。治理覃怀收到了明显的成效后，紧接着去治理漳水经过的地方。

兖州处于济水和黄河之间，境内的9条大的河流经过开挖疏通，水流畅通。雷夏泽修好堤防后，形成湖泊，雍水、沮水的水流进这里。湖边的土地适合种植桑树，可以养蚕。这样，山上的居民都纷纷搬了下来，居住到平原上。

青州位于大海和泰山之间，水患较轻，没怎么费功夫就治理好了，潍水和淄水也畅通了。徐州位于大海、泰山和淮河之间，修治好淮河、沂水等河流后，蒙山和羽山周边的土地便可以种植了。大野泽经过整治开始蓄水，这样一来，东原一带的百姓，不用再担心洪水泛滥，可以安心地耕田种地了。

淮海以南、大海以西的大片地区是扬州。禹命人开挖彭蠡湖，拦洪蓄水。随后疏导当地河流，松江、钱塘江、浦阳江的水顺畅地流进大海。经过整治，扬州成为沃土，这里草木茂盛，竹林遍地。

荆山往南直到衡山地区，都属于荆州。江水和汉水流经这里，奔向大海。长江和它的支流如沱水和涔水等都有较为固定的河道，简单整修后又治理了当地重要的湖泊——云梦泽，这里的百姓就可以耕作生产了。

荆山以北，黄河以南的土地是豫州。禹带人把伊水、洛水、涧水引入黄河，然后又相继治理荥泽、荷泽、孟渚泽，深挖湖底，修筑堤坝，大水流进湖泊，大地不再有水灾。

梁州地界东到华山之南，西到黑水之滨。疏通这里的沱江和涔水以后，又平整了岷山、潘冢山、蔡山、蒙山一带的土地。这里的民众种植庄稼，粮食大丰收，他们又重新建设起自己的家园。

黑水和冀州西界之间的地方是雍州，这里的弱水被引流到西方，泾水被导入渭河，漆水和沮水的水道也给疏通，都野泽也不再闹灾了。荆山、岐山、终南山、敦物山一直到鸟鼠山的土地都可以种田了，三危山一带的百姓，都安居下来。

治水成功后，大禹开始着手治理九州：疏通了9条河流，深挖了九处湖泊，筑好了堤防；开凿了9座大山，铺平了国都通往各处的道路；把稻种分发给民众，让他们在这里耕种田地，哪里的粮食少，就从多的地方调一些过去。于是边远地区千千万万的民众安顿下来，各诸侯国也得到了有效的治理。

这些都做好后，大禹又把

大禹治水像

禹王治水版画

各个地方的土地按肥沃程度分成几等，要求各地居民按照等级交纳赋税。规定天子国都外500里的范围之内称为甸服，根据距离国都远近要求各地交纳不同的贡品。此外，还明确规定了各地诸侯的权利，要他们服从天子的命令。

大禹治水足足用了13年的时间。在这13年的时间里，他未曾踏进过家门。因此，他不但得到了舜帝的信任，也得到了普天下黎民百姓的尊敬和爱戴。舜帝赏赐给禹一块黑色的宝玉，并向天下人发出布告，宣告治水获得成功，百姓们可以安心生活了。

舜帝禅位大禹

夏禹治水大功告成后，天下的百姓得以安居乐业，人们都很拥戴他。舜帝念禹治水有功，就把他留在朝廷辅佐朝政。

一次，舜帝上朝的时候，大禹和皋陶在舜的面前讨论治理国家的问题。皋陶说："按照道德的准则办事，就能团结有才能的人。" 禹说："对啊，具体该怎么做呢？" 皋陶说："要有长远打算，加强自身的修养，团结自己的亲属，吸引有见识的人来辅佐你，由近及远，先从自身做起。"皋陶又说："还有，了解所重用的人，安抚民众。"禹说："你说的很对，但是，即便是圣明的尧帝要做到这些也是很困难的，更何况我们。如果真能做到知人善任，安抚百姓，就不用提防驩兜这样的坏人，不怕苗人的反叛，更不用害怕花言巧语的小人了。"皋陶说："对，是这样。那就得认真观察准备任用的人的言行，了解他的品德。考察一个人应先从办事开始，人们做人办事，有9种美德，它们是：待人宽厚又有威严，性情温和又意志坚定，诚实守信又恭敬有礼，才能出众又严谨细致，心地善良又刚强坚毅，为人正直又和气，平易近人又能坚持原则，办事果断又讲求实效，力量强大又讲道理。治理国家就要重用那些具备九德的人！如果每天能修行其中的3种，做大夫的就能管理好自己的领地；要是每天能修行其中的6种，做诸侯的就能保住自己的封国；要是能认真地修行上面的9种美德，能做到知人善任，所任用的人也会认真办理自己的政务。那样，一定是人心稳定，国家太平。如果用人不当，国家就会混乱。那样的话，就得用五种刑罚惩罚犯有不同罪行的人。"禹赞赏地说："按你的话去做，一定会做出成绩的。"皋陶谦虚地说："我没什么能力，只不过提出小小的建议，希望能对治理国家有用。"

舜帝对禹说："谈谈你的看法吧！"禹行了个礼，说："我没什么可说的，只想每天努力为老百姓办实事！"皋陶问："怎样才算努力办事呢？"禹说："当年天下发生洪灾，洪水淹没了百姓的庄稼和房屋，天下民众艰难困苦。为平息水患，我驾车在陆地上行进；乘船行使在水中；手拿撬棍在泥沼中前进；穿着铁鞋走山路。实地考察，认真规划，引河入海，消除水患。我和伯益给民众送去新鲜的粮食和蔬菜，把多余的粮食运往缺粮的地区。就这样，经过长达十几年的艰苦努力，终于使百姓安定下来，各个诸侯国也得到治理。"皋陶赞叹说："是啊，这些都是你的了不起的贡献啊。"

大禹对舜帝说："身处帝位要小心谨慎，处理国家事务要认真负责啊！用人得当就会得到天下人拥护，也会得到上天的保佑。"舜帝说："诸位，你们是我的臂膀和耳目，请尽心尽力地帮我治理国家，如果我有不恰当言行，你们要纠正我，千万不要当面奉承，背后指责。我很看重你们几位，至于那些搬弄是非的奸臣，我会清除他们的。"禹回答说："对！如果好人坏人不分，那就不会有所成就。"

舜帝点着头，感慨说："是啊！这样才行！千万不能像丹朱那样，好吃懒做，游手好闲。那样就好像在陆地上行船一样，根本无法前进。他也因此失去了继承帝位资格。"禹说："不付出辛苦，是成不了大事的。想当年，我刚结完婚，就抛下妻子去治水，后来儿子启出生，也没有时间去抚养他，这才完成了治水大业，现在有资格帮您管理国家。我们的国土辽阔，一直开发到最边远的地区，达到了五千里。天下还算安宁，只是三苗人凶暴残酷，不肯顺服，恐怕对国家不利，您得多注意。"帝舜点点头，说："宣传我的德政，教导民众，这些都是你们的功劳啊！"

皋陶十分敬重大禹，下令让民众向大禹学习，谁不按命令执行，就论罪惩处。这样一来，诸侯之间都互相礼让，民以官为榜样，也变得彬彬有礼，而且都能和睦相处。舜帝的德政美名传扬四方。

后来，舜帝选择禹做自己的继承人。17年后，舜帝去世，3年丧期完毕后，禹把天子的位置让给舜的儿子商均，自己搬到阳城居住。可是诸侯大臣们不理商均，都去朝见禹。于是禹又登上了天子之位，接受诸侯的朝拜，国号夏后，姓姒。

夏朝兴衰

大禹晚年的时候，想按照传统的方式，推选皋陶为自己的继承人。可皋陶还没等到继位就去世了，于是禹就把皋陶的后代分封在英地、六城等地方，又任用伯益管理政事。

后来，禹在巡回视察时，在会稽去世。禹死后，天子之位就传给了伯益。3年后，伯益把王位让给了禹的儿子启，自己则回到箕山居住。禹的儿子启有德有才，天下人都归顺他，诸侯们也都去朝拜，于是启登上了天子之位，他就是夏后国的启帝。

启即位后，有个叫有扈氏的诸侯不顺服，启带兵前去讨伐他，双方军队在一个叫甘的地方会战。作战之前，启发表了精彩的誓词："各位将领，我在此告诫你们！有扈氏蔑视治理国家的正当规范，不行天地和人间的正道，所以上天让我前来消灭它。如今我遵守上天的命令对他们进行惩罚。战车上的射手和驭手如果不按规定去英勇杀敌，就是不服从命令。听从命令的，我将在祖先的牌位前大大地奖赏你们（那时候的规矩，天子要在祖先的牌位前封赏有功人员）。谁要不服从我的命令，就要在社神的牌位面前被斩杀（那时候的规矩，天子要在社神的牌位前处罚有罪之人），还要罚他全家人去做奴隶，总之，必须受到严厉的惩罚。"于是将士们一鼓作气，消灭了有扈氏。天下的诸侯知道了，都来朝拜启。后来启去世了，他的儿子太康继位。

太康继位后，沉湎于游玩打猎中，不理朝政，后来被羿驱逐，丢了王位。他的5个弟弟，在洛水的北岸等他回国。可是等了好长时间，也没见回来，于是他们就写下了《五子之歌》。

太康去世后，弟弟仲康继位。仲康在位时，任命羲氏与和氏负责制定历法。羲氏、和氏每天只顾饮酒贪杯，搞乱了四时节令。于是仲康就派大臣胤前去讨伐他们。后来仲康去世了，儿子相继位。相帝去世，他的儿子少康继位。

好多代过去后，夏朝的王位传给了孔甲。当时，夏朝的统治失去了民众的拥护，不再有往日的威望，诸侯们纷纷背离夏朝。孔甲爱搞迷信活动，尤其喜欢祭祀鬼神，并且荒唐淫乱。据说，有一次孔甲在外游玩打猎，看到了一雌一雄两条龙，就命手下把龙捉住，想把它们饲养起来。但孔甲宫中和朝中没有会养龙的人，就四处找寻。后来打听到，衰落的陶唐氏的后代中有个叫刘累的人，曾经跟着豢龙氏（部族名）学过养龙的技术。于是，孔甲就派人把他找来，让他负责养龙，给他赐姓叫御龙氏，并赏给他一块封地。后来那条雌龙死掉了，刘累就偷偷地将死龙做成肉酱给孔甲吃。孔甲吃后，觉得味道鲜美，还想吃，就派人继续找刘累

要。刘累这下觉得大事不好，再也不敢去见孔甲，赶紧逃到鲁县的地方去了。

孔甲死后，他的儿子皋登位。皋死后，儿子发继位。发死后，他的儿子履癸继位，履癸就是夏王桀。夏桀即位后，不但不想着发扬光大祖先爱护百姓、安抚天下美德，反而变本加厉，残暴地对待百官和民众。贵族和百姓都难以忍受。后来，夏桀召来东方商部落的首领商汤，把他囚禁在监狱中，不久又把他放了。商汤回去后，暗中积蓄力量，推行德政，很多诸侯都前来投奔，于是汤就带兵起来讨伐夏桀。夏桀战败逃跑，被放逐后死去。夏桀临死的时候，对身旁的人说："我真后悔啊！当初在夏台没把汤杀掉，致使我今天落得如此下场！"商汤赶走了夏桀之后，自己登上了王位，夏朝灭亡了。

周本纪·第三

农师后稷

　　周朝的始祖后稷，名叫弃，是帝喾和原配夫人姜嫄所生的儿子。传说有一天，姜嫄到野外游玩，看见地上有一只巨人的脚印，觉得很奇怪，也很好玩，就把脚沿着印迹踏上去。谁知刚迈下去，她突然就感觉身子一震，像怀了孕一样。果然，10个月过后，姜嫄生下个男孩。这个孩子刚出生的时候，骨瘦如柴，每天晚上都哭闹不停。姜嫄觉得不吉利，很讨厌他，还没等过满月，就把他扔到一个狭窄的巷子里。说来也奇怪了，经过巷子的马啊、牛啊看见他后，凑上前闻闻，谁也不踩他，反而绕着过去了；没办法，姜嫄又派人把他丢到树林里，当时树林里有很多人，可是都像没看见一样，谁也不捡；姜嫄就把他扔到结冰的沟渠里，鸟在他身边飞来飞去，谁都不伤害他，还用翅膀给他铺盖，用羽毛为他取暖。姜嫄觉得很神奇，就迟疑着将他抱回家，继续抚养。因为一直想丢弃

木铎

　　商周时期，政府组织比较简单，没有那么多的行政人员。政府需要传达政令时，便由一种叫做道人的政府官员到民间走街串巷传达，同时官员也顺便采采民风，因此这种官员可谓是兼具上令下达和下情上达两个功能，是政府与社会的直接连接者。木铎是道人巡行各地随身所带的器具，是一种带木柄的金属铃铛，类似于走街串巷的小贩所拿的拨浪鼓。道人正是用这个东西将大家召集起来发布政令。因此，木铎经常象征了王道。后来，孔子周游列国时来到卫国，一个小地方官因为被孔子的个人魅力所折服，说"天将以夫子为木铎"，意思是将孔子比做上天的代表。从此，木铎便也象征天道。

他，所以就给他取名弃。

弃小的时候，不像其他孩子那样整天就知道玩耍。他有十分远大的志向，也很懂事。他所做的游戏，就是在园子里挖土，浇水，种上麻和豆类植物的种子，然后一天到晚地蹲在园子里面，仔细看这些植物发芽，长大，开花，结果。在他的精心呵护下，这些植物的长势都很好。弃成年后，开始喜欢在田地里劳作，耕种各种农作物。他仔细观察各块土地的性质，然后给它们分门别类，适合种谷物的就种谷物，适合种蔬菜的就种蔬菜。在他的调理下，原本寸草不生的土地，也长出了茂密的庄稼，并且收获了很多粮食。他不但掌握了农业生产中许多方法，通过摸索，还积累了丰富的经验，因此百姓们都争相来向他请教。尧帝听说后，把弃召进宫中做事，让他专门负责农业生产。在他的亲自指导下，全国年年都获得了大丰收。尧看见弃的工作有很大成效，十分器重他，后来让他担任部落联盟的农师，"教民稼穑"。

舜帝的时候，弃依旧担任农官。一次舜帝召见弃，说："弃，天下又有闹饥荒的地方了，百姓们都没有粮食吃。你作为农官，快去帮帮他们吧！教他们如何播种百谷。"还把一个叫邰的地方封给他。弃不辞劳苦，整日带领民众奔波于田地间，一边传播农业生产的方法和经验，一边大力发展生产，使那里的农业得到了很大的发展。于是，百姓们都尊他为"百谷之神"，号称"后稷"。

后稷的子孙们都很有德行，在帝尧、帝舜、夏王统治的时代，家族兴盛，有很好的名声。后稷去世后，儿子不窋代替他掌管农业，也受到天下百姓的爱戴。不窋晚年的时候，夏朝政治昏庸，根本不重视农业生产，还废除了农官。不窋丢了官职后，就投奔到戎狄的地方去了。不窋去世后，他的儿子鞠继位。鞠去世后，又让他的儿子公刘继位。

公刘虽然生活在戎狄地区，却始终不忘前人的教诲，大力发展农业，弘扬后稷的农耕事业。老百姓依靠他过上了富足的生活，都很感激他，称颂他。

周族的兴起

古公亶父的时候，他实施德政，推行仁义，想把祖上的事业发扬光大，国内的人民也很支持他。不料这时，北方戎狄族的头领薰育带兵前来进攻，想夺取周族创造的财富。古公亶父怕让人民遭受苦难，不想跟敌人作战，于是就分了一些财产给他们。可是薰育得寸进尺，没过多久，又领兵来抢古公亶父的土地和民众。众人十分愤怒，商量要和薰育开战。古公亶父制止他们说："大家都消消气，听我说，你们的心情我能理解。自古以来，百姓拥立君主，就是因为君主能为他们带来福利，带来祥和安宁。薰育之所以前来进攻，是为了想得到我们的土地和民众。如果把这里的土地给他，你们由我领导与由他统领有什么不同吗？没有！所以说，你们为了让我当君主，去杀死别人家的父亲和儿子，不和我杀了他们是一个的道理吗？我怎能去做这样的事情呢？"于是，古公亶父带着族人，离开自己在豳地的家园，渡过漆水、沮水，翻过梁山，来到岐山脚下，岐山下有一块肥沃宽阔的土地，古公父便带着族人，在这居住下来。

国内的人民被古公亶父的仁爱之心所打动，都互相招呼着，扶老携幼，跟随他来到岐山脚下，归顺古公亶父。甚至于其他国家的人民听说古公亶父仁爱，也来前来归附。于是古公亶父就开始修建城府、宫室和民房，安排百姓定居下来。随后

周文王访贤　版画

他又设置五种官府机构，并设置了相应的负责官员。他还废除戎狄部族野蛮的风俗习惯，提倡团结友善。人们过上了安定快乐的日子，兴高采烈地唱歌跳舞，吟诗作赋，来颂扬古公亶父高尚的品德。

古公亶父的长子叫太伯，次子叫虞仲。后来古公亶父的妃子太姜又生了季历，季历的妻子叫太任。太姜和太任都是很有才能而且贤惠的女人。太任生下儿子姬昌后，当时天上出现祥瑞的征兆，人们预言姬昌能成就大业。古公亶父似信非信地说："都说我们的后代会有使家族兴旺的人出现，难道这个人就是姬昌吗？"长子太伯和次子虞仲听后，知道父亲是想让弟弟季历继位，以便将来把位置传给姬昌。二人经过商量，决定离开族人。他们来到遥远的荆蛮地区，并且剪去头发，还把身上刻满了花纹，以此表示他们不会与季历争夺王位。

古公亶父去世后，季历即位，他就是公季。公季继承古公亶父遗留下来的制度，又重新加以修正，虔诚地推行仁义道德，四方诸侯都很佩服他，也都遵从他的领导。公季去世后，他的儿子姬昌即位，姬昌就是西伯。西伯当政大概有50年后去世，武王继位。武王改变了殷的政令制度，制定了周家的历法。他追尊古公父为太王，公季为王季。

西伯侯姬昌

西伯姬昌，也就是周文王。他继位后，继承了祖上后稷和公刘的事业，遵循古公父、公季的治国方法，尊敬老人，爱护晚辈，广施仁政。

西伯对大臣们从来都是以礼相待，还广招天下有才能的人。一天中午，西伯正在吃饭，有人来报，进屋看到他在吃饭，转身就要走。西伯叫住问："你有什么事情吗？"那人支支吾吾地答道："外面有大臣求见。" 西伯立刻放下碗筷说："还不早说，赶快请进来！"大臣们听说这件事后，都对他产生了由衷的敬意，更加爱戴他。伯夷和叔齐是两位隐士，居住在孤竹，他们听说西伯很慈爱，就一起前来归附。接着，太颠、闳夭、散宜生、辛甲大夫等一些有贤德的人也都争相来归附西伯。

　　商朝的奸臣崇侯虎在纣王的跟前诋毁西伯说："如今西伯处处行善积德，很多诸侯都听他的话，这些人总是凑在一起小声地嘀咕，恐怕将来会对你不利呀！"纣听信了他的话，把西伯召到商都，随后囚禁到羑里（地名）。闳夭等人很担心，就商量如何救出西伯。因为知道纣王很荒淫奢侈，他们准备几十匹骏马和九辆驷车，还有几十个美女，又到处搜寻一些稀奇古怪的宝贝，全都送给了纣王。纣王非常高兴，哈哈大笑说："光有这几个美女就足以换回西伯，何况还有那么多的宝贝！"于是就派人放了西伯，又赐给他弓箭斧钺，让他讨伐不听命令的诸侯。西伯临走之时，纣王还趴在他的耳边说："崇侯虎跟我说了你的坏话，是他让我把你关起来的。"

　　西伯回去以后，献出洛水以西的大片土地，并请求纣王废除炮烙之刑，纣王答应了他。百姓们都说西伯做了一件大好事。

　　西伯推行仁政，诸侯之间一有纷争就来请他来解决。西伯每次都能作出公平的裁断，让他们满意而归。当时，虞和芮两地的居民因为地界不清，经常闹矛盾，长年争吵不休，谁也解决不了。他们听说西伯公正严明，就吵吵嚷嚷地来到周地。刚刚进入周的地界，那些人就都停下了，只见周地上耕作的百姓们，个个对人都彬彬有礼，种地时也都互相谦让地界，而且风俗习惯都很好，老人们爱护孩子，年轻人也很尊敬老人，一片其乐融融的景象。他们很惭愧，再也不争着吵着去见西伯了，互相对对方说："我们所争论的事情，周族的人都会感到可耻，咱们哪还有脸去见西伯呀？见了他也是白白招来羞辱，我们干脆别去自讨没趣了！"回去后，这些人也都互相谦让了，还把在周的所见所闻大大地宣扬了一番。于是西伯成了人们心目中理想的圣人。人们都说："这样的人可能是上天派来承受天命的君主啊！"

　　一年后，西伯征伐犬戎部族。又过了一年，征伐了密须部族，接着又打败了饥国。殷朝的祖伊听说了这些事，很恐惧，就跑来报告纣。

纣若无其事地说："我生来就有天命在，他又能有多大的作为呢？"一年后，西伯又讨伐了邘国，再过一年，又征伐了崇侯虎。他建造了丰邑，并把国都从歧下迁到丰邑。后来，西伯去世，太子姬发继承王位，姬发就是周武王。

据说当年西伯被囚禁在羑里的时候，把《易》里的八卦推演成了六十四卦，后人对此都称道不已。西伯死后，谥号为文王。

盟津观兵

西伯去世，周武王即位。他任命太公望（又名吕尚，周武王尊为师尚父，民间传说中的姜太公）担任太师，周公旦为宰相，又召集召公、毕公等人辅佐他，效法文王来治理国家。

武王九年，武王来到文王的陵墓所在的毕地，祭祀文王。然后他又用车载着文王的牌位前往东部的盟津（今河南省孟津西北），检阅军队。他对外宣称自己是文王的儿子姬发，奉行父亲的遗命准备讨伐暴君商纣，所作所为并不是自己个人的独断专行。武王把文王的牌位放置在军中的帐篷里，然后召集司马、司徒、司空等诸位军中首领，说："你们严肃恭敬地听着，要怀着真心诚意，我叫你们来到这里，是和你们商议的。我本是一个无知的小辈，因为我的先人都是有德行的人，为国家立下了功勋，深受百姓的尊敬和爱戴，我是他们的后代，才如此幸运地继承了祖业。现在，我制定了赏罚分明的制度，以此保证我们共同完成先祖的遗命，建立不朽的功业！"然后下令发兵。出发前，师尚父发布号令："各位首领都听着，赶紧集合你们的队伍，把好你们船桨，准备出发！不许在那儿磨磨蹭蹭的，最后到达目的地的立即斩首！"士兵们听后个个精神振奋，摩拳擦掌。

于是，武王率领着勇猛的军队横渡黄河。船行到河流中间，一条白鱼突然跳进了武王所坐的船舱里，武王很奇怪，就低头弯下腰把它拾了起来，用来祭祀上天。队伍渡过黄河以后，刚要歇息，忽然一团火从天上窜下来，落在武王居住的屋顶上。正当大家惊慌失措的时候，那团火却慢慢慢慢变成了一只红色的乌鸦，一边叫唤着一边飞走了。大家都很诧异地说："这只乌鸦的叫声真洪亮，一定是有所昭示的！"这时候，来到盟津和武王会合的诸侯已经有800多个了。当时，武王并没有约请他们，这些诸侯都是自愿前来的。众诸侯建议武王说："我们势力已经很强大，可以讨伐纣王了！"武王想了想，摇了摇头说："我还不知上天是什么意思，不能轻易出兵。"于是就下令各路人马撤回，班师回朝。

商人起源

商朝灭亡后，商族人成了周朝的奴隶。周武王把殷商遗民分给各诸侯国，由于商族原是贵族，养尊处优，身无长技，一下变为贱民，又被剥夺了土地和特权，无力赡养家眷，只好走南闯北劳碌奔波，以做买卖为主要职业。周族人重视农业，鄙视生意人，认为买卖只是借交易获取别人的劳动成果，是士农工商最后一等。在周人的心目中，做买卖的人就是商人。这就是中国人称生意人为"商人"的缘由。"商业"、"商品"、"商旅"等词汇都由此派生而来。

其实武王另有打算。他想：商的内部虽然腐败，但应该还是有一定实力的。真打起仗来，仅仅靠周军恐怕难以取胜。于是率兵来到盟津，举行一次渡河演习，查看一下军队备战能力和斗志。并借此机会，试探一下众诸侯国的态度，是否真的愿意与周联盟伐纣。他看到周军服从命令，进退有序，可前来助战的诸侯国首领们，有的想参战，有的只是来探探风头而已。武王认为伐纣的时机尚未成熟，就借口不知天意，退了军队。

回去后，武王一边扩充军队，积极备战，一边派出侦察人员，打探情报，看纣的反应。周武王发兵渡河的消息让纣王很吃惊。他正准备派军队迎战，却又听到报告说周军不战自退。纣王认为周武王害怕，不敢与他抗衡，于是放松了警惕，继续过着那荒淫糜烂的日子。

两年过后，纣的暴虐有增无减，而且在妲己的教唆下，变得更加残酷无情。他不但听信谗言，杀了前来进谏的王子比干，还把忠臣箕子关押了起来。商朝民心涣散，就连太师和少师也抱着祭器和礼乐器投奔到周。武王于是召集众诸侯，对他们说："纣王的罪孽深重，人们实在难以忍受，我命令你们立即出兵，讨伐纣王。"武王率领由300辆战车、3000多名勇敢的武士和穿着盔甲的士兵4500人组成的诸侯联军，浩浩荡荡地向东方进军，讨伐纣王。

武王十一年十二月，武王的军队全部到达盟津。前来的诸侯们互相激励："大家一定要奋勇杀敌，不用害怕！"武王于是写了《太誓》，向大家宣告："如今的纣王不理朝政，荒淫残酷，听信狠毒妇人的话，毁坏了上天要百姓安乐生活的本意，导致众叛亲离。为了讨好妃子，还把朝中优美的乐曲改成淫乱的声调，实在是罪大恶极！现在我就要执行上天对他的惩罚，所以大家一定要勇敢作战，争取一次取胜，我等你们的好消息！"

牧野之战

武王十二年二月甲子日，天刚亮，武王率大军来到商都郊外的牧野，立起讨纣大旗，进行誓师。武王左手拿着黄色大斧，右手拿着牛尾装饰的白色旗帜，站在高高的战车上，大声说道："尊敬的各方诸侯，众位大臣和即将远征的将士们！举起你们的戈，拿起你们的盾，竖起你们的矛，让我们共同起誓。古人曾有这样的说法，母鸡不能啼鸣报晓，如果母鸡打鸣报晓，那么国家就将会灭亡。现在暴君纣王只听信妇人的话，不但废弃了对祖宗的祭祀，败坏朝政，还抛弃他的亲族，留用那些因犯罪而逃亡来商的人，任由他们胡作非为。他荼毒生灵，杀害忠臣，残害百姓。上天已经愤怒，于是派我来讨伐商纣。我们是一支正义的军队，是任何困难都战胜不了的军队。如果有商朝士兵前来投降，不要阻止，更不要杀害，要让他们帮助我们。所有参加作战的将士们，拿起你们手中的武器，奋勇

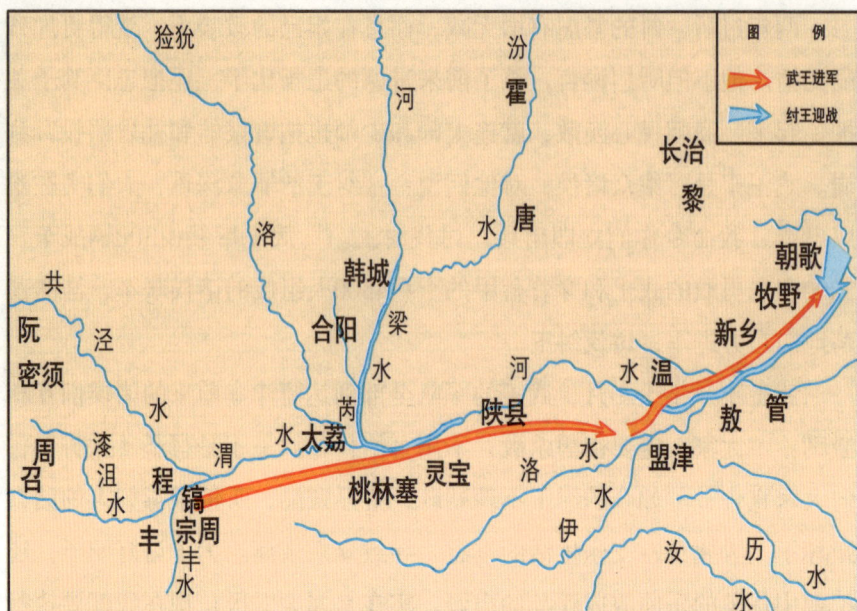

牧野之战示意图

作战吧！如果谁作战不尽力，我将处以严厉的惩罚！"誓师完毕，武王和诸侯的军队在牧野摆下兵阵，向纣王发起挑战。

此时的商纣王正带着他的宠妃和一帮奸臣，在鹿台吃喝玩乐。这时手下的人慌忙来报："大王，武王的军队在牧野列阵，要攻打我们！"纣王听了，连忙召集大臣商量如何应战。商朝的大部分军队当时正在东南地区镇压少数民族，无法分身。纣没办法，只好下令把看守国都的军队调集起来，又将大批奴隶和俘虏编入军队，凑了足足70万人，仓促地向牧野进发，与周军对阵。

武王先派太公望率一队精兵杀入敌军的前沿阵地，作试探性进攻。这支先锋部队像猛虎下山一样冲向商军，大队人马在后面紧紧跟随，激烈的战斗即将开始。突然，商军前排的兵士们纷纷调转矛头，反为周军开路，朝后排冲去。原来，纣王的士兵虽然很多，但他们平日受尽纣王的欺压，早就恨透了纣王，根本不愿为他作战，倒是盼着周军快点打进来。商军的前排倒戈，队伍顿时大乱。武王借此机会，指挥主力军队猛烈冲杀，商军土崩瓦解。

纣王战败逃走，回到鹿台。他自知末日已到，就命人将皇宫里的珍宝全部搬到鹿台上。之后，他穿上绫罗绸缎，躺在珍宝中，点着火，把自己烧死了。

击败商军之后，武王在城外召集所有参战的诸侯议事。众诸侯都恭恭敬敬地向武王行礼参拜，武王也向众诸侯还礼。随后武王率领众诸侯进入商都朝歌，朝歌的百姓都在郊外夹道欢迎。武王派出群臣向百姓们宣告说："上天赐福给你们！"商都的百姓们向武王叩头拜谢，武王也恭敬地向他们行回拜礼。

第二天，武王派人清扫道路，修复纣王的王宫和社庙。祭祀用的社庙修复后，举办祭告天地的隆重的仪式的日子也到了。100名赳赳武士扛着带飘带的云罕大旗在前面开道，武王的弟弟姬振铎守护着威严的仪仗车，周公姬旦手持象征国家权力的大斧，毕公拿着小斧，一左一右站在周王的旁边。散宜生、太颠、闳夭等众大臣手执长剑，在后面护卫着武王。进入商都，来到社庙前，按照事先的安排，大队人马布列在社庙南面，周武王站在社坛之前，部队的左侧，众大臣都跟在身后。卫康叔姬封在社庙前铺好叩头拜祭用的草席，随后，毛叔姬郑捧来在明月夜收集的露水，召公姬奭献上了彩帛，太公望牵来了供祭祀用的牛羊。巫师伊佚来到社庙之前，部队的右侧，大声朗读祭文："殷的末代君王纣，彻底败坏了历代商王的善政美德，不尊敬也不祭祀鬼神，欺压盘剥商朝的臣民。纣罪恶昭昭，人神共愤，天皇上帝已经知道了。"武王来到社庙前，拜了两拜，跪在草席上向上天叩头，说："奉上天的命令，革除殷商政权，接受神圣的上天对周的任命。"说完，武王又拜了两拜，叩头至地，然后退出。宣告商朝灭亡、周朝接受天命统治天下的仪式完成，周王朝开始了。

封邦建国，马放南山

　　宣告周朝灭商为天命所归之后，周武王采取了一系列安抚民心、稳定社会的重要措施。武王把殷朝统治的中心地带封给商纣王的儿子武庚，由于殷地刚刚平定，社会尚未完全安定下来，武王就命令他的弟弟管叔鲜和蔡叔度帮助武庚治理殷国。为争取原商朝大臣的支持，武王命令召公把商朝的贤臣箕子从牢狱里释放出来；派人到商朝贤臣商容的故里，去宣扬、表彰他的美德；让闳夭给王子比干修筑陵墓并进行祭祀。为争取民众的支持，武王让毕公把商纣王囚禁的百姓予以释放；命令南宫适拿出鹿台仓的钱财、钜桥仓的粮食，发放给缺衣少食的人们。为宣扬周朝统治天下的合法性，武王命南宫适、史佚等人向民众展示从商王朝获得的象征权力和祭祀用的九鼎宝器和镇国玉器；派人祭奠阵亡将士。在从商都撤兵回西方的路上，周武王巡视了沿途的诸侯国，并命人记下自己处理政务的情况，写下了《武成》一文。

　　周武王采取的第二项重要措施是分封诸侯，也即是把功臣及王族的重要成员封到全国各地作诸侯，协助天子统治国家。武王怀念古代的圣王，为表彰并弘扬他们的功绩及美德，便分封古代明君圣王的后代为诸侯。其中，神农氏的后人被封在焦地；黄帝的后代被封在祝地；尧的后裔被封在蓟地；把舜的后代封在陈地；又把禹的后代封在杞地。封完这些贤君的后代，又开始分封功臣谋士。第一个获封的是太公望，他的封地在营丘，国号叫齐；武王把曲阜一带封给弟弟周公旦，国号为鲁；把燕地分封给弟弟召公奭，国号为燕；把管地分封弟弟姬鲜，国号为管；把蔡地分封弟弟姬度；国号为蔡。其余众功臣和亲属也都各有封赏。其中，管叔姬鲜、蔡叔姬度、霍叔姬处的封国临近殷商旧地，担负着监视商君武庚，防他叛乱的重要职责。分封完毕，武王向各位诸侯赏赐了象征君权的宗庙祭器，命人写下《分殷之器物》，记录武王的命令和各诸侯得到的赏物。

武王召见管理九州的长官，商议治理天下的办法。这天，他登上幽地的一座山，眺望远处商朝的国都，不由感慨万千。回到镐京后，武王就再也睡不着觉了，整日唉声叹气，愁容满面。周公旦来到他的住所，看见他心情焦虑，辗转反侧的样子，很担忧，就问他原因。周武王回答说："你知道吗？上天拒绝享用商朝王室的祭祀，从我还没有出生时候到现在，已经有60多年了。在这60多年中，珍贵的麋鹿都跑到荒山野岭，而害人的蝗虫却爬到城市及郊外。这就像商王朝的朝廷，忠义的贤臣被疏远，奸佞小人却在得到重用。奸臣胡作非为，老百姓困苦不堪。所以，上天才不再保佑殷家，周家也因此成就大业。上天保佑殷家的时候，他们也曾经得到过360位贤人辅佐，虽然说不上国势昌盛，但也不至于灭亡。如今虽说殷的事业败落了，可毕竟还风光了一阵子，而我们现在还不知能不能得到上天的保佑，哪还有心思睡觉啊！"武王又接着说："要想得到上天的保佑，那就得让天下百姓都顺从；要想让百姓都顺从，就必须对他们实施德政，揪出那些作恶多端的坏人，为民除害。唉！我应该为我的国家招贤纳才，为我的民众日夜操劳，让人们过上幸福安定的日子，这才能显出我的英明和才德啊！从洛水河湾一直到伊水河湾，土地平整，没有险山恶水，那是古时候夏代居住过的地方。我登上山顶一看，南边最远能望到三涂，往北能望到太行山、恒山那边最遥远的边陲城邑，然后回过头就能看见汹涌的黄河水，看见洛水、伊水两岸，感觉这里离天帝的居所不远，是建立国都的好地方啊！"

武王派周公旦在洛邑修建了周家的陪都，又让百姓们把马匹纵放在华山的南面；在桃林塞一带的废墟上放牧牛群。让士兵们放下干戈兵器，回去和家人团聚，享受天伦之乐，把队伍经过整顿后解散，表明不再进行战争。武王的恩德让天下人都得到了好处。

武王攻灭商朝两年后，一次他问大臣箕子："你能说说，殷朝为什么会灭亡吗？"箕子本为商人，他尴尬地站在那儿，使劲搓着手指头，不肯说话。过了一会儿，才支支吾吾地答道："我实在不忍心说殷的坏话，来告诉您国家生死存亡的道理。"武王也感觉有点不太合适，连忙转移话题，问了一些关于天地之间自然规律的事。

后来，武王积劳成疾，天下还没有完全归顺，大臣们都很恐惧，就恭敬虔诚地为他占卜，为他祈祷。周公为武王举行消灾驱邪的仪式，甚至愿意拿自己的身躯做抵押，代替武王承受疾病及死亡的威胁，祈求武王的病情能够好转。可是，这些终归是迷信的说法，只是人们心中的一种期望，并不能最终战胜病魔。后来，武王还是去世了，他的儿子姬诵继承了王位，这就是周成王。

周公摄政

周公旦，姓姬，名旦，他是周文王的儿子，武王的弟弟。文王在世的时候，姬旦就非常孝顺，忠厚仁爱，胜过其他兄弟。武王即位后，姬旦经常帮助武王处理政务。武王死后，成王姬诵继位。当时成王幼小，还不懂得治国的道理，再加上天下刚刚平定，百废待兴。周公怕天下人听说武王死了会背叛周朝，于是就代替成王行使国家权力，主持政事。

周公摄政后不久，管叔和蔡叔等人怀疑周公另有所图，到处造谣，说周公欺负年幼的成王，想篡夺王位。周公就对太公望、召公奭说："我之所以这样不避嫌疑，代理国政，想必大家也能理解。我担心天下人背叛周室，没法向太王、王季、文王交代。三位先王为天下大业辛劳忧虑了那么久，现在好不容易有点起色，武王又去世了，成王还小，为了完成稳定周朝的大业，我不得不这样做。"于是继续辅佐成王。

此时商纣王的儿子武庚认为有机可乘，就与管叔、蔡叔等人互相勾结，起兵反叛。于是周公旦奉成王的命令，亲自率军东征，讨伐他们。经过三年的苦战，终于平定了叛乱。武庚、管叔等人被诛杀，蔡叔被流放到边远地区。周公封微子启代替武庚做国君祭祀历代商王，封国在宋；收集殷族剩余的民众，封给武王的小弟弟姬封，称他为卫康叔。后来，天上降下福瑞，晋国的国君姬虞得到两苗共生的一穗禾谷，就把它献给成王，成王命人把它送到东部周公的军队驻地，赠给周公。周公很感激，就写下诗歌颂扬天子的圣命。

周公东征，彻底平定武庚与管叔等人的叛乱后，命人写下了《大诰》一文，向众大臣和天下百姓说明东征讨伐叛逆的来龙去脉；写下了《微子之命》，记述了封微子为宋国国君，命他祭祀商王之事；写下《归禾》、《嘉禾》二文，颂扬天子赠送嘉禾（两苗共生的禾谷）；写下《康诰》、《酒诰》、《梓材》，记载自己对卫康叔的分封、训诫和教导。成王长大后，能够独立处理国事了，周公就把政权还给成王。成王临朝听政，周公则面向北站在臣子之位上，谨慎恭敬如履薄冰。

武王在世时，曾决定在东部的伊水、洛水一带建个新都。成王即位后，便派召公再去洛邑测量，营建新都，去完成武王的遗愿。周公重新进行占卜，反复察看地形，最后营建成功。于是就把洛邑作为周朝在东方的国都，并把象征国家政权的九鼎安放在那里。周公说："这才是天下的正中央，无论从哪里向朝廷进贡，路程都是相同的！"

在营建洛邑的过程中，周公写下了《诏诰》、《洛诰》两文，记录这一史实。平定武庚叛乱后，成王下令迁徙殷朝遗民，周公则负责向他们宣布成王的命令，并作文告诫殷朝遗民。不久，东方的淮夷不服从周王的命令，举兵反叛，周王便命召公担任太保，周公担任太师，出兵征伐。周公和召公击败淮夷，攻灭奄国，并把奄国国君迁到薄姑一带居住。

周公归政后，担心成王年轻，恐怕他从政荒淫放荡，就写了《多士》、《无逸》，用来告诫成王。《无逸》的意思是做父母的人，经历长久艰苦的时期才能创业成功，他的孩子骄奢淫逸，忘掉了祖先的困苦，毁败了家业。所以作为晚辈，必须要谨慎行事。

周公摄政期间，天下基本安定，但周朝还缺乏合理有效的官职制度。周公创设一系列的制度，划清百官的职责，制订周王、诸侯、官员、臣民应当享受的权利和应当遵守的礼仪。这样，百官各司其职，百姓和睦相处，上下都遵守相应的规矩，社会稳定下来，经济开始繁荣，天下太平的景象出现了。

周穆王制刑

成王死后，太子姬钊即位，这就是康王。康王去世后，儿子瑕即位，也就是昭王。昭王在位时，文王和武王以来形成的治国方略已经不能适应新的形势，周王朝开始走下坡路了。周昭王去南方巡视，一去不回，最后淹死在江水中。大臣们隐瞒了他的丑行，没有将这个消息告诉四方诸侯。随后他的儿子姬满即位，他就是周穆王。

周穆王登上王位的时候，已经是50岁了。他深知当时国势衰落，就任命贤能的伯冏担任太仆正，负责管理周王日常生活和传达命令，并告诫他要管理好国家政事。由于管理得当，国家又重新获得了安宁。

后来，周穆王想率兵征伐犬戎，大臣祭公谋父进谏说："千万不能这么做！先王都是美德来感化民众的，而不是动用武力使天下人归顺。国家的武力平时都要隐藏起来，等到必要的时候再动用。一旦动用军队，就必须显示出它的威力。如果经常动用武力，人们习以为常，就不会再惧怕了，武力的作用也就大打折扣。所以歌颂周公的诗里说：'收好你的干戈，用锦囊包裹好你的弓箭，崇高的美德才是我的追求，推广我的美德到全天下，才能保证天下太平。'先王对于民众，总是尽力感化民众，教导他们端正品行，修养性情，增加他们的财产收入，丰富他们的生活，并教会他们分清利害，明辨是非，让他们心怀感激而畏惧惩罚，这样，才能够把先王的事业发扬光大。"

"从前先王们世代担任农官，在虞和夏两个朝代为国效劳。夏代衰败，不致力于生产，放弃了农业，先祖不因此丢掉官职，逃到戎狄的部落去了。但他虽然人在蛮夷之地，却不敢荒废先王的事业，时刻不忘维护先王的德行。他每天早晚都要背诵先王的教训，认真地遵守祖宗留下的制度，时时刻刻奉行着，不敢有一丝懈怠。到了文王、武王时代，他们发扬前辈的优良品德，慈爱温和地对待百姓，敬事鬼神，维护他们的尊严，令所有人都非常满意。而商纣王凶残狠毒，不讲人道，鱼肉百姓，人们忍无可忍，才拥护武王，在牧野打败纣王。可是武王伐纣，也并不是他真的想打仗，而是他心疼百姓，不想让他们继续受折磨，才拿起刀枪，为民除害的。先王为了更好地治理天下，把国家统辖的地区，按距离国都的远近分成五等，就是国都近郊五百里内的地区是甸服，甸服以外五百里为侯服，侯服以外的地区为宾服，夷蛮民族地区为要服，再外面的戎翟地区为荒服，然后要求各地区的诸侯按照等级来向朝廷进献贡品。如果哪里有不服从的，先王总是先问问自己，责备自己，是不是自己做错了，然后检查并改正自身的思想、言论、制度、名分等。如果该改正的都改正了，他们还不供奉，就要提出警告，严厉谴责，予以惩罚，而不是动不动就出兵征讨。这样一来，近处的诸侯都很听从命令，远处的荒远民族也都臣服。

"自从犬狄的两位君主去世后，犬狄的诸侯还和原来一样，按照规矩向大王供奉，而今您却要出兵攻打他们，向他们炫耀武力，这不是破坏我们祖上留下来的规矩吗？况且，我还听说，犬狄民族已经形成了淳厚质朴的社会风尚，遵守祖先遗留下来的传统道德，信守的意念始终都很坚定。再说，他们已经有抵御我们的条件和能力了。"

穆王不听劝告，一意孤行，出兵攻打犬戎。经过一番战斗，只抢到4只白狼和4只白鹿回来了，而这些东西，正是犬戎民族想奉献给穆王的。从这以后，荒远地区的民族再也不来朝拜进贡了。

诸侯之间时有争斗，甫侯向穆王汇报了情况。穆王命人制订刑法，他说："各位诸侯和大臣，我给你们制订了一种完善的刑法。你们安抚百姓，应该选择贤德的人才；你们怎样想把事务处理得当，应该正确使用刑罚。等原告和被告都到了，法官应当运用五辞（言语、脸色、气息、听话时的表情、看人时的表情）进行审讯。审讯的结果确凿无疑，就要依据审讯结果，判处五刑（墨、劓、膑、宫、大辟）。如果五刑不合适，就按判处五罚（5种不同数量的罚金）。如果用五罚不合适，就判处五过（与5种过失相应的处罚）。按照5种过失来判决会产生弊病，可能有依仗官势的，有乘机报恩报怨的，有行贿受贿的，也有受人请托的。胆敢这样做，不管是谁，都要查清罪状，并判处与犯人同样的刑罚。在定罪量刑过程中，发现判五刑之罪有疑问，就按五罚处理；发现判五罚之罪有疑问，就按五过处理。不管怎样审判，一定要把事实审核清楚。审判时调查事实的渠道要多，判罚要与事实相符。没有确凿的证据既不要因怀疑定案，更不要轻易判刑，否则会冒犯天威。判处墨刑（脸上刺字）有疑点的，罚黄铜六百两；判处劓刑（割掉鼻子）有疑点的，罚黄铜一千二百两；判处膑刑（挖掉膝盖骨）有疑点的，罚黄铜三千两；判处宫刑（阉割）有疑点的，罚黄铜三千六百两；判大辟（杀头）有疑点的，罚黄铜六千两。以上判处，都要认真核实，如果确证有罪，还应判处原刑……"这套刑法因为是甫侯提出来的，所以叫做《甫刑》。

穆王在位6年去世，儿子繄扈继位，他就是周共王。

周厉王毁国

周夷王去世，夷王的儿子姬胡即位，他就是周厉王。

周厉王在位30年，十分喜欢并信任荣夷公。而荣夷公却是个贪图私利的小人。大夫芮良夫进谏说："难道说我们的国家就要衰败了吗？荣夷公整天只知道贪图财利，占小便宜，却不知国家即将面临灾难。财利是什么东西？财利是由天地万物衍生而来的，所有的人都有理由和权利来拥有和享用它，怎么能够独自占有呢？独占的结果，只能招来人们的怨恨，将来一定后患无穷。荣夷公贪财好利，用这种做法来影响您，国家怎能长治久安呢？您是天下人共同的国王，应当把财物分配给天下人。《诗经·大雅》上说：'因为让天下人都得到好处，才有了周家王朝。'先王们之所以能够创建周家辉煌的基业，并且一直延续到现在，依靠的就是这种思想啊！普通的百姓想要独霸财产，我们把他称为强盗，如今您也想独霸天下的财产，怎么能行得通呢？如果您这样做的话，那归顺您的人将越来越少；如果再重用荣夷公，周家也一定会衰败的。"厉王不听劝告，继续任命荣夷公做卿士，执掌大权。

因为周厉王出语傲慢，目中无人，又加上他的行为暴虐，百姓们到处议论他。召公进谏说："大王，您不能再这样下去了，百姓们受不了了，已经怨声载道了！"厉王闻听，勃然大怒，立即派人前往卫国，找来巫师，命令他监视那些民众，一旦发现有人私下谈论朝政，就格杀勿论。这样一来，议论的人是少了，前来朝拜的四方诸侯也渐渐少了。

后来，周厉王的统治愈加严酷苛刻。国内的百姓，谁都不敢发表意见，甚至都不敢在一起说话聊天。熟人在路相遇，不敢交谈，而是互相使个眼色走过去。周厉王很得意，笑着对召公说："你看，我的办法高明吧！他们再也不敢在背后说我的坏话了。"召公叹了口气，摇着头说："唉！你只是让老百姓不敢说真话而已，哪里算得上什么成就？不让百姓们讲话，就像堵塞了河流的水流一样，被堵塞的水流一旦崩溃，受伤害的人就会更多，阻止老百姓的言论也是一样的道理。治理水患的人总是先使水流畅通，管理百姓也一样，应该让他们畅所欲言。作为天子，处理朝政的时候，要广泛地听取大家的意见，鼓励大臣们献上讽刺的诗篇，让史官敬献史书；让盲人乐师献上乐曲；让低贱的民众向上传达自己的意见，说出心里想说的话。天子依据这些言论，有选择地推行政策，就不会出现大的失误。民众长个嘴巴，就像大地生有山川沃野，财富用品、衣服粮食都是从那里生产出来的。让民众把话从嘴里讲出来，国家管理得好不好就能从中看出来。好的就继续实行，坏的就预防或废除，这跟从山川沃野里获得财富衣食是一样的道理。应该让百姓心里怎么想就怎么说，你堵住他们的嘴，不让他们说话，看你能堵多久？"周厉王还是不听劝告。国内的大臣和百姓谁都不敢发表评论。3年后，国都的平民联合起来发动叛乱，一起袭击周厉王，周厉王仓皇逃跑到彘国。

厉王的太子姬静藏在召公的家中。百姓们听说了，就包围了召公的家。召公慨叹地说："过去我曾经多次劝诫国王，可是国王不听我的话，才有了这样的灾难。现在如果把太子杀了，国王一定会认为我是在报复他。作为一个侍奉君主的人，即使受到责备也不应当埋怨，身处危险也不应心存怨恨，更何况我是在侍奉天子呢？我不能这样做！"他让自己的儿子冒充太子被士兵们抓走，让太子逃出了重围。

后来，由召公、周公两位辅相负责管理朝中的政事，史称"共和"（共和元年为公元前841年）。14年后，厉王去世，这时太子姬静也在召公家中长大成人。于是召公、周公决定拥立姬静做天子，姬静就是周宣王。宣王即位后，仍然由两位辅相帮助管理国家大事，整顿朝纲，继承和发扬先王遗留下来的优良传统，各方诸侯又重新来朝拜周天子。

周宣王在位时，不重视农业。按规定天子应到千亩（地名）去行藉耕礼（天子亲自扶犁耕种的礼节），但周宣王废弃了，虢国的文公因此进谏，宣王不听。后来，周军与姜戎族在这个地方作战，周军大败。周军溃败之后，宣王打算清点太原人口，按数征兵。大臣仲山甫极力劝谏，说没有这个规矩，宣王不听，还是清点了民众的人数后征兵。

宣王逝世后，儿子姬宫湦登上王位，这就是幽王。

烽火戏诸侯

幽王即位后的第二年，都城附近的渭水、泾水、洛水这3条大河流域内都发生了地震。大夫伯阳甫说："恐怕是周家的天下灭亡的时候快到了。天地自然之气，自有它们运行规律。古人认为如果出现反常情况，一定是遭到人为的扰乱。古时候，伊水和洛水枯竭，夏代紧跟着就灭亡了；黄河枯竭，商代也跟着灭亡。一个国家的命运依赖这里的山川河流，山陵崩塌，河流枯竭，是一个国家灭亡的预兆。上天的警示惩戒以10年为周期，上天想要抛弃哪个国家，10年之内它肯定灭亡。"这一年，渭水、泾水、洛水都干涸，岐山也崩塌了。

幽王宠爱后妃褒姒，想废掉王后和太子，立褒姒的儿子为太子。伯阳甫读了有关史书，说："周家是真的要灭亡了！"原来史书上记载：当年夏王朝腐败衰落的时候，有两条神气无比的龙降落在夏王的宫廷内，自称是褒国的两位天子，夏王找人占卜，想知道怎么处理它们才好，占卜的人告诉夏帝：既不能杀掉它们，也不能赶走它们，更不能把它们留在宫廷内，只要将它们的唾液收集起来就行了。于是夏王派人摆上祭品，宣读策文，告知神龙，神龙吐下唾液就飞走了，人们赶紧用匣子把龙的唾液收藏起来。

夏朝灭亡后，这个匣子传给了商朝，商朝灭亡后，又把匣子传给了周朝。在这三代当中，谁也不敢打开这个匣子。周厉王末年，厉王禁不住诱惑，偷偷地打开匣子看了看，谁知这一看可不要紧，龙的唾液流了出来，撒在地面上，怎么擦也擦不掉。于是周厉王就让妇人们光着身子大声地吵嚷。撒在地上的龙唾液慢慢地变成一个黑色的蜥蜴一样的动物，爬进了周厉王的后宫，被后宫的一个小婢女撞见了。结果这个小婢女长大后，还没有丈夫就生下了一个小女孩。她担心别人会笑话她，就把孩子扔掉了。

宣王的时代，有童谣这样唱道："用桑木做的箭弓，用箕木做的箭口袋，他们会让周朝灭亡。"当时周的都城里，正好有一对夫妇卖这种箭弓箭袋。宣王听说后，就派出人去把这对夫妇杀掉。这对夫妇听说后，连忙逃命，碰巧遇见了被那个小婢女

井田制

井田制是中国奴隶社会的土地国有制度，西周时盛行。那时，道路和渠道纵横交错，把土地分隔成方块，形状像"井"字，因此称作"井田"。井田属周王所有，分配给奴隶主使用。奴隶主不得买卖和转让井田，还要交一定的贡赋。奴隶主强迫奴隶集体耕种井田，无偿占有奴隶的劳动成果。井田制随着春秋后期土地私有制的出现逐渐瓦解。

抛弃的孩子。他们见孩子哭得可怜，就带她逃到了褒国，并抚养她。女孩长大后出落得十分漂亮。后来，褒国人犯了罪，怕周王惩罚，就把女孩送到周王宫。这个女孩就是褒姒。

幽王三年（公元前779年），幽王在后宫见到了褒姒，就喜欢上了她。后来，褒姒给他生了个儿子叫伯服。幽王宠爱褒姒和伯服，便废弃了原来的王后和太子，改立褒姒为王后，伯服为太子。伯阳甫慨叹说："唉！大祸终于酿成了，国家没有希望喽！"

褒姒不喜欢笑，整日愁容满面，幽王千方百计地逗她开心。周朝边境上修建着高大的烽火台，要是有敌人来侵犯，守军就会点燃烽火报警。一天傍晚，周幽王带着褒姒登上烽火台，命令手下点起烽火。临近的诸侯看到了烽火台上浓烟滚滚，以为有敌寇进犯，急忙领兵赶到城下救援。当他们急急忙忙赶来，只见灯火辉煌，鼓乐喧天，十分纳闷，一打听才知是幽王为了取乐，并没有敌人进犯。大家都很狼狈，但却敢怒不敢言，只好气愤地收兵回营。褒姒见状，开怀大笑。幽王见这样做能使褒姒开口笑，非常高兴，就一次又一次地点燃烽火，戏弄众诸侯。

幽王废掉的申后是申侯的女儿，废太子为申后所生。申侯对此很气愤，又见幽王戏弄诸侯，任用奸人，便联合缯国、犬戎一起攻打镐京。这次真的有敌兵进犯，幽王命人点燃烽火向诸侯求救，诸侯以为幽王又在戏弄，谁都没来。申侯杀死幽王，俘虏了褒姒，把周王室的财宝抢劫一空，西周从此灭亡。

公元前770年，申侯与其他诸侯共同拥立原太子宜臼为王，这就是平王。平王即位后，为了避免外族的侵害，把都城迁到洛邑。

秦本纪·第四

秦的传承与立国

秦国的始祖，是颛顼的后代孙女，名字叫女修。女修在织布的时候，一只燕子从头顶飞过，遗落下来一只蛋，女修把它捡起来吃了，没过多久，就生下了儿子大业。大业长大后，娶了少典部落的女子女华，女华又生下大费，大费曾经跟随禹一同治水。治水成功后，舜帝赐玄圭给大禹。大禹谦虚地说："单凭我个人的力量是不能把洪水平息的，治水之所以能够成功，多亏了大费这个助手。"于是舜帝赏赐给大费一面带黑色饰物的旌旗，还把一个姓姚的女子赐给他作妻子。舜帝让大费负责驯养鸟兽。大费的工作很出色，他养的鸟兽都很驯服。舜十分高兴，赐他姓氏为嬴。

大费有两个儿子，其中一个名叫若木，也称费氏。费氏的玄孙叫费昌，他生活在夏桀时代。由于夏桀的残暴无道，费昌就投奔到商，给商汤驾车。后来商汤征伐夏桀，在鸣条之战中，费昌立下战功。费昌的后代子孙，有的居住在中原，有的居住在西方少数民族地区。

大费的另一个儿子叫大廉，又称鸟俗氏。大廉有两位玄孙，一个叫孟戏，一个叫中衍。他俩身形长得特别像鸟，却照常说人话。商王太戊听说后，想让他俩给自己驾车，不知是否合适，就找巫师来占卜，结果是吉利。于是他就让中衍驾车，还帮他娶妻成家。商王太戊以后，中衍的子孙代代都有能人出现，辅佐商王，并建功立业。因此嬴姓的人大都十分显贵，逐渐成了诸侯。

中衍的玄孙叫中潏，居住在西戎，负责保卫边疆。他的儿子叫蜚廉，蜚廉则擅长奔跑。蜚廉的儿子叫恶来，恶来力大如牛，父子两人靠自己的能力和才华受到纣王的重用。武王伐纣的时候，恶来被杀。此时蜚廉正作为纣王的使者出使北方，等他完成任务回国，商朝灭亡，纣王已死。他无处汇报出使情况，就在霍太山上修筑祭坛祭奠纣王，向死去的纣王汇报。在筑坛挖土的时候，他挖出一具石棺，石棺上刻着文字："上帝命令你蜚廉，不能参与殷人的叛乱，赐给你石棺，用来光耀你的家族。"

蜚廉去世后，埋葬在霍太山。蜚廉的另一个儿子叫季胜，季胜有个后代叫造父，造父和先人中衍一样，善于驾车，因此受到周穆王的宠爱。造父经常套上骥、温骊、骅骝、騄耳四匹好马，载着周穆王四处巡游，乐而忘返。那年，徐偃王作乱。造父驾着马车，从遥远的地方急驰而归，一天走了上千里。周穆王得以及时赶回，平息战乱。周穆王更加宠爱他，便把赵城封给他，赐姓为赵。

非子是恶来革（蜚廉另一个儿子）的后代，因为与造父同族而受到周王的宠信，他的家人也被安置在赵城，也姓赵。非子住在犬丘，他善于养马和各种牲畜，犬丘人告知了周孝王。于是周孝王任命非子养马。在他的精心养育下，马匹得到了很好的照顾，大量繁殖。周孝王很赏识非子，在秦地建造城邑，让非子接续嬴氏的祭祀，称号叫秦嬴。

周宣王在位时，任用秦仲（秦嬴的重孙）当大夫，讨伐西戎，被西戎人杀害。秦仲有5个儿子，年纪最大的是庄公。周宣王找来庄公他们弟兄5人，赐给他们7000名士兵，命令他们去讨伐西戎，西戎战败。回来后，宣王再次赏赐秦仲的后代，并任命他们做西陲大夫。

庄公居住在犬丘的旧居，他有3个儿子，长子名叫世父。世父说："西戎杀死了我的祖父，我不杀了戎王，决不回来。"带领军队去攻打西戎，把位置让给弟弟襄公，襄公成了太子。庄公去世后，襄公继位。

周幽王昏庸无道，诸侯们纷纷叛乱，于是犬族和申侯联合起来讨伐周王，在郦山脚下杀死了周幽王。这时秦襄公率领军队援救周王，多次立下战功。周王室为避开犬狄的侵袭，迁都洛邑，秦襄公派兵负责护送。周平王很感激，封秦襄公为诸侯，并且把岐山以西的大片土地赏赐给他。平王还对他说："西戎人很凶暴，掠走我岐山和沣水一带的土地，你要是能把戎人赶跑，这些土地就归你们了。"后来，秦国在襄公的统领下，逐渐强大起来，和其他诸侯国平起平坐。

秦穆公求贤

秦国地处偏僻的西方边境，最初只是周朝王室的一个附庸小国。后来因为秦襄公被平王封为侯，并赐给他岐山以西的大片土地，秦国才有了一定的势力，便定都在雍城。到了秦穆公的时候，秦国逐渐强大起来。

秦穆公，姓嬴，名任好。他即位的当年，就开始扩张疆土。秦穆公亲自带领军队讨伐茅津的戎人，

秦公编钟　春秋前期

西周时期，音乐与礼制密不可分，称为"礼乐"。至春秋，礼乐制度和体系走向衰落，形成"礼崩乐坏"的局面。编钟是礼制中的重要组成部分。此编钟通体优美，饰纹细腻，乳钉装饰排布均匀，铭文清晰，字体劲峭，是春秋时乐器的典范。

并取得了胜利。秦穆公四年（公元前656年），秦穆公到晋国迎娶晋太子申生的姐姐穆姬为妻。秦穆公五年（公元前655年），晋献公消灭虞国，俘虏了虞国国君及大夫百里奚，把百里奚作为穆姬陪嫁的仆人送到秦国。百里奚不甘心忍受奴隶的生活，找了个机会出逃，不料被楚国人捉了去。

秦穆公胸怀大志，懂得重用人才的道理。听人说百里奚是个不可多得的人才，他连忙派人去请，却得知百里奚已经被楚国抓去了。秦穆公想用重金赎回百里奚，又担心楚人不答应。他就派出使者来到楚国，

使者对楚王说："我家国君的陪嫁奴隶百里奚逃到了您的国家，请求您让用5张黑色的羊皮将他赎回去。"楚国一看这个人如此不值钱，就很痛快地答应了秦国使者的要求。

70多岁的百里奚被押解回秦国。秦穆公亲自为他打开脚镣手铐，将他从牢房里放出来，和他商量国家大事。百里奚说："我是亡国之臣，哪里还有资格与您谈论这些。"穆公说："虞君正是因为不重用你，国家才会灭亡，亡国不是你的过错。"穆公坚持向百里奚请教，百里奚很感动，与秦穆公谈了起来。两个人连续谈了3天。穆公觉得很投缘，也看出百里奚是个不可多得的人才，就任命他为国相，负责管理国家大事。因为百里奚是用五张黑羊皮赎回来的，所以人们又称他为"五羖大夫"。

百里奚对秦穆公说："您能够赏识我，我很荣幸。可我的才能还远远不如我的朋友蹇叔。蹇叔非常贤能，只是不为人知罢了。回想当年，我逃亡到齐国的时候，穷困潦倒，不得不向别人乞讨，是蹇叔收留了我。后来，我想到齐君无知那里去做事，被蹇叔阻止了，否则，我有可能会被卷进齐国的内乱遭遇不测；我来到周地，发现王子颓喜欢牛，就借着养牛的机会去接近他。可是蹇叔又阻止了我，让我

《吹箫引凤》

该画取材于汉代刘向所著《神仙传》，相传春秋时秦穆公之女弄玉擅长吹箫，又与同样擅吹箫的仙人萧史喜结连理。秦穆公于都城外筑高台，弄玉夫妻吹箫，箫声婉转，引来凤凰，后二人乘龙凤升天而去。故后人称此地为凤城。本图即描绘秦穆公之女吹箫，凤凰起舞的场景。

离去。后来王子颓被杀，我却因听从蹇叔劝说保全了一条老命。我想去虞君的手下做事，蹇叔又阻止我。其实我也知道虞君不会赏识我、重用我，只是为了那一份爵位和俸禄，才暂时留了下来，想不到就做了俘虏。我两次听从蹇叔的意见，都能幸免于难，只有一次没听他的，就遭遇了虞国亡国的大难。从这三件事上，就能看出蹇叔有非凡的才能。"秦穆公听了，立刻派人将蹇叔请来，任命他为上大夫。

秦穆公九年（公元前651年），晋献公去世了，骊姬的儿子奚齐继位，没过多长时间，就被大臣里克杀死，荀息又立卓子为国君，结果又被杀掉了。这时晋国公子夷吾派人去秦国，请求秦穆公的帮助。秦穆公答应了，夷吾十分感激，向秦王许下诺言："如果我能当上晋国的君主，一定把河西的八座城邑奉献给您，以表示我真诚的谢意。"于是秦穆公派百里奚等人带兵护送夷吾回国继位，夷吾就是晋惠公。

晋惠公即位后，并没有兑现自己的承诺，反倒派丕郑到秦国去推脱。同时，他还杀死了拥立他为国君的大臣里克。丕郑很担忧，就对秦穆公说："晋国人本来就不想让夷吾当国君，而希望重耳回国当国君。现在，夷吾违背了他的诺言，不把那八座城邑献给您，还杀死了里克，这些都是吕甥和郤芮的主意，希望您能假意用重金把他们召来，然后扣留他们。您再派人护送重耳回晋国继位，这样就万无一失了。"于是秦穆公派人跟随丕郑前往晋国，召唤吕甥、郤芮。两人感觉事情不妙，就告诉了夷吾。夷吾杀了丕郑。

丕郑死后，他的儿子丕豹逃往秦国，对秦穆公说："晋国的国君昏庸无道，百姓们都不服从他，您可以趁着这个机会攻打他。"穆公却说："要是老百姓真的不服从晋王，那他怎么还能杀他的大臣呢？他能够杀大臣，就说明他还能控制局势。"其实秦穆公表面上虽然没有接受他的建议，暗地里却在重用他。

秦穆公在位的39年里，对内招才纳贤，改革政治，富国强兵，对外开疆拓土，扩大外交，形成了秦国独霸西方的局面。

秦晋战于韩地

秦穆公十二年（公元前648年），晋国遭到了百年不遇的大旱灾，晋惠公派人到秦国请求援助。丕豹对秦穆公说："不要给他们粮食，应该趁着这个机会，率领军队去占领晋国。"秦穆公很犹豫，询问大夫公孙之。公孙之说："天地万物变化无常，旱灾和丰收也是遵循这个规律，哪个国家都有可能遇到这种情况，不能不借啊！"穆公又去问百里奚，百里奚说："公孙之说的有道理，夷吾得罪了您，可是晋国的百姓没有得罪您啊！现在挨饿受冻的是晋国的百姓，又不是夷吾一个人。"于是穆公采用了百里奚和公孙之的建议，把粮食借给了晋国，驶向晋国的运粮车船络绎不绝，帮助晋国解决了危机。

秦穆公十四年（公元前646年），秦国也发生了旱灾饥荒，秦穆公派人到晋国去请求借粮。晋国国君召来大臣，商量这件事。奸臣虢射说："他们现在闹饥荒，军中缺乏粮草，借这个机会攻打他，一定会大获全胜。"晋惠公不但没有借粮，还听从了虢射的话。秦穆公十五年（公元前645年），晋惠公率领军队攻打秦国，秦穆公也发动军队迎战，双方在韩原上展开大战。晋惠公脱离了主力部队，与秦军争夺战利品，不料在回来的途中，马匹陷入了沼泽地，行动缓慢。秦穆公率军在后面紧追不舍，不但没有抓住晋惠公，反倒被晋军包围，穆公也受了伤。就在这危急的时候，300多个岐下人冒着生命危险冲进了晋军的重重包围，奋力拼斗，救出秦穆公，活捉了晋惠公。当年，秦穆公的好马走失，被住在岐下的村民捉住后杀掉吃了，当地的官吏们知道后，想惩治他们。秦穆公却说："君子怎么能因为牲畜而伤害人呢？我听说，吃了好马的肉，要是不饮酒会伤害身体。"于是就派人拿来酒给他们喝，还赦免了他们的罪过。如今这些人听说秦军要反击晋军，就请求参加队伍，一见秦穆公形势危急，就奋不顾身地冲上去，以此来报答当初穆公对他们的恩德。

秦穆公带着晋惠公回到秦国，对众大臣说："请大家和我一样，斋戒独宿，我杀掉晋君祭祀上天。"周天子听说后，替晋惠公求情说："看在他和我同姓的面子上，您就饶恕他吧！"穆姬，也就是晋惠公的姐姐，光着脚，穿着孝服，跪在秦穆公的面前，请求说："我不能挽救自己的弟弟性命，又不愿听从您杀他命令，可怎么办才好啊？"穆公无可奈何，叹息着说："俘虏了晋君，本来是一件值得庆贺的事，却招来这么多的麻烦，天子为他求情，夫人也为这件事伤心难过，唉！真是没办法！好吧！我答应你们，放了他可以，但一定得有条件。"于是便和晋君立下盟约。

秦穆公二十二年（公元前638年），太子姬圉听说晋惠公生病了，就偷偷逃回晋国。一年后晋惠公去世，太子姬圉被立为国君，姬圉就是晋怀公。姬圉即位后，继续迫害重耳。本来秦穆公听说太子姬圉逃跑就心怀不满，又听说他还在迫害重耳，十分气愤，就派人到楚国把重耳请来，特别热情地接待他。穆公又把女儿文嬴及4位宗女嫁给重耳作妻子。重耳几番推辞之后，勉强接受了。秦国派人通知晋国的大臣，说秦国想让重耳重新入主晋国，晋国答应了。秦穆公派人护送重耳回国后没多久，重耳就被立为晋国国君，他就是晋文公。晋文公登基后，就立即派人杀了晋怀公姬圉。

崤之战

晋文公在位的时候，周襄王的弟弟姬带依靠翟国攻打襄王。周襄王被迫逃到了郑国，派人到晋国和秦国请求帮忙。秦穆公率领军队，协助晋文公护送周襄王回国，杀了姬带。秦穆公三十年（公元前630年），秦穆公协助晋文公围困郑国。郑国的老臣烛之武夜里从城中跑出来，求见秦穆公，对他说："消灭了郑国，对晋国有好处，可是您能得到什么？晋国要是一天比一天强大，难道说对你就没有威胁吗？"穆公觉得他说的有道理，就撤了军。晋国失去了秦国的支持，只好罢兵。

有个郑国人，向秦国出卖郑国说："我负责掌管郑国国都的城门，如果秦国想偷袭郑国，我愿意做内应。"秦穆公找来蹇叔和百里奚，想问问他们怎么办，两人回答说："郑国与我们相距千里之遥，途中要经过几个国家。再说千军万马，长途跋涉，军队的行动就不再隐蔽。郑国如果得到情报，作好准备，我们就很难成功，况且这个郑国人，根本不值得相信，他今天能够背叛郑国，也可能会背叛你。这件事做不得。"可秦穆公此时已打定主意，摆了摆手，说："算了！你们不了解其中的奥秘，我已经决定了。"于是任命孟明视为大将，西乞术、白乙丙为副将，调集兵车300辆，让他们择日从东门外秘密出发。

军队启程的这天，百里奚和蹇叔来到即将出发的部队面前，痛哭流涕。秦穆公很生气地说："我刚要出兵，你们就来哭丧，这不是在灭我军队的士气吗？你们不想活了吗？"两人回答说："大王不要生气，我们哪里想打击士兵的士气，只是我们的年纪大了，儿子将要出兵远征，恐怕他们回来晚了，就再也见不着我们了！"两人退下后，暗下里偷偷地对他们的儿子说："你们这次出征，可怕的并不是郑国，而是晋国，崤山一带地区的地势险要，晋军要是在此地设伏袭击你们，那就必死无疑，你们一定要多加小心。"

秦穆公三十三年（公元前627年）春，秦国的军队向东前进，

分封制

西周王室把土地分封给同姓宗族或异姓功臣、姻亲，建立诸侯国。诸侯在自己的封国内，把大部分土地分封给属下的卿大夫作为"采邑"，卿大夫再把"采邑"的土地分封给属下的士作为"食地"。这就是西周的分封制。大规模的分封是在武王克商以后进行，相传周初先后分封了71国，姬姓独占53个，其中鲁、卫、晋、齐、燕等诸侯国最为重要。经过分封，西周的疆域比商代大有拓展，各方诸侯都以周天子为天下共主，形成了"封建亲戚，以藩屏周"的统治格局。

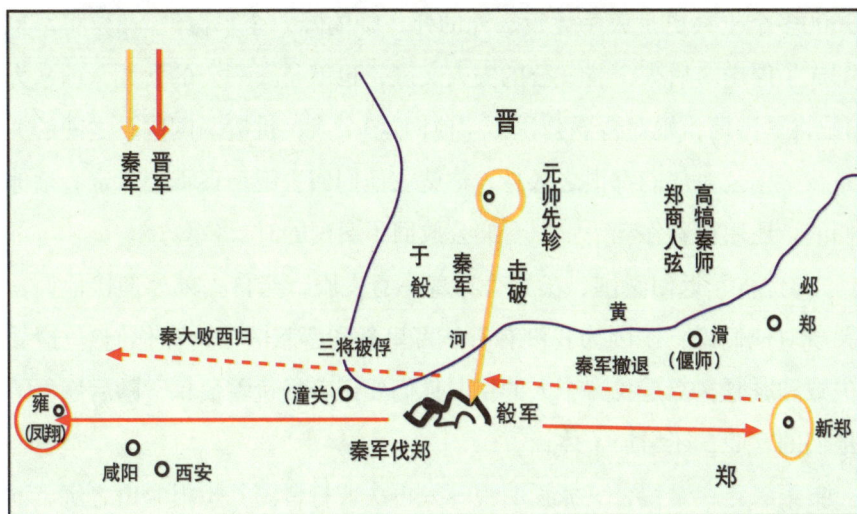

秦晋崤之战示意图

越过晋国的领土。穿过周的北门时，周室的王孙满看到秦军，说："秦军的行动不合礼法，不可能打胜仗！"队伍行进到滑地，恰好遇到一个叫弦高的郑国商人，他带着12头牛，打算到周国去卖。弦高遭遇秦军，恐怕自己被俘或被杀，就主动把牛献给秦军，说："国君听说你们要来攻打郑国，正在积极地准备迎战呢！还特意派我先送来12头牛来慰劳秦国的官兵。"秦国的3位将军闻听，忙凑在一起商量："看来郑国已经知道我们要去偷袭了，而且有所准备，就算到了那里，也不可能成功！"于是，秦军顺道攻下滑城。实际上，滑城是晋国边界的一个小城。

当时，晋文公刚刚去世，还没有安葬。听说秦军攻下了滑城，太子襄公非常愤怒，气急败坏地说："秦国简直是欺人太甚，趁着我的父亲刚刚去世，还没办完丧事就来进攻我，我一定要让他尝尝我的厉害。"于是就把孝服染成黑色，亲自带兵在崤山埋伏。崤山山脉，绵延几百里，主峰下的群山只裂开一条缝，到处是悬崖绝壁，只有一条仅能容纳一辆战车的小道可以通行。晋军在此布下了天罗地网，等待秦军。秦军刚进崤山，就中了晋军的埋伏。300多辆战车丝毫没有用武之地。

3000多个士兵更是束手无策，死的死，降的降，全军覆没。3位将军也都成了俘虏。后来，晋文公的夫人文嬴，也就是秦穆公的女儿，前来为3位将军讲情，她对晋襄公说："他们这3个人，挑拨两国国君之间的关系，秦穆公对他们都恨之入骨，你就放他们回去吧！秦穆公肯定会杀他们的，还用得着你动手？"晋襄公放回了秦国的3位将军。

3位将军返回秦国，秦穆公穿着一身丧服，亲自去郊外迎接他们，哭着对他们说："因为我没有听从百里奚和蹇叔的话，让你们3位遭受失败和耻辱，都是我一个人的错。你们要记着报仇雪恨！"随后恢复了他们的官职，还增加了俸禄。

第二年，秦穆公又派孟明视等人再次攻打晋国，想报崤山之仇。不想晋国早有防备，秦军作战不利，撤兵回国。

崤山之战后几年来，秦穆公一直对孟明视信任、厚爱。秦穆公三十六年（公元前624年），秦穆公任命孟明视为统帅，进攻晋国，以报崤山之仇。秦军人马渡过黄河后，孟明视下令焚毁了船只，表示战斗到底的决心。他对将士们说："我们这次出征，只能前进不许后退。"双方交战，秦军把晋军打得大败，夺取了晋国的王官和鄗地。晋国的其他军队都躲进城里防守，不敢出战。

秦穆公率军从茅津渡过黄河，来到当年崤山战役的战场，为战死的将士修坟发丧，全军举哀，痛哭3天。秦穆公召集军队，当众发表誓戒，说："将士们！请你们安静下来，听我的誓言。我要告诉你们，办事能虚心向老人请教，多听取老人的意见，就不会出什么差错。"在讲话中，秦穆公多次强调崤山之败，是因为自己不听蹇叔和百里奚劝谏的结果。他发出这样的誓言，目的是让后代记住自己犯下的错误，从中汲取失败的教训。

由余归秦

秦国地处西部边陲，与狄、戎等部落边界交错，人民杂居。在长期的战争和交往中，狄、戎等部落也逐渐加深了对秦国的了解。秦穆公在位期间，励精图治，国家富强，文化发展很快，狄、戎等部落十分羡慕。戎王便派由余出使秦国。

由余的祖先是晋国人，早年逃亡到戎地，他不但能讲戎人的语言，还能说晋、秦等中原国家的语言。戎王派遣使者由余前来秦国考察，秦穆公很高兴，便盛情款待。礼宴完毕，秦穆公向他展示了秦国豪华的宫殿和丰富的仓储。由余看后对穆公说："这些东西，好是好，只是如果要让鬼神去做，就太劳累鬼神；要用人力去做，又太苦老百姓了。"

秦穆公听了，莫名奇妙，就问道："中原的各个国家都有自己的制度和法令，即使这样，还会出现叛乱等不法的社会现象，你们没有这些政策，靠什么来治理国家呢？"

由余笑着回答说："唉！其实这些制度和法令，正是中原大地上经常发生战乱的原因。在远古时代，黄帝制定了礼乐法度，并且以身作则，但当时也只能是小治。而后来的君王们，一代比一代骄横奢侈、腐败糜烂。他们建立苛刻的法度，以此来监督和惩罚下面的民众。民众承受不了就会产生怨恨，指责君王不行仁义。这样一来，积怨就会越来越深，上下相争，最终导致互相残杀，两败俱伤。而我们戎国却不这样，我们的君王对待臣民百姓非常仁慈，国民对君王也十分忠诚守信，治理一个国家，就像管束自己个人一样，从来没有这么多的条款，这才真正是圣人的治国之道啊！"

秦穆公听了，暗自佩服，就私下找来内史廖对他说："邻国拥有圣人贤才，就是我们的忧患。这个由余贤德，又很有才能，以后可能会成为我们的祸害啊！你说应该怎样对待他呢？"内史廖说："戎王居住在偏僻荒远的地方，估计没听过我们的歌舞乐曲，您不妨送给他一支乐队和几个美女，诱使他改变心志。然后再派人请求戎王，让由余在秦国多呆几天，以此疏远他们君臣之间的关系。同时我们留住由余，延误他回国的日期。这样戎王就会怀疑他，他们君臣之间一有隔阂，事情就好办了，还愁留不住由余？再说戎王肯定会喜欢上歌舞音乐，哪里还有心思治理国家！"秦穆公听了，十分赞同，于是就宴请由余，还询问戎国的地形和兵力，全面了解了戎国的情况。同时又命内史廖把由16个女子组成的乐队送给戎王。戎王一见，果然十分喜欢，便整日沉湎于酒色声乐，整整一年都不曾带领民众去更换草地牧场。这时，秦穆公打发由余回国。由余看见戎王不理政事，国内牛马大批死亡，也不去过问，几次劝诫戎王，但都遭到了戎王的拒绝，由余很失望。就在这时，秦穆公暗中派人去见由余，劝他归顺秦国。于是由余投奔了秦国，秦穆公盛情款待了他，又询问该用什么方式攻打戎国。

后来，秦穆公在由余的帮助下，攻取了戎国。邻近12个小国见到这种情景，都前来归附，成了秦国的附属国。秦国拓展了千里领地，最终在西戎称霸，这就是史书上所说的"秦穆公霸西戎"。看到秦国势力如此之强，天子周襄王便派召公送去金鼓向秦穆公表示祝贺。

公元前621年，秦穆公去世，安葬在雍地。给他陪葬的大约有170多人，其中有秦国的良臣子舆氏的3个儿子。这3人都很勇猛，也很善良，人们都替他们惋惜，为他们创作了一首诗歌，名字叫《黄鸟》。

深明事理的人纷纷议论，说："秦穆公向东击败强大的晋国，向西灭掉戎国，扩展了千里领土，增加12个属国，称霸于西方，但是他没能成为天下诸侯的盟主，看来是有道理的！因为他死后不顾国家和百姓，杀掉治国的良臣为自己殉葬。古代明君圣王去世，都会留下美德和法度，他不但没有做到这些，还夺走百姓所拥护爱戴的重臣。由此可见，秦国再也不能像从前那样所向披靡了！"

后来，秦穆公的儿子罃继位，他就是秦康公。

秦始皇本纪·第五

清除权臣

　　秦始皇，是秦国庄襄王的儿子。庄襄王在赵国当人质的时候，遇见了吕不韦的妾姬，很是喜欢，后来就娶了她，生下了始皇帝，取名叫政，姓赵（归国后恢复嬴姓）。

　　嬴政13岁的时候，父亲秦庄襄王去世，他就接替王位。那时秦国的地域广阔，已经兼并了巴、蜀、汉中，越过了宛地而占有了楚国的都城郢，并在那里设置了南郡；在北方占领了河东、太原和上党；在东面占领荥阳，消灭了东周、西周两个封国，设置了三川郡。由于秦王年少，又刚刚登上王位，所以国家大事都由大臣们处理。吕不韦担任丞相，被封食邑十万户，又封号为文信侯；李斯担任舍人；蒙骜等人担任将军。吕不韦的野心很大，四处招揽门客，想依靠他们的力量吞并天下。

秦始皇像

　　秦王政即位以后，奉赵姬为王太后。太后长期与丞相吕不韦保持暧昧关系，随着秦王政年龄渐长，吕不韦害怕这种不正当的关系暴露，继而引来杀身之祸，便秘密推荐嫪毐去做太后的情夫，自己则从中抽身。太后见了嫪毐后，果然很喜欢。因为嫪毐受到太后宠爱，逐渐获得一些权利和封地。秦王政八年（公元前239年）秦国发生了一些不平常的事情，先是将军蒙骜去世，接着，秦王的弟弟长安君企图谋反，被处死在屯留城。这时，黄河水泛滥成灾，河里的鱼大量涌上岸边，众多百姓因为水灾被迫向东逃荒，另求生计。这一年，嫪毐被封为长信候，并被赐予山阳一带的土地。所有的宫室、车马、服装、庭院、猎场等准许嫪毐随意使用。国中无论大事小事都由他处理决定。嫪毐十分得意，甚至把河西太原郡改为以自己的名字命名的毐国。

秦王政九年（公元前238年）四月，秦王来到雍城并在这里住下。己酉日，群臣为秦王政举行隆重的成年加冠庆典，从此后嬴政就可以佩戴长剑了。据说，嫪毐与太后当时也居住这里，二人私通并生下两个儿子。当年，嫪毐是以太监的身份入宫侍候太后的，秦王的到来使这件丑事再也隐瞒不下去了。嫪毐担心丑事暴露后被杀，干脆起兵谋反。嫪毐盗用秦王的玉玺和太后玺印，调动县城里的官兵和士卒，准备攻进秦王政居住的蕲年宫。秦王得到报告后，立即命令相国吕不韦、昌平君、昌文君等人调集人马前来平叛。保卫秦王的军队与嫪毐的叛军在咸阳激烈交战，斩杀叛军几百名。后来，参加平叛的大臣和立了功的人都得到了封赏，连参加的宦官也不例外。嫪毐战败逃跑，秦王在全国下通缉令：活捉长信候者，赏钱100万；杀死长信候者，赏钱50万。结果嫪毐及其同党全被捕获，无一幸免。嫪毐被五马分尸，他家族里的人也全部被杀；追随嫪毐叛乱的卫尉竭、内史肆、佐戈竭、中大夫令齐等20多人被判杀头，斩下的头颅还要挂在木杆上示众；嫪毐的门客，罪轻的就被罚服劳役3年。此外，因牵连此事被剥夺爵位的还有4000多家，他们全被流放到四川，在房陵居住。在审查此案的过程中，相国吕不韦的所作所为暴露出来。秦王十分生气，便于秦王政十年（公元前237年）免除吕不韦的丞相职位。太后因为嫪毐与有关联，也被嬴政流放到雍城，送进冷宫。

这年，齐国和赵国都派使臣前来，秦王设下酒宴款待他们。齐人茅焦对秦王说："秦国正处于建立天下大业的时候，您却把太后流放，恐怕对您的名声影响不好吧！各国诸侯要是知道有这样的事情，谁还会信服您呢？"秦王觉得有道理，就把太后从雍城接回咸阳，让她居住在甘泉宫中。

有人告诉秦王，秦国之所以会出现这样的大乱，都是别国来的客卿（不是秦国人，但在秦国做官）捣乱的结果，要想避免这些事，干脆把这些客卿都赶走。秦王采纳了这个建议，命人在全国上下做彻底的清查，赶走那些在秦国任职的客卿。楚国人李斯也在被逐之列，他认为秦国的这项政策不合理，便向秦王上书，陈说利弊。秦王读罢李斯的上书，立即宣布废除逐客令。李斯受到秦王的重用，便向秦王献计说："您应该立刻攻打韩国，来震慑其他诸侯国，让他们都知道您的厉害！"秦王觉得很对，于是派李斯等人去攻打韩国。韩王非常担心，找来韩非商量，筹划削弱秦国的办法。

秦王政十二年（公元前235年），吕不韦死去，他生前的门客偷偷把他安葬在洛阳的北芒山。从此，秦王政彻底清除了吕不韦、嫪毐等人对朝政的影响。

兼并六国

大梁人尉缭来到秦国，对秦王说："秦国真的是非常强大，与您相比，其他诸侯国的君王就像您下面郡的首长一样。可是就怕他们联合起来，出其不意地进攻。以前智伯、吴王夫差和齐湣王他们就是这样失败的。所以我建议您不要吝啬，要舍得用财物去贿赂各国中有权势的人，让他们从中捣乱，破坏东方六国的联合计划。这样，您只不过拿出区区30万两黄金，就能吞并东方所有的诸侯国，还不值得吗？"秦王高兴地采纳了他的建议。为了表示对尉缭的尊重，秦王以平等的礼节接待他，就连饮食和服装也和自己同等。

尉缭见过秦王后，对人说："秦王相貌不善，高高的鼻子，又细又长的眼睛，胸脯像鸷鸟，说话的声音又像豺狼一样，这种人具有虎狼心肠。他不得志的时候，会对人表现得谦卑，一旦得志，就不会把别人看在眼里，甚至会残害他人。我不过是个普普通通的平民百姓，他却对我如此恭敬，我要是真帮他得到天下，那么全天下的人还不都成了他的俘虏？这种人是不能够长久共事的。"于是尉缭就想逃走，结果被秦王觉察。秦王执意挽留他，任命他为国尉，并且采用他的计策和治国之道。

秦王政十三年（公元前234年），秦国派桓齮攻打赵国平阳，杀死赵国的将领将扈辄，并斩杀赵国士卒10万人。这年，韩非奉韩王之命出使秦国，李斯建议始皇扣留他。后来，韩非就死在秦国的云阳。韩国无奈，归顺了秦，韩王于是成为秦国的藩臣。魏国迫于秦军强大的威力，主动向秦国奉献土地。

秦王政十七年（公元前230年），秦国派内史腾出兵攻打韩国，俘虏了韩王安，吞并了韩国的领土，在这里设置了颍川郡。当年，这些地区发生了强烈的地震，百姓们闹饥荒，生活异常艰难。

秦王政十八年（公元前229年），秦军大举进攻赵国，王翦率军攻占赵国军事要地井陉。杨端和率领河内的军队攻打赵国，包围了邯郸城。又过一年，王翦等人又夺取了赵国的大片土地，占领东阳城，俘获了赵王。紧接着王翦又率兵准备攻打燕国，在中山地区屯兵。赵国灭亡后，秦王

始皇诏版　秦

这块青铜的诏版，原置于宫廷重要的器具之上，文为"廿六年，皇帝尽并兼天下诸侯，黔首大安，立号为皇帝，乃诏丞相状、绾，法度量则不壹，歉疑者，皆明壹之"。

政来到邯郸城，下令活埋了那些曾经和他的母亲结下仇怨的人，然后返回秦国。赵国的公子嘉率领宗族几百人逃往代地，自称代王。公子嘉联络东方的燕国，双方组成联军，驻扎在上谷，与秦军对抗。

秦王政二十年（公元前227年），燕国的太子丹唯恐秦军进攻边境，十分害怕，就派遣荆轲去刺杀秦王，不想计划被秦王觉察。秦王大怒，肢解了荆轲的身体，然后派遣王翦、辛胜率兵进攻燕国。燕、代两国的军队奋勇反击，最后敌不过秦军的强大，在易水的西边被击败。一年后，秦王增调了更多的士兵增援王翦，彻底打垮了燕太子的军队，攻下了燕国国都蓟城。秦王杀了太子丹。燕王向东逃去，到达辽东一带，在那里称王。王翦借口年老多病，辞去官职，回了老家。

秦王政二十二年（公元前225年），秦王派王贲攻打魏国，挖开堤坝，把黄河水引来，淹没了魏国的都城大梁，大梁城墙被冲毁。魏王请求投降，于是秦国占领了魏国的全部土地，魏国灭亡。

秦王政二十三年（公元前224年），秦王再次征召王翦，强行任命他为将军，命他率大军去攻打楚国。王翦攻占了楚国陈县以南平舆以北的大片土地，并俘获了楚王。楚国的大将项燕扶立昌平君为楚王，在淮南一带发起反攻。一年过后，楚军大败，昌平君战死，项燕自杀，楚国灭亡。

秦王政二十五年（公元前222年），秦王发动大批军队，派王贲统领，前往辽东地区攻打燕国残余势力，俘虏了燕王喜。回师途中，王贲又打下代国，俘获了代王嘉，燕、赵两国最终灭亡。这年，王翦所率大军平定了楚国的江南地区，降服了越君，在越地设立了会稽郡。同年五月，秦王命全天下的人都摆席设宴，举杯庆贺。

秦王政二十六年（公元前221年），齐王派兵保卫齐国的西部边界，与秦国断绝来往。秦国派兵攻打齐国，俘虏了齐王田建，齐国灭亡。

至此，秦王吞并了赵、韩、燕、魏、楚、齐六国，统一了天下。

统一天下

秦王政刚刚兼并六国，统一天下，就召见丞相和御史，对他们说："前一段时间，韩王既献土地又献玉玺，主动要求做我的藩臣。可是没过几天他就变卦了，联合赵国、魏国反叛我。所以我派兵攻打韩国，俘虏了韩王。之后，赵王派丞相李牧来订立盟约，我放了他们的人质。可是没多久，赵国也背弃盟约，在太原反叛我，所以我兴兵讨伐他们，抓获了赵王。后来，赵国公子自立为王，我又消灭了他。魏国起初与我订立了盟约，表示归顺我秦国。然而不久它又与韩、赵合谋，袭击秦国。我们的将士齐心合力，打垮了他们。楚王答应把青阳以西的土地割让给我，可是不但不履行承诺，还派兵攻打我国的南部。于是我出兵攻占了楚国的土地，俘获了楚王。燕王的太子丹更是胆大包天，竟然派荆轲来刺杀我。于是我出兵讨伐，消灭了燕国。齐王采纳后胜的奸计，和秦国断交，想要作乱，我派兵去讨伐，平定了齐地，俘获了齐王。就这样，寡人我兴兵征战于天下，六国诸侯全都认罪称臣，如今天下总算安定下来。现在，我不能再称王称帝了，那样的话，我的功业就不能扬名天下，流芳百世。我想找你们来商量一下，把帝王名号改成什么好呢？"

丞相王绾、御史大夫冯劫、廷尉李斯仔细商量过后，对秦王政说："从前五帝的领土幅员辽阔，纵横千里。候服、夷服的诸侯们，有的来朝贡天子，有的不来，天子无法完全控制。如今您率领一支勇猛无比的军队，消灭叛逆之臣，平定了天下，在国内设立郡县，由中央统一发布指令，这是以前从未有过的。就连五帝也没建立过如此的功业啊！我们已经认真地与博士们讨论了，一致认为：'古代有天皇、地皇、泰皇，泰皇最尊贵。'臣等冒死呈上尊号，称您为'泰皇'，把天子之命称为'制'，天子之令称为'诏'，天子的自称为'朕'。您看怎么样？"秦王说："要不这样，除去这个'泰'字，只留'皇'字，再加上原来的称呼'帝'字，尊号为'皇帝'，这就行了，其他的就按照你们说的办。"于是追加庄襄王为太上皇，又下达制书说："朕听说，太古的时候，有号没有谥，中古的时候有号，帝王死后，后任帝王和大臣又根据他生前的行为，给他定个谥号，这不就是儿子在评论父亲，大臣在评论君主吗？朕觉得这样做不太合适，从今天开始，废除谥法。朕为始皇帝，后世按照数字顺序排列，称二世、三世直到万世，就这样一代一代的传承下去，无穷无尽。"

始皇帝根据金、木、水、火、土五德始终循环相生相克的道理，认为周得到火德，秦朝取代了周朝，就像水克制了火。所以秦朝开始就是水德的开始，改十月为新年的第一个月，十月初一为新年的开始；皇帝使用的服装、旌旗的颜色都以黑色为主；国家的兵符、印信都做成六寸高；马车的宽度定为六尺，每六尺为一步；每乘车的拉车马数定为六匹。另外秦始皇不主张讲仁义道德，认为那样不符合水德，主张以苛刻的手段管理民众，所有事情都依照法律办理，施行残酷的刑罚（古人相信水和数字六、黑色、严厉有对应关系）。

丞相王绾等人启奏始皇帝说："皇上，各诸侯国刚刚平定下来，燕、齐、楚等地的偏远地区恐怕很难镇守，应该在那些地方设置王国，封立各位皇子为王。"皇上让群臣讨论，一致认为这样做便于治理国家。可廷尉李斯却不赞成，他对皇上说："周朝的文王、武王都分封了很多的同姓子弟和诸侯，后来亲属的关系逐渐疏远，甚至发展到互相仇视，互相攻击，周天子也制止不了。现在不同了，在陛下领导下，天下完全统一，并且各地都设立了郡县，利用税收重赏那些王子和大臣们，让他们有很高的收入。这样一来，局面就好控制了。天下人都忠心耿耿地对待您，这才是国家和社会的安定所在啊！所以我认为，设立诸侯不便于治理国家。"皇帝很赞同，说："是这个道理！多少年了，天下无休无止的征战，老百姓饱经苦难，祸根就是那些诸侯。如今，刚刚平定了天下，又要设立诸侯，不是重蹈覆辙吗？那样的话，想要社会安宁就不容易了，我赞同李斯的意见。"

始皇把全国分成36个郡县，每个郡都设立郡守、郡尉、监御史，把百姓改名为"黔首"；他又派人搜集天下所有的兵器，运到咸阳，熔化后铸造成大钟和12个铜人，放置在宫廷中。始皇还统一度量衡；统一车辆的规格；统一文字。至此，秦朝的地域东到大海、朝鲜，西到临洮、羌中，南到北向户，北部以黄河为关塞，连接阴山山脉，直到辽东。秦始皇又清查全国，命12万富豪之家迁居咸阳，把各代的陵庙、章台宫和上林苑都设立在渭水南岸。秦国每消灭一个诸侯国，都要人仿照它原来的宫室画出图形，然后派人在咸阳的北坂地区仿建。他还让人在泾水、渭水的相接处建造天桥，在殿屋之间建造优美的环形长廊。并且把从各个诸侯国得到的美女、钟鼓等都安置在建成的宫殿中。秦始皇的治国大业就这样开始了。

秦始皇出巡

当年，秦始皇为了显示强大的威力，扩大自己的影响，防止叛乱，几次大规模巡游天下。从北国到江南，从泰山到钱塘江，他的足迹几乎踏遍全国。每到一个地方，他都要祭奠各地的名山大川，表示他受命于天，是山河的主人。他还要在石头上刻下碑文，四处宣传他统一中国的功业。

秦始皇二十七年（公元前220年），秦始皇巡行视察陇西、北地等地区。他翻越了鸡头山，经过回中宫，在渭水的南面修建了信宫。后来他又把信宫改名为极庙，象征着天极。秦始皇还派人修筑从极庙到郦山的道路，建造甘泉宫前殿，并且建甬道，一直通到咸阳。然后他又增修皇帝准备到各地巡行的道路。这一年里，各文武百官，普遍加赐一级爵位。

秦始皇二十八年（公元前219年），秦始皇巡视东部地区的各个郡县，登上邹地的峄山。在那里他派人立了石碑，还找来鲁地的儒生讨论碑文，在石碑上刻下文字，歌颂秦国的丰功伟业。随后秦始皇又登上泰山，在泰山顶上积土筑坛，立下石碑，举行了封禅典礼，祭祀天神。秦始皇下山的时候，忽然来了一阵狂风暴雨，连忙跑到一棵树下躲避。这棵树因为给秦始皇遮挡风雨有功，被封为五大夫。然后他又来到梁父山，举行祭祀，立碑刻下诗文。

天尽头

在山东省最东端的荣成。据传秦始皇巡游至此，见海中巨石凸立，令修桥至东海仙岛，求长生不老药，故又有"秦桥遗址"之称。

秦始皇沿着渤海向东行进，经过黄郡、睡郡，穿越成山顶峰，登上芝罘山。在那里他也派人立下石碑，刻下碑文，为自己歌功颂德。接着，他向南又登上了琅玡山。之后，他大设酒宴，举行丰富多彩的娱乐活动，在这个地方停留了足足三个月。同时，他还迁徙3000多户百姓来到琅玡台安家落户，免去他们12年的赋税和徭役。秦始皇让人重新修建了琅玡台，树立起石碑，刻下碑文，颂扬秦朝的功德，表明他志满意得心情。

秦始皇从东方巡游回来的时候，经过彭城，亲自斋戒，祭祀祈祷，想把当年掉落在泗水中的周朝传国宝九鼎打捞上来。结果他派了1000多人下去寻找，还是没找到，只好作罢。于是他继续向西南方向行进，渡过淮水，沿着长江来到洞庭湖。秦始皇乘船溯湘江而上，前往衡山、南郡等地。船行至湘山祠下，碰巧起了大风，江水汹涌，船只几乎不能前进。秦始皇认为这是神灵作怪，就问那些博士："湘江的神灵是谁？"博士回答说："传说是尧的女儿，也就是舜的妻子，她埋葬在这里。"始皇听了非常愤怒，于是就命令3000多个正在服刑的犯人把湘山上的树木全都砍光了，从此湘山变得光秃秃的，裸露着红色的土壤。然后，秦始皇巡视完南郡，从武关回到都城。

为了显示声威，秦始皇每次出巡的时间和路线都不保密。秦始皇二十九年（公元前218年），秦始皇向东巡游，原韩国贵族后裔张良看准了这个机会，想谋杀他。三四月份，春风送暖，阳光和煦，秦始皇出巡的队伍，浩浩荡荡地开到了河南阳武。几十辆车列成壮观的队伍，官兵将士们前呼后拥。阳武西南博浪沙的驰道两边杂草丛生，人烟稀少，张良和刺客们就在这设下了埋伏。但见远处尘土飞扬，秦始皇的车队慢慢驰近，刺客猛然间跃起，将百斤重的大铁锥用力地朝车队砸去。铁锥从秦始皇御车边擦过，落在副车上，将车前横木砸断。队伍一阵混乱，张良和刺客乘机而逃。险些丧命的秦始皇十分愤怒，立即下令在当地搜查，结果搜了10天，还是没有抓到刺客。这个案件只好不了了之。

秦始皇三十一年（公元前216年）十二月的一个夜晚，秦始皇身着便装，在咸阳城内巡视，4名武士跟随。在兰池宫附近，有人突然冲出，向秦始皇行刺。当时，情况十分危急，随行武士奋力护卫，杀死了盗贼。秦始皇回宫后，非常愤怒，下令搜捕。官兵在关中一带连续调查20天，一无所获。

秦始皇三十二年（公元前215年），秦始皇前往竭石，派燕人卢生寻求仙人羡门和高誓，在竭石立碑刻上碑文，并派遣韩终、侯公、石生等人寻找长生不老的奇药。接着，始皇又开始巡游北方边地。这个时候，去海中寻求仙药的卢生返回，承奏他所抄录的书籍，上面说："最后消灭秦的是胡。"秦始皇看后，认为这个将来会灭亡秦朝的"胡"指的是北方的匈奴。为了让这个不祥的预言落空，秦始皇派大将蒙恬攻打匈奴人（胡人），夺取了河套地区。

秦始皇三十七年（公元前210年），始皇帝出游，十一月，巡行到云梦，在九嶷山祭奠虞舜。然后顺江而下，到达钱塘县，登上会稽山，祭祀大禹。遥望南海，立碑刻文。回程又经过吴县，渡过长江，沿海北上，到达琅玡。秦始皇到达平津的时候，身染重病，在沙丘平台死去，死后安葬在郦山。

入海求仙药

秦始皇二十八年（公元前219年），他第二次出巡，来到海边，在琅玡台勒石纪功之后，流连不肯归去，流露出对仙人的羡慕与渴望。手下人看出了他的心思，便四处物色能够为秦始皇寻找仙药方士。

原齐国所在地，有个方士叫徐福，他听说秦始皇想求仙药，就上书说："附近的渤海湾里有3座仙山，名字为蓬莱、方丈、瀛洲。据说这山很奇异，琼楼玉宇在云雾里忽隐忽现。山中还有仙人居住，仙人们驾云行路，飘飘洒洒，饮的是甘露水，吃的是长生不老药。皇上要想长命百岁，就请斋戒沐浴，表达尊敬与诚心。我愿率领童男、童女前往海中，为陛下寻求长生不老的仙药。"秦始皇十分高兴，就派徐福带上金银财宝、粮食和几千名童男童女，进入海中寻找仙人。随后，徐福便带领浩大的舰队出发了，他在海上漂流了很长时间，也没有找到他所说的仙山，更不用说长生不老药。

秦始皇为了能长命百岁，迫切地寻求仙药。秦始皇三十二年（公元前215年），他来到碣石山，见碣石山高耸入云，山前大海茫茫，就四处向人打听神仙的消息。人们告诉他，这里是有羡门、高誓这两位"神仙"，可这两位"神仙"究竟在哪里，谁也不知道。不知听谁说燕人卢生认识两位"神仙"，并和他们有过交往。李斯忙把卢生找来，带到秦始皇的行宫。秦始皇一见卢生，二话不说，就命令他去找两位"神仙"，去寻求长生不老之药。卢生走后，又有人说韩终、侯公、石生等人也能找到仙药，秦始皇很高兴，也派他们出海去寻神仙。

卢生带人在海上绕了好长时间，连个"蓬莱"岛的影子也没见着，就返了回来，劝秦始皇说："我们这些人去寻找神仙和仙药，可怎么找不到，好像是有什么东西侵犯了他们，他们故意躲藏起来了。按照方术的要求，人只有远离恶鬼，真人才能来临。真人进入水中也不会沾湿衣服，跳入火中也不会被烧伤，他是凌驾在祥云之上，和天地的寿命一样长。所以陛下想要见到神仙，就得隐藏自己的行踪，这样才能求到长生不老的仙药。"秦始皇说："我仰慕真人。"于是就不再称自己为"朕"，而称为"真人"。

驰 道

驰道是中国历史上最早的"国道"，始于秦朝。公元前221年，秦始皇统一六国，第二年（公元前220年），就下令修筑以咸阳为中心的、通往全国各地的驰道。著名的驰道有9条，有出今高陵通上郡（陕北）的上郡道，过黄河通山西的临晋道，出函谷关通河南、河北、山东的东方道，出今商洛通东南的武关道，出秦岭通四川的栈道，出今陇县通宁夏、甘肃的西方道，出今淳化通九原的直道等。秦驰道在平坦之处，道宽五十步（约今69米），隔三丈（约今7米）栽一棵树，道两旁用金属锥夯筑厚实，路中间为专供皇帝出巡车行的部分。可以说，这是中国历史上最早的正式"国道"。

侯生、卢生等人根本找不到仙药，又怕秦始皇怪罪，便一起商量说："始皇为人贪图权势，粗暴凶狠，为所欲为。秦朝的法律又有这样的规定，一个方士不能兼有两种方术，如果方术不能应验，就要处死。占卜星象云气预测国家吉凶的300多人，因为害怕获罪都不敢说实话，咱们不能给他去找仙药。"于是就逃跑了。始皇听说后，十分愤怒，说："我征召这些方士，想用他们振兴国家，寻找奇药或炼造仙丹。他们倒好，韩终逃跑不归，徐氏花钱无数，要找的奇药连影都没有。我对卢生他们不但尊重有加，还予以重赏，如今不仅不给我找仙药，还诽谤我，在民众中诋毁我的名誉。这类人妖言惑众，扰乱民心，抓起来杀掉！"于是派御史去查，一共抓到460多人。秦始皇下令全部活埋。

虽然如此，秦始皇求药之心依旧不死。方士徐福等人寻找仙药，几年了也没找到，怕秦始皇惩罚他，就欺骗说："蓬莱仙药不是找不到，而是我们经常受到鲛鱼的袭击，所以我们没法到达仙山。我希望皇上能派几个善于射箭的勇士和我们一起去，让他们射死大鲛鱼。"后来，秦始皇做了一个梦，说自己与海神作战，海神的形状就和人一样。他找人去圆梦，人家告诉他："水神是看不见的，因为有大鱼和蛟龙在他身边守护着。如今您不管是去祭祀还是祈祷，都必须小心谨慎，发现这类恶神，就得除掉，这样善神才能到来。"秦始皇相信了这套谎话，下令入海求仙的人都要带捕捉大鱼用的工具，他自己出海的时候让弓箭手随行。为了寻到神仙，秦始皇从琅玡山向北航行一直到荣成山，结果却什么也没见着。后来到了芝罘山，才见到一条巨大的鱼，秦始皇命人射杀了它，继续沿海岸向西走。

后来，秦始皇在巡游的过程中，到达平津，不料身染重病，死在沙丘平台。秦始皇至死也没有见到仙人，求到长生不老药。

焚书坑儒

秦始皇三十四年（公元前213年），皇帝在咸阳宫设下酒宴，有70位博士前来祝酒。

仆射周青臣端酒上前，对秦始皇说："皇上真是一个了不起的人啊！原来秦国的土地方圆还不到千里，如今平定了海内，对外驱逐了野蛮的邻邦。只要太阳和月亮能照到的地方，就全都归属我们秦国。您消灭六国诸侯，把原属于他们的土地改成郡县，让天下的人都能安居乐业，不再承受战争的痛苦，这都是您的圣明所在啊！您的丰功伟业一定会流芳百世的！古往今来，还没有人能和您相比呢！"秦始皇听了十分高兴。

这时，原齐国的博士淳于越走了过来，对皇上说："我听说，从前的商、周两个朝代得天下以后，都分封弟子和大臣为诸侯，作为天子统治的重要辅助力量，因此，这两个朝代的统治都长达1000多年。

秦始皇焚书坑儒图

这幅帛画向我们展现了秦始皇当年焚书坑儒的情形，图中在朝堂之上秦始皇巍然高坐，儒士战战兢兢求命令下，朝堂之外已有许多儒士被绑，或被埋入坑中，或被押在坑边。

如今陛下您拥有海内所有的土地，你的儿子兄弟们却和普通的平民百姓没有区别。这样，要是国家出现了像齐国田常、晋国六卿那样企图谋杀君主、夺位篡权的乱臣贼子，皇上靠谁来救援呢？谁又肯来帮助您呢？我从来没有听说过，不遵循古代的制度能够统治长久。周青臣的话只是在奉承您，没有指出您的过错，由此可知，他不是一个为国效忠的良臣。"

秦始皇听后，拿不定主意，便召集众大臣们讨论这件事。丞相李斯说："五帝的治国政策从来不会相互重复，夏商周三代的政治制度都不是对前朝的沿袭，都是根据各代现实的情况来制定政策，决定取舍。他们不是故意地违背祖先，而是朝代更替，实际情况也就跟着改变了。如今陛下灭诸侯，定郡县，创了千秋伟业，万世功勋，这些都不是他们那些愚昧的儒生们所能理解的。况且，淳于越所说的都是夏、商、周三代的事，哪里值得取法呢？从前诸侯并起，纷争不断，陛下为了平定天下，才大量招揽游说之士，出谋划策。如今天下太平，法令统一，作百姓的，就该安分守己，搞好生产；身为士人，就应该认真学习国家法令。那些儒生，不去了解和学习现今政策，偏偏要宣传什么古代制度，对陛下您的制度指手画脚，说三道四，这不是在搅老百姓的心吗？"

"为了国家的长治久安，臣李斯冒死向您提出建议：古时候天下四分五裂，无法统一，以此诸侯并起。人们谈论国家政策，也往往称赞过去贬低现在，用那些老空话来扰乱社会的安定。每个人都认为自己学的那一套好，认为自己意见正确，指责皇上所立的制度不合理。现在您统一了天下，已经证明了哪些做法对，哪些做法错，完全可以确定一个统一的思想。但是，各家学派一起指责国家法令和教化。士人们一听说朝廷有命令下达，就根据自己所学进行议论，上朝的时候在心里嘀咕，散朝后在街头巷尾乱说；在陛下面前往往夸耀自己的学识来求取名利，在百姓面前则发表奇谈怪论来博取名声，并带头制造不利于陛下的言论。这种现象要是不制止，对上势必削弱您的威力，在下面就会结成私党，所以我认为这种情况必须禁止。我请求您下令让史官把《秦记》以外的史书全部烧毁。不是博士官等职务需要的，如果有人隐藏《诗》、《书》等百家典籍，就责令他把书籍交到地方的官府烧掉，并严惩藏书的人；聚众讨论《诗》、《书》的，就要被当众处死；借用古事来谈论今天是非的，也要处死，并株连九族；官吏中知情不报者和犯法者同罪；接到命令后30天之内不执行的，要被处以刺面之刑并发配到边疆去修建长城；只保存那些关于医药、占卜和种植类的书籍；人们想要学习法令，就去讨教官吏。"

秦始皇听后十分赞同，就下达制书说："可以，就这么办。"于是，全国大批的古代文献和典籍被大火焚毁。

被秦始皇寄予厚望的侯生和卢生，根本找不到仙药，两个人害怕受罚，便找理由为自己开脱说："皇上的性格暴虐，手段狠毒。他从一个小小的诸侯发展到现在，心志得到了满足，觉得谁都不如他，还施行严酷的刑罚。天下人因为害怕刑罚，就不敢吐露真言，只好阿谀奉承。这样一来，皇上就会愈加骄横放纵，为所欲为，大事小情，都由他一人决定。他每天要批阅的文书，多得能用秤来量，贪恋权势到了这种地步，我们还替他找什么仙药啊！"随后，两个人逃跑了。

秦始皇听说卢生逃跑，非常愤怒："前一段时间，我烧毁没有用的书籍，又招纳许多的文学、方术方面的人才，希望通过他们来求得太平。他们不仅不干事，还背地里讲我的坏话。调查中还发现咸阳的方士和儒生中，也有人制造谣言，蛊惑民众。"

于是，秦始皇就派遣御史审查方士和儒生。方士儒生因为害怕酷刑，就相互揭露告发，这样一个供一个，共牵连460多人，这些人全部被活埋在咸阳，以此警世天下人。

秦始皇的长子扶苏进谏说："天下刚刚平定，边远地区还没有完全归附。儒生们诵读诗书，仿效孔子，都是有德行的人，可您却要重罚他们，我担心会影响天下的安定形势啊！希望您明察。"秦始皇听后大怒，立刻把扶苏遣送到北方的边疆上郡，去监督蒙恬的军队。

祖龙之死

秦始皇三十六年（公元前211年），天上有一颗流星划过，有块陨石坠落在东郡的地面上。不知谁在这块陨石上面刻了几个字："秦始皇死后国土就会分裂"。秦始皇听说了这件事，十分生气，就命令御史四处查问。可是没有人敢承认，秦始皇气急败坏，派人把当地的居民统统抓起来杀掉，又把陨石烧掉。事后，秦始皇整天闷闷不乐，就让人帮他写作《仙真人诗》，外出巡游时，就让乐师们演奏唱这首歌。

这年秋天，秦朝的使者在夜晚赶路，被人拦住。那个人递给使者一块玉璧，对他说："今年祖龙将会死去。"使者刚要询问缘由，那个人转身就消失了。使者把玉璧交给了秦始皇，并报告了这件事情。秦始皇听完，沉默了一会儿，说："也许是个山鬼，只能预测一年之中发生的事。"退朝后，秦始皇又说："祖龙，就是人类的祖先。"然后他命令有关官员察看这块玉璧。这帮人仔细一看，发现这块玉璧是8年前秦始皇外出巡游、渡长江时不慎落入江中的那块。秦始皇觉得不是好兆头，就找人占卜，卦辞上说：必须迁徙，才能够逃避灾难。于是，秦始皇把30000家民户迁往北河、榆中定居，并且每户赏赐一级爵位。

秦始皇三十七年（公元前210年），秦始皇出巡，左丞相李斯跟从，右丞相冯去疾在京都留守。秦始皇的小儿子胡亥爱玩，也要跟着去，皇上答应了，带上他一起走。当队伍到达平原津的时候，秦始皇染了重病。可他不愿意听别人提到死，大臣们谁也不敢提"死"字。后来病情越发严重了，秦始皇帝就写了一封书信，命人送给公子扶苏，上面写道："速来咸阳，办理我的后事。"书信封好后，加盖御印，还没等交给使者，秦始皇就死了。

秦始皇陵兵马俑群
兵马俑制成后都用鲜艳的颜色彩绘过，由于出土时经验不足，导致这些彩绘很快风化褪色，从出土的兵马俑群可以想象，当年这样一个衣着鲜艳的庞大军阵下葬时是何等气势磅礴！

秦始皇在沙丘去世，李斯担心各个公子和天下人知道后会发动动乱，就隐瞒了真相，没有公布。他们把皇帝的尸体装进棺材，用既通风又密闭的车辆运载着，由皇上宠信的宦官们亲自驾车。所到之处，在外人面前，假装和原来一样向皇帝进献食物。众地方官也和以往一样奏事，宦官坐在车里，审批所奏之事。

随同秦始皇出巡的胡亥、赵高等人知道这件事。赵高曾经教胡亥读过书，辅导他学习过刑法律令等，所以胡亥很宠信赵高。赵高和公子胡亥、李斯商量后，偷偷打开皇帝写给扶苏的信。获悉内容后，便篡改遗诏，对外宣称李斯在沙丘接受了皇帝的诏，立胡亥为太子。另外写了一封信，给公子扶苏和蒙恬，信中列举了他们的罪状，并赐他们自杀。李斯等人启程返回咸阳，从井陉抵达九原。途中正赶上天气暑热，秦始皇的尸体散发出臭气。于是李斯等又命人找来一些鲍鱼，放在车上，用来掩盖尸体的气味。

回到咸阳，朝廷这才发布秦始皇驾崩的消息。胡亥继承皇位，成为秦朝的第二代皇帝。九月，秦始皇被安葬在郦山。

早在秦始皇刚刚即位时，就已经派人在郦山为自己建造坟墓。天下统一后，秦始皇又从各地调集了70多万个工匠，深挖墓穴，用铜水浇铸墓穴内的地面，来堵塞缝隙，然后放入外棺。再令人把设好的百官位次的宫殿模型和大量的金银珠宝安放在里面。最后，命令工匠们制作带有机关的弩箭，一旦有人来盗墓，就会自动将其射杀。还用水银模拟制作成江河湖海，装上机关，使它们能够互相连通流动。在墓室的顶壁上，用天文图案进行装饰，墓室的下部根据中国地理形状来布置。用娃娃鱼的脂肪制成蜡烛，因为它能燃烧很长的时间。

皇帝胡亥说："先帝后宫中那些没有生过孩子的妃子必须给父皇陪葬。"这样又赐死了很多人。灵柩下葬后，有人说："工匠们制造了坟墓里的机关，肯定十分了解，恐怕会把地宫的秘密泄露出去。"胡亥说："放心吧！我自有办法。"安葬完毕，宝物也都埋藏好了，胡亥就命人封闭墓道的中门和外门。工匠们和填充宝物的人全都被封在坟墓里边，没有一个活着出来。最后，胡亥又下令在墓地的旁边栽满了草木，装扮得和普通山没什么两样。

二世胡亥

秦二世胡亥即位时，只有21岁。他任命赵高担任郎中令，负责处理朝政。

古代帝王死后，后世都要建庙祭祀。秦二世觉得传统的仪式配不上秦始皇的丰功伟绩，让官员们讨论把祭祀秦始皇的仪式搞得更隆重的办法。大臣们都说："古时天子祭祀以前的七代祖宗，保留七代君王的祭庙，七代以前的不予祭祀。始皇帝的庙则命名为始祖庙，至高无上，保留万世，永远祭祀；向天下百姓多收赋税，为祭祀始皇帝添加供品和牲畜；用最高的规格、最完备的礼仪进行祭祀；以后的天子必须亲自、单独捧着经反复酿造的好酒祭祀，所有的大臣都要按规定行礼，进献供品。皇帝仍旧称自己为'朕'，不再更改。"秦二世很满意。

秦二世对赵高说："朕很年轻，又刚刚临位，还没能获取民心。当年父皇在位的时候，四处巡游，显示自己的强大，以此来震慑天下。如今我不去巡回视察，会被天下人看成是懦夫，怎能统领天下呢？"于是，秦二世开始巡游，李斯跟从。他们首先来到碣石山，然后又沿海南下，到了会稽，并且在秦始皇曾经树立的石碑上，重新刻上了文字，在石碑的边上又刻下了随从大臣的名字，宣扬先帝的功业和盛德。最后从辽东回到咸阳。

二世皇帝采取阴谋手段得到皇位，自己心虚，就和赵高商量说："如今，大臣们不是很顺服，官宦们的势力也很强大。另外，几位公子也不服气，日后肯定要和我争夺皇位，你说该怎么办？"赵高说："其实臣早想和您说这些事，可是没敢。始皇帝的那些大臣，都是曾经为国立下过汗马功劳的人，辛苦劳累了一辈子，他们的权势和财富也传给了后代。而我赵高生下来就低贱卑微，陛下您抬举我，让我位居高官，管理朝中的重大事务，那些大臣们嘴上不说，心里也都不服气。如今您应借外出巡游的机会，清除那些有罪过的官僚，这样既可以威震天下，又能除去您不满意的人。当今时代，不提倡效法文治，一切都取决于武力。我希望您当机立断，不要犹豫不决。圣明的君主，收揽重用前朝遗留下来的普通民众，把地位低贱的人变得高贵，把贫困的人变得富足，亲近那些被前朝疏远的人，这些人肯定会对您感激涕零。这样，就能上下团结，国家安定。"二世皇帝很满意，点头说："嗯！这个办法不错。"于是找借口诛杀了一些大臣和六位皇子，还牵连诛杀职位较低的官员，接着把自己的兄弟嬴将闾等三人关进内宫。

二世皇帝命使者传令给嬴将闾说："你们不服从我的命令，论罪就应该处死，现在官吏们就要执行法令了！"将闾说："在宫中，我从来都没做不合礼节的事；在朝廷上，也从来不敢做错什么；皇上的问话，从来也没有失言错答。凭什么说我不服从命令？我只想知道我到底犯了什么罪，死也要死得清清楚楚、明明白白。"使者说："我没有资格参加讨论，也不知道你究竟犯了什么罪，我只是奉诏书行事，负责通通话而已。"嬴将闾非常悲愤，无奈仰天大呼："天啊！天啊！我没有罪！"于是兄弟三人都流着眼泪，拔剑自杀。宫廷里的人听说这件事后，都很恐惧。大臣只要有前来劝谏的，就会被认为是诽谤朝政。官吏们为了保住自己的位置，只好阿谀奉承，不再说真话。

秦二世元年（公元前209年）四月，皇帝回到咸阳，说："先帝嫌咸阳的宫廷太狭小，就建造阿房宫，谁知还没建成，就崩逝了。工匠们停止了建筑，转去郦山修建陵墓。如今郦山陵已经修建完成，要是再不去建造阿房宫，不是说先帝修宫殿这件事做错吗？"于是，秦二世派人继续修建阿房宫，同时派兵安抚四夷，一切都按照秦始皇帝的方法办。他还派5万精壮的士兵守卫咸阳，教他们学习射箭，学习饲养供人玩赏的禽兽以备宫中之用。因此咸阳地区的聚集的人口越来越多，粮食供应就跟不上了。于是秦二世又从各个郡县调集粮食和草料，还让那些运送粮草的人自备干粮，咸阳城三百里以内的地区不许吃这些粮食。这个时期，法令的施行也更加严厉苛刻。

不久，陈涉等人在原来的楚地举旗造反，命国号为"张楚"。陈涉自立为楚王，据守在陈县，然后派出选将去攻城略地。关东郡县里的年轻人，大都遭受过地方官吏的迫害，纷纷响应陈涉的军队，杀死地方官，起来造反。不

阿房宫图轴　清　袁耀
图绘作者想象中的阿房宫之景。奇峰突立，山峦绵延而下，重重宫宇依山而建，山石长松间有楼宇亭台，江波怪石上拱桥长廊，山脚处殿宇重进，雕梁画栋，金碧辉煌。

少地方豪杰自立为侯王，他们相互承认，并联合起来，打着讨伐秦朝的旗号，向西进军。参加反叛队伍的人越来越多。

使者出使东方回来，向二世皇帝禀报了各地造反的情况。二世皇帝勃然大怒，立刻把使者关进大牢。后来二世皇帝又向别的使者打听东方的形势，使者回答："没什么大碍，只是一小伙土匪强盗在惹是生非，当地的官员正在追捕他们，如今已经全部被抓了，您不用担心。"皇上听后，十分高兴。而实际上，当时武臣立自己为赵王，魏咎立自己为魏王，田儋自立为齐王，沛公在沛县组织领导起义，项梁也在会稽起兵反秦。国内形势越来越严峻。

秦二世二年（公元前208年）冬，陈涉命令周章率领几十万大军攻到戏水。二世皇帝惊惶失措，连忙召集群臣商量对策。少府章邯说："如今盗贼已经兵临城下，而且人数众多，这种情况下，即使是立刻调发附近县城的军队也来不及了。我倒有个好办法，现在郦山的工匠和犯人人数众多，皇上赦免他们的罪过，然后发给他们武器，让他们去攻打盗贼。"于是，二世皇帝大赦囚犯和苦力，派章邯带领他们去与起义军作战。章邯打败了起义军，杀死了周章。随后二世又增派兵士去协助章邯，章邯领兵在城父杀死了陈胜，在定陶县打垮了项梁的军队，又去临济消灭了魏咎。之后，章邯的队伍又北渡黄河，前往巨鹿，攻打赵王歇等人。

指鹿为马

赵高对二世皇帝说："始皇帝统治天下的时间很长，英明果断，大臣们都不敢在朝廷上胡说八道，不敢用邪说相欺瞒。如今陛下您青春年少，又刚刚即位，没有经验，怎么能够在朝廷上与大臣们商讨决策国事呢？如果您的决策失误，那不就等于在群臣面前暴露了自己的缺点吗？天子原本就应当高高在上，不应该直接让下面的人听到陛下的声音。"皇帝听信他的话，就躲在宫中，与赵高暗中商讨国事，公卿大臣们也很少见到皇上。

这时，反叛朝廷的人越来越多，秦二世就不断地从关中地区调派士兵去征伐。右丞相冯去疾、左丞相李斯和将军冯劫进谏说："关东地区的叛贼越来越多，虽说派了军队去讨伐他们，也杀死了几个叛贼的首领，但是还是没有制止。为什么会出现这种情况呢？就是戍守、运输的差役太多太苦了，赋税也很繁重。因此我们建议您先停止修建阿房宫，减少四方的屯戍和来往物资的运转。"

二世皇帝反驳说："韩非子就曾经说过，'尧舜的时代，修建居室用原木作椽子，不用刮削；用茅草盖住屋顶，不用剪裁；用陶器喝水、煮饭。可是在我的统治下，就是看门的小卒也比他们的待遇好啊！大禹治水的时候，为了把河水引入大海，他亲自手拿铁锹，小腿上的汗毛都被磨光了，我们现在的奴隶，也不至于像他那样辛苦啊！'像他们虽贵为天子，却辛勤劳苦，我认为不值得学习。拥有天下而高高在上的人，就应该按照自己的想法办事。作为君主，就要明确威严地颁布法令，让下面的人不敢反抗，不敢胡作非为，这样就可以自由自在地驾驭天下了。朕贵为万乘君王，至今也没有多大的排场。所以我要建造成千乘车驾、万辆兵车，作真正的万乘之君。先帝以一个诸侯身份，平定了天下，对外讨伐夷狄。国家安宁后，他才修建宫室，来彰显丰功伟业，你们都看到了，这项事业才刚刚开始。如今，朕刚刚即位两年，就有盗贼兴起祸乱，你们不前去禁止他们，反倒跑来阻止我继续先帝的伟大事业，你们既不懂得报答先帝对你们的知遇之恩，又不为朕尽忠竭力，有什么资格身居高位？"

于是二世皇帝就将李斯三人抓了起来，关进监狱，立案审查他们的罪状。冯去疾和冯劫说："身为将相，怎能忍受这样的屈辱！"于是就都自杀了，而李斯不愿自杀。

秦二世三年（公元前207年），章邯等人包围了巨鹿，楚国的上将军项羽率领楚军前去救援。冬天，赵高担任丞相，处死了李斯。后来，章邯等人战事接连失利，受到皇帝的责备。章邯害怕了，就派长史司马欣回到朝廷中去汇报军情。赵高不信任他，没有接见。司马欣担心自己被杀，逃出咸阳。赵高派人追捕，没有抓到。司马欣见到章邯，对他说："赵高蛊惑皇上，独揽了国家大权，将军回去，不管有功还是无功都一样面临被杀的危险，你好自为之吧！"这时，项羽正加紧进攻，章邯索性率军投降了。

这年八月，赵高想要作乱，又有点心虚，害怕大臣们不服气，于是就先进行测验。他牵来一只鹿，在朝廷上当着大臣们的面，献给二世皇帝，并指着鹿故意说："这可是一匹好马啊！是我特意献给陛下的。"秦二世说："这分明是鹿嘛！丞相怎么说成马呢！"赵高说："这就是一匹良马，陛下不信，可以问问诸位大臣。"不少大臣们畏惧赵高的权势，知道他为人阴险，就默不作声；有的为了迎合赵高，就讨好说："这确实是匹宝马呀！"也有一些大臣明确指出："这明明是一只鹿。"事后，那些说鹿是鹿的人，都遭到了赵高的暗算，从此群臣都更加惧怕赵高了。

赵高总是说："关东地区的盗贼，是不可能有所作为的。"可是后来，项羽在巨鹿俘获了秦朝的大将王离，秦朝的军队屡次败退。被秦始皇灭掉的燕、赵、齐、楚、韩、魏等国都相继复国，并拥立了自己的国王，反叛秦朝。各路诸侯带领军队，向西进攻，讨伐朝廷。

赵高被诛，秦朝灭亡

沛公刘邦率领反秦的起义军攻克了武关后，暗地里派人联系赵高。赵高怕二世皇帝迁怒于他，就假装生病，不参加朝见。二世皇帝梦见一只白虎咬断了自己车驾的左骖马，自己杀死了这只白虎。因为做了这个不吉利的梦，他很郁闷，就去问占卜的人。占卜的人告诉他是泾水的河神在作怪。于是二世就在望夷宫斋戒祭祀，将四匹白马投进水中。东方各路起义军势力越来越强，秦二世很担心，就又派人责问赵高。

赵高很害怕，找来女婿阎乐、弟弟赵成商量说："皇上不听劝谏，结果弄成了现在这个样子，反倒把罪责全都推到我们的头上。我想另立天子，改立公子子婴为皇上，子婴为人仁厚谦卑，老百姓们肯定会拥护他。"于是，赵高命令郎中做内应，谎称望夷宫中有大盗。

秦二世无奈，只得退入内宫，只有一个宦官跟在身后，不肯离开。二世皇帝愤怒地向他吼叫："你为什么不早点把国内这种严峻的形势告诉我？害得我今天落到如此地步？"宦官低着头说："皇上，正因为不敢讲实话，我才能活到现在。我要是说实话，早就没命了！"这时，阎乐冲了进来，用手指着二世皇帝，数落着他的罪过："你骄横跋扈，荼毒生灵，残害百官，不讲道理，致使全天下的人都背叛你，如今你自己说该怎么办吧！"二世皇帝说：我能不能见一下丞相呢？"不行！"阎乐断然拒绝。二世皇帝说："那能不能给我一个郡的地方，让我当个王？"阎乐还是没有应允。二世皇帝又接着问："那我做一个万户侯总可以吧？"阎乐回答说："那也不行！"二世皇帝又央求说："那就让我做一个平民百姓，带着我的妻儿老小过普通人的日子，这下总该行了吧？"阎乐说："我接受丞相的命令，代表全天下的黎民百姓来诛杀你，你就是说得再多也没用，还是快快了断自己的性命吧！"士兵们蜂拥前来，二世皇帝被迫无奈，拔剑自杀而死。

阎乐回去向赵高禀报了皇上自杀的消息，赵高马上召集所有的大臣和公子们，并通报了诛杀二世的情况，说："秦朝过去只是个王国，因为秦始皇削平六国，君临天下，才称为帝。可是现在不一样了，6个诸侯国已经复国，还占据了原先的国土，秦国所能管辖的区域变小了，我们就不能再徒有虚名称为帝了，还是像从前一样称王比较合适一些。"于是就拥立子婴为秦王，按照普通百姓的礼节埋葬了二世皇帝，然后先让子婴斋戒，去寺庙里拜见祖先，接受玉玺。

子婴斋戒了5天后，找来自己的两个儿子，对他们说："赵高杀了二世皇帝，害怕众大臣杀他，就假模假样地立我为王。我已经听说他与楚国签订了盟约，等消灭了秦的宗室后，他就在关中称王。如今他让我去朝拜宗庙，其实另有所图，是想找机会在那杀了我。我就说自己生病没法去，他就会亲自来请，他一来，我们就想办法干掉他。"于是赵高几次派人来请子婴，子婴都不肯去，最后赵高亲自来了，而且没有任何戒备。赵高见到子婴后，说："朝见宗庙这么大的事情，你怎么能不去呢？"子婴起初默不作声，随后突然拔出宝剑，一下把赵高刺死在斋宫中，然后派人诛杀了赵高家的三族人。

　　子婴只做了46天的秦王，沛公的军队就打败秦军，攻进了武关，来到霸上。沛公派人去招降子婴。子婴拿丝带系着自己的脖颈，捧着玉玺，向沛公投降。沛公进入咸阳，封锁了宫室库府，回到霸上。

　　过了一个月左右的时间，诸侯盟主项羽带领各诸侯的军队赶到，诛杀了子婴以及秦朝宗室所有的成员。然后，项羽命人在咸阳城施行大屠杀，俘获宫女，瓜分了秦国大量的钱财和珍宝，烧毁了秦朝的宫室。秦朝灭亡后，关中地区被分割成3个王国，分别为雍王国、塞王国和翟王国，号称三秦。项羽自封为西楚霸王，主持天下大事，划分全国土地，分封诸侯王。秦朝最终灭亡，5年后，天下又被汉朝统一。

项羽本纪·第六

少年项羽

项羽名籍，字羽，下相人。他的祖父是楚国的大将项燕，在秦国消灭楚国的战斗中被王翦所杀。项羽从小死了父亲，是在叔父项梁的照顾下长大的。因为项氏家族世代都在楚国做将军，并且立下过赫赫战功，被楚王封在项城县，赐姓项。

项羽年少的时候，家人曾经让他去读书，可他怎么也学不会，就放弃了。他后来改学剑术，结果还是没有学成。他的叔父项梁十分生气，骂他没出息。项羽说："读书认字只不过能记住自己的姓名，剑术练得再好，也只能是对付一个人，不值得学习，我要学，就学能够抵御千军万马的本领！"项梁听了，觉得他很有抱负，十分高兴，就教他学习用兵打仗。刚开始的时候，项羽还很愿意学，可刚刚明白一点皮毛，又不想学了。后来，项梁杀了人，带着项羽一起逃到江苏吴县躲避仇人。项梁善于结交朋友，碰到人家有什么大小事情，都前去帮忙。当地的百姓都很喜欢他，一来二去，他就成了吴县豪杰的领袖。项梁运用兵法，安排部署宾客和那些年轻人，不但把事情办得井井有条，还借此机会了解那些人的胆略才识。

秦始皇巡行回到会稽，渡钱塘江的时候，有许多人围观，项梁和项羽也在其中，他们一同站在江边观望，项羽见秦始皇的仪仗队伍华美壮观，威风凛凛，不由脱口而出："有什么了不起的！总有一天，我要取代他！"项梁大吃一惊，慌忙捂住他的嘴，小声说："你这傻孩子，可不能胡说八道，这要是被人告发了，可是大罪啊！"从此项梁更认为侄子不是个普通的孩子，日后肯定能成就大事，就非常喜欢他。回去后，项羽责怪叔父说："平时您总是让我学习兵法，习练武艺，让我不要忘记国恨家仇，可是今天怎么这样胆小怕事呢？"项梁说："想要报仇，就得学会等待时机，我们要干的可不是一件普通的事，怎能心急气躁，毛手毛脚的呢？"项羽长到20岁的时候，身材高大，体格健壮，力气大得能把大鼎举起来，江苏吴县的年轻人都很畏惧他。

秦二世元年（公元前209年），陈胜、吴广在大泽乡起义。消息传来，项梁和项羽万分高兴，他们觉得为楚国报仇的时机来了。这时会稽的郡守殷通派人请来项梁，对他说："江西一带的郡县已经全部起来造反了，消灭秦朝的时机到了，俗语说得好，'先发制人，后发受制于人'。我们不能在这傻傻地等着啊！我打算带头行动，想派你和桓楚将军带领部队去攻打秦军。"当时，桓楚逃亡在外，项梁低头想了想，心生一计，对郡守说："桓楚逃亡在外，我好像听项羽说起过他的藏身之处，还是去问问他吧！"郡守欣然答应了，项梁出去找到项羽，向他说明了自己的打算。项羽拿着宝剑，跟着项梁来到郡守的府上。项梁让项羽先在门外等候，自己走进屋里，笑着对郡守说："我把他找来了，在门外候着。"郡守一摆手："快让他进来！"项梁大声招呼项羽进来，

项羽像

看他走到郡守的跟前，就使了个眼色。项羽心领神会，上前一步，拔出宝剑，还没等郡守醒过神来，就砍下了他的脑袋。项梁提着郡守的人头，佩戴上郡守的印符走出来。郡守的随从们都大惊失色，乱成一团。守卫的士兵们拿着兵器，跃跃欲试，他们虽然有几十个人，可哪里是项羽的对手。项羽一发威，没用几分钟的时

间，就把那些人打得死的死，伤的伤。活着的人也都吓得趴在地上，没人再敢起来反抗。于是项梁召集平时比较熟悉的地方豪杰和官吏，告诉他们自己想要起兵反秦，众人欢呼响应。他又调集吴郡的士卒，并派人到下属的各县去征集壮丁，最后得到了精兵8000人。这8000人就是后来跟随项羽南征北战、所向披靡的吴中8000子弟兵。项梁任命地方豪杰去担任军队的将领，其中有一个人没有被任用。他找到项梁去问原因。项梁当着众人的面说："前些日子，我派你去主办过一家丧事，可你没把事情办好，说明你没有做事的能力。"众人听了，都很佩服项梁。于是推举项梁当会稽的郡守，推选项羽为副将，协助项梁统领军队。

这年冬天，陈胜率领的军队被秦将章邯击败，陈胜的手下将领召平假托陈王的命令，封项梁为楚王的上柱国，并说服他一起抗秦，援助张楚政权。此时的项梁正想率兵北上，就爽快地答应了。于是项梁率领江东的8000子弟兵，渡过长江，向西进发。渡江后，项梁听说陈婴已经起义，占领了东阳，就派使者前去跟他联合，共同西进。陈婴原本是东阳令史，因为他为人忠厚，做事严谨，所以很受人尊敬。陈胜吴广的起义失败后，东阳县令被杀，当地的年轻人一致推举陈婴为首领。陈婴推辞说自己没有能力，结果被强行推上首领的位子。陈婴的母亲告诉儿子说："自从我嫁到你们陈家以来，没听说过你的前辈们出现什么达官贵人，你突然之间就得到这么高的职位，我觉得不太吉利，还不如让给别人，你就作个小官，这样就算失败了，也无所谓。"陈婴听了母亲的话，对军官们说："项氏家族世世代代都是楚国的大将军，如今想要推翻秦朝的统治，就必须由他们来领导。"众人听从了陈婴的意见，就让项梁领导军队。项梁带领军队，渡过淮河，各路的义军纷纷赶来加入，士兵迅速增加到六七万人，驻军下邳。

陈王牺牲后，部将秦嘉立景驹做楚王，驻扎在彭城，阻挡项梁西进。当时，项梁不知陈王已死，就对将士们说："陈王最先起来反抗秦朝，现在战况不利，人也不知道在哪儿。秦嘉胆敢背叛陈王，立景驹为楚王，真是大逆不道，应当讨伐他。"于是项梁攻打秦嘉，秦嘉败逃到胡陵，不甘失败，又回过头迎击追上来的项梁军队，双方激战一天，秦嘉战死，景驹逃到梁地而死。项梁收编了秦嘉的部队，驻军胡陵，商议西进攻秦的策略。这时，章邯率秦军到达栗县，项梁派部将前去迎战，结果战败。此前，项梁派项羽去攻打襄城，襄城民众不肯投降。项羽很生气，破城之后把全城军民全部活埋。不久，项梁就得到陈胜被害的确切消息。当时，各路起义军群龙无首，四分五裂，反秦的气势开始下降。项梁感觉这样下去后果不堪设想，就召集楚地各路义军的首领，共议大事。在参加这次大会的首领中，还有一个杰出的人物，他就是沛公刘邦。

安阳夺帅

　　陈胜死后，楚国大将项梁召集各路义军首领召开会议，商量如何讨伐秦军。

　　当时有位能人名叫范增，已经70岁了，平时在家没事可做，就帮人出谋划策。他来到薛县劝项梁说："陈胜是必然要失败的，当初秦灭六国，楚国是最不幸的。楚怀王被骗到秦国，后来就死在那里，楚国人至今还怀念着他。所以楚南公说：'哪怕楚国只剩下3户人家，也一定要灭掉秦国！'如今陈胜领导起义，没有去扶立楚王的后人，却自立为王，他的运势就不可能长久。您从江东起兵，有很多人前来投奔您，你知道这是为什么？就是因为你家世代都是楚国的大将，能够扶立楚王的后代啊！"项梁觉得范增的话很有道理，就派人到民间寻访楚怀王的后代。不久，大家找到楚怀王的一个孙子熊心，当时熊心才13岁，正在给人家当放羊娃，于是项梁就带领众人拥立熊心为楚王。为了顺应楚人怀念故国的心情，仍称熊心为楚怀王。消息传开后，又有很多人赶来参加项梁的队伍。

　　几个月后，项梁率军攻打亢父，又联合齐将田荣、龙且援救东阿，两战都获得了胜利。秦军败退后，田荣立即率兵返回齐国，赶走了齐王田假，改立田儋的儿子田市为齐王。齐王田假逃到楚国，齐相田角和弟弟田间跑到赵国避难。项梁追击败退的秦军，并多次派人催促田荣出兵相助进。田荣坚持要求楚、赵两国杀掉田假、田角和田间，才肯出兵，被项梁拒绝，田荣因此拒绝帮助楚军。项梁另派项羽和刘邦向西进军，二人相继取得了城阳、濮阳、雍丘之战的胜利，斩杀了李斯之子李由。楚军多次打败秦军，项梁开始产生了骄傲的情绪，将军宋义对项梁说："战斗胜利了，将领们都感到很骄傲，士兵们也变得越来越懒惰，这样下去总有一天要失败。况且，秦朝的援军马上就要来到，我真替您担忧啊！"项梁没有理会他的意见，不以为然。

项梁派宋义去出使齐国，在路上遇见了齐国的高陵君，问他："你是想去见项梁吗？"高陵君点点头。宋义又说："我敢断定，项梁的军队就要被打败了。你要是慢慢走，兴许就会免于一死，要是走快了，说不定就会赶上灾难。"果然，秦国派了大量的士兵去增援章邯的军队，大举反攻，在定陶击败了楚军，项梁战死疆场。项梁死后，章邯不再担心楚国的军队，就挥师北上，去攻打赵国，打垮了赵军之后，把赵王和众大臣都包围在巨鹿。

定陶战败之后，楚怀王心里害怕，便从盱台赶到彭城，把所有的楚国军队加以整编，自己亲自统率。接着任命吕臣为司徒，吕青为令尹。加封沛公刘邦武安侯，担任砀郡长并统率砀郡的军队。赵军被围，实在顶不住了，赶紧派人四处求救。楚怀王得信，决定出兵援救。他听高陵君说宋义有先见之明，就派他为上将军，叫他带领次将项羽、末将范增北上救赵。

援军的队伍行进到安阳时，燕国和齐国的授赵大军早已赶到。他们见秦军势力强大，谁也不肯拿鸡蛋去碰石头，都缩头缩脑地远离秦军驻扎，按兵不动。宋义遂下令停止前进，驻足观望，这一停，就是46天。项羽找到宋义对他说："救兵如救火，现在秦军把赵王围困在巨鹿，赵王已经十分危险了，我们应立即渡过黄河，和赵军来个两面夹击，秦军一定会大败。"而宋义端着酒杯，不慌不忙地说："这你就不懂了！现在强大的秦军进攻赵军，秦军就算胜了，也一定会疲惫不堪。我以逸攻劳，必然会大获全胜。假如秦军不胜，我正好西征，一下子灭了秦国。这就叫做二虎相争，或一死一伤，或两败俱伤，杀伤虎总比杀猛虎容易得多呀！"宋义停了一下，又斜眼看了看项羽，笑着说："嘿嘿！要说穿上盔甲，拿着兵器冲锋陷阵，我可能没有你的力气大，可要说到运筹帷幄，你可就差远喽！"项羽听后十分生气，走出军帐。随后，宋义发布命令："将士们战斗起来要勇猛如虎，凶狠似狼，谁要是不听指挥，擅自行动，一律斩杀。"这显然是冲着项羽来的，叫他乖乖地服从命令。随后，宋义又把儿子送到齐国做国相，还大设酒宴招待宾客，救赵之事只字不提。

当时天气很冷，又加上阴雨连绵，粮草也不充足，士兵们露宿在野外，饥寒交迫，怨声四起。项羽对将士们说："我们本应大举进攻秦军，却停留在这里，不许往前走。眼看粮食都快没了，可宋义还在大吃大喝，借口说什么等他们疲惫了再打。如果我们渡过黄河，打败秦军，粮食自然就会有，还至于这样挨饿受冻么？再说，赵国刚刚建立，怎能跟强大的秦军相比？赵国要是灭亡了，秦军就更加强大，还怎么利用秦国的疲惫？我们的军队刚刚在定陶打了败仗，怀王忧心忡忡，集结国家全部兵力，征调所有粮饷，交给上将军，国家的生死存亡，可以说在此一举。而上将军呢？不但不体恤士卒，还牟取私利，趁机派自己的儿子到齐国去做官，他不是真正的忠臣良将。"第二天早晨，项羽到统帅大帐去参拜上将军，因意见不合，在帐中斩杀了宋义。项羽提着宋义的人头走出帐篷，对将士们说："宋义违背我王的命令，和齐人合谋，想要反叛楚国，我奉楚王的密旨，处死了他。"各位将军心里畏惧项羽，就一起说："楚王本来就是项梁将军扶立的，再说，您只不过是杀了一个叛逆之臣而已。"于是共同推举项羽为大将军。

破釜沉舟

项羽派人追赶宋义的儿子，并杀死了他，然后又派人向楚王报告。楚王无奈，只好任命项羽为上将军，还把当阳君、蒲将军的军队也交给项羽指挥。

项羽上任后，立即整顿兵马，抚慰士兵，把军中的钱财全部拿来犒赏三军。几天前还疲惫不堪的将士们，如今个个精神抖擞，士气大振。项羽首先派遣当阳君、蒲将军率领2万人渡过漳河，去救援巨鹿城里被围困的赵王，两人的军队打了几个小胜仗，取得了一些战果，但解决不了关键问题，赵国将军陈馀又来请求增援。于是项羽决定率兵与秦军决战，他亲自带领全军人马，渡过漳河。上岸后，项羽下令士兵每人都带足3天的口粮，然后又命人砸碎行军做饭用的锅碗瓢盆等餐具。将士们一下子都愣了，项羽说："将士们，没有了这些东西，我们就可以轻装上阵，去挽救危在旦夕的赵国！如果你们想吃饭，就到章邯的军营中取锅做饭吧！谁都不许后退！"接着，项羽又命令士兵把渡船全部用凿子凿穿，沉进水里，烧掉所有的行军帐篷。战士们一看，退路没了，粮食也不多了，知道这场战斗如果打不赢，就只有死路一条。于是，楚军的将士们互相勉励，激昂振奋，人人都抱着进则生、退则死的决心，拼命向前。

两军相逢勇者胜，秦军虽然人马众多，也抵不住抱着必死决心的楚军。楚军到了巨鹿就包围了王离的军队，同秦军展开了激烈的斗争。将士们个个如下山猛虎，奋勇拼杀，沙场上烟尘蔽日，喊声震天。楚国的军队越战越猛，把秦军打得死的死，伤的伤，最后杀死了秦将苏角，俘虏了名将王离。涉间不愿投降，被打得走投无路，放火自焚而死。

就在楚军与秦军激战的时候，前来救援赵国的各路诸侯军队都在旁边看热闹，无一出兵。楚军的战士勇猛善战，以一当十，呼声震天，各路将领都看得目瞪口呆、心惊胆战。楚军打败秦军后，项羽召见各位诸侯的将领。诸位将领一走入辕门，就全都跪在地上，用膝盖向前行走，谁也不敢抬头看一眼这个叱咤风云的将军。从此，项羽就成了各路联军的总指挥，掌管军权，主持灭秦大计。

秦将章邯带兵驻守在棘原，项羽的人马在漳河的南岸，双方对峙却没有交战。因为秦军屡战屡败，二世皇帝很生气，就派人责问章邯。章邯很害怕，便派司马欣回去向皇帝汇报前线战况并请求指示。司马欣回到咸阳，连

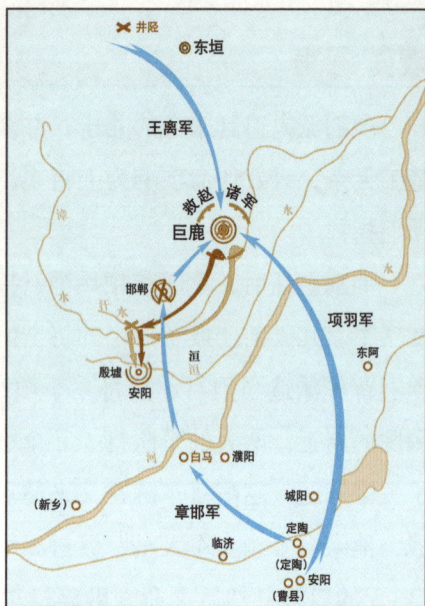

巨鹿之战示意图

续3天求见，都被赵高挡在门外，又听人说赵高为隐瞒军情打算杀了他。司马欣赶紧逃走，在赶回棘原军中的时候，他没敢走原路。赵高果然派人追杀，但没能追上。司马欣见到章邯，详细诉说自己的遭遇，并说："赵高独揽大权，朝廷中的其他人根本没有说话的机会和权利。如果我们打了胜仗，赵高肯定会嫉妒我们的战功，难免被杀；如果打了败仗，一切责任就会被推到我们身上，更免不了一死。您认真考虑考虑，看着办吧！"

这时，赵国将军陈馀给章邯写了一封信，信上说："想当年名将白起，为秦国南征北战，攻打楚国占领了楚都鄢郢，进攻赵国取得了长平之战的辉煌胜利。他打下的城池，夺取的土地，数也数不清，最后的结局怎么样？不还是惨遭杀害吗？再想想蒙恬，身为秦国大将，率兵击败匈奴，为秦国开拓了几千里的疆土，最终也没有逃脱被杀的命运。为什么会这样呢？因为他们立下的战功太多了，朝廷很难给予更高的封赏，就干脆找个借口杀了他们。您现在做秦国的将军已经有3年了，与

诸侯作战伤亡士卒有几十万之多，即使这样，您也没能消灭各地诸侯，相反，造反的还越来越多。天下诸侯反叛朝廷，都是秦二世与赵高引起的，现在形势这么危急，赵高为了推卸罪责，肯定会找个借口杀害将军，以免去他自己的灾祸。将军您在外统兵打仗，不能得到皇帝的信任，无功要被杀掉，有功也是被杀。再说，秦朝的灭亡已经不可避免，大家都看得明明白白。看看您的处境，对内劝不了皇帝，对外战不胜诸侯，独自一人，苦苦支撑，太可悲啦！为将军您打算，不如也率兵反秦，与诸侯联合，消灭秦朝，瓜分秦地。这样您也可以封王封侯，不比身受刑诛、妻儿被杀强得多？"

章邯动心了，秘密派人到项羽那里去洽谈，想要订立和约，结果没能谈拢。于是，项羽命令军队日夜不停地向秦军发动攻击，秦军再次战败。

章邯见形势危急，再次又派人求见项羽。项羽因军中缺粮，答应章邯订约。双方约好日期在洹水南岸会晤。签约完毕，章邯见了项羽，忍不住热泪横流，向项羽讲述了赵高对自己的迫害。项羽也很感慨，便封章邯为雍王，留在军中。随后，项羽任命司马欣为上将军，统率秦军担当进攻咸阳的先头部队。

诸侯军的官兵都是秦朝的平民，以前被征发徭役，驻守边塞，路过关中时，现在这支降军中的官兵对他们很恶劣。秦军投降之后，诸侯军的官兵便借此机会，随意侮辱他们。部队开到新安。秦军官兵都为自己前途担忧，议论说："要是消灭了秦朝还好，要是不能的话，诸侯军把我们带到关东，没个好，朝廷还会把我们家人都杀掉。"诸侯军将领得知后，报告了项羽。项羽担心秦朝降军心中不服，一旦不听指挥，就会发生危险。就命令楚军趁夜把20万秦军活埋在新安城南，只留下章邯、司马欣、董翳3人。

鸿门宴

项羽带领军队继续向西行进。队伍来到函谷关，看见城门上有人把守，不准进关。项羽派人一打听，才知道刘邦早已先进关了，守城的正是刘邦的军队。他十分生气，就下令将士猛攻函谷关。项羽打进关去，大军到了新丰、鸿门一带，驻扎下来。当时沛公驻军在霸上，还没来得及去见项羽。

刘邦手下有个曹无伤，想投靠项羽，偷偷地派人对项羽说："这次沛公进入咸阳，是想在关中做王，让秦王子婴作丞相，并且已经把秦国的所有珍宝都占为己有。"项羽听了，气得瞪着眼睛说："去！准备点酒菜，好好犒劳犒劳将士们，明天一早，就去给我攻打沛公的军队，一定要打败他。"

这时，项羽有40万的军队，而沛公刘邦只拥有10万的军队，双方兵力差距悬殊，刘邦的处境十分危险。范增前来对项羽说："从前沛公在江苏老家的时候，贪恋财色，自打入关以后，就改邪归正了，这就说明他很有野心啊！我曾经派人去观望他头顶上的云气，发现总是呈现出龙虎的气象，那可是象征天子的瑞气，要是不赶快除掉他，将来一定会后患无穷！"

项羽有个叔父叫项伯，是刘邦的谋士张良的老朋友，张良曾经救过他的命。项伯得知项羽要杀刘邦，恐怕打起仗来，张良会陪刘邦一同送死。他连夜赶到刘邦的军中，劝张良逃走。张良不愿离开刘邦，就把项伯说的话告诉了刘邦。刘邦大吃一惊，对张良说："赶紧替我把项伯请进帐来，我要像对待兄长一样跟他说几句话。"张良带着项伯前来会见刘邦。刘邦举杯相敬，并趁机与项伯定下儿女婚约。刘邦说："我虽然先行一步进入关中，但秦宫的财宝却是丝毫未动，我派人守卫关口，是怕盗贼乘虚而入。我日夜盼望项羽将军早日到来，哪里敢背叛他呢？"项伯相信了刘邦的话，再三叮嘱刘邦要亲自到项羽那边去赔礼道歉，刘邦答应了。

项伯连夜离去，回到军中，去见项羽。他把沛公所说的话一字不差地告诉了他，又劝项羽说："要不是刘邦先进入关内，你能这么顺利就能进来吗？他已经立下了大功，你不但不奖赏他，却要杀他，不是太不讲仁义了吗？应该找个机会善待他。"项羽想想也有道理，于是点头答应了。

第二天一清早，刘邦带着张良、樊哙和100多个随从，到鸿门拜见项羽。刘邦说："我与将军同心协力打败了秦军，我因为离得近就先来到关内，没想到有人在我们之间搬弄是非，惹您生了气。"项羽见刘邦低声下气对他说话，满肚子的怨气都烟消云散了。项羽说："这都是你的左司马曹无伤说的，不然我怎么会怀疑你？"于是就留沛公一同饮酒。

酒宴上，项王和项伯面朝东而坐，沛公面北而坐，张良面向西侧陪侍，范增则面南而坐。席间，范增几次给项王使眼色，并且举起身上佩戴的玉玦，示意项羽下决心，找机会把刘邦杀掉。可是项羽就像没看见一样，一点反应都没有。范增见项羽不想动手，就找个理由走出营门，对项羽的堂兄弟项庄说："大王心慈手软，下不了手。你快进去！先给他们敬酒，然后找机会杀了刘邦。不然的话，我们将来就会成为人家的俘虏。"项庄走进去，挨个敬了酒，说："军中里没有什么好玩的，我就舞个剑给诸位助助兴吧！"说着，就拔出宝剑，舞了起来，不知不觉，就舞到刘邦的面前来了。项伯看出项庄舞剑，意在刺杀沛公，也跟着站起身来，说："一个人舞有什么意思，我也来配合一下吧！"于是也抽出宝剑，舞起来，暗中却用身体保护刘邦，不给项庄下手的机会。

张良一看形势紧张，连忙起身离开酒席，来到营门外。樊哙连忙迎上前，问："怎么样？"张良说："情况十分危急，项庄正在舞剑，看来是想要对沛公下手了。"樊哙急了，一手拎着宝剑，一手拿着盾牌，闯进军门。守门的卫士们刚想拦住他，樊哙用盾牌用力一顶，就把卫士撞倒在地上。樊哙拉开帐幕，气冲冲地闯了进去，眼睛睁得圆圆的，瞪着项羽，怒发冲冠。项羽十分吃惊，忙按着剑问："什么人？"张良从后面跟进来，替他回答："这是替沛公驾车的樊哙。"项羽说："好啊！真是壮士！快去拿杯酒来，再拿一个猪肘！"侍从送给樊哙一杯酒，一只猪肘。樊哙谢过之后，把酒一饮而尽，又把盾牌放在地上，把猪肘放在盾上，拔出宝剑边切边吃。项王又问："还能再喝一杯吗？"樊哙一边吃，一边说："我连死都不怕，何况一杯酒呢？秦王凶狠残暴，所以天下的百姓都背叛他。怀王和众将士有过约定：'谁要是先打败秦军，攻入咸阳，就封为关中王'，如今沛公首先进了咸阳，封存了皇宫的财宝，还命人把守函谷关，防止发生意外，然后又退兵霸上，天天盼望您的到来。您不但不封赏他，还听从小人的话，想杀他，您这是在走秦王的后路啊！恕我直言，您这么做不妥！"项羽无言以对，只是说了声："请坐吧！"樊哙挨着张良坐下。

过了一会儿，刘邦起身要去厕所，顺便把樊哙和张良叫了出来。刘邦对樊哙说："我出来了，没告辞，这合适吗？"樊哙说："做大事，用不着顾及小节；讲求大礼，也不用在乎小的责难。人家现在是快刀、砧板，我们是人家想宰割的鱼和肉，还辞什么别？"于是沛公离去，让张良留下致谢。张良问："大王来时，带了什么礼物没有？"刘邦说："我带来了一双白色的玉璧，送给项王，还有一对玉斗，送给亚父范增，你就替我转交给他们吧！"之后，沛公赶紧离去。

张良估计刘邦已经走出很远了，才转身回到帐中，向项王辞谢："沛公刘邦饮酒过多，不能亲自前来道别，让我前来辞谢，并奉上白璧一双，玉斗一双，敬献给大王。"项王问："沛公现在在哪？"张良回答说："听说大王责难他的过错，只好一个人先回去，这时候差不多快到军中了！"项羽接过玉璧，什么也没说。范增十分生气，拿过玉斗就摔在地上，用剑给敲碎了，并叹息着说："哎！这些没有用的人啊！不能和他们共谋大事，你等着吧！将来与你争夺天下的，一定是刘邦。我们这些人，都等着做他的俘虏吧！"

沛公逃过了这一劫，回到军中，立即处死了险些置他于死地的曹无伤。

西楚霸王

鸿门宴上刘邦走了之后没过几天，项羽就率领军队向西进发，命令士兵屠戮咸阳城。随后，杀死了已经投降的秦王子婴。项羽让军队抢掠了秦朝皇宫里所有的金银财宝，派人把秦皇宫里的所有宫女抓来，分给诸侯与官兵，又烧毁了秦国的王室宫殿，大火在秦国的宫殿上烧了3个多月都没有熄灭。这时有人前来劝说项羽："关中一带土肥水美，四面又有高山环绕，您在这里建立都城，将来就能称霸天下了！"项羽望着被大火烧毁的秦国宫室，只见一片狼藉，再加上怀念故土，只想东归。对那个人说："富贵了，不回故乡，就像穿着华丽的衣衫在夜里行走一样，有谁能够看得见呢？"

项羽自己很想称王，但又有点不好意思，就先封手下的将相们为王。对他们说："起义之初，拥立诸侯的后代为王乃是一种策略，为的是有利于讨伐秦朝。而真正消灭秦朝，靠的是各位将军和我项籍的力量啊。想当初，我们带头起事，身披铁甲，手持利剑，转战南北，打了多少恶仗。三年在外，风餐露宿，忍饥挨饿，受了多少辛苦，才灭掉秦朝，平定天下。因此，我决定分封各位为王，可好？"诸将齐声说："好。"项羽接着说："虽然说义帝没有什么战功，但分给他土地，让他做王也是应该的。"大家都表示赞同。

在项羽的主持下开始分封天下。项王和范增最担心的是沛公，怕他将来会据有天下，不愿封他为王。可是，不封也不好，一是鸿门之会上，已经与沛公和解，况且当初又有盟约。如果违背当初的约定，有可能引发诸侯背叛。项羽与范增反复商议处理沛公的办法，项羽说："巴蜀地区的道路崎岖不平，况且被迁贬的秦国人都居住在那里，不好控制，就把这块地分给沛公好了。"范增想了想，说："也好，巴蜀也算得上是关中地区，封给沛公也不算违背当初的约定。"项羽就把巴蜀及汉中之地分封给沛公，立沛公为汉王，建都南郑。为防备汉王，项羽把

戏马台

在今江苏徐州，始建于公元前206年，据传西楚霸王项羽定都彭城后，在此建高台，作为指挥士兵操练、观赏士卒赛马的场所。

关中地区一分为三，立章邯、司马欣、董翳为王，统治这一地区，以阻挡刘邦东进。

接下来，项王分封诸侯：立章邯为雍王，建都废丘，统辖咸阳以西的土地；当年司马欣在栎阳做官的时候，曾经帮助过项梁，因此，封司马欣为塞王，建都栎阳，管辖范围为咸阳以东、黄河以西的地区；因为董翳劝章邯投降楚军有功，封董翳为翟王，建都高奴，统治上郡地区；魏豹原为魏王，改立为西魏王，建都平阳，管辖河东地区；申阳不过是张耳手下的大臣，因为他攻下河南郡后主动迎接楚军，所以封申阳为河南王，建都洛阳，统治河南郡。韩成原为韩王，封号和辖地都不变，仍作韩王，建都阳翟；原赵国将军司马卬，因屡有战功而被封为殷王，建都朝歌，统管河内；赵歇原来是赵王，改立为代王，统治地为代郡；原赵国国相张耳曾追随项羽入关，又有好名声，因此被封为常山王，建都襄国，统治赵地；当阳君黥布战功在楚军中名列第一，因此被封为九江王，建都六县。吴芮在南方起兵，率领百越将士跟随项羽入关，因此被封为衡山王；共敖原为楚怀王的柱国，率兵攻伐，战功赫赫，因此被封为临江王；韩广原为燕王，改立为辽东王；臧荼原为燕国将军，曾跟随楚军救赵，又随军入关，因此被封为燕王；田市原为齐王，改立为胶东王；田都原为齐国将军，曾随楚军一起救赵，又随军入关，因此被封为齐王；田安是齐国亡国之君田建的孙子，在巨鹿之战时，率军攻打济水之北的城池，策应项羽有功，后又率军投降项羽，因此被封为济北王；田荣这个人，多次背叛项梁，又不听指挥，所以不封他为王；陈馀原为成安君，他与张耳闹矛盾，又没有随楚军入关，但他对赵国有功，又有贤能之名，就把南皮周围的3个县封给他。

阿房宫

秦始皇灭掉六国统一全国以后，在渭河南岸上林苑修建朝官阿房宫，其规模"东西五百步，南北五十丈，上可坐万人，下可以建五丈旗"，周围还有四通八达的阁道通向离宫别馆。这些规模浩大的工程，消耗了大量的人力物力，最终并未修成，但激起了人民的反抗，加速了秦的灭亡。

项羽本人，则自立为西楚霸王，建都彭城。

项羽主持的这次分封，很不公正，成为引发以后动乱的根本原因。

楚汉相争

汉王元年（公元前206年）四月，众诸侯都离开戏下，前往各自的封国就位。

项王出关，前往封国。他借口自古以来帝王的位置都要在水流的上游，派人把义帝迁往长沙郴县。义帝的大臣们有点不情愿，想背叛项王。项王于是下达密令，把义帝和那些大臣们杀死在大江中。项王没有让韩王前往封国，而是把他带到彭城，先找了个借口废了韩王，后来又杀了他。燕王臧荼前往封国，驱逐了辽东王韩广，兼并了辽东的土地。

齐将田荣觉得很不公平，论战功，他们有资格封王，就是没有完全听从项羽的调遣，所以就没有被封。再说项羽刚封完王，就开始不履行诺言，田荣更加生气，于是纠集力量，起兵反叛项羽。他首先率兵击败齐王田都，又击杀胶东王田市，紧接着向西进攻，杀了济北王田安，兼并了三齐的土地，自立为齐王。

田荣以齐王的名义，任命彭越为将军，让他在梁地反击项王。这时，陈馀派人去见田荣，对他说："项羽虽自称西楚霸王，主持分封，但处理事情一点都不公平。他把贫瘠的土地都分给以前的诸侯王，好的地方都留给自己的文臣武将，还把原来的诸侯王从封地上撵出去，这样做也太不应该了！听说您的军队正在反抗楚军，我也想贡献一点微薄的力量。希望您能给我一些军队，让我去进攻常山，讨回原来赵王的封地。我愿意把我的国土作为齐国的屏障。"田荣答应了陈馀的请求，立即派军队前往赵国，和陈馀的军队一起打败了常山的守军。常山王张耳逃往汉中，归附汉王。陈馀把赵王接回赵地，赵王不胜感激，封陈馀为代王。这个时候，刘邦的军队也已经平定了三秦。

项王听说汉王兼并了关中所有地区，而此时齐国和赵国又起兵反叛他，十分愤怒。他马上立郑昌为韩王，命令他去攻打汉军。汉王派张良去攻打韩国，张良带了封信给项王。信上写道："您封给汉王的土地，不是他应该得到的那部分，汉王的封地应该是关中地区，如今您要是履行'先入关就为关中王'的约定，我们就立即撤兵，否则，就别怪我不讲情面！"接着张良又把齐梁两国准备联合起来反叛的的书信也交给了项王。项羽看后，就放弃了西进攻打刘邦的计划，下令攻打齐国。项羽向九江王黥布征集兵马，黥布借口生病，拒绝前来，只派了几千人给项王。项王于是对他产生了怨恨。

汉王二年（公元前205年）冬，项羽向北进攻到城阳，打败了前来抵抗的田荣的军队。田荣被迫逃到平原，结果被平原人杀死。楚军继续向北进军，把齐国的城池夷为平地，放火焚烧居民的房屋，在齐国的境内烧杀抢掠。田荣的弟弟田横听说后，非常气愤，就聚集人马，在城阳抵抗楚军。项王的军队在此与田横的军队交战了数日，还是攻不下来。

没过多久，汉王率领五路诸侯的军队共有五六十万人，讨伐楚国。项王得到消息后，就命令手下大将继续攻打齐国，自己亲率精锐部队3万多人反击汉军。四月，汉军攻进彭城，夺取了大量的财宝和美女，于是每天饮酒作乐，不思战事。这时项王带领军队赶回，汉军溃败而逃，死伤10多万人。楚军继续追杀，汉军被迫后退，直到睢水河岸。楚军强攻，汉军许多士兵被杀，又有10多万人落水而死。士兵们的尸体堵塞了河水，睢水一度无法流通。楚军把汉王紧紧包围。

正在这时，一阵狂风吹来，树枝被刮断，房屋的顶子也被掀起来，飞沙走石，天昏地暗。大风朝楚军迎面扑来，楚军大乱。汉王乘机带领几十名骑兵逃出包围圈。汉王原打算回沛县带上家人逃跑。可项羽早已派人赶到沛县，刘邦家人们四散逃亡。汉王在路上遇见了正在拼命逃跑的儿子和女儿，就把他们拉上车。楚军的骑兵在后面紧紧追赶，汉王很着急，几次把两个孩子推下车去，汉王的部下滕公又把他们拉上来。滕公说："就是再着急，也不能把他们扔下不管啊！"因为滕公的仁慈，姐弟俩才得以保住性命。汉王又派人寻找太公和吕后，结果没有找到，原来他们被楚军抓住，交给了项王。

后来，汉王渐渐汇合散落的将士们，把各路败军都集中在荥阳。汉丞相萧何动员关中地区的民众参加战斗，连老人和小孩都来了。于是汉军重振威风，一举打败了前来追击的楚军。楚军再也无法越过荥阳向西进攻。项王追击汉王，来到荥阳，大大减轻了齐国田横的负担。于是田横收复了齐国的土地，立田荣的儿子田广为王。各诸侯听说汉王在彭城败给项王，就全都背叛汉王，归顺项王。汉军驻扎在荥阳，修通了连接黄河的甬道，通过黄河来获得军用物资和粮食。

汉王三年（公元前204年），项王屡次进攻汉王的甬道，抢夺他们的粮食。汉王无奈，请求与项王和解，并表示愿意割让土地给项王。项王准备接受汉王的请求。这时，范增说："汉军现在已经疲惫不堪，我们不费吹灰之力就能打败他，你现在不去攻下荥阳，恐怕将来后悔莫及啊！"项王觉得有道理，就立刻包围了荥阳。

项王攻破荥阳，汉王用计在城破前逃出荥阳，来到宛城、叶县。在此他得到九江王黥布的支持，收集散兵游勇，回到成皋防守。

鸿沟划界

汉王四年（公元前203年），项王发兵攻打成皋。汉王、滕公弃城逃跑，来到张耳、韩信的军中。这时，只有一小部分将领跟着汉王突出重围，逃出成皋。

项王攻下成皋，继续向西进攻。汉王派军队在巩县占据有利地形阻击楚军，楚军无法行进。这时彭越带领军队，渡过黄河，攻下了楚国的东阿，杀死了楚将薛公。于是项王带领军队转去攻打彭越。

汉王得到韩信的军队后，想渡过黄河向南进攻，郑忠阻止了他。汉王就在黄河的北岸修筑壁垒据守，派刘贾率军去援助彭越，火烧了楚军的军需物资。项王带领军队向东进军，击破了刘贾的军队，赶跑了彭越。此时，汉王趁机渡过黄河，重新取得了成皋，并在广武驻军，就近取得敖仓的粮草。项王打败了彭越和刘贾，安定了东方，又回过头向西进军，攻下东广武，扎下军营来与汉军隔着广武涧对峙，持续了好几个月。

这期间，韩信已经打败了齐国和赵国，并准备进攻楚国，项王听到消息，派龙且前去迎战。韩信与龙且大战，楚军大败。韩信杀死了龙且，自立为齐王。项王知道龙且被杀后，十分恐慌，就派人去劝说韩信投降楚国，被韩信拒绝。这时彭越的军队又来扰乱，攻占了梁地，断绝了楚军的粮道。项王便带领军队去攻打彭越的军队，临行前，项王告诫留守成皋的大将曹咎："你们一定要严加防范，汉军要是前来向你挑战，千万不能与他交战，只要不让他们向东进攻就行了，我用15天的时间杀掉彭越，随后就来与你们会合。"安排完毕，项王就带领人马向东进军，攻打陈留和外黄。

刚开始的时候，外黄城还坚守着，没过几天，就守不住了，前来投降项王。项王很生气，就下令集合城中所有15岁以上的男子，想把他们活埋。这时，外黄县令的舍人有个13岁的孩子，来到项王的面前说："彭越逼迫我们，我们这里的人都害怕他，所以才不得不先假装向他投

降，等待您的到来。好不容易把您盼来了，您却要杀了他们，这样百姓
能真心实意地归附您呢？您要是这样做，那么其他城邑的民众就不会
归顺您了！"项王听后觉得很有道理，就听从了这个孩子的建议，赦免
了那些外黄人。后来，项王继续向东进发，听说这件事的人们都争相前
来归附他。

　　再说大将曹咎，项王离开后，汉军果然向曹咎挑战。开始的时候，
曹咎不予理睬。后来，汉王改变了策略。他知道曹咎性情暴躁，有勇无
谋，就一天里几次命士兵向他发起挑战，大骂曹咎像女人一样胆小，躲
在城内做缩头乌龟。士兵一连骂了五六天。这下可激怒了曹咎，他不顾
项羽的训令，率领军队，渡河前去迎战。可楚军刚渡过一半的时候，养
精蓄锐了几个月的汉军就向他们发起了猛烈的进攻，楚军大败。汉军攻
进城去，夺取楚军所有的金银财宝。楚国的大将曹咎、董翳和司马欣自
知违犯了军令，在河岸上自杀而死。曹咎和司马欣原来都是狱吏，后来
因为有恩于项梁，所以项王十分信任他们。这时项王听说军队失败的消
息，就立即率兵往回赶。汉王的军队惧怕楚军，听说他们来了，就退到
险要的地区据守。

　　彭越的部队在梁地的往来转战，不停地骚扰。楚军往返奔波，十
分疲惫，粮食供应也出现了困难。相反汉军人数众多，粮食充足，
占据了绝对的优势。汉王于是派人前去说服项王，请求归还太公和吕
后，项王不同意，汉王又派侯公前去劝说，要求和他签订和约，中分
天下，把鸿沟以东的地区划归楚国，鸿沟以西的地区划归汉国。项王
答应了这个条件，放回了太公和吕后。双方的官兵们听说了这个消
息，都高呼万岁。

　　汉王夸赞侯公说："他真是一个名副其实的辩士，他在哪里，就会
影响哪个国家的大政。"他打算封侯公为平国君，可是侯公却躲了起
来，不肯再见。

四面楚歌

项羽和刘邦约定以鸿沟东为界，互不侵犯。之后，项羽就率兵回到东方去了，汉王刘邦也准备罢兵西归。这时，张良和陈平前来劝刘邦说："如今您已经拥有了大半天下，那些诸侯们也都归附汉国，形势是一片大好啊！而楚军呢？粮草已尽，疲惫不堪，这可是上天安排给您消灭楚国的大好机会啊！您现在要是放了他，就是'养虎为患'啊！"刘邦想想也是这个道理，就听取了他们的意见。

汉王五年（公元前202年），汉王追击项王，军队到达阳夏南边。汉王命令部队驻扎下来，派人和韩信、彭越约定日期，会师固陵，攻打楚军。汉军如期到达约定地固陵，韩信与彭越的军队却迟迟不见。楚军见状，返身攻击汉军。汉军孤军奋战，抵挡不住，被楚军打得落花流水。汉王无奈逃回营垒，深挖壕沟，自行坚守。汉王找来张良问他："韩信和彭越这些诸侯不守信用，说好和我一起攻打楚军，怎么说变就变了？"张良说："楚军眼看着就要被消灭了，可是你还没有给他们地盘，他们得不到好处，当然不愿意来了。你说要是仗打赢了就和他们共分天下，他们肯定就会立即出兵。不然，事情就很难预测了！我建议你把陈县以东一直到海滨的地区划给韩信，把睢水以北一直到谷城的土地划给彭越，让他们在为各自的利益，出兵同楚军作战。他们肯定会愿意，这样一来，楚军很快就会被打败！"汉王同意了，派使者前去通告韩信和彭越说："汉王许诺，你们跟汉王齐心协力，共同攻击项王，消灭楚军之后，陈县往东至海滨一带的地方划归齐王，睢阳以北到谷城一带的地方划归彭相国。"二人一听，十分高兴，马上回报："我们请求立即出兵围攻楚军。"于是韩信从齐地出兵。刘贾的军队也一同前往，来到垓下。楚国的大司马周殷也背叛楚国，跟从刘贾、彭越的部队到垓下会合。韩信率领30多万士兵独当一面，诸侯的军队兵分左右，汉王领兵在后面，把项羽紧紧围住。

此时，项王在垓下修筑壁垒，驻扎军队，手下的兵士已经不多，粮食也不充足。汉军和诸侯的军队把他们包围得一层又一层。这天夜里，从汉军营地中，传来阵阵楚地的民歌声。项王侧耳一听，不由得大吃一惊，说："怎么会这样！难道汉军已经全部占领了楚国？不然的话，汉军营中怎么会有这么多的楚人呢？"楚军将士们听到这歌声，也都以为楚地已经被占领了。他们有的为乡音所动，产生共鸣，一下接一下地抹着眼泪，有的思念家乡的父母妻儿，也禁不住跟着哼了起来。

这时的楚军已经被围困了几天，早已心无斗志，再加上四面楚歌，更是人心涣散。很多人趁着黑夜溜出军营，开了小差，还有的干脆就投降了汉军。项王焦虑万分，自知军心一溃，就很难再收拾。他难以入睡，召来自己的心腹，在中军营帐里喝起酒来。

项王的妃子虞姬，深受项王的宠爱，项王走到哪里都要带上她。项王还有一匹十分喜爱的乌骓马，项王曾经骑着它南征北战，取得过一次又一次的胜利。此时，项王割舍不下他钟情的女人和那匹善解人意的骏马。项王回想起以往的赫赫声威，不禁慷慨悲歌："力拔山兮气盖世，时不利兮骓不逝。骓不逝兮可奈何，虞兮虞兮奈若何！"项王悲愤得一连唱了好几遍，虞姬伴着项王悲凄的歌声拿起宝剑，翩然起舞。她边舞边唱："汉兵已略地，四面楚歌声，大王意气尽，贱妾何聊生。"虞姬连唱几遍之后，挥剑自刎。听着这令人肝肠寸断的歌声，项王不禁潸然泪下。周围的人也都忍不住跟着一把鼻涕一把眼泪。整个大帐一片哭泣之声，谁都不忍心抬头看一眼项王。

乌江自刎

楚霸王项羽告别虞姬之后，临时决定突围。当夜，项羽跨上乌骓马，带了800名壮士组成的骑兵队伍冲出重围，趁着夜色向东南方飞奔而去。天亮的时候，汉军发现项羽已经逃走，连忙报告汉王。汉王命令将领灌婴带领5000骑兵紧紧追赶。项羽一路狂奔，等渡过淮河的时候，能跟得上项羽的骑兵，只剩下百余人了。

项羽来到了阴陵，在一个三岔路口，迷了路，就问一个在田间耕作的老翁，哪条路可以通往江东。老翁认出他是楚霸王项羽，骗他说："往左边走。"于是项羽带着这些人往左边的方向跑过去，越跑越感觉不对，再往前就是一片沼泽地带，连道儿都没有了。项羽这才知道受了骗，赶紧调转马头，绕出沼泽地。而此时汉兵已经追上来了，项羽又向东南方向逃去。一路上，跟随的士兵死的死，伤的伤。到了东城，项王清点人马，只剩下28个骑兵。而此时汉军的追兵，密密麻麻地围了上来，足足有几千名。

项羽估计自己这回是逃不掉了，就对手下骑兵说："我从起兵打仗到如今已经八年了，亲身经历70多次战斗，从来没有打过败仗，所以才能称霸天下。如今却被困在这里，这是上天要灭我，不是我不会用兵啊！今天虽说难逃一死，但我还是希望你们大家能痛痛快快地打一场硬仗，一定要连胜三阵。我将率诸位突破敌军的重围，斩杀汉军将领，砍断汉军的战旗，让各位知道这是上天要亡我项羽，并非我打不过他们啊！"说完，他把仅有的28人分成四队，对他们说："我先斩掉他们一员大将。"命令四队骑兵分四路冲出去，约定冲到山的东边，在3个不同的地点，陆续集合。安排完毕，项羽呼啸着奔驰而下，向汉军冲过去。汉兵抵挡不住，吓得纷纷散开。项羽左冲右突，当场杀死了一名汉将，还杀了近百名汉军兵士，然后重新聚集他的骑士，楚军骑士只损失了两名。项羽得意地对他们说："怎么样？我说得没错吧？"将士们都由衷地赞叹说："果真像大王所说的那样！"

项羽杀出汉兵的包围，带着这些人一直往南跑去，来到了乌江。刚好乌江亭长有一条小船停在岸边，亭长对项羽说："您马上渡江吧！现在只有我这里有渡船。您过了江，就是汉军追来，也没有船只渡江。江东的地方虽说是小了点，但毕竟还有千里的土地，百姓也有几十万，也能算得上是个王国了，您还可以在那边称王。"项羽听罢，慨叹一声，笑了笑道："既然是老天要灭我项羽，我何苦还要渡过江去？想当年我在会稽郡起兵，带了8000子弟兵，渡江北上，到今天他们没有一个能活着回去，只有我一个人回江东。即便是江东父老可怜我，让我为王，可我还有什么脸面再见他们呢？难道我项籍心里就没有惭愧吗？"

项羽牵上乌骓马，把缰绳放在亭长的手里，说："我知道您是一个忠厚善良的长者，这是匹好马，跟随我已经5年多了，它能日行千里，我骑着它作战所向无敌。我也不忍心杀掉它，就把它送给您吧！"说完，项羽叫士兵们全都跳下马，拿着短刀，徒步跟追上来的汉兵肉搏起来。项羽一连杀了几百名汉兵，自己也受了十几处伤，楚兵一个个倒下去。激战中，项王回头看见一员汉军战将，正是当年旧相识吕马童，便高声对他说："你不是我的老相识吗？"吕马童也认出了项羽，就指着项羽对众人说："项王在那！"项羽大笑说："我听说汉王出千金悬赏我的人头，并封为万户侯，这个好处就留给你们吧！"说完，就在乌江岸边拔剑自刎。

王翳冲上前去，割下项羽的人头，其他的汉军就争相抢夺项羽的尸身，相互践踏，死伤几十人。最后郎中骑将杨喜、骑司马吕马童、郎中吕胜、杨武各争得一段肢体。5人把所得肢体拼合，正好是项王全身。刘邦履行诺言，把原先许诺的封地分成5块，封吕马童为中水侯，封王翳为杜衍侯，封杨喜为赤泉侯，封杨武为吴防侯，封吕胜为涅阳侯。抢到尸体的士兵们后来都被封了侯。

项王已死，楚地相继平复，只有鲁地不降服。汉王很生气，想占领鲁地后把该地的人都杀掉。后来又想他们恪守礼义，为君主守节不惜一死，值得赞许，就改变了主意。就派人拿着项王的头给鲁地人看，鲁地父老确信项王已死，这才投降。当初，楚怀王曾封项羽为鲁公，鲁地人感激怀念项羽，最后才投降。于是，汉王以鲁公的名义和相应礼仪把项王安葬，哭祭一通，然后才离去。

高祖本纪·第七

刘邦娶妻

汉高祖刘邦，沛县丰邑人，姓刘字季。他的父亲名叫太公，母亲叫刘媪。

刘邦的相貌英俊，高高的鼻梁，有帝王之相，还有很漂亮的胡须，左腿上有72颗痣。他性情温和，心胸宽广，乐善好施，不愿做平常人。刘邦在咸阳服徭役的时候，见到了秦始皇，看到那奢侈豪华的场面，大开眼界，赞叹说："大丈夫就应该这样！"

刘邦喜欢饮酒，爱好女色，还经常在小酒馆里赊账，惹得父亲刘太公经常责骂他。由于他的朋友多，人缘好，后来当上了泗水的亭长。做了亭长的刘邦特别喜欢作弄人，官府里的不少人都被他取笑过。刘邦名声不好，当地做父母的都不愿意把女儿嫁给他，他30多岁还没有娶妻生子。

单父县有位家境阔绰的吕公，和沛县县令是好朋友。吕公在外面结下了仇怨，为躲避追杀，就来投奔县令，把家搬到沛县。沛县地区的官吏和富豪们听说县令有贵客来临，都纷纷前往拜会。刘邦也跟着前来凑热闹。当时县令的属官萧何负责接收贺礼，他见来赴宴拜会的人数太多，就对宾客

> ### 亭长
>
> 乡官名号。战国时始在邻接他国处设亭，置亭长，任防御之责。秦、汉时在乡村每十里设一亭。亭有亭长，掌治安警卫，兼管停留旅客，治理民事，多以服兵役已满期之人充任。此外设于城内或城厢的称"都亭"，设于城门的称"门亭"，均置亭长，其职掌与乡间亭长同。东汉后逐渐废除。汉高祖刘邦在秦时曾担任亭长。

说："贺礼不足千钱的，就在堂下坐着！"刘邦作为亭长，平时就很藐视县中的官吏，顺手写了一张"贺礼一万钱"的帖子。

帖子一送进去，众人都很吃惊。吕公连忙站起身，亲自出来迎接刘邦。吕公平时就爱给人相面，这时拉着刘邦的胳膊前后左右仔细打量，感觉刘邦不同凡人，就引他落座。刘邦面不改色地端坐上位，谈笑风生，旁若无人。那些官吏富豪们跟他一比，大为逊色。萧何不以为然地说："刘邦没什么能耐，就是爱吹牛，没做过啥大事！"但是吕公很欣赏他。在整个酒宴中，吕公的目光始终都在刘邦身上，没有离开过。将要散席时，吕公就给刘邦使了个眼色，示意他留下来。于是刘邦故意拖延到最后喝完酒。客人走后，吕公笑着对刘邦说："我一向喜欢给人看相算命，见过的人不计其数，可是还从来没有看到过像你这样有如此尊贵相貌的人，我希望你能自尊自爱，好好珍惜。我有一个女儿，相貌品质都还不错，我想把她嫁给你，帮你料理家务。"刘邦欣喜异常，连忙鞠躬致谢。

吕夫人知道这件事后，十分生气，就埋怨吕公说："你可真荒唐！整天说要把女儿嫁给有钱的贵人，就连沛县县令来向你求亲，你都不答应。我还以为你要找一个什么样的女婿，原来就是这样一个人！我多好的女儿啊！你怎能随随便便就答应嫁给那种人呢？"吕公笑着摇摇头，说："你个女人家懂什么？我自有道理，你就不用管了！"吕公认定刘邦将来一定会有所作为，就执意要将女儿嫁给刘邦。吕夫人拗不过他，只好应允了。这位屈尊下嫁的富家小姐，就是后

刘邦像

来的高祖皇后吕雉。

吕雉虽然出身富贵，却有吃苦耐劳的良好品德。刘邦做亭长时，家中的事情全靠吕雉一人支撑。她还要养育儿女，十分辛苦劳累，人变得苍老多了。一次，吕雉带着两个孩子在田里除草，一位过路的老人前来讨水喝，吕雉将瓦罐中的水倒给老人，又给了他一些饭吃。老人接过饭碗，仔细打量吕雉的相貌，很吃惊地说："夫人，您可是天下最高贵的人啊！"然后他又低头打量吕雉的一双儿女，看了男孩后便说："夫人之所以能够成为大贵人，正是因为你这个儿子！"再看看女孩儿，也是一脸的富贵相。

老人吃完，刚刚上路，刘邦就来到田间。吕雉把刚才的事原原本本向刘邦说了一遍。刘邦挺高兴，连忙跑着追上老人，请他也为自己看看相。老人看后说："我刚才看过您的妻子和儿女，面相都和你一样大富大贵，您的面相简直太高贵了，我都不知怎么形容了！"刘邦大喜过望，连连对着老人作了几个揖，说："如果真有那么一天，我一定不会忘记你老的恩德！"老人笑笑离开了，刘邦从此心存大志。

许多年后，刘邦做了皇帝，再去寻找老人，却无论如何也找不到了。

挥剑斩白蛇

秦朝末年，刘邦担任亭长的小官。那时，他喜欢用竹皮做成帽子戴在头上，人们把这种帽子称作"刘氏冠"。

有一次，刘邦奉命押送本县城的工匠们去郦山修建陵墓。在路上，每天都有几个工匠逃跑。刘邦心想，这样下去，还没等到郦山，人就得跑光了，到了地方也没法交差。刘邦很担忧，也很无奈，决定把他们都放了。到了丰西的大泽，他们便停下来喝酒。晚上，刘邦把众人召集在一起，说："你们到了郦山，不是累死，也得被打死，就算命大死不了，也不知何年何月才能回家，还不如逃跑，自己找活路去吧！"工匠们感激得直掉眼泪，说："那您怎么办呢？"刘邦说："反正我也不能回去，逃到哪儿是哪儿吧！"当时有十多个人都说愿意跟刘邦一起走。

刘邦喝了酒，夜晚带着这几个人在泥泞的路上行走，其中一个人在前面带路。前面的人忽然停下脚步，跑过来对刘邦说："前面有一条大蛇挡路，我们过不去，退回去吧！"刘邦醉醺醺地说："继续走！有什么可怕的？"于是自己跑到最前面，抽出宝剑，把大蛇砍成两段，然后沿着小路继续向前走。又走了一会儿，刘邦醉得实在厉害，就卧倒在地上。后面的人路过刘邦斩蛇的地方，看见有个老妇人在伤心地痛哭，觉得很奇怪，走上前去问她原因。老妇人回答说："有人把我的儿子杀了，我来哭我的儿子！"有人又问："你的儿子为什么被杀啊？"老妇人说："我的儿子，也就是白帝的儿子，变成一条蛇，躺在这里，结果被赤帝的儿子给杀掉了！我太伤心难过了，所以才哭泣！"这些人觉得老妇人在胡说八道，想要打她，老妇人却忽然不见了。于是这些人来到刘邦的身边，这时刘邦稍稍有点清醒，大家就把刚才的事向他说了一遍，刘邦听后心中欢喜，自认为就是赤帝的儿子，那些跟从的人就更加敬重他了。

当时秦始皇听占卜的人说，东南方向有象征天子的云气，就向东巡视，想压住这团云气。刘邦觉得皇上就是冲着他来的，忙跑到芒山、砀山一带的深山里藏了起来。后来，吕雉每次带人寻找刘邦，不管他藏在哪儿，都能找得着。刘邦很奇怪，就问她，吕雉说："你所在的地方，天空中总是有一团云气环绕，我们跟着这团云气，就一定能找到你。"刘邦听后，更加自信了。沛县的年轻人听说之后，都十分愿意跟从刘邦。

公元前209年，陈胜吴广起义之后，县吏萧何、曹参也劝县令造反，并说逃亡在外的刘邦已经聚集起了一支人马。县令派吕雉的妹夫樊哙前去招纳刘邦。谁知刘邦来了，县令又反悔了，关上城门不让刘邦进去，还想杀掉萧何和曹参。萧何和曹参知道后逃了出来。刘邦非常愤怒，写了一封信，用箭射进城里，又对着沛县的百姓说："秦朝统治了这么长的时间，百姓们却没有过上舒服的日子，相反却经受了太多的苦难，你们为什么还要替县令守城呢？如果现在把县令杀了，再重新选一个，积极响应各诸侯的反秦斗争，就能保证我们全县的安全。否则恐怕各位都免不了惨遭杀戮！"

城内的士兵一哄而起，斩杀了县令，然后打开城门迎接刘邦，并一致推举刘邦为沛县县令，刘邦推辞说："如今天下正处于混乱时期，首领选得合适与否，直接影响大局的稳定，这件事情马虎不得。我不是谦虚，实在是觉得自己的能力不够，不能保全全县父老兄弟们的利益，希望你们重新选举，找出一个真正能够担当重任的人！"

萧何、曹参等人都是文官，而且胆小怕事，担心一旦反秦失败就会灭门斩首，就把位置推给刘邦。百姓们也说："您就接受吧！平时我们都听说过在您身上发生的那些奇迹，相信您一定会成功。况且我们也找人为您占卜过，没有谁比您更合适了！"刘邦无奈，只好担任沛公。

沛县起兵

刘邦担任沛公后，先祭祀黄帝，又在沛县的公庭中祭祀蚩尤。因为自认为是赤帝的儿子，所以以红色为贵，把所有的旗帜都染成红色。然后，召集了萧何、曹参、樊哙等人率领沛县的士兵3000多人攻打胡陵、方与等地，随后退守丰邑。

秦二世二年（公元前208年），项梁与项羽在吴地起兵反秦。一位叫平的郡监率领秦军包围了丰邑，刘邦率兵出城，与平的军队展开战斗，结果秦军大败。刘邦命令雍齿据守丰邑，他则带了一部分队伍攻打别的县城。雍齿本来就不愿意归附刘邦，魏国一来招降，他立刻背叛刘邦，把丰邑拱手送给了魏国，又接着为魏国守卫丰邑。刘邦听到消息，率兵前来攻打，没能打下来，又回到沛县。

雍齿和丰邑士兵们的背叛，令刘邦非常痛恨，于是联合东阳宁君去攻打丰邑。这时，秦将章邯率军追击陈胜的军队，派自己的部将带兵向北攻打起义军。这位秦将攻占相县后，又来进攻砀县。东阳宁君、刘邦领兵抵抗，战势不利，就退到留县。收集兵卒再去攻打，激战3天，攻下砀县，并在此地收编了五六千人马。随后，刘邦退兵，部队驻扎在丰邑境内。此时，听说项梁正在薛地，刘邦就带上百余名骑兵前往，去见项梁。项梁见刘邦也是一个人才，就给了他10员大将，5000名士兵。刘邦回来后，带领所有的人马，击败雍齿，收复丰邑。

当时陈胜已死，项梁扶立楚王的后代熊心为楚怀王，项梁为武信君。之后，项梁率军击秦、救齐都获得胜利。另外派出的项羽和刘邦也获得了一连串的胜利，项梁产生了轻敌的情绪。这时宋义提醒他骄兵必败，项梁没有放在心上。没多久，秦国大将章邯率领军队偷袭项梁，楚军大败，项梁战死。此时的刘邦、项羽，正在攻打陈留，听到消息，就立即撤军。吕臣驻军彭城东边，项羽驻守彭城西边，刘邦驻守砀县。

楚怀王听说楚军战败，大将项梁已死，十分害怕，就把都城迁到彭城，合并吕臣、项羽的军队，并亲自统领他们。

赵国被秦军围困在巨鹿，几次请求楚怀王派人前去救驾，楚怀王于是派宋义为上将军，项羽为次将军，范增为末将军带领部队去援救赵国。同时命令刘邦攻打关中地区，并与各位将军立下盟约，谁先进入关中，就封谁为关中王。

当时秦军十分强大，大家都知道，想打败秦军、进入关中是极为困难的，因此，没人认为进军关中是好事。唯独项羽，痛恨秦国的军队，为叔父复仇心切，坚持要与刘邦一同西进，前往关中。有人对怀王说："项羽这个人凶悍暴躁，好惹是生非。他以前攻取襄城的时候，全城的人都被他活埋了，没人能够活下来，他经过的地方，也被毁灭得一干二净。再说，先前陈王、项梁率大军进攻关中，结果都失败了，不如改变策略，一边向西推进，一边宣讲仁义，给秦朝的百姓讲明道理。百姓们忍受秦朝的暴政已经很多年了，也都十分痛恨秦二世，如果派一个诚实忠厚的人前去，兴许不用兴兵打仗就能占领秦地。所以应该派老实厚道的刘邦前去。"楚王听从了他们的建议，没有让项羽去，只派了刘邦前往。刘邦收集被打散的起义军，西进到成阳，遭遇两支秦军，刘邦率军击败了他们。

刘邦西进到中昌邑，遇见了彭越。他们联合起来一起攻打秦军，结果失败了，就把军队撤到栗县。他们在这里打败了刚武侯，就把他的军队夺了过来。这样，刘邦的军队增加了四五千人。军队壮大之后，刘邦联合魏国将军皇欣和武蒲，合力攻打昌邑，还是没能攻下来。刘邦干脆不再攻打，绕过昌邑城，向西前进。不久，军队来到高阳。

有个高阳人名叫郦食其，看了刘邦的军容，对守卫城门的官吏说："这里曾经来来往往过无数的将领，只有刘邦真正算得上是个心胸宽阔的忠厚长者。"郦食其求见刘邦。他来到刘邦的住所，刘邦正叉开两腿坐在床边，两个侍女在给他洗脚。郦食其走进来，也没有给刘邦行礼，只是浅浅地作了一个揖，对着刘邦说："你要真想消灭秦国那个无

泗水亭

此亭在今江苏省沛县，据《沛县志》记载，汉高祖刘邦曾做过泗水亭长。

道的昏君，就不应该这样没有礼貌，坐着接见比你年长的人！"刘邦一听，连忙起身，穿上鞋袜，向他表示歉意，然后把他安排在上座。郦食其说："你应该尽快去攻打陈留，得到储存在那里的粮食，以准备军需之用。"刘邦听取了他的意见，攻下了陈留，于是把郦食其封为广野君，任命他的弟弟郦商为将军，统领陈留的军队。随后，刘邦进攻开封，命郦商率将随同作战。进攻开封不利，然后刘邦继续率领军队向西进攻，与秦国的将领杨熊在白马交战，彻底地打垮了秦军。杨熊失败后逃往荥阳，结果被秦二世派人给杀了。

此后，刘邦几次打败了秦军，占领了南阳郡。南阳的太守被迫逃进了宛城，坚守不战。刘邦想放弃宛城，继续前行。这时张良劝他说："我知道您急着进攻关中，可是现在的情况还不允许。秦军的力量很大，而且又在宛城凭借险要的地形防守，攻打他们会有很大的难度。我们如果不攻下宛城，继续西行，那宛城的军队就有可能在后面包抄我们，而我们的前面，又是更为强大的秦军主力，那样的话，处境就非常危险了！"刘邦觉得有道理，就变换了旗帜，连夜返回，在天快亮的时候，包围了宛城。

看着被刘邦层层包围的宛城，南阳的郡守心灰意冷，想拔剑自杀。舍人陈恢说："别那么悲观，我们还没被逼到绝路上！"陈恢出城来见刘邦，说："我听说您与众将领立下盟约，谁能最先进入咸阳，就可在关中称王。现在，宛城内的人口众多，积蓄的粮草物品等也很充足，与宛城相连的城池众多。守城的官兵都认为投降后一定会被杀害，所以就拼命抵抗。如果您在此继续进攻，那么士兵们就会伤亡惨重。您要是离开这里，守卫城池的军队定会从后面追击。我想您不如招降宛城，封赏郡守，让他替您留下来守住南阳，那样您就可以率领军队西进。沿途的城邑，只要您一招降，他们一定会大开城门，迎接您的到来。这样一来，您进攻咸阳的道路就会畅通无阻了！"刘邦觉得他的话很有道理，就封南阳郡守为殷侯，封陈恢为千户侯。

约法三章

降服南阳以后，刘邦领兵西进。由于南阳郡的示范作用，沿途所有的城邑都主动归附了沛公。军队开到丹水，戚鳃、王陵在西陵投降刘邦，这两人后来都成为刘邦的得力大将。沛公回军攻打胡阳，遇到了鄱君派来的援军。兵合一处，随即降服了析县和郦县。为了解关中情况，沛公刘邦派宁昌出使秦地。还没等到宁昌回来，东方传来消息：秦朝大将章邯率领军队投降了项羽。

项羽和宋义接受楚怀王的命令前去援救赵国。之后，项羽杀了不执行命令的宋义，成为上将军。于是各位将领都开始服从项羽的指挥。项羽率军打垮了秦将王离，又降服了章邯，众诸侯都跟从了项羽。没多久，赵高就杀了秦二世，派人来跟沛公订立盟约，想分割关中的土地，各自称王。沛公觉得这是个阴谋，就采取了张良的计策，派郦其食和陆贾去说服秦国的将领，并用丰厚的待遇引诱他们，同时又派人前去偷袭，占领了武关。为了迷惑秦军，沛公摆设了很多旗帜，显示他的军队众多。沛公交代手下的将士，要善待秦地的无辜平民。汉军经过的地方，从未出现过烧杀抢掠的现象，秦朝统治区的民众都对沛公产生了好感。后来，沛公在蓝田城南和城北，接连与秦军打了两仗，彻底打败了秦军。

汉王元年（公元前206年）十月，沛公的军队首先来到霸上地区。秦王子婴坐着白马拉着的素车，脖子上系着丝带，封存了皇上的玉玺符节，出城来向沛公投降，秦朝正式灭亡。

将领中有人提议要杀掉子婴，沛公说："那怎么行呢？当初怀王派我入关，就是因为我忠厚老实，能宽容待人。现在他前来向我归降，我要是再杀他，既不仁义，也不吉祥！"就让官吏们看着秦王，接着率军进入咸阳城。

沛公入城后，看到秦国的宫室富丽堂皇，还堆满了金银财宝，就想进去休息。张良和樊哙阻止了他，还让沛公封存所有东西，从城内撤出大军，驻扎城外霸上。然后沛公又召集秦地各县有名望的父老豪杰们，对他们说："父老乡亲们！你们遭受秦朝暴政苛法的迫害已经很久了，还说不得一句对朝廷不满的话，不然就被诛灭三族。哪怕是在街头巷尾聚众谈论事情，就得被斩头示众。我曾与各位将领有过约定，谁先进关就可在关中为王，所以我理应在这里称王。现在，我与诸位父老订立盟约，也就是这三条法律：杀人者要处死；伤害人或偷盗抢夺他人财物的人，也要论罪惩办；废除秦朝的苛捐杂税，各级官吏和地方政府都各自按原职务坚守岗位，执行公务。你们不必担心害怕！我消灭秦朝，不是为了祸害你们，而是为你们除掉祸害，将你们从水深火热之中解救出来。另外，我在霸上驻兵，是为了等待其他诸侯的到来，让大家一起来制定章法，没有别的意思。"

随后，刘邦派人跟着秦朝官吏们到各县乡城邑巡行，张贴告示，让约法三章家喻户晓。秦地的民众十分高兴，争抢着送来牛羊酒食慰问沛公的军队将士。沛公再三推辞，不肯收下，并对他们说："现在仓库里还有很多粮食，战士们也没有挨饿，我不想给父老乡亲们添麻烦，请大家不要破费了！"民众听后，觉得沛公真能体恤百姓，更加欣喜，唯恐他不在秦地称王。

有人给沛公出主意说："秦国非常富有，地理条件又好。我听说秦将章邯已经投降了项羽。项羽把他封为雍王，而且想让他在关中称王。他们要是来关中，恐怕情况就会对您不利了！您应该赶紧派人守住函谷关，不让诸侯们的军队进来，然后再在此地征集一些士兵，增强军队的实力，准备将来抗击他们！"沛公听从了他的建议，立即行事。

项羽率领军队来到函谷关，发现咸阳城门已经被沛公关闭了。此时他又听说沛公已经平定了关中，并且想在关中称王。项羽非常愤怒，就立即派黥布率军攻破了函谷关。

还定三秦

鸿门宴上，沛公在张良、樊哙、项伯等人的帮助下，成功地摆脱了危机。

项羽带领军队继续向西进攻，他命人放火焚毁了阿房宫，四处烧杀抢掠，走到哪里，哪里就是一片狼藉。关中的民众对项羽大失所望，但因为害怕，又不得不服从。项羽派人回去向楚怀王请示灭秦以后怎么办，怀王回答说："按照原来的约定办。"项羽尊奉楚怀王为义帝，主持秦朝灭亡后的政局，分封18个诸侯。他自立为西楚霸王，把彭城作为都城，统治梁、楚地区的九个郡。项羽违背了原来的约定，封沛公刘邦为汉王，以南郑为都城，统治汉中、巴蜀地区。然后他又把关中地区分成三块，封秦国降将章邯、司马欣、董翳为雍王、塞王、翟王，称为三秦，统治关中，用来监视、防备沛公刘邦。

众诸侯前往封国各就各位。汉王也前往汉中。项羽只让他带走3万士兵，楚军和诸侯的

暗度陈仓

项羽自封为西楚霸王后，把巴、蜀、汉中三郡分封给刘邦，立为汉王。刘邦在去领地途中令部下烧毁了栈道，向项羽表白没有向东扩张的意图。待具备了一定的实力后，刘邦便抓住时机迅速挥师东进。陈仓（今陕西宝鸡市东）是刘邦进入关中的必经之地，两地之间有险山峻岭阻隔，又有雍王章邯的重兵把守。刘邦按韩信的计策派大将樊哙带领一万人去修五百里栈道，并以军令限一月内修好。当然，这样浩大的工程即使三年也不可能完成。正是这一点，迷惑麻痹了陈仓的守将，章邯万万没想到刘邦的精锐部队摸着无人知晓的小道翻山越岭偷袭了陈仓。刘邦通过"明修栈道，暗度陈仓"，顺利挺进关中，站稳了脚跟，从此拉开了他开创汉王朝事业的大幕。

军队中有几万人仰慕沛公的德行，也自愿跟随沛公。汉军经过蚀地的栈道，该栈道由秦岭古道、褒斜道、连云栈道组成，长有250公里，架于悬崖绝壁和泥沼地之间，是汉中、巴蜀连接关中地区的交通要道。大军过去后，张良建议汉王烧毁栈道，断了后路，防备其他诸侯从后面袭击上来。同时，这样做还可以暗示项羽，汉王不会再向东进攻，让他放松警惕。汉王的队伍都来自东方，不愿到偏远巴蜀地区。部队没到南郑，就有许多官兵逃亡回家了，留下来的士兵们也都唱起了思乡的歌曲。韩信见此情形，对汉王说："项羽按照军功封王，却把您分在南郑，这根本就是没把您放在眼里。我们的官兵大都是太行山以东地区的人，他们时刻都想回到故乡。我们不如利用他们这种急切的思乡之情，向东进攻，去争夺天下！如果等到天下都平定的时候，百姓也都安定下来，事情就不好办了。"

项羽东归以后，背信弃义，谋杀了义帝。他以古代帝王都居住在江河的上游为借口。派使者把义帝迁徙到长沙郡的郴县，秘密派人把义帝杀死在迁往郴县的路上。起义军首领田荣、彭越、陈馀怨因不满项羽的分封，相继起兵叛乱。项羽东征西杀，疲于应对。刘邦见有机可乘，便于汉王元年（公元前206年）八月出兵关中。汉王采用韩信的计策，先派樊哙、周勃率领士兵一万多人假装修建已被沛公进汉中时烧毁的栈道，摆出要从这条路进攻关中地区的架势。章邯等人果然上当，得到这个消息后赶紧加强斜谷方面的防御，时刻注意汉军的动向和进程。此时，韩信率领大队人马向西出了勉县转折北上，顺着陈仓的小路进入秦川，之后渡过渭河来到陈仓古渡口。

章邯急忙率军赶到陈仓城，去迎战汉王的队伍，双方在这里展开了激烈的战斗。这时，修建栈道的樊哙、周勃也从斜谷出兵，来与韩信会师，一同进攻章邯。章邯失利逃走，汉王平定了雍地，向东进军，来到咸阳，围困雍王。同时向关中各地派遣将领，相继平定了陇西、北地、上郡等地。司马欣、董翳、申阳抵挡不住汉王的军队，先后投降。

汉王另派将军薛欧、王吸带兵南下，汇合驻扎在南阳的王陵部队，到沛县去接太公、吕后。项羽听到消息，立即派兵前往阳夏阻击汉军，汉军不能前进。

为防止汉军兵出函谷关，项羽封郑昌为韩王，命他率兵抵挡汉军。汉王派韩信出兵征讨，击败了郑昌。至此，刘邦控制了三秦（关中），并在这些地区设置了县郡。为瓦解楚军，刘邦下令凡楚国的将领，率一万个士兵或者带领一个郡的人口投降的，都被封为万户侯。同时还规定秦国原来的田园耕地，也允许百姓们耕种，还大赦天下。

接着，汉王出武关来到陕县，安抚关外的父老乡亲。回来后，张耳求见，得到了汉王的盛情款待。汉王下令摒弃秦国的社稷，改为汉朝社稷。楚汉相争的局面由此开始，关中地区也成了刘邦打败项羽、统一天下的基地。

汉王斗智

汉王三年（公元前204年），项王包围了荥阳，又占领了成皋。汉王刘邦整日忧心忡忡，绞尽脑汁对付项王。他听说项王什么事都听老臣范增的，就采用陈平的计策，离间项王和范增的关系。项王的使者来了，刘邦置办了美酒佳肴。上菜的人抬头见了使者，就假装吃惊地说："我还以为是亚父（范增）的使者呢！原来是项王的使者呀！"说完，就把饭菜端了下去，又端上粗劣的饭菜，给项王的使者吃。使者愤愤不平，回去后就跟项王说了此事。项王不知其中有诈，就怀疑范增私下和刘邦交往，背叛自己。之后他再也不听范增的意见了，还逐渐消减他的权力。范增得知了内情后，勃然大怒，就去找项王说："现在天下局势已定，大王您自己多保重，赏我一条老命，让我回家做个平民吧！"范增负气离开了项羽，还没到彭城，就病死在路上。

四月，被围困在荥阳的汉王刘邦求和不得，脱围不能，十万火急。五月，楚军攻势更加猛烈，城内已经没有余粮，城外也无救兵，刘邦的处境很危险。这时，大将纪信自告奋勇，对刘邦说："如今情况危急，请让我假扮成您，骗过楚军。您就借机逃出去。"这天深夜，汉王在荥阳东门放出了2000多名披着盔甲的女子，让他们冒充士兵。纪信则坐在汉王的车内，慢慢悠悠地走出城门，兵士们边走边喊："城中没有粮草，汉王请降喽！"楚军不知是计，停止进攻，高呼万岁，纷纷跑到东城观看。此时真正的汉王刘邦，在几十名骑兵的掩护下，从荥阳的西门偷偷逃了出去。项王兴高采烈地跑上前来问道："汉王在哪里？"纪信下车，从容对项王说："汉王现在已经出城了，你抓不到他了！"项王气急败坏，下令烧死了纪信。

刘邦逃脱后，渡过黄河，来到修武。第二天一大早，他自称是使者，冲入韩信等人的军营，夺了他们的军权。汉王率领这支军队，南进黄河岸边，犒劳部队，打算与项羽决战。郎中郑忠出面劝阻，汉王听从了他的建议，深挖壕沟，加高壁垒，不跟楚军作战。同时派卢绾、刘贾率兵2万人，支援彭越。联军在燕县击败楚军，占领梁地的十多座城池。为解除后顾之忧，项王率军征讨彭越，汉王乘机夺回成皋，然后攻打荥阳的楚军。项羽打败彭越后回来和刘邦在荥阳的广武山一带对峙，几个月也没有进展。项羽屡次发起猛攻，刘邦凭借着深沟高垒固守，避而不战。项羽很着急，因为持久战对他十分不利。刘邦的粮草供应顺畅，而楚军的运粮道路，常常遭到彭越的袭击。为了尽快结束战斗，迫使刘邦尽早投降，项羽把刘邦的父亲太公和妻子吕氏押解到了两军的阵前，对刘邦说："你要是再不投降，我就把太公给煮了！"刘邦知道项羽是在要挟他，干脆耍起了无赖："我和你曾经结拜为兄弟，所以说我的父亲也就是你的父亲了。你非要煮了你的父亲，那就请便吧。不过，别忘了分给我一碗肉汤喝。"项羽气得七窍生烟，立即下令要将太公杀死，项伯劝道："现在天下局势尚未稳定，想争夺天下的人是不会顾忌家人生死的。再说，杀了他也起不了什么作用，只会加深祸患和仇恨。"项王无奈，只好将太公带回去。项羽又对刘邦说："这么多年来，天下人饱受战争之苦，究其原因就是你我二人在互相争斗。我希望咱俩能单独挑战，别再让百姓白白受苦了！"汉王笑着推辞说："我宁愿跟你斗智，也不跟你比力气！"

项王很生气，就命令壮士前去挑战。汉军中有个擅长射箭的人叫楼烦，楚军的几次挑战都被他射杀。项王大怒，亲自披挂上阵。楼烦见来人瞪圆了眼睛向他怒吼，吓得眼不敢正视，手脚也不听使唤，逃回营中不敢出来。汉王觉得很奇怪，就派人去打听，才知道是项王。

汉王大吃一惊，走出来，隔着很远的距离对项王说话，一条一条地数落项王的罪状："狂妄的贼子，你听好！当初，我俩一同接受怀王的命令，说谁要是先平定关中就封谁为王，可是你违背约定，让我管制蜀汉地区，这是你犯的第一条罪状；你假传圣旨，杀害宋义，自封为上将军，这是第二条罪状；你解救了赵国后，本该回去禀告楚王，却私自强迫诸侯入关，这是你的第三条罪状；你烧毁秦国的宫室，挖开始皇帝的坟墓，把秦国的珍宝据为己有，这是第四条罪状；杀害已经投降的秦王子婴，这是第五条罪状；你用欺诈的手段在新安活埋了秦军20万人，却封他们的将领为王，这是第六条罪状；你把自己的部下都安排在条件好的地区为王，却迁徙原来的君主，使得他的臣子为了争夺王位而反叛，这是你的第七条罪状；你把义帝赶出彭城，自己留下，又抢占了韩的国土，还兼并了梁楚两地，这是你的第八条罪状；你派人暗杀义帝，这是你的第九条罪状；总而言之，你身为臣子，却杀害了君主，杀害已经投降的人，订立盟约也不讲信用，如此的大逆不道，是所有天下人都不能容忍的，这是你的第十条罪状。我发动正义的军队，来讨杀你这个残暴的逆贼，凭什么还非要与你单打独斗？"项王恼羞成怒，命令射手放箭，射中了汉王。汉王胸部受伤，却假装用手捂着脚，大声说："逆贼射中了我的脚趾！"后逃回军营。

汉王受伤，只好卧床休息。张良请求汉王起床去慰问汉军，以此来稳定军心。汉王于是强忍剧痛，巡视军队。项羽不知是计，也不敢轻易动兵。

刘邦称帝

公元前202年，刘邦与韩信等诸侯的军队会师垓下，彻底消灭了楚军主力，楚霸王项羽自刎而死，刘邦最终获胜。众大臣联合起来，推举刘邦做皇帝。刘邦推辞说："我听说皇帝的称号，只有那些具有贤德的人才能够拥有，没有才德、说空话的人是不配拥有的，我哪里敢担当！"大臣们说："大王您虽然出身贫寒，但能率领众人推翻残暴的秦朝，诛杀不义之臣，除暴安良，平定了天下，并分封有功之臣。您如果不接受这个尊号，功臣们就会怀疑您的封赏，我们都想过了，誓死也要您接受这个尊号！"汉王再三推让，最后实在没办法，就对大臣们说："既然你们大家都认为我当皇帝能给普天下的老百姓带来好处，那就按你们说的办吧！"汉王在山东定陶汜水岸边举行登基大典，定国号为汉，定都洛阳。同时，封妻子吕氏为皇后，儿子刘盈为太子。

高祖登基后，有一次在洛阳的南宫开庆功宴，席间他和众人讨论总结楚汉战争胜败的经验。他对大家说："请各位说实话，谁也别隐瞒。在你们看来，我得到天下的原因是什么？项羽失去了天下，原因又是什么呢？"大臣中有人答道："陛下，您平日待人虽说有点粗暴无礼，看起来好像没有项王宽厚仁爱。但您派人攻城略地，能把降服的地区封赏给他们，这就说明您能与天下人共享利益。而项王嫉贤妒能，取得战功，得到土地后，不但不封赏，还想方设法加以陷害这些人，所以将士才不肯为他效力，项王因此失掉了天下。"刘邦听后，笑着说："你们啊！只知其一，不知其二。你们听我说，要说运筹策划，预知将来的事情，我比不上张良；要说镇守国家，安抚民众，主持政务，保证供应，我也不如萧何；要说领兵打仗，战取攻守，每战必胜，我更不如韩信。他们这3个人都是人中豪杰，我能够重用他们，凭借他们的力量，得到天下，这才是最重要的原因啊！而项羽呢？他只有一个范增，还被他抛弃了，所以他必然会失败，失去天下的信任。"群臣听了，都纷纷点

汉殿论功图轴　明　刘俊　绢本

此画取材于"汉殿论功"的典故。汉室江山新立，众功臣于殿上争功邀赏，以致拔剑砍殿柱。儒士叔孙通遂劝刘邦召集鲁地儒生，规定朝仪，进退有节，高祖方知皇帝于众人之上的尊贵。

头表示敬服。

有个士人娄敬特意从山东赶来求见刘邦，劝他不应该像周朝那样以洛阳为都城，应该到关中定都，这样就能在秦地固守险要地势，国家才能长治久安。刘邦让大臣们讨论这件事，遭到许多人的反对，认为还是洛阳好，只有张良同意娄敬的建议。他说关中是"金城千里，天府之国"，进可攻，退可守，是个有利地势。刘邦同意，立即迁都长安。

刘邦和父亲太公在一起住，每隔五天就去拜见一次父亲，就像普通人家的儿子去见父亲一样。太公觉得没什么，也习惯了。可太公的仆人觉得这样不太合适，就对太公说："俗话说，天上没有两个太阳，地上也不可能同时存在两个君王。皇上虽说是您的儿子，但他毕竟是一国之君，您虽说是他的父亲，但毕竟是个臣子。让他这个君王来拜见您这个大臣，不仅不合礼仪，也显示不出皇上的尊贵和威严。"于是刘邦再来拜见父亲的时候，太公就提前拿着扫帚，跑到大门口去迎接，然后倒退着进屋，不给刘邦行礼的机会。刘邦见状，大吃一惊，连忙走下车来搀扶太公。太公赶忙说："皇上是天下所有人的君主，怎能因为我一个人而乱了天下的礼法呢？"刘邦便下诏书，尊太公为太上皇，不但显出了皇帝的尊严，还能顺理成章地拜见父亲。高祖觉得太公的仆人说话很有道理，就赏他五百斤黄金。

几年后，有人上书举报楚王韩信想要谋反，刘邦问怎么办，大家说发兵讨伐。陈平却反对，他说楚国兵精粮足，韩信又善于用兵，发兵恐怕难于取胜。他建议刘邦以巡游为借口，假称到云梦湖游玩，在陈地集聚众诸侯。到那时韩信一定会来，就借此机会抓他问罪，将其拘捕。刘邦按照计策行事，果然将韩信抓住了，韩信听到对他的指控，大声为自己喊冤："古人说的话一点也不错啊！'兔子死了，忠诚的狗就要被烹杀；飞鸟没了，就要把好的弓箭收藏起来；国家确立了，参与谋划的臣子也就没有用了！'现在天下已经平定，像我这样的人也就该烹杀了。"刘邦将韩信押到了洛阳，但找不到他谋反的证据，便释放了他，降他为淮阴侯，把他原来统治的地方一分为二。由屡立战功的刘贾统治淮东地区，封为荆王；命刘交统治淮西地区，封为楚王；皇子刘肥为齐王，统治齐地的70多个郡县。韩信因此怀恨在心。

公元前195年，刘邦去世，死后葬于长陵，谥号为高皇帝，庙号是高祖，一般都尊他为汉高祖。刘邦是汉王朝的开国皇帝，也是中国历史上第一位布衣皇帝。

亲征平叛乱

刘邦做了皇帝后，分封韩信、黥布、彭越、吴芮等7人为诸侯王。后来这些异姓诸侯王占据了原来的东方六国所统治的大部分地域，享有很大权力。高祖感觉到自己的统治受到了严重的威胁，就想着削夺这些诸侯的封地和权力。他听说韩信要谋反，就设下计谋诱捕了韩信，并把他贬为淮阴侯。

高祖七年（公元前200年），匈奴人领兵进攻韩王信统治的马邑城。韩王信就和他们勾结在一起，共同谋划反叛。高祖亲自带领军队前去攻打他们。当时天气非常寒冷，士兵中有很多人的手指都被冻掉了。高祖的军队到达平城，就被匈奴兵包围了。被困七天七夜后，高祖才突围撤离。高祖命令樊哙留在代地负责平叛，之后又立自己的哥哥刘仲为代王。

高祖八年（公元前199年），高祖亲自率军到东垣去讨伐韩王信的余党。此时，丞相萧何正在主持修建未央宫，已经建完了东阙、西阙、前殿、武库和太仓。高祖从外地平定叛乱回来，看到宫殿壮丽非凡，很生气，批评萧何说："这么多年来，天下战火纷飞，将来还不一定是什么样子，你修建如此豪华的宫室有什么用？"萧何说："就是趁着天下还没完全稳定的机会，修建华丽的宫室，您君临天下，本来就四海为家，宫殿再不修得豪华一点，就更显示不出您的尊贵和威严了。不但如此，我还要把您的宫室修建得让后人永远都无法超过我们！"高祖听了，不再生气，喜笑颜开了。

高祖到东垣平叛，经过柏人县。赵国国相贯高等人因痛恨高祖藐视赵王，就在此设下埋伏，打算刺杀高祖。当天晚上，高祖本来准备住在柏人县城，不知何故心里一动。突然想到"柏人"的读音与"迫人"相同，认为不吉利，就离开那里。代地发生叛乱，代王刘仲不知所措，就弃国逃亡。刘仲逃回洛阳，高祖废掉了他的王位，把他贬为合阳侯。

高祖九年（公元前198年），贯高等人企图谋杀高祖的事败露，高祖下令诛灭了他们的三族。因为这事牵连到赵王，高祖就废掉了赵王张敖的王位，贬为宣平侯。

高祖十年（公元前197年）八月，陈豨在代地反叛，高祖说："陈豨曾经是个很守信用的人。我也很器重他，所以封他为列侯，让他镇守代地。谁知他如今又要联合逆贼一起来背叛我，看我怎么收拾他！谋反是陈豨个人的事，与代地的官吏和百姓无关，赦他们无罪。"高祖亲自前去征伐。到了邯郸后，高祖长长地舒了一口气，说："我以为他能怎样呢！也不过如此，他不向南来进攻，占领邯郸，而是凭借漳水来阻挡我，一看就知道没有什么大的作为，根本不足以对我构成威胁！"后来又听说陈豨军中的将士很多都是商人出身，就拿出金银财宝来诱惑他们，陈豨的部将纷纷投降。

陈豨与高祖在邯郸对峙，为了打乱高祖的部署，陈豨派部将侯敞率兵一万多人到各地打游击。侯敞派王黄驻扎曲逆，命张春渡过黄河去攻打聊城。高祖见状，另调两支军队加入战斗，派将军郭蒙等率兵攻打侯敞游击部队，把他们打得大败。调太尉周勃从太原发兵，从背后收拾叛军。周勃平定代地，进军马邑。马邑叛军负隅顽抗，周勃就摧毁了马邑。当时，陈豨的部将赵利固守东垣，高祖派兵去攻打他，一时之间没攻下来。过了一个多月，陈豨的士卒辱骂高祖。高祖愤怒，加派军队攻打东垣。东垣投降后，高祖立即下令，找出那些曾经辱骂过自己的的人，把他们全部杀掉，没骂的就不治罪。随后，立儿子刘恒为代王，定都晋阳。

后来，淮阴侯韩信在关中造反，被灭了三族；梁王彭越举旗反叛，被废除了官爵贬到蜀地，不久再次谋反，又被镇压下去。然后高祖把皇子刘恢、刘友分别立为梁王和淮阳王，统辖韩信、彭越原先的封地。

高祖十一年（公元前196年）秋，淮南王黥布反叛，向东方进攻，吞并了荆王刘贾的国土，又向北渡过了淮河，楚王刘交被迫逃到薛城。高祖亲自出征讨伐，黥布兵败仓惶逃走。高祖命人在后面紧紧追赶，在洮水的岸边双方发生激战。黥布大败，并在鄱阳被斩杀。樊哙率军平定代地后，另派将军带兵在当城杀了陈豨。高祖赦免了那些被陈豨挟持而跟着他参与谋反的官兵民众，不再追究他们的罪责。

这些人投降后对高祖说："起初陈豨企图谋反的时候，燕王卢绾曾经派人前来一同谋划过。"高祖派人去找卢绾，卢绾心虚，借口生病不肯前来。高祖就派人前去攻打他，卢绾逃跑，高祖下令赦免了燕国参与叛乱的官民，并立皇子刘建为燕王。

高祖之死

刘邦做了皇帝后，为了巩固皇室的政权，费尽了心机。本来他的年龄就大，在平定黥布叛乱时又被暗箭射伤，之后行军的途中伤口感染，疼痛得十分厉害。回到长安后，病情就更加严重了。吕后找了当时一位很有名气的医生，来给皇上治病。检查完伤口的情况后，高祖问医生："我的病情怎么样啊？"医生含含糊糊回答说："嗯……皇上，没什么大碍，不过得按时服药，就会治好的，皇上不必忧虑！"高祖一听医生的口气，就知道不会好了，大声辱骂医生说："我本来是个普普通通的平民百姓，手提三尺宝剑，反抗残暴的秦朝，最后赢得了天下，这难道不是上天注定的吗？我的命既然是上天注定的，不用说你，就是扁鹊来了，也是无济于事！还不快点给我滚出去！"说完，不再让他治病，而命人拿来五十斤的黄金赏给他，打发他走了。

吕后见高祖病情一天比一天严重，又不让请医生，知道不会好了，就问："陛下，我真是很担心，要是有一天您不在了，萧相国也不在了，我可怎么办哪？谁能接替相国，管理这个国家呢？"皇上说："曹参这个人很有计谋，他就能胜任。"吕后又接着问："曹参要是不在了，以后的事情怎么办？"皇上说："王陵也行，不过他这个人太耿直，可以让陈平协助他做事。陈平这个人足智多谋，但一个人难以胜任。他们两个人合作，还行。周勃虽说不擅言谈，文化水平低，没有修养，但他为人老实厚道，要想刘家的天下安定太平，非他莫属，让他担任太尉吧！"吕后刚想再继续问下去，高祖摆摆手，有气无力地说："再以后的事情，就不用问，也不用去想了！"

高祖病危时，卢绾带了几千骑兵，驻扎在塞下，想等高祖病愈后，找机会前来谢罪。

高祖十二年（公元前195年）四月甲辰日，高祖在长乐宫逝世。过了4天，还没有发丧。吕后这时正在四处活动。她偷偷地找来自己的亲信审食其，跟他商量说："朝廷中的那些大将们，当年和高祖一样，都是平民百姓。可是后来高祖称帝，他们背面称臣，已经满肚子不高兴了。现在高祖死了，又要他们来辅助年少的君王，他们怎么会甘心呢？一定会组织起来叛乱，我看还不如把他们一个个除掉，也免得以后生麻烦！"有人听到这个消息以后，立即跑去告诉了将军郦商。郦商随即前去拜见审食其，对他说："我听说皇上已经崩逝了，都过了4天还没办丧事，是不是真有此事啊？如果是真的，那可就天下大乱了！如今，陈平和灌婴率领10万军队守卫荥阳；樊哙和周勃率领军队平定了燕、代。如果他们知道了皇上驾崩，朝廷又想杀害他们，他们肯定会联合起来，掉过头来进攻关中。这样的话，大臣们在朝中叛乱，将军们在外面造反，那汉家的天下很快就会灭亡了！"审食其听了，赶紧回到后宫，找到吕后，向她转述了郦商将军的话。吕后也觉得不能轻举妄动，这才为高祖发丧，并大赦天下。此时，卢绾听说高祖已经去世，就带着人马逃亡到匈奴去了。

安葬了高祖后，太子刘盈登上了皇位。大臣们聚集在一起说："高祖虽然出身贫寒，却能拨乱反正，为民除害，让天下安定太平，从而成为汉朝的太祖，功不可没啊！"于是尊高祖为高皇帝，太子刘盈沿袭皇帝的称号，这就是汉惠帝。惠帝登基后，下令在全国各地修建高祖庙，逢年过节，按时祭祀。

高祖这一生，共有8个儿子：长子是齐悼惠王刘肥；次子就是吕后的儿子刘盈，也就是继承皇位的惠帝；三子是赵隐王刘如意；四子是代王刘恒，后来被立为文帝；五子是梁王刘恢，就是后来的赵共王；第六子是淮阳王刘友，后来被贬为赵幽王；第七子是淮南王刘长；最小的儿子是燕王刘建。

《大风歌》

汉高祖十二年，平定了黥布之乱后，在得胜还军途中，刘邦顺路回了一次自己的故乡——沛县，把昔日的朋友、尊长、晚辈都召来，共同欢饮十数日。一天酒酣，他在快乐当中，想起过去自己怎样战胜了项羽，又想到以后要治理好国家，哪儿去找勇士帮他守卫呢？想到这里，十分感慨，刘邦一面击筑，一面唱自己即兴创作的《大风歌》："大风起兮云飞扬，威加海内兮归故乡，安得猛士兮守四方！"而且还慷慨起舞，伤怀泣下。

你一定要知道的

史记

故事

（全4册）

汪 阳 / 编

2

中国华侨出版社

· 北京 ·

目　录

世家

《史记》一书中，世家亦以编年为体，记述王侯封国、开国功臣和有特殊地位、特殊影响的人物。其事或许并非牵涉全国，然于某一封国或全国社会生活的某一方面有巨大影响，多数可视为国别史，如《晋世家》《楚世家》《孔子世家》《陈涉世家》等。

吴太伯世家·第一

延陵季札

　　吴太伯和弟弟仲雍，都是周太王的儿子，季历的哥哥。季历很有才识，他的儿子姬昌也很有德行，所以周太王就想让季历继承首领之位，以便将来把王位传给姬昌。太伯和仲雍知道后，就逃到偏僻落后的东南地区（荆蛮），剪断了头发，把身上刺满了花纹，以此表示他们不会与弟弟争夺继承权。后来季历继位，儿子姬昌也得以继位，成为周文王。太伯自称句吴，居住在荆蛮地区，因为他很有德行，荆蛮地区的人们很敬重他，都主动归附他，拥立他为吴太伯。

　　太伯去世后，他的弟弟仲雍接替他的位置。又过了好多代，吴王寿梦继位。吴王寿梦在位的时期，吴国开始强大，于是他就自称吴王。吴王有四个儿子，大儿子诸樊，二儿子馀祭，三儿子馀眛，最小的儿子叫季札。季札小时候就聪明伶俐，惹人喜爱，长大后博学多才，豁达贤能。父亲想让季札继承王位，却被季札谦让推辞了。吴王只好立长子诸樊为王，行使国家权力。

　　后来，吴王去世，诸樊脱去丧服后，就把王位让给季札。季札推辞说："当年曹宣公死的时候，曹国人和各方诸侯们都认为是曹君杀害了太子，夺得了君位，都说他不讲仁义，没有道德。于是就想拥立子臧为王，子臧却离开了曹国，让曹君继续当政。曹国的君子们都称赞子臧'严守节操'，父王本是让你继承王位的，我怎能不守信用，跟你争王位呢？再说，当国君也不是我的志向，我虽说没有什么能耐，可宁愿学子臧那样严守节操，也不想像曹君那样留下骂名。"吴国人都非常仰慕季札的人品学问，一致要求拥立他。季札没办法，就偷偷地离开王宫，到乡下种田去了。吴国人见季札如此坚决，也就不好再勉强他。

诸樊生前曾经交代过，要把王位传给弟弟馀祭，然后依次传下去，一直传到季札，从而了却父亲生前的愿望。诸樊还赞扬了季札让贤的情操，嘱咐弟弟们要向季札学习。后来，季札被封在延陵，号称延陵季子。

季札出使鲁国，倾听了鲁国许多优美的音乐，颇有感触。接着他又出使齐国，劝导晏婴说："权力是万祸的根源，齐国的政权最终会属于一个人，在还没确定之前，肯定会你争我夺，斗争不断。你应该早点把权力和封地交出来，不然的话，恐怕就会有灾难降临。"晏子听了他的话，交出封地和政权，避免了后来政治斗争中的灾难。季札来到郑国，见到了子产，就像见到久别重逢的老朋友一样，十分亲切。他对子产说："如今郑国的君王荒淫奢侈，挥霍无度，一定会灭家毁国，最后的政权可能会落在你的手上，到时候你千万要严谨治国，以礼服人，不然的话，郑国就会面临亡国的危险！"

季札又要前往晋国。这天他准备休息的时候，外面传来了钟声。季札站起身来说："真是奇怪了，我只听说不修德行，背叛别人的人会遭到报应，可是这个孙文子呢？得罪了国君，居然还敢住在这里，若无其事地敲钟奏

苏州古城

苏州古城面积14.2平方千米，于公元前514年，吴王阖闾令伍子胥建城至今，2500多年城址未变，是中国最早的城市之一。先后为春秋吴国、三国东吴前期、元代农民政权周等政权都城。苏州在春秋时期是吴国的政治中心；西汉武帝时为江南政治、经济中心，司马迁称之为"江东一都会"（《史记·货殖列传》）；唐代是江南唯一的雄州；宋时，全国经济重心南移，陆游称"苏常（州）熟，天下足"（陆游《奔牛水闸记》），宋人进而美誉为"上有天堂，下有苏杭"，而苏州则"风物雄丽为东南冠"；明清时期又成为"衣被天下"的全国经济文化中心之一。

乐，真是琢磨不透。孙文子住在这里，就像燕子在幕布上筑巢一样地危险啊！再说，如今国君的尸体还没有下葬完毕，怎么能敲钟奏乐呢？"说完，就立即起身离开了。孙文子听了他的话，十分震惊，从此再也不听音乐，弹奏琴瑟了。

季札到了晋国之后，对赵文子、韩宣子和魏献子说："晋国的政权，恐怕将来会集中到你们三家。"季札离开之前，又对叔向说："你好好努力吧！虽说晋国的国君荒淫奢侈，但朝中还有不少良臣，大夫们也都很富有，最后的权力会归于韩赵魏三家。你为人坦率正直，要多加小心，保全自己，千万别惹上灾祸！"

季札刚开始出访的时候，有一次经过徐国。徐君对着季札的宝剑啧啧称赞，爱不释手，不好意思开口要。季札看出了他的心思，因为还要带着宝剑继续出使其他国家，就没有送给他。季札归来时，徐君已经死了。季札很无奈，祭奠完徐君，就解下自己的宝剑，挂在徐君陵墓旁边的树上，离开了。身边的人迷惑不解，问季札说："徐君已经去世了，你把剑放在那里，也不会知道！何必呢？"季札摇着头说："你不懂，当初我知道他很喜欢这个宝剑，就在心里暗自许愿，等我出使回来，就赠给他。如今他虽说死了，我也要履行自己的诺言！"

后来，不管季札出使到哪个国家，都会给人留下十分美好的印象，他不同寻常的外交才能，无形中扩大了吴国的影响。后来，吴王馀祭去世，弟弟馀眛继位。馀眛临死之前，让人把季札叫到床边，想让他接替王位，季札再三推辞，然后离开了。吴国人只好让馀眛的儿子僚继承王位。

公子光弑王僚

公子光，是吴王诸樊的儿子，吴王僚的堂兄。僚登上王位后的第二年，派公子光去攻打楚国，结果被楚军打败，还丢了先王的座船。公子光害怕回来受到惩罚，又去偷袭楚军，夺回先王的座船，这才敢收兵回国。

吴王僚五年（公元前522年），楚国大将伍子胥的父亲和哥哥被楚王杀害，就投奔吴国，想说服吴王僚去攻打楚国。公子光私下里对吴王说："伍子胥的父亲和哥哥被楚王杀了，他是想利用你报自己的私仇。再说，攻打楚国，对我们有什么好处呢？"其实，公子光知道伍子胥性情刚烈，文武双全，想把他拉拢过来为自己做事。伍子胥也看出了公子光的心事，心中暗想："公子光有野心，我现在还不能劝吴王出兵，应该先助公子光一臂之力，让他继承王位。"就把勇士专诸推荐给公子光。公子光看伍子胥与自己不谋而合，于是就像招待宾客一样接见了他。公子光一直认为："父亲他们兄弟四人，王位本来应该由季子接替。季子不愿意做王，自己的父亲最先继位。如果季子还是继续坚持不称王，那继承王位的就应当是我。"他就打算夺取王位，暗中召集贤能人士，还让伍子胥隐退到偏僻的郊野去耕作，等待时机对吴王僚下手。

吴王僚八年（公元前519年），吴王派公子光讨伐楚国。公子光打败了楚军，从居巢迎回楚国前太子建的母亲。紧接着他又带兵乘胜北伐，打败了陈、蔡两国的军队。一年后，公子光又攻占了楚国的居巢、钟离两地。先前，楚国边境的妇女与吴国边境的妇女因为采桑叶而发生了争执，逐渐产生了怨恨，最后发展到互相攻杀。两国边境的官吏知道后，都很生气，就互相攻打起来。最后，楚国攻占了吴国的边境城邑。吴王非常愤怒，就加派军队反击，占领了楚国的两个城市，这才心满意足地收了兵。

吴王僚十三年（公元前514年）春，楚平王去世，吴国趁着楚国办丧事的机会，又派公子烛庸和盖馀带兵攻打楚国。还派季札前往晋国，去侦看其他诸侯国有什么反应。吴军被楚军切断后路，退不回来。公子光心想：这可是个大好的机会。于是就找来专诸，对他说："不能再这样等下去了！机不可失，时不再来。我才是真正的王位继承人，我要夺回属于我的王位！就算是季札回来了，他也无话可说。赶快行动吧！"专诸说："国内只有吴王僚年迈的母亲和幼小的孩子，其他两个公子正在领兵打仗，短时间内也回不来，朝中又没有忠实吴王的大臣，杀了他应该不是什么难事。"公子光说："不用说了！从现在开始，我的命就是你的命，你的事就是我的事了！"

四月丙子，公子光在地下室埋伏身穿铠甲的士兵，然后摆下酒席，宴请吴王僚。吴王僚对公子光心存戒备，又不好拒绝，便从王宫到公子光家道路两侧，布置上负责保卫的士兵；甚至在公子光家的大门、台阶、屋门、坐席旁，都排满亲兵。这些亲兵卫士，人人手执利剑。吴王僚就座之后，和公子光二人推杯换盏，高声谈笑。公子光见吴王僚有了几分醉意，就假装脚疼，站起身躲进地下室，命令早已准备在那里的专诸把匕首藏在烤全鱼的肚子里，然后端上去。专诸假装上菜，走到吴王僚的近前，从鱼肚子中抽出匕首，对准吴王僚用力地刺去。吴王的侍卫大惊失色，拿起短刀刺向专诸的胸膛，但此时已经晚了，吴王僚"扑通"一声栽倒在地，当场毙命。受伤的专诸强摇晃了几下，倒地而死。接着，公子光命令事先埋伏好的士兵，趁着吴王僚手下一片混乱之际，消灭了他们。

公子光杀死吴王僚后，自立为国君。为了报答专诸为他所做的一切，他特封专诸的儿子为上卿，又把伍子胥封为王佐，还把刺杀吴王所用的匕首封存起来，永远不再使用。

季札出使归来，得知朝中变故，长叹一声，说："只要能祭祀祖先和社稷之神，抚慰人民，那就是我的国君。"

公子光政变成功，他就是历史上有名的吴王阖闾。

夫差亡国

吴王阖闾十九年（公元前496年），吴国攻打越国，越王勾践亲自带领军队，在姑苏抗击吴军。越王选派了一些勇士，冲向吴军。将士们大声呼喊，冲到吴军阵前，然后拔出宝剑，自杀而死。越军连续这么做了好几次，吴王的军队见此情形，个个目瞪口呆。越国的大队人马趁此机会袭击吴军，把吴军打得大败。吴王阖闾的脚拇指也受伤了，军队被迫撤退七里。

不久，吴王阖闾的伤口被感染，病情严重。临终前，阖闾命人找来太子夫差，立他为王，并对他说："你是我的儿子，别忘了，是越王勾践杀了你的父亲！"夫差望着弥留之中的父亲，含泪点头。

夫差即位后第一年，就任命大夫伯嚭为太宰。吴国训练军队，演习作战，时刻准备报仇雪恨。吴王夫差二年（公元前494年），吴国就发动所有的精兵强将，攻打越国，把越军打得落花流水，四散逃跑，洗雪了姑苏战败的耻辱。兵败之后，越王勾践带领着5000个士兵退到会稽据守。越王勾践自知打不过强大的吴国，就派大夫文种找到吴国的太宰伯嚭。文种对伯嚭说，越国愿意把土地交给吴国管理，越王也甘做吴国的奴仆，从此归顺吴国。

吴王夫差知道后，心里十分高兴，准备答应越王的要求。这时伍子胥前来劝吴王说："古时候，有过氏消灭了夏的君王相。当时相的妃子怀有身孕，于是就逃到有仍国，在那里生下了帝相的儿子少康。少康长大后，

西施与郑旦

传说越王勾践曾向吴王夫差进献西施与郑旦两个美女，以此来迷惑吴王。

成了有仍国的牧正官。有过氏一心想杀了少康，斩草除根，无奈少康又逃往有虞国。有虞氏因为曾经受过夏朝的恩惠，所以善待了少康，还把自己的两个女儿嫁给了他，把纶邑的土地送给他。当时，少康统治的地盘不过方圆十里，拥有的人口不过500部众。后来，少康不断聚集夏朝遗留下来的民众，逐渐恢复夏朝的官制。他又派人引诱有过氏，最终消灭了有过氏。由此少康重振夏禹的业绩，恢复了夏朝的统治。如今我们的实力，和有过氏相比，差得太远了；而勾践的力量比少康强大无数倍，所以千万不能心慈手软。您现在不消灭他，恐怕将来后患无穷！何况勾践这个人，不同寻常，他最能忍辱负重，你要是留下他，肯定会有后悔的那一天。"吴王贪图一时的虚荣，不顾伍子胥的劝阻，采纳了伯嚭的意见，与越国签订了盟约，然后得意地撤兵离去。

吴王夫差七年（公元前489年），齐景公去世，朝中的大臣们争权夺利，斗争不断。刚刚登上王位的国君年幼，不知如何是好，齐国陷入一片混乱状态之中。吴王夫差听说后，就想借机攻打齐国。伍子胥又前来劝阻说："越王勾践（此时吴王已经把勾践放回国）现在不讲究穿衣吃饭，整天祭奠先人，接济老弱病残。他有他的目的，就是想笼络民心，成就大业。勾践不除掉，我们吴国就永无安宁之日。君王不先除去这个心腹大患，反倒要兴兵去攻打齐国，真是太荒唐了！"吴王还是不听劝告，兴兵前去攻打齐国。吴王在艾陵打败齐军之后，又率兵来到缯邑，召见鲁哀公，向他索要猪牛羊等祭品。后来季康子派子贡用周朝的礼节劝说太宰伯嚭，吴王这才不再向鲁国索要财物。此后，吴王夫差停留在齐鲁两国南边的边境地带，依仗着强大的兵力，不断掠夺土地。后来鲁国实在难以承受，就答应吴国签订盟约，吴王这才善罢甘休。

越王勾践带领大臣们前来朝拜吴王，并献上了丰厚的礼物，吴王十分欢喜。此时伍子胥却忧心忡忡，考虑到处理吴越关系事关国家安危，再次前来劝诫吴王说："越国是我们的心腹之患，如今就算我们得到了齐国又有什么用？商朝之所以能够兴盛起来，就是因为把叛逆之臣全都斩草除根，绝了后患。"吴王原本心情不错，听了伍子胥的几句话，就像被人迎面浇了一瓢冷水。他十分生气，立即派伍子胥去出使齐国，免得他再来说三道四。伍子胥来到齐国，把儿子托付给齐国的大夫鲍氏，然后返回吴国。吴王知道这件事后，勃然大怒，赐给他宝剑命令他自杀。伍子胥心中无限悲愤，慨叹说："我死不足惜，只可叹我的一片忠心啊！我死之前，有一个小小的要求，希望大王能够答应。我死后，请在我的坟墓两边种上梓树，以后自然会派上用场；再挖出我的一双眼睛，放在吴国的东门上，让我亲眼看着越国是怎样灭掉吴国的！"说完，挥剑自刎。

吴王夫差十四年（公元前482年）春，吴王北上和众诸侯会盟，想在中原地区称霸。这年六月，越王勾践经过几年的精心谋划，养精蓄锐，开始率兵进攻吴国。越军5000人同吴国的军队交战，攻进了吴国的都城，俘虏了吴国的太子。吴王的部下把军队战败的消息报告给吴王。吴王十分恐慌，不想让诸侯们知道，就隐瞒了这件事。后来，不知是谁走漏了风声，吴王气急败坏，立刻拔剑杀了站在帐前的几个人。

后来，吴王和晋定公争做霸主，吴王向晋定公炫耀自己祖先辈分大。这下可不要紧，惹恼了晋国大臣赵鞅，赵鞅要出兵攻打吴国。吴王被逼无奈，只好把霸主之位让给了晋定公。吴王回到吴国，当时太子被俘，吴王又长时间外出，吴国内部力量空虚，士兵们疲惫不堪，无心作战。吴王无奈，只好派使者带上重金去跟越国讲和。

后来，越国一天比一天强大起来，不断侵犯吴国，二十一年（公元前475年），越国的军队围攻了吴国的都城。二十三年（公元前473年），越国彻底打败了吴国。越王勾践把吴王安置在甬东，让他在那养老。吴王后悔莫及，叹气说："哎！我老了，不能再侍候您了。当初伍子胥几次劝我，我怎么就听不进去呢？如今落得这样的下场，我没脸去见伍子胥啊！"说完用袖子遮着脸，自杀而死。

消灭吴国后，越王认为吴国的大夫伯嚭不忠于自己的国家，就杀了他，然后返回越国。

齐太公世家·第二

姜太公封齐

姜太公，本姓姜，名尚，字子牙。他的祖先曾在尧、舜时代做过大官，后来又因为和大禹一同治水，立了大功，被舜封在吕地（今河南南阳），此后家族便以封地为姓。到吕尚这一辈的时候，吕家家势已经败落，沦为平民。为了维持生计，吕尚曾经卖过酒、肉，做一些小生意。但他始终胸怀大志，经常研究治国安邦的道理，希望有朝一日能大展宏图，为国家效力。

吕尚70多岁的时候，正值强大的商王朝走向衰亡之时。当时的商纣王昏庸残暴，荒淫奢侈，老百姓们怨声载道，社会秩序极其混乱。这时，周国的国君西伯姬昌广施仁义，大力发展经济，国势渐渐强大，百姓们开始倾心于周的统治。壮志未酬的吕尚听说周西伯仁义爱民，正在招贤纳士，就离开商朝，投奔周国。吕尚来到歧山脚下，四处打听，听人说周西伯经常到渭河北岸打猎。他天天来渭河边钓鱼，希望有一天能见到周西伯。

这天，周西伯游玩打猎路过渭河，遇见了正在钓鱼的吕尚。二人随即交谈起来，而且谈得十分投机，大有相见恨晚之意。周西伯见吕尚知识渊博，通晓国事，就向他讨教治国安邦的良策。吕尚说："要想成就大业，首先要以贤为本，要学会用人。"文王听了高兴地说："我说呢！来这之前有人给我算卦，说有圣人要来周国。周国会因此而兴盛起来。你大概就是那个圣人吧！我已经等你好久了！"周西伯就把吕尚扶上自己的马车，带他一起回宫。回宫后，立即封吕尚为太公望，让他做军师。这下，怀才不遇的吕尚有了用武之地。

渔樵问答图
山中樵夫看到姜太公用直钩钓鱼，上前询问。

商纣王听说民众很崇拜周西伯，担心西伯会跟自己争天下，就派人把他抓来，关进监狱。太公找了几个人商量对策，又派人去寻找天下的奇珍异宝和美女，一并献给纣王。纣王龙心大悦，就放了周西伯。西伯回来后，就暗中和太公谋划讨伐纣王、推翻商朝的事情，还让太公教他一些用兵方面的策略。因此，后人都称太公为兵家始祖，并称姬昌为文王。

后来，周的势力越来越强，天下三分之二的诸侯国都诚心依附。这些成就的取得，多半来自太公谋划。

文王死后，武王姬发继承文王的事业，太公继续掌管着周国的朝政。武王想讨伐商纣王，就先试探一下其他诸侯的意思，于是召集各路兵马，在盟津集合。队伍临行前，吕尚左手持黄钺，右手持着白旄，庄严誓师。队伍到达盟津后，诸侯们的军队也纷纷前来汇合。武王认真察看形势后，觉得讨伐商纣时机还不成熟，就命令各路军队撤回。

两年后，商纣王的统治更加残暴，不但囚禁了大臣箕子，还杀死了王叔比干，武王决心去讨伐纣王。临行前，武王找人算了一卦，卦辞说暴风雨即将来临，不太吉利。众大臣有些迟疑，只有太公坚决支持武王立即出兵。于是武王听从了太公的意见，率领军队前进。武王十一年（公元前1046年）正月，纣王的军队和武王的军队在牧野展开大战，纣王的军队大败。纣王被逼无奈，登上鹿台，自焚而死。第二天，武王举行隆重的祭祀活动，太公牵着牛羊等祭品，史官朗诵诗文，向上天讲述伐纣的原因和经过。随后，武王散发了鹿台的存钱，把储存的粮食发放给民众；重新修缮了比干的坟墓；又把被囚禁的箕子放了出来。武王还把象征天子权力的九鼎迁到别处，重新整顿周朝的政治。所有这些，都是由太公主持策划的。

武王平定了商朝，称王于天下，把太公封在齐国的营丘。吕尚前往自己的封国，一路上走走停停，行进缓慢。这时旅馆里有人对他说："我听说机不可失，时不再来。您这样不紧不慢，宛如一个悠闲的过客，一点都不像前去就封的官员。"太公听了这话，连忙起身整理行装，招呼人马，连夜启程。天刚刚亮，就赶到了封国。太公还没有坐稳，探军来报，说莱侯带兵来攻打营丘。太公立即出兵，击退莱侯。莱侯是东夷人的首领，趁着西周灭商的混乱时机，前来抢夺太公的国土。

太公就任后，开始整顿政治。按照当地的风俗习惯，减少礼节，大力发展农工商业，积极倡导渔业发展，很快就安抚了当地的百姓。很多人都前来投奔齐国。没多久，齐国就成为一个强大的国家。

太公活了100多岁后才去世，死后他的儿子丁公继位。

昏君齐襄公

齐襄公，姓姜名诸儿，是齐公的儿子，齐桓公的哥哥。他是春秋时代齐国第14位国君。齐襄公还是太子的时候，就和宗室的后代公孙无知之间产生了矛盾。襄公继位后，公报私仇，降低了公孙无知的职位，公孙无知更加仇视他。

齐襄公四年（公元前694年），鲁桓公带着夫人来齐国拜访齐襄公。鲁夫人文姜是齐襄公同父异母的妹妹，年轻时她和齐襄公就交往甚密，关系暧昧。这次来到齐国，两个人刚一见面，又旧情复燃，结果被鲁桓公知晓。鲁桓公十分生气，大骂夫人不知羞耻，鲁夫人就向齐襄公哭诉了这件事，齐襄公顿生歹意。

第二天，鲁桓公就派人前去向齐襄公辞行，想要回鲁国。齐襄公执意挽留，并宴请鲁桓公，说是为他们饯行。鲁桓公憋了一肚子的火，却不好发作，只好客随主便，让夫人文姜留在驿站等候，自己应邀前往。酒席上，鲁桓公心里有事，闷闷不乐。而齐襄公却很有兴致，殷勤地端着酒杯，一再劝鲁桓公多喝几杯，大臣们也轮流前来敬酒。鲁桓公本来心情就不好，再加上他们人多，没多会儿，就被灌得酩酊大醉，不省人事。齐襄公让武士彭生把鲁桓公抱上车，送回驿站。临走前，齐襄公给彭生使了个眼色，低声说道："就按我原来说的办！一定要把鲁君送到家，路上不得有丝毫的差错，明白吗？"彭生会意地点了点头，上路了。走到一个偏僻的小路上，彭生看看前后左右无人，就下了车，遵照齐襄公的密令，杀死了鲁桓公。等到了住处下车的时候，鲁桓公的尸体早都僵硬了。

齐襄公一边派人把鲁桓公的尸体厚殓入棺，一边派人去鲁国报丧，说鲁桓公得了急病突然死去，通知他们来人迎回灵柩。鲁国的使臣来到齐国，请求齐襄公处死彭生。此时齐襄公正想杀人灭口，就处死了彭生。

齐襄公十二年（公元前686年），齐襄公派连称等人去守卫边疆地区葵丘，说好瓜熟蒂落时节就派人去接替他们。可是期限已经到了，齐襄公也没派人来去替换。于是朝中有人提醒齐襄公应派人前去接替连称等人，齐襄公不肯。连称等人见齐襄公不守信用，也没有个说法，就找到公孙无知，想和他一起图谋叛乱。当时连称有个堂妹，是齐襄公的妃子，不太得宠。连称就让她在宫中偷偷地打探消息，物色合适的时机杀掉齐襄公，还向妹妹许诺说："事成之后，你就会成为公孙无知的夫人。"

这年冬天，齐襄公出去游玩，来到沛丘打猎。在荒野上碰到了一只野猪，随从的人说这只野猪是"彭生"。齐襄公听了非常愤怒，刚想拔箭射杀，野猪突然站起来号叫。齐襄公惊恐万分，吓得从车上摔了下来，扭伤了脚，鞋子也丢了，弄得狼狈不堪。回到王宫后，他立刻就把管鞋的官员叫来，狠狠地打了他三百鞭子。这位官员很委屈，强忍着疼痛，怨怨不平地走出王宫。公孙无知和连称等人得知消息，就带人趁机袭击齐襄公的宫廷。一行人刚到宫门口，就见到管鞋的官气呼呼地走出来。管鞋的官一看他们的架势，知道要谋反，就对他们说："千万可别惊动了宫中卫队，否则想进去就很困难了！"无知对他的话半信半疑，管鞋的官员撩起衣服，让他们看自己的身上还带着血渍的鞭痕，无知这才相信了。于是就让他先进去探路，自己的人则在门外把守。管鞋的官员进去后，立即凑到齐襄公的耳边说了几句话。襄公听后大惊失色，哆哆嗦嗦地躲到门后面藏了起来。无知等人在门外等了好长时间，也没见里面有什么动静，担心有什么变故，就带人直接闯了进去。管鞋的官员和襄公的亲信前来阻挡，结果全都被杀掉了。无知到处找襄公，也没见着个人影，这时有人看到门后面露出一只脚，把门推开一看，正是齐襄公，于是就把他杀了。

公孙无知自立为齐君。继位后没多久，齐君无知去雍林游玩，结果被和他有旧仇的雍林人给杀了。这些雍林人事后通知齐国的大臣们说："无知杀害襄公，自立为国君，实属大逆不道。如今他已经被我们杀掉了，请你们在公子们中间另选君主，我们一定会服从。"

当初，齐襄公和鲁夫人通奸，又杀死醉酒后的鲁桓公，道德沦丧，受到人们的强烈的谴责。后来他又诛杀无辜的民众，沉湎于女色，还凌辱朝廷的重臣。他的两个弟弟一看苗头不对，怕有一天自己也会招灾，就逃亡到国外去了。二弟公子姜纠的母亲是鲁国的公主，他就逃到鲁国，管仲、召忽辅佐他。三弟姜小白逃到莒国，鲍叔牙辅佐他。后来听说公孙无知死了，两个人都想回国即位，于是两人之间展开了激烈的争夺。

管仲相齐

　　管仲，春秋时期颍上（今安徽省颍上南）人，名夷吾，字仲。管仲本是名门之后，只是到了他这辈，家道已经衰落了。管仲小时候家里很穷，做过马夫，做过小商贩。后来，认识了鲍叔牙，两个人结拜为兄弟，共同经商。管仲成人后，曾经显赫的家族遗留给他的另一面开始逐渐显露出来，他超凡脱俗，胸怀大志，总想干一番轰轰烈烈的大事业。为了实现抱负，他追随公子纠，并跟他流亡鲁国。

　　自立为齐君的公孙无知被杀后，君位空缺，齐国处于群龙无首的状态，齐国的大臣们商量着拥立新君。这时，有人暗中来到公子小白所在的莒国，让小白回国继位。此时，公子纠所在的鲁国探听到这一切，也派兵护送纠回国，还让管仲另外带一批人马埋伏在小白回国的道路上。管仲看见小白的人马走近，就下令放箭，箭矢射中了小白腰带上的小钩子。小白假装中箭落马，骗过管仲，快马加鞭，赶回齐国。

　　管仲以为小白真的死了，连忙派人回去向鲁国人报喜。鲁国人这下松了口气，觉得没有人再和公子纠争夺王位了。公子纠也不再着急赶路，不慌不忙，6天后才到齐国境内的。此时的小白早就抢先一步，登上了王位，紧接着就发兵前去阻击鲁国护送公子纠的队伍。

　　这年秋天，齐国和鲁国交战。鲁国败退，又被齐军堵住了后退的道路。齐桓公派人给鲁君送去一封信，说："家无二主，国无二君。公子纠是我的亲兄弟，他想与我争夺王位，可我不忍心杀害他，请你们代我把他杀了吧！管仲、召忽等人和我势不两立，是我的仇人。请把他们交还给我，让我处置，我要把他们剁成肉酱，以解我的心头大恨。你们要是不答应，我就继续出兵围攻你们。"鲁君很害怕，就杀了公子纠，召忽自杀而死，管仲则甘心坐囚车回到齐国。

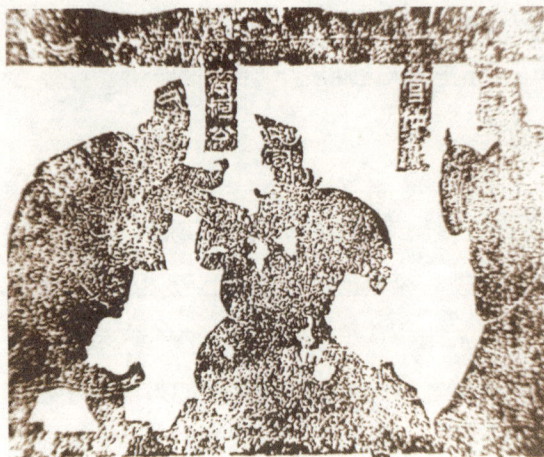

齐桓公与管仲画像砖

出土于山东嘉祥，反映了法家思想在春秋战国时期受到当政者的推崇与重视。

齐桓公被管仲射中衣带钩后，装死才得以逃命，因此对管仲恨之入骨，发誓要报一箭之仇。鲍叔牙劝他说："这件事您可要三思而后行啊！我能跟随您，实乃三生有幸。您虽说贵为君王，威严无比，却依然尊崇我。如果您只想把齐国治理好，那有我和高傒也就够了；若是想成就霸业，我们这些人就微不足道了，只有管仲才能帮您实现。管仲这个人非同小可，他在哪个国家，哪个国家就会因为他的存在而兴盛起来。所以我希望您能以大局为重，把他留下来辅佐您！"桓公也是个豁达大度的人，听鲍叔牙的话说得句句在理，就按照他的建议，假意说报仇雪恨，实则召管仲来齐国。

鲍叔牙亲自前去迎接管仲，一见面就卸去了他的手铐和脚镣，洗完澡换好衣服后，就带他去拜见齐桓公。齐桓公非但没有治管仲的罪，还用非常隆重的礼仪热情地接待了管仲，任命他为大夫，让他管理国政。

后来，管仲、鲍叔牙等人一起辅佐齐桓公。管仲担任国相，整顿政治，发展商业，提高鱼盐生产，接济贫苦民众，选举任命了大批的贤能人士。在他的治理下，齐国上下呈现出一片欣欣向荣的景象。

齐桓公二年（公元前684年），齐国消灭了郯国，郯国的君王逃亡。当初桓公逃亡的时候，经过郯国，郯君对他十分傲慢无礼，所以桓公现在讨伐他。

齐桓公五年（公元前681年），齐国又攻打鲁国，鲁军战败，鲁庄公请求讲和，并答应把遂邑割让给齐国。齐桓公答应了他的条件，双方决定在柯地订立盟约。谁知鲁君刚要签约，鲁国大夫曹沫就把匕首驾在桓公的脖子上，威胁说："赶紧把你们侵占鲁国的土地交出来，不然我就杀了你。"桓公见形势危急，连忙答应了他，曹沫扔掉匕首，脸朝北站在臣子的位置上。桓公说完就后悔了，不想退还鲁国的土地，就想杀了曹沫。管仲看出桓公的意思，上前劝说："您已经答应人家了，就不要再违背诺言。只为暂时出一口恶气，就要以在众诸侯面前失去诚信为代价，哪个轻，哪个重？千万不能这样做！"齐桓公听了他的话，就归还了先前占领的鲁国土地。四方诸侯听说了这件事，都夸齐桓公守信用，重名誉，都愿意前来归附他。七年（公元前679年），众诸侯和齐桓公在甄地会盟。从这时起，齐桓公就开始称霸天下了。

管仲辅佐齐桓公差不多有40年，把齐国治理得井井有条。当时齐国国富民强，齐桓公成为春秋时代的第一霸主，百姓们都争相称颂管仲的德行。

公元前645年，管仲逝世，齐国的朝野上下万分悲痛。人们把管仲安葬在都城临淄南面的牛山上，又为他树立了高大的石碑，来纪念他的丰功伟绩。后来，孔子曾赞叹说："管仲辅佐齐桓公，称霸诸侯，挽救了周室家族，使国家日渐兴旺，让百姓享受恩惠直到现在。要是没有管仲，我们这些人大概都得左开衣襟，披头散发，如今早就沦为蛮夷统治下的老百姓了。"

齐桓公称霸

齐桓公七年（公元前679年），众诸侯和齐桓公在甄地会盟，齐桓公做了天下霸主。齐桓公二十三年（公元前663年），北方的山戎进攻燕国，燕国向齐国求救。齐桓公派出援军，与燕军一起击败山戎。接着乘胜追击，前锋到达孤竹，山戎军逃遁，齐军班师。燕庄公十分感激，率众臣送桓公回国，依依不舍，不觉进入齐国境内。按周礼规定：诸侯之间相送不能出自己国境。齐桓公为表示对燕君及礼法的尊重，就把燕君所至的齐国领土划归燕国，并劝说燕君重新臣服于周朝。诸侯听说这件事，对齐桓公敬佩之至。

齐桓公二十九年（公元前657年），齐桓公和夫人蔡姬乘船游玩。蔡姬熟悉水性，就故意摇晃船只吓唬桓公。桓公十分害怕，就央求夫人停下，夫人正有兴致，不理桓公的话，继续摇晃。下船后，桓公一怒之下就将她赶回了娘家。蔡君见女儿被赶回来，十分生气，就把蔡姬嫁给了别人。桓公知道后，大怒，立即发兵攻打蔡国。

齐桓公三十年（公元前656年）春，桓公带领诸侯的联军又去攻打蔡国，蔡军溃败。桓公又乘胜攻打楚国。楚国在南方地区，向来和中原诸侯不相来往，中原诸侯也把楚国当"蛮子"看待。楚国人开垦疆土，收服了附近的一些部落，变成了较大的国家，自称楚王。楚成王集合人马准备抵抗齐国的联军，并派去使者责问齐桓公："齐楚两国素不往来，彼此无怨无仇，为什么要侵犯楚国的国土？"管仲回答说："我们两国虽然是相隔遥远，但是从前召康公曾经授权给齐太公，说：'天下要是有谁不肯服从天子，齐国就有权力去征讨他们。'你们楚国本来每年都要按期向周王交纳贡品，为什么现在不进贡呢？如今影响了周王的祭祀，因此来拿你们问罪的！"楚王说："贡品没有献上去，是我们的错，以后一定按期进贡。"可是齐军仍然进兵楚国。后来，楚王派大将屈完去抵抗齐军，齐军撤退到召陵。楚成王派屈完见齐桓公，齐桓公为了显示自己的军威，请屈完观看自己的军队，并趾高气扬地说："你看看，如此强大的兵马，还担心打不了胜仗？"屈完看军队整齐，兵强马壮，淡淡一笑说："真是不错！可是就算如此，你也得讲道义，扶助弱小的国家，这样才更令人佩服。要是光凭武力，我们可能打不过你，要是用方城山作城墙，把长江和汉水作为壕沟来阻挡你，你就是有千军万马，也未必能打得胜。"齐桓公见他态度强硬，说的话也有点道理，就跟屈完签订了盟约，然后带兵离去。队伍经过陈国的时候，有个陈国人欺骗齐军，让他们从东边绕道走，结果被齐军发觉，禀告了齐桓公。齐桓公很生气，这年秋天就进兵陈国。

　　齐桓公三十五年（公元前651年）夏，齐桓公和众诸侯在葵丘会盟。周襄王派宰孔把祭祀用的肉、红色的弓和箭还有天子使用的车驾赐给桓公，还说不让他跪在地上接拜了。桓公刚想答应，管仲凑到他耳边小声说："这样不合适！"桓公跪在地上，接受赏赐。秋天，诸侯们再次在葵丘会盟，桓公越发显得傲慢无礼。周国的宰孔也来参加会盟，这时诸侯中间有人开始叛离桓公。晋国的君王生病了，来得稍微晚一些，路上正好碰见了宰孔。宰孔一边摇头，一边摆手对晋君说："哎！齐侯简直太傲慢了，不用去了！"听了这话，晋君就返回去了。当年，晋献公去世，秦穆公送晋国的公子夷吾回国继位。桓公借口平定晋国内乱，出兵晋国，到了高粱后，派人去扶立晋君，然后率军回国。

宁戚饭牛图轴　明　周臣　纸本

宁戚，春秋时卫国人，满腹韬略，且胸怀大志，但家境贫困，便为商旅赶车来到齐国，夜晚睡于城门外，待齐桓公夜出送客之时，击牛角，发悲歌。桓公闻听甚觉奇怪，于是召见他，宁戚便将胸中治天下之道说与齐桓公。桓公大悦，便任命宁戚为大夫。此图即绘宁戚为商旅赶车前往齐国途中，歇息喂牛的情景。

　　这时，周王室力量微弱，齐、楚、秦、晋这四个诸侯国实力强盛。晋献公刚刚去世，国内无君主，秩序混乱。秦穆公身处偏僻边远的西部地

《管子》

　　《管子》虽名为管仲所撰，其实是管仲学派的一部学术论文汇编，非一人之笔，也非一时之作，既有管仲治国思想的记录和发挥，又有不同历史时期的发展和运用。《管子》为齐文化最重要的经典作品，集中反映了齐文化务实、变革、开放、兼容的特色和精神风貌。此书内容丰富，体系完整，大凡经济、哲学、政治、法学、伦理、教育、人才、管理等社会科学方面的理论几乎无所不包，对自然科学和思维科学的某些内容也多有论述，直到今天仍有鲜明的借鉴意义。

区，没来参见会盟。而楚王又刚刚征服荆蛮地区，自认是个夷狄国家，也没去参加盟约。所以当时只有强大的齐国能主持中原诸侯的会盟，而且桓公广施德政，诸侯们都愿意服从他。桓公很自豪地发表演说："我向南讨伐到召陵地区，曾经远望熊山；向北打到山戎、离枝和孤竹一带；向西到了大夏，涉足流沙；还栓牢车马，登上了太行山，又到了卑耳山才返回来。诸侯们谁也不敢违抗我的命令！我无数次地主持诸侯之间的军事会盟、和平会盟。哪个国家有事，都得我亲自前去主持公道，就是以前的夏、商、周承奉天命时，也没法跟我比啊！我要封泰山祭天，禅梁父祭地。一切都按天子的规格办！"管仲极力劝阻，桓公就是不听。没办法，管仲只好想了一个主意，欺骗桓公说要祭祀天地，就必须拥有远方的奇珍异宝，否则天地就会怪罪下来。桓公这才善罢甘休。

　　管仲年迈病重，齐桓公问他："众大臣中，谁有能力接替您的职位？"管仲说："没有谁比您更加了解自己的手下！"齐桓公说："你说易牙怎么样？"管仲说："易牙为了讨好国君，不惜杀害自己的亲生儿子，不符合人之常情，不能胜任！"齐桓公问："那开方呢？他怎么样？"管仲说："开方为了迎合国君，背叛自己的亲人，这种人很难接近，人们不会服从他！"齐桓公接着问："竖刁怎么样？"管仲说："竖刁为了迎合国君，阉割自己的身体，更是不在情理之中，这种人难以亲信。"管仲去世后，齐桓公就把管仲的告诫忘得干干净净，不但重用了这3个人，还让他们包揽了齐国的所有大权。后来齐桓公生病了，在易牙和竖刁等人的挑唆下，他的五个儿子拉帮结派争做太子。

齐桓公去世后，几个公子相互攻击。宫中一片混乱，谁也不敢来装殓桓公的尸体。桓公的尸体一直在床上放了67天，腐烂不堪，上面的蛆虫都爬到了门外。后来，公子无诡在易牙和竖刁的全力帮助下，登上君位。无诡继位后，才收殓父亲的尸体，告示天下，并举行了简单的葬礼。齐桓公去世后，齐国的霸权衰落。

崔杼、庆封之乱

齐顷公死后，儿子姜环继位，也就是齐灵公。齐灵公的夫人生下公子姜光；妃子仲姬生下公子姜牙，公子姜牙由另一个妃子戎姬抚养。

公子光被立为太子后，由高厚辅佐。这时，戎姬依仗自己深受齐灵公宠爱，就提出要立公子牙为太子。仲姬认为这样不太合适，可是灵公已经下定决心，就把公子光发配到遥远的东部边疆地，之后公子牙被立为太子，仍让高厚辅佐。

后来，齐灵公病了，大臣崔杼就把太子光接回来，拥立他为国君，太子光就是齐庄公。太子光回到国都，先杀了曾主张废他太子之位的戎姬。接着又杀死了太子牙。后来，崔杼又杀了辅佐太子牙的高厚。晋国乘齐国发生内乱之机，出兵讨伐，大军到了高唐。

崔杼的妻子曾经是棠公的妻子，长得十分漂亮。棠公死后，崔杼就娶了她。后来，齐庄公和她私通。齐庄公不但明目张胆地到崔家，还把崔杼的帽子偷偷地拿去送人。崔杼敢怒不敢言，就想趁着晋、齐两军交战的时候，和晋国合谋，偷袭齐国，但始终没有找到机会。齐庄公曾经用鞭子毒打过宦官贾举，打完后又让他侍奉自己。贾举因此怀恨在心，表面上恭恭敬敬，暗地里却在寻找机会报仇。

齐庄公六年（公元前548年）五月，莒君来朝见齐庄公，齐庄公设宴款待他，让崔杼来陪客人。崔杼假装生病，没来赴宴。事后，齐庄公亲自登门，探望崔杼的病情，实际上是想借机见见崔杼的妻子。庄公看望了崔杼后，便去追嬉崔杼妻子。崔杼的妻子跑进内室，与崔杼关上屋门。齐庄公进不去，就倚靠在门柱上哼起歌来。崔杼的属官贾举把齐庄公的随从拦在大门外，紧闭大门，随后，率领家丁仆人们拿着兵器家伙朝着齐庄公蜂拥而上。齐庄公吓得四处逃窜，他爬到高台上，对着下面的人说："有话好说，有话好说，别动刀枪，我请求和解。"众人们都不答应。庄公又说："我跟你们签订盟约还不行吗？"众人还是不答应。庄公又说："那我只好到祖庙里自杀了！"众人还是不允许。家丁们说："你的手下崔杼生病，不能前来听从你的命令。我们是崔杼的家人，只知道奉命捉拿淫贼，别人的命令我们一概不听！"齐庄公心知不妙，想翻墙逃跑。谁知刚爬上墙，就被下面的人用箭射中了大腿。齐庄公重重地摔在地上，被崔杼的家兵们杀死了。

当时，有个叫晏婴的大臣就站在崔杼家的大门外，慨叹说："唉！你说国君要是为了国家的江山社稷而死，那么臣子也应该跟着一起死；国君为了国家而四处流亡，那么臣子也应该跟着一起流亡；可国君要是为了一些不能见人的私事或者死或者逃亡，除了他的死党，谁还愿意跟着去送死呢？"大门打开后，晏婴走进去，伏在齐庄公的尸体上痛哭起来。后来他又慢慢站起身，使劲地跺了三下脚，然后走出崔家。有人走到崔杼的跟前，小声说："把他也除掉算了！"崔杼摇摇头说："晏婴是个很有名望的人，杀了他就会失掉民心。"

后来，崔杼又立齐庄公同父异母的弟弟杵臼为君。杵臼就是齐景公。齐景公登上王位后，任命崔杼为右丞相，任命庆封为左丞相。两位丞相就位后，怕国内的大臣不服，就警告说："凡是不与崔氏和庆氏合作的人，一律处死！"晏婴不肯合作，仰天长叹道："我晏婴立誓效忠于英明的君主和对国家有利的人，这个愿望恐怕今生都难以实现了！"庆封听后建议杀了他。崔杼则说："如此侠肝义胆的忠臣，还是放了吧！"晏婴又免于一死。

　　齐国太史记载国家的变故，这样写道："崔杼杀了国君齐庄公。"崔杼很生气，就杀了太史。太史的弟弟还是接着这样写，崔杼又把他杀了。太史的小弟弟继续这样写，崔杼无奈，只好放了他。

　　崔杼的长子崔成和次子崔强是一母所生。崔成的母亲去世后，继母东郭女又生了崔明。东郭女让她和前夫所生的儿子无咎和自己的弟弟东郭偃去辅佐崔氏。后来崔成犯了罪，无咎和东郭偃借手中的权力，狠狠地惩治了崔成，然后立崔明为太子。崔成请求回崔邑的老家养老，崔杼答应了他。可是无咎和东郭偃一致反对，说："崔邑是祖先起家的地方，不能让他去那里！"崔成、崔强两兄弟十分愤怒，就找庆封来告状。庆封本来和崔杼就明合暗不合，恨不得崔杼家败人亡。于是就唆使崔成和崔强杀了无咎和东郭偃。崔杼知道后，非常愤怒，就让宦官驾车，气势汹汹地来找庆封算账。庆封狡辩说："崔成和崔强真是太不像话了，来央求我替你杀了无咎和东郭偃。你现在又来找我，弄得我两头不是人！"崔杼无言以对，只好作罢。可是庆封为了达到自己的目的，到处寻找和崔杼结仇的人，暗中指使这些人去攻击崔家，杀了崔成和崔强，几乎灭掉了崔氏所有的人。崔杼的妻子东郭女伤心欲绝，自杀而死。崔杼看家破人亡，无家可归，自知庆封也不会放过自己，含恨自杀。

　　把崔杼一家斩尽杀绝后，庆封做了相国。他独揽大权，日益专横跋扈。他整天四处游山玩水，吃喝享乐，不理政事。为了应付差事，庆封让儿子庆舍替他管理政务。时间长了，父子之间就有了隔阂。这时有人谈论说："看来齐国就要大乱了！"果然时间不长，田氏、鲍氏、高氏、栾氏四家联合起来攻击庆封。庆舍派甲兵保护庆封的宫室，田氏、鲍氏、高氏、栾氏又前来围攻，打下了庆封的宫邸。庆封回来，进不了家，就逃往鲁国。齐人纷纷谴责鲁国，不应该收留庆封。庆封无奈，又逃往吴国。吴国分给庆封一块地方，并把庆封的宗族后代迁过来居住。

此时的庆封比在齐国的时候还富有。

后来，齐国人迁葬了齐庄公。齐人为了祭奠齐庄公的亡灵，又把崔杼的尸体挖了出来，摆在大街上，供人们嘲笑取乐。

田氏代齐

春秋之初，陈国发生了内乱，陈厉公的儿子陈完投奔齐国。齐桓公任命他为工正，掌管百工和官营手工业。陈完又称田完，是田成子田常的祖先。从那时起，田氏开始在齐国扎根，并得到齐国几代国君的宠信。

齐景公三十二年（公元前516年），天上有彗星出现。于是，齐景公坐在柏寝台上，唉声叹气地说："唉！宫殿再富丽堂皇，也是身外之物，有谁能够长久享用它呢？"大臣们见君王很郁闷，就都假惺惺地陪着掉眼泪。晏子在旁边见状，忍不住笑出声来。景公很生气地看着晏子，晏子解释说："我没笑您，我是笑这些大臣们，他们可真会奉承您！"齐景公稍稍消了点气，问晏子："彗星在齐国的地域上空出现，可不是什么好兆头啊！我正在为这件事情发愁呢！你还有心笑！"晏子说："您是君王，住在深宫豪宅中，不去体察民情，只知道加重赋税。这样下去，比这还可怕的现象都会发生，彗星算得了什么？"齐景公说："你说我要是虔诚地祈祷，能不能免去灾祸呢？"晏子说："要是祈祷能够召来神灵，那一定也能将神灵赶走。数以万计的百姓心存怨恨，你一个人祈祷，怎能抵得过他们的诅咒呢？"当时的齐景公十分奢侈，各种珍奇异宝应有尽有。百姓的赋税繁重，刑法也十分苛刻。晏子这样劝诫他，是想让他勤俭持政。

齐景公四十八年（公元前500年），齐景公与鲁定公举行友好会盟。随从梨锄劝齐景公说："孔丘精通礼法，就是太胆小。您可以借此机会，让莱人演奏乐曲，趁机抓住鲁君，逼他满足我们的要求。"齐景公怕孔丘受到鲁国的重用，鲁国因此称霸于天下，采纳了这个建议。可是后来，莱人演奏乐曲的时候，还没等齐景公的人动手，孔丘就命人把莱人杀掉了，还用礼法狠狠地教训了齐景公。齐景公很惭愧，就归还了从前侵占鲁国的土地，以此表示道歉。这一年，忠臣晏婴去世。

齐景公五十五年（公元前493年），晋国的范氏和中行氏发动叛乱，急缺粮草，就来向齐国求救。此时的田乞也准备在齐国叛乱，为了能联合各国的叛逆臣子，增加自身的力量，田乞就前来对齐景公说："范氏和中行氏曾经对齐国有恩，我们不能见死不救啊！"齐景公就派田乞前去救援，还带上许多粮草。

齐景公年老时，特别忌讳别人说继承人的事。他想让宠姜芮姬的儿子姜荼当太子，可芮姬出身贫贱，姜荼品行不端。所以齐景公虽有想法，始终无法说出口。大臣们一问起此事，齐景公就不耐烦地说："管这么多的事干什么？你们尽情地去享乐吧！国家还愁没有君主吗？"这年秋天，齐景公病了，他把别的儿子都赶出都城，立最小的儿子姜荼为太子，让重臣国惠子、高昭子辅佐。姜荼就是晏孺子。齐景公死后，还没等下葬，众位公子都因为怕被杀害，纷纷逃亡到其他国家去了。

晏孺子继位后，田乞表面上十分敬重齐国的重臣高氏和国氏。上朝的时候，田乞为他们驾车，趁机说："你们得到国君的重用，大夫们都感觉处境危险，正要阴谋叛乱呢！"然后回头又对大夫们说："高昭子太可怕了，打算除掉我们，趁他还没动手，我们应先下手为强。"众大夫听信了田乞的话，就和他一起谋划叛乱，同时带领士兵闯入宫中。高昭子得知消息后，就和国惠子联合起来，派兵营救晏孺子，结果被打败了。

后来，田乞又派人去鲁国，召回逃亡的齐国公子姜阳生，把他藏匿在自己的家中。田乞向大夫们请求说："我想为儿子田常的母亲举行一个菲薄的祭礼，希望各位能够赏光，来舍下小坐，共饮几杯。"宴席上，田乞把早已装着姜阳生的袋子，放在座位的中央，然后解开袋口，对着大家说："这才是齐国真正的君主！"众人面面相觑，愣了一会儿后，都很识相，纷纷跪倒拜见。田乞想让大夫们和他一起盟誓，立姜阳生为国君。他看着鲍牧喝得醉醺醺的样子，对众人说："我和鲍牧早就商量过，都想立阳生为国君。"此时鲍牧倒还有点清醒，结结巴巴地说："你忘了景公说过的话了？"大夫们都你看看我，我看看你，有点后悔。这时，姜阳生连忙上前叩头说："你们觉得我行就立我，不行就算了，别难为大家！"其实，鲍牧刚说完前面的话，就已经后悔了。他怕给自己惹来麻烦，连忙改口说："都是景公的儿子，有什么行不行的？"众人就一起盟誓，拥立姜阳生为太子。姜阳生就是齐悼公。齐悼公进入宫中后，命人把晏孺子迁往骀城。随后，又派人将他杀死在帐幕中，还驱逐了晏孺子的母亲芮姬。

后来，吴国和鲁国攻打齐国，和齐悼公有仇的鲍子趁着战乱，杀了悼公。齐国人拥立悼公的儿子姜壬为国君，姜壬就是齐简公。

齐简公和父亲阳生在鲁国逃难时，监止一直跟随在身边。齐简公继位后，就让监止主持国政。田成子担心监止对自己不利，每次上朝都小心翼翼地察言观色。后来，田鞅看出点苗头，就对齐简公说："君王，田常子和监止不能并用，您认真考虑一下，必须在他俩之间作出选择！"齐简公不予理会。后来，田逆杀了人，恰好被处理政务的监止撞见。监止令人逮捕了田逆，并关进监狱。田氏家族十分和睦，家族的人就一起想办法救田逆。于是田逆便装作有病，让家人前来探视。家人拿来酒菜，把狱卒灌醉后杀了，田逆借机逃跑了。监止知道后，来到田家，和他们盟誓和解。

田豹曾经给监止做过家臣，很受监止器重。监止对田豹说："我想把田氏的其他人都赶走，让你当族长，怎么样？"田豹说："我是田氏的远房子孙，没有资格当族长。何况，违背你的只是田氏家族中的几个人，何必都给赶走呢？"田豹把这些话告诉了家族中的人。田逆说："国君宠爱监止，我们要是不治他，他就会害我们！"田逆设法进入宫中居住，伺机杀监止。

简公四年（公元前481年）夏，田成子和兄弟们乘坐马车，来到宫中。监止出来迎接，结果兄弟几个走进去后，便关上了宫门。宦官发觉情况不对，便拿起武器抵抗，田逆杀死了宫中宦官。此时的齐简公正在和妃子们饮酒作乐，田成子将他们通通赶到寝宫。齐简公刚想拿起兵器攻击田成子。太史子余制止说："不能那样做，他们是来为你除害的！"田成子听了这话，就迈步走出宫外，住进了兵器库。听说齐简公还在发怒，田成子准备逃走，说："哪里还没有国君？"田逆抽出宝剑，阻止他说："迟疑，是成功的大敌。你难道不是田家的子孙吗？你敢不顾全家逃走，我要是不杀你，我就对不起祖宗！"田成子只好留下来。

监止离开宫室回家，召集军队家兵来攻打宫中大大小小的门，结果哪个也没攻进去，只好往后退。田氏族人紧追不舍，最后杀死了监止。后来，田常抓住了逃到徐州的齐简公。齐简公十分后悔，说："当初我要是听了田鞅的话，就不至于落到这个下场了！"田常杀了齐简公，又拥立简公的弟弟姜骜。姜骜就是齐平公。

齐平公继位后，由田常辅佐。事实上田常已经包揽了国家大权，还分割大片的土地给田氏作封地。齐平公去世后，他的儿子宣公继位。齐宣公当政51年后，儿子康公继位。

齐康公十九年（公元前386年），田常的曾孙田和成为诸侯，他把齐康公放逐到海滨。二十六年（公元前379年），齐康公去世，田和自立为国君，姜氏齐国的历史就此结束。

田氏取代姜氏的政权后，仍然保留"齐"作为国号，史称"田齐"。

鲁周公世家·第三

周公姬旦

　　周公姬旦，是周武王的弟弟。周文王在世的时候，在众多兄弟里面，只有姬旦品质最好，忠厚仁慈，对待父亲也最恭敬孝顺。周武王即位后，他担负起辅佐和保护武王的重任，朝廷的大多数政事都由他来料理。武王十一年（公元前1046年），周公辅佐武王到牧野讨伐殷纣，他发布了《牧誓》来动员战斗，鼓舞士兵的斗志。周军攻破殷都，杀死殷纣王之后，周公手持大钺，召公手持小钺，左右拥护着武王，宰杀牲畜祭祀社神，向上天和殷朝遗民宣告纣王的罪状，告诉人们周朝代替商朝是顺应上天意旨的。周军取得彻底胜利后，武王释放了被纣王监禁的箕子。他还让纣王的儿子武庚治理殷朝遗民，任命管叔、蔡叔辅助他，允许他祭祀商朝的历代先王，让殷商的香火延续下去。武王还普遍封赏了功臣、同姓和亲戚。他封赏周公到少昊的旧址曲阜，这就是鲁公。但周公并没有去自己的封国，而是继续留在京师辅佐武王。

　　武王灭掉商朝的第二年，天下还没有安定，此时武王又患上了重病，群臣为此恐慌。古时候，人们遇到困难时，往往要通过占卜的方式判断吉凶。因此太公和召公准备去文王庙占卜。周公对他们说："不能让我们的先王忧虑悲伤。"他设立了3个祭坛，向太王、王季、文王的灵位祈祷说："你们的长孙周武王姬发因为国事操劳染上疾病。如果3位先王欠上天一个儿子的话，就让我来代替武王去死吧，我灵巧能干，能够服侍好鬼神。武王不如我多才多艺，并且他肩负着拯救天下百姓的重任。他能够让你们的子孙在人世安定地生活，四方人民无不敬畏他，有了他，先王就能长久地获得后世子孙的祭祀。现在我通过占卜的大龟听命于先王，你们如果答应我的要求，我就把圭璧献上，听从你们的命令。如果不答应，我就把圭璧收起来。"祝祷后，周公到3位先王的祭坛前面占卜，卜到的是吉卦。周公立即进宫祝贺武王说："您的身体没有妨碍，我刚刚接受到先王的旨意，让您只管考虑周室天下的长远之计，不要有其他的顾虑。"第二天，武王的病果然痊愈了。

武王去世后，成王即位，他还很年幼。周公担心天下人会因此背叛朝廷，就坐上王位替代成王主持国家大政。管叔知道以后，就在国内散布流言说："周公想废掉成王，自己做王。"周公听到后对太公望、召公奭说："我之所以不避嫌疑代理国政，是担心天下人背叛周王朝，无法向历代先王交代。先王历尽艰辛创下的事业刚刚起步，武王却在此时早逝，成王还年幼，我是为了稳定周朝的大业才这样做的。"他不顾流言飞语，继续尽心辅佐成王，并且命令儿子伯禽代替自己到鲁国担任国君。伯禽临行前，周公告诫他说："我是文王的儿子、武王的弟弟、成王的叔父，在全天下人当中我的地位不算低了。但我为了接待贤士，洗头时要3次握起头发，吃饭时3次吐出正在咀嚼的食物，即使这样还怕失掉贤能的人才。你到鲁国之后，千万不能依仗着国君的地位而骄傲轻慢。"

管叔、蔡叔、武庚等人率军反叛周王室。周公奉成王的命令率领大军东征，途中写成了《大诰》。大军长驱直入，杀掉了武庚和管

《周礼》书影
所谓周礼，一是指周代的礼法、政法制度，其中包括分封制、宗法制及与其相对的政法、礼法制度，它们有力地维护了周的统治。另一层意思是礼俗，包括周代的各种文化制度、风俗，后代各种礼法制度的制定多参照周礼。

叔，流放了蔡叔。收伏了殷商的遗民，封康叔到卫地。封微子到宋地，让他做国君，祭祀历代商王。周公用两年时间平定了淮夷和东部其他地区，诸侯全部归顺周王朝。

成王七年（公元前1035年），周公去洛邑建造城池，通过占卜得到大吉之象，就把洛邑作为周朝的东都。这时，成王已经长大，能够处理国事。周公就把国政归还给成王。过去周公代替成王临朝听政时，面朝南方，背靠屏风，接受诸侯的朝拜。还政给成王后，周公回到臣子的位置上，面向北恭恭敬敬地站立，严格遵守君臣之道。

成王幼小的时候，有一次生了重病，周公就剪下自己的指甲沉到河里，向神灵祝告说："成王年龄太小还没有主见，冒犯神灵旨意的是我周公姬旦，如果要惩罚就惩罚我吧！"随后把祝告册书藏在内府，此后成王的病很快痊愈。等到成王临朝后，有人向成王诬陷周公，周公因此逃亡到楚国。成王搜查周公内府档案的时候，发现周公当年的祈祷册文，感动得泪流满面，立即把周公迎回。

周公归国后，担心成王因为年轻而荒淫骄奢，就写了《多士》、《毋逸》来告诫他。《毋逸》篇中说："父母要经历长久时期的创业才能成功，而子孙骄奢荒淫忘记了祖先的困苦，毁败了家业，所以做儿子的一定要谨慎。"《多士》篇中说："从汤到帝乙，殷朝的历代先王没有不遵循礼制祭祀，修明政德的。到了殷纣的时候，开始荒淫逸乐，不顾天意民心，百姓疾苦，所以人民都认为他死有余辜。"

成王居住丰京时，天下虽然已经安定，但周朝的官职制度尚未安排得当，为此，周公写了《周官》，划定了百官职责。写了《立政》，便利了百姓，百姓为此欢欣鼓舞。周公临终时叮嘱后人一定要把他埋葬在成周（洛邑），表明他不敢离开成王。周公死后，成王把他安葬在毕邑，让他伴随文王，表示自己不敢把周公作为臣子看待。并且特准鲁国可以举行郊祭上天和立庙祭祀文王的礼仪。鲁国之所以获得如此高规格的待遇，全是因为周公的缘故。

襄仲杀嫡立庶

鲁文公在位18年后去世。他有两个妃子，长妃是齐国人，叫姜，生下了两个儿子，长子叫姬恶，次子叫姬视。次妃叫敬嬴，生下了一个儿子叫姬俀。鲁文公非常宠幸敬嬴，也因此宠爱公子姬俀。鲁国的一些大臣为了赢得君王的欢心，想尽方法去讨好敬嬴母子。鲁文公去世以后，按照《周礼》上规定的立嫡立长宗法制度，国君之位应该由太子姬恶来继承。但是，公子姬俀一直以来就想谋夺国君之位，而且当时鲁国的政权已经被一些重臣所掌握，谁能即位还要看这些重臣的意见。公子姬俀在平时就刻意拉拢一些重臣，为篡夺君位做了充分的准备。当时执掌鲁国大权的两位重臣是襄仲和叔仲。公子姬俀平时在私下里刻意接近襄仲，赢得了襄仲的支持。在选立新君的关键时刻，公子姬俀求助于襄仲。襄仲也希望公子姬俀即位，那样的话他本人就可以掌控朝中大权，但又担心遭到大臣们和百姓的反对。他去找叔仲商议，坦白地说出了自己的想法。正直的叔仲毫不犹豫地拒绝了他的要求，叔仲说："自古以来，都是由长子来继承父亲的爵位。只有遇到极为特殊的情况才可以变通。如今国君的长子已经长大成人，根本就没有必要废长立幼。如果这样做，将会引起国人的不满，并且也不符合伦理，还有可能引起大的混乱。"襄仲被叔仲反驳得哑口无言，只好愤愤而归。

然而，襄仲却没有因为叔仲的劝阻而放弃他的计划，他已经下定决心不惜手段来拥立公子姬俀为国君。鲁国和齐国相邻，一直都有很密切的往来，并且齐国是当时的强国，如果能够得到齐国的支持的话，他的计划就成功一半了。于是，襄仲秘密地派遣心腹到达齐国，向齐国国君游说，希望能够得到他的支持。当时齐国的国君是齐惠公，他刚刚即位。他明白齐国和鲁国是邻国，如果能够和鲁国亲近的话，有利于成就他的霸业。他欣然接受了襄仲的请求，支持他废长立幼的做法。有了强国的支持，襄仲更加为所欲为了。他想如果立姬俀为国君，他的两个哥哥又该怎样处置呢？如果有他们存在，鲁国人一定会拥立他们的，这样就会为自己留下无穷的后患的。一不做，二不休，干脆来一个斩草除根！他率领自己的亲信杀死了毫无防备的公子姬恶和公子姬视，随后拥立公子姬倭为鲁君，这就是鲁宣公。

襄仲杀嫡立庶、废长立幼的做法违背了传统的礼法，遭到了人们的谴责。而鲁国经过这一场动乱之后，公室的力量也开始渐渐地衰弱下去，朝政和实权进一步落入孟孙氏、叔孙氏、季孙氏三族之手。

三桓攻伐公室

鲁国的季孙氏、孟孙氏、叔孙氏是三个显赫的大家族，他们都是鲁桓公的后代，所以被称为"三桓"。在政治上他们有时互相支持，联合执掌着鲁国的政权；有时争权夺利，大权为实力最强家族独揽。鲁襄公在位时，朝政落在季孙氏的手中。公元前542年，鲁襄公去世。当时执掌鲁国政权的季武子把刚刚从齐国回来的公子稠立为国君，称为鲁昭公。当时鲁昭公只有19岁，还非常幼稚，没有能力处理国政。大臣穆叔对拥立昭公为国君表示反对，他认为："太子死了，就应该让他同母的兄弟来继承君位，如果他没有同母的兄弟，就应该让庶子之中年龄最大的来即位，如果遇到年龄相同的情况，就应该选择其中最具有才干的，假如很难判断谁最有才干的话，就只好通过占卜的方式来抉择了。公子稠并不是先王的嫡子，并且他在为先王守灵的时候，不仅没有表现出哀伤的样子，反而表现出欢喜的样子，假如让他做国君的话，一定会给鲁国带来很大的祸患。"季武子一意孤行，不听从穆叔的良言相劝，坚持立公子稠为国君。鲁昭公继位不久，在为鲁襄公送葬的时候，态度非常随便，居然多次更换丧服。当时的士人见到这种情况后，都感慨地说："看来他肯定不会得到善终。"

鲁昭公二年（公元前540年），昭公渡过黄河去朝拜晋平公，晋平公看不起他，拒绝与他见面，昭公只好败兴而回，鲁国百姓觉得蒙受了耻辱。鲁昭公八年（公元前534年），楚灵王为了庆贺章华台的建成，召见了鲁昭公，并且送给他很多珍宝，后来楚灵王又反悔了，想了一条诡计把珍宝骗了回去。鲁昭公十二年（公元前530年），鲁昭公再次朝见晋平公，再次遭到了强硬的拒绝。昭公十五年（公元前527年），鲁昭公再次朝见晋君，这次虽然没有被拒绝，但却被晋君留下和晋国百姓一起为晋昭公送葬，鲁国的百姓对国君的软弱无能深感耻辱。

季氏和郈氏进行斗鸡游戏。为了赢得游戏的胜利，两个人都做了弊。季氏在鸡毛上涂抹了芥末，郈氏则在鸡爪子上面裹了金属制成的利爪。季平子发现以后勃然大怒，为此而出兵攻占了属于郈氏的土地。郈氏家族的昭伯对季平子恨之入骨，恨不得把季氏家族的人杀光。就在此时，鲁国大臣臧昭伯的弟弟臧会诋毁污蔑自己的哥哥，然后暗中躲藏在季平子的家里。臧昭伯为此抓了几个季氏家族的人。季

鲁国"初税亩"

春秋时期，鲁国在宣公十五年（公元前594年）实行的按亩征税的田赋制度，是承认私有土地合法化的开始。春秋时期，由于牛耕和铁农具的普及和应用，农业生产力提高，大量的荒地被开垦后，隐瞒在私人手中，成为私有财产；同时贵族之间通过转让、互相劫夺、赏赐等途径转化的私有土地也急剧增加。实行"初税亩"田赋制度之前，鲁国实行按井田征收田赋的制度，私田不向国家纳税，因此国家财政收入占全部农业产量的比重不断下降。鲁国实行初税亩，即履亩而税，按田亩征税，不分公田、私田，凡占有土地者均按土地面积纳税，税率为产量的10％。初税亩的实行增加了财政收入，适应和促进了新生的封建土地所有关系。

平子知道后十分不满，也抓了几个臧氏家族的人进行报复。郈氏和臧氏去鲁昭公那里状告季氏，鲁昭公被两人说服，亲自带兵讨伐季氏，攻进了季氏的私人府邸，想置季平子于死地。季平子向鲁昭公申辩说："国

君您是听从了奸佞小人的谗言才来讨伐我的，不应该在还没有查清楚我的罪状的情况下就杀死我，如果真的要治我的罪，请允许我迁居到沂水的边上去吧。"鲁昭公没有同意。季平子又请求国君把自己囚禁起来，还是没有得到允许。季平子甚至要求自己只带五辆车子去外国逃亡还是没有得到允许。这时，鲁昭公的臣子劝诫他说："您应该允许季平子的要求，季氏掌管国家的政权已经很久了，他的党羽遍布全国。您如果真的杀了他，他们肯定会联合起来为季平子报仇的。"然而鲁昭公却不听从他的忠告。郈氏也趁机添油加醋，强烈要求昭公杀掉季平子。

　　叔孙氏的家臣戾听到了鲁昭公讨伐季氏的消息之后，马上召集自己的手下商议，他征求大家的意见说："从我们自己的利益考虑，是季氏被消灭好？还是不被消灭好呢？"大家异口同声地说："当然是季氏不被消灭好！"于是戾率领叔孙氏的家兵前去救助季氏，击退了鲁昭公的军队。孟懿子听说叔孙氏救援季氏之后，也起兵响应，杀死了郈氏家族的昭伯。于是，三家的兵马联合起来共同讨伐鲁昭公。鲁昭公抵挡不住三桓的联军，慌忙逃到了齐国。齐景公对他说："我可以送给你25000户的封地，这样你应该满意了吧。"鲁昭公觉得有利可图，正准备答应下来时。大臣子家劝告他说："您是鲁国的国君，是周天子的臣子，怎么可以放弃周朝的臣子不做，而去做和您地位相同的诸侯国国君的臣子呢？"鲁昭公认为他说的有道理，没有接受齐景公的要求。子家发现齐景公不讲究仁义，齐国不是久留之地，劝鲁昭公去晋国避难，执迷不悟的鲁昭公没有听从他的建议。

　　鲁昭公二十六年（公元前516年）春，齐国攻打鲁国，占领了鲁国的郓邑，顺便把鲁昭公安置在那里。夏天的时候，齐景公打算把鲁昭公送回鲁国。他知道鲁国百姓不希望昏君回国，他们可能贿赂齐国大臣阻止自己把鲁昭公送回去，他叮嘱大臣不能接受鲁国的礼物。但是，齐国大臣子将出于贪心，仍然接受了鲁国大夫申丰、汝贾的贿赂。为了完成鲁国大夫的嘱托，子将对齐景公说："鲁国的大臣们现在根本就没有能力去侍奉国君，况且鲁昭公是个不吉祥的人，以前宋元公准备送鲁君回国，结果自己却死在路上。鲁国大臣叔孙昭子准备迎接他回国，结果自己没有什么疾病就奇怪地死了。可能是因为鲁国国君太昏庸了，连鬼神都得罪了。希望您还是不要送他回去了，免得受到他的连累。"齐景公认为他说的有道理，没有送鲁昭公回国。

鲁昭公二十八年（公元前514年），鲁昭公又来到了晋国，请求晋君送他回国。鲁国的季平子不希望昭公回来，便悄悄买通了晋国的六卿。六卿劝说晋君不要送鲁昭公回国，晋君也只好作罢，就把鲁昭公安排在晋国的乾侯居住。二十九年（公元前513年），鲁昭公又回到了被齐国占领的郓邑。齐景公派人给他送了一封书信，称呼自己为主公，俨然把他当成了齐国的臣子，鲁昭公感到万分耻辱，一怒之下离开了郓邑，又回到乾侯。鲁昭公三十一年（公元前511年），晋国国君准备送鲁昭公回国，他想了解一下鲁国百姓对这件事情的看法，于是召见了季平子。季平子身穿粗布缝制的衣服，光着脚来进见晋君。晋君感到十分诧异，这时候，晋国的六卿替季平子谢罪说："即使我们愿意，鲁国的百姓也不希望鲁昭公回国。"晋国国君碍于舆论，只好放弃了这个打算。鲁昭公三十二年（公元前510年），这个昏庸的国君在乾侯结束了他的一生。鲁国百姓拥立他的弟弟即位，这就是鲁定公。

燕召公世家·第四

燕王哙即位

公元前333年，燕文公去世，燕易王即位。燕易王在位的时候，苏秦和燕文公的夫人私通，害怕被杀，便想出一计。他向燕易王提出，自己愿意到燕国的敌对国——齐国去搞间谍活动，扰乱齐国。燕易王答应了，派他出使齐国。

燕易王十二年（公元前321年），易王去世，他的儿子姬哙继承了王位。燕王哙刚刚登上王位，苏秦的阴谋被齐国人识破，被刺死在齐国。燕国大臣子之和苏秦关系非常好，苏秦的弟弟苏代也和子之有来往。苏秦死后，齐宣王开始重用苏代。子之和苏代一直保持着密切的关系。

子之作为燕国的丞相，独断专行，尽管如此，子之的权力欲望还是没有得到满足，他渴望拥有更大的权势，甚至想自己做燕王。有一次，齐宣王派遣苏代出使燕国，子之把自己的想法告诉苏代，并请他帮忙，苏代答应了。当苏代朝见燕王哙时，燕王哙问苏代："齐宣王这个人怎么样？"苏代回答说："齐宣王肯定不能成为霸主。"燕王哙好奇地追问原因。苏代回答说："齐宣王不信任自己的臣子，许多贤能的大臣都被埋没了，凭这一点就知道他不可能成就霸业。"苏代这样回答燕王哙的目的是通过旁敲侧击的方式增强燕王哙对子之的信任。这条妙计果然达到了预想中的效果，燕王哙觉得如果要成就霸业就一定要信任自己的大臣，而燕国头号重臣就是丞相子之。从此以后，燕王哙更加尊重信任子之。

子之的野心依旧没有得到满足，他派遣亲信大臣鹿毛寿去游说燕王哙。鹿毛寿对燕王哙进言说："您应该把王位让给国相子之，尧帝之所以被称为贤人，是因为他把天下禅让给了许由，而许由却没有接受，尧帝因此享有了禅让天下的美名，但是他实际上并没有失去天下。现在您如果把天下禅让给子之，子之也一定不敢接受，这样您不就是拥有了和尧帝一样的美名了吗？"燕王哙同意他的说法，真的把王位让给了子之。子之经过一番假意的推脱后，替代燕王哙登上了君位。他再次派亲信游说燕王哙说："夏禹本来打算把王位禅让给益，但任用太子启的亲信作为臣子，夏禹年老的时候，启和他的亲信们联合起来推翻了益，夺得了王位。您现在也是一样，把王位禅让给了子之，但朝廷任用的官吏都是太子的亲信，实际上不还是等于太子在当权吗？"燕王哙一听，就把俸禄在三百石以上的高等官吏的印信文书全部收上来交给子之，并且授予子之任免官吏的权力。从这时开始，子之正式行使了国君的权力，国事一概由他来治理。真正的国君燕王哙却不理朝政，反而沦为臣子。

在子之治国的3年内，燕国国内大乱，百姓一直处于恐慌之中。这时候，燕国太子姬平和将军市被联合起来，准备发兵讨伐子之，夺回王位。齐国得知了燕国内乱的消息后，决定趁着这个时机攻破燕国。齐湣王派人对姬平说："我听说您要驱除奸佞，发动义举。我的国家虽然力量薄弱，但愿意听从您的派遣。"太子姬平得信，马上聚集自己的亲信兵马，任命市被为将军，讨伐子之。市被包围子之居住的王宫，奋力攻打。但子之的防守很严密，连续两个月也没有攻下来。子之派人离间太子和市被的关系，市被动摇，反而与百官联手回过头来攻打太子。市被在战斗中身亡，太子把他的尸体陈列在闹市，让百姓参观。燕国这一乱就是好几个月，死去的人有好几万。燕国的百姓非常恐慌，民心离散。当时，孟子正在齐国，就建议齐王抓住这个良好的时机进攻燕国。于是齐王派匡章为主帅，以帮助燕国的名义大举进攻。燕国的百姓对子之恨之入骨，因此热烈欢迎齐国军队，根本不作抵抗，齐军没有遇到任何阻碍就到达燕国首都。燕国军队军心涣散，连城门都没有关闭，齐国军队轻松攻克了燕国都城。子之在做了徒劳的抵抗之后被杀，燕王哙也在混战中被乱刀砍死。一个妄想成为尧、舜那样贤明君主的国君落下了这样一个结局。

昭王纳贤

燕王子之死后的第二年，燕国百姓拥立太子姬平即位，称为燕昭王。

燕昭王在国家处于极度动荡的时候登上王位，意识到自己肩上的巨大压力，他礼贤下士，以优厚的待遇招揽贤能的人才。他对先朝老臣郭隗说："齐国是趁着我们国家发生内乱的时候攻破燕国的，我非常清楚燕国现在的形势，人口少，力量弱，还不具备报仇雪恨的能力。只有得到贤能的人才来治理国家，才能一雪先王蒙受的耻辱！先生您如果发现贤才的话，请推荐给我，我一定要重用优待他。"郭隗被燕昭王的决心所感动。他说："大王您如果一定要招纳贤才的话，就请从我开始吧。如果连像我这样平庸的人都能受到尊敬，那么，比我更加贤能的人即使在千里之外也会赶来归附的。"燕昭王采纳了郭隗的建议，拜他为相，替他改建了住宿的房屋，像对待自己的老师一样尊重他。果然，各国品行高尚和有才能的人听到这个消息后纷纷赶到燕国，投奔燕昭王，其中包括来自魏国的乐毅、来自齐国的邹衍、来自赵国的剧辛等。在重用人才的同时，燕昭王还非常关心百姓的生活，和燕国的百姓同甘共苦，百姓们非常尊敬、爱戴他。

燕昭王招纳的贤才中，来自魏国的乐毅是其中的佼佼者。他是战国初年名将乐羊的孙子，熟知兵法，具有雄才大略。他原本在魏国做官，但一直得不到魏王的重用。当他听到燕昭王向天下广招贤才的消息后，感觉到施展自己平生抱负的机会终于来了，于是收拾好行装赶往燕国。燕昭王以最高礼节欢迎他的到来，乐毅深受感动。昭王向他请教兵法，乐毅一一回答，燕昭王非常满意，马上任命他全权主持燕国的军事和国防。

为了报答燕昭王的知遇之恩，乐毅开始对燕国的军事进行了大幅整顿。他先从整顿燕军编制着手，组建了燕国的第一支骑兵部队，然后把单项的兵种从主力部队中分离出来，各自开展专业化的训练。他还组建了一支专门用于对付骑兵冲锋的重装步兵，并且配备有攻击骑兵用的长枪和专砍马腿的马刀。等到各兵种组建齐全后，他又改良燕军的装备，针对青铜武器不够坚利的缺点，选用坚韧锐利的铁制兵器替代；针对原有盔甲非常笨重的弊端，选用片甲来替代；针对原有木制盾牌不够坚固的缺点，用金属盾牌来替代。军队的装备更新后，乐毅开始运用全新的方法练兵，使用当时诸侯国中最先进的战术来训练部队，燕国的军事实力日益强大。

燕昭王二十八年（公元前284年），燕国国力大大增强，百姓生活殷实富足。在乐毅的统领下，兵士身体强壮、精神饱满，不畏惧作战，士气高昂。燕昭公觉得报仇雪恨的时机已经成熟了。于是，他任命乐毅为上将军。联合赵国、韩国、魏国、秦国、楚国共同讨伐齐国。六国联军浩浩荡荡杀奔齐国，一路上势如破竹，齐军大败。燕国军队追击败逃的齐军，攻入齐国都城临淄，齐湣王逃到了外地。燕国军队焚烧了齐国的王宫以及齐国先王的祭庙，把齐国国库中的财宝，包括28年前齐军从燕国抢来的财宝全部运回了燕国。燕昭王亲自来到济上犒赏三军，乐毅凭借着巨大的功勋被封为昌国君。当时的燕国成为国力仅次于秦国的一等强国。齐国只有聊、莒和即墨三处城池没有被攻下，其余的72座城池都为燕国所占领，并且隶属于燕国达6年之久。燕昭王重用人才的战略终于得到了丰厚和完美的回报。

陈杞世家·第五

征舒雪耻

陈国是周代诸侯国之一，陈国的第一位国君胡公妫满是舜帝的后代。东周初年，陈国和蔡国、郑国、宋国同时成为中原大国。然而，后来众多大国兴起，再加上陈国国君和大臣大多荒淫无道，导致陈国面临内忧外患。公元前598年的夏征舒之乱是陈国一次有名的内乱。

那时陈国的国君是陈灵公，他是一个懦弱无能、荒淫无道的国君。当时陈国有一个风流的美妇人叫做夏姬。她的丈夫是陈国大夫御叔。夏姬嫁过来不久，御叔就去世了。夏姬的儿子征舒长大成人，在陈国做官。陈灵公和他的大夫孔宁、仪行父都和夏姬有奸情，君臣三人不以为耻，反以为荣，甚至还穿着夏姬的内衣在朝廷上互相炫耀取乐。他们肆无忌惮的放荡行为引起了忠臣良将的不满。

陈灵公和孔宁、仪行父还经常到夏姬家里饮酒作乐。征舒看在眼里，气在心头。但自己作为陈国的一名大夫，对方是自己的君主，也只好敢怒而不敢言。陈灵公十五年（公元前599年）的一天，陈灵公和孔宁、仪行父又来到夏姬的家里饮酒作乐，恰好征舒也在家中。君臣三人喝过酒后开始互相开玩笑，陈灵公指着征舒对孔宁和仪行父说："你们看，征舒长得多像你们啊！"两个人也回敬陈灵公说："也像大王您啊！"征舒此时感觉受到莫大的耻辱，实在忍无可忍了。他出门安排了杀手，携带好弓箭，埋伏在马房的门口，等待陈灵公出门的时候伏击他。陈灵公酒气熏天地走出夏姬家门，征舒命射手开弓放箭，射死了陈灵公。孔宁和仪行父吓得赶快逃跑，才捡了一条性命。他们知道无法在陈国呆下去了，慌忙逃到了楚国避难。陈灵公的太子妫午知道父亲被杀之后也逃到了晋国。于是，征舒自立为陈国国君，总算洗雪了自己蒙受多年的耻辱。

楚庄王听到陈国发生内乱之后，认为这是一个吞并陈国的好机会，他借口征舒杀死国君，以帮助陈国铲除奸臣的名义，率领军队前来攻打陈国。楚庄王宽慰陈国的百姓说："请大家不要害怕。我们是来帮助你们国家铲除奸臣的，我们只要杀死征舒，不会惊扰百姓的。"陈国在陈灵公的荒淫统治下，国力已经变得非常衰弱，刚刚又经历了一场内乱，自然抵挡不住强大的楚国。楚国军队很快攻进了陈国的首都，占领了陈国，杀死了征舒。

楚国占领陈国之后，把陈国改为县，纳入楚国的版图之中。楚国的文武大臣都为取得这样大的胜利来祝贺楚庄王，楚庄王也感觉十分得意，唯独只有刚刚出使齐国回来的大夫申叔没有表示祝贺。楚庄王感觉很奇怪，询问他原因，申叔回答说："如果一户农家的牛践踏了另一户农家的土地，这当然是牛的主人的过错。但是如果田地的主人为此就要把牛夺到自己家的话，那他的过错反而更大了。现在您是打着为陈国铲除奸臣的名义，联合诸侯的军队攻占陈国的，但是您贪图陈国的土地和财产，强行占有了它。您这样出尔反尔，以后还怎么向天下人发号施令呢？所以我认为没有什么值得庆贺的。"楚庄王听了申叔的话后如梦初醒，赞叹地说："您说的太有道理了！我怎么就没有想到这一点呢？"他从晋国接回了陈国的太子妫午，立他为国君，这就是陈成公。后来，孔子在阅读史书时看到关于这段史实的记载，也不禁感慨地说："楚庄公真是贤明啊！因为大臣的良言，宁可失掉一个拥有上千辆战车的大国。"

陈国衰落

成公八年，楚庄王去世。成公二十九年，陈国背叛了与楚国的盟约。成公三十年，楚共王出兵讨伐陈国。这一年，成公去世，他的儿子哀公继位，楚国因陈国举办国丧而撤兵退回去了。

哀公三十四年时，陈国发生了内乱。当初，哀公娶了郑国女子，大妃生悼太子师，次妃生公子偃。另有两个宠爱的侍妾，大的生子留，小的生子胜。公子留很受哀公的宠爱，哀公把他嘱托给自己的弟弟司徒招。这一年三月，哀公正在生病，司徒招杀了悼太子，立公子留为太子。哀公知道后很生气，想诛杀司徒招，司徒招派兵把哀公包围监守起来。哀公遂自缢而死，于是司徒招立公子留为陈国的国君。这一年的四月，陈国派使者去楚国报告陈国的君丧。楚灵王听说了陈国的动乱，于是杀掉陈国的使者，并派遣公子弃疾发兵讨伐陈国。陈君留逃奔郑国。九月，楚国军队包围了陈国。十一月，灭了陈国。楚国派公子弃疾做了陈公。

楚灵王灭陈五年后，楚国的公子弃疾杀灵王，取代了他的王位，这就是平王。楚平王刚继位时，想得到各诸侯国的和睦相助，于是找到从前陈国悼太子师的儿子吴，立他为陈侯，这就是陈惠公。惠公继位后，把自己的元年接续到哀公去世的那一年，实际上其间空置了五年。

惠公十五年，吴王僚派公子光攻打陈国，掳走了胡、沈两国的国君。惠公二十八年，吴王阖闾与伍子胥击败了楚国，攻入郢都。这一年，惠公去世，他的儿子怀公继位。

怀公元年，吴国攻破了楚国，在郢都召见陈侯。陈侯打算前往，陈国大夫说："吴国最近刚得意，楚平王虽然亡了，但是一向与陈国有旧交，不可背弃。"怀公于是推说有病，婉言谢绝了吴国的要求。怀公四年，吴国又召见怀公，怀公胆怯了，去了吴国。吴王怨恨他前次不来，扣留了他，怀公因而死在吴国。陈国于是拥立怀公的儿子越继位，这就是闵公。

闵公十六年，吴王夫差攻打齐国，在艾陵打败了齐军，派人召见陈侯，陈侯畏惧，只得前往吴国。楚国因为陈侯去吴国的事，派兵攻打陈国。闵公二十四年，楚惠王率兵北伐，杀了陈闵公，灭亡了陈国。

卫康叔世家·第六

康叔封卫，州吁乱国

周武王同母的兄弟共有10人。周武王灭掉商纣王朝之后，他分封了自己的众多弟弟。当时九弟康叔和十弟冉季载年龄很小，所以没能像哥哥们那样拥有自己的封地。周武王去世后，周成王继承了王位，因为他年龄幼小，国政由周武王的四弟周公旦来代理，分封在管地的管叔鲜和分封在蔡地的蔡叔度对此极为不满，发动叛乱，史称"三监之乱"。周公亲自率领军队东征，历经3年的艰苦奋战终于平定了叛乱，杀死了武庚，处死了管叔鲜，流放了蔡叔度。武庚被杀死后，周公旦就把殷朝的遗民及所在地划出一块，分封给了康叔，所辖之地为黄河、淇水一带的殷朝故土，国号为卫。

这个时候，康叔的年龄还不大，周公旦担心他难以承担如此重要的责任。在康叔临行前告诫他说："你这次去封国，一定要把它治理好，你年龄还小，没有太多的经历，经验不足，你需要寻访当地的贤能的有品德的人，以及德高望重的老年人，虚心地向他们了解殷朝兴起的原因以及灭亡的缘由，把它当做前车之鉴。最为重要的是，你一定要爱护当地的百姓，只有赢得了百姓的尊敬，你才能够治理好国家。"

然后周公旦又向康叔讲了殷朝灭亡的原因："商纣王之所以灭亡，是因为他沉溺于酒，贪杯之后，又宠信妇人，疏远贤臣，残害忠良，使商朝一步一步地走向灭亡。从这种角度上可以说商朝的灭亡是因为饮酒造成的。"所以周公旦劝诫康叔一定不能沉溺于酒色之中。康叔对哥哥的教诲一一牢记在心。为了时刻提醒康叔，周公旦写成了《康诰》、《酒诰》、《梓材》3篇文章，交给康叔，希望他能记住自己的嘱托。康叔来到卫国以后，根据周公旦的教诲，推行仁政，百姓生活美满，纷纷赞美康叔的美德。

康叔去世之后，他的后代一直继承他的基业，做卫国的国君。十几代后，卫国国君之位传给了卫庄公。卫庄公娶了一个美貌的齐国女子作为夫人，但是这位夫人却没有生育。后来他又娶了一个陈国的女子，她生了一个儿子，但是孩子不久就夭折了。陈国女子的妹妹也被卫庄公宠幸，她生了一个儿子叫做卫完，孩子生下不久她就死了。于是卫庄公让齐国夫人来抚养孩子，并把卫完立为太子。卫庄公还有一个非常宠爱的小妾，生有一个儿子，叫做卫州吁。

卫庄公十八年（公元前740年），卫州吁已经长大成人，他身体强壮，喜欢动用武力，对行军作战有浓厚的兴趣，庄公因此任命他为将军。大臣石碏反对卫庄公的做法，他劝诫庄公说：“您的小儿子州吁喜欢动用武力，而您却任命他为将领，恐怕卫国的祸患从此就要开始了。”庄公不听。石碏预料到卫国以后不会有安宁的日子，便主动告老还乡了。

卫庄公二十三年（公元前735年），庄公去世。太子卫完即位，称为卫桓公。卫桓公二年（公元前733年），身为将军的卫州吁蛮横霸道，生活极度奢侈，不把卫国的国君和臣子放在眼里。百姓对他极度不满，卫桓公也无法容忍弟弟的放肆行为，罢免了他的职位，还准备惩罚他。卫州吁非常害怕，马上逃亡到外国。卫桓公十三年（公元前722年），郑国国君的弟弟公子段企图刺杀自己的哥哥，没有取得成功，也逃亡在外国，和卫州吁相识，两个人同病相怜，又臭味相投，结成了好朋友。卫州吁对卫桓公恨之入骨，一直想伺机报复，他联合公子段，又网罗了一些卫国的逃犯。卫桓公十六年（公元前719年），卫州吁率领这些亡命之徒回到卫国，杀死了卫桓公。卫州吁自立为卫国国君。卫州吁即位后，好勇斗狠的老毛病越发严重了。为了帮助公子段杀掉郑国国君，卫州吁决定发兵攻打郑国。他请求宋国、陈国和蔡国配合他的行动，3个国家都答应了他，准备联合发兵讨伐郑国。

卫州吁杀死自己的哥哥篡夺了王位，本来就引起卫国人的不满，如今他刚刚即位后就打算发动战争，卫国百姓更是心怀怨恨。石碏足智多谋，对卫国忠心耿耿，想除掉霸道的卫州吁。为了达到目的，石碏派人去见卫州吁，向他表示友善。石碏在卫国百姓中很有威望，并且他的儿子石厚也参与了刺杀卫桓公的行动，卫州吁就相信了他。卫桓公的母亲是陈国人，陈国人对州吁杀死卫桓公的做法一直很不满，而石碏与陈桓公关系很要好，于是，石碏说服了陈桓公支持自己。卫、陈、宋、蔡联军征讨郑国，进攻到郑国国都的近郊。石碏与陈桓公派右宰丑去向卫州吁进献食品，乘机杀死卫州吁，除掉了这个暴君。卫国臣民从邢国把卫桓公的弟弟公子卫晋接回来，立为国君，这就是卫宣公。

惠公与懿公

卫宣公去世以后，卫朔继位当了国君，这就是卫惠公。当时卫国的左公子和右公子在朝廷中拥有很大的权势。他们对卫惠公采用阴谋杀死两个哥哥、篡夺政权的事情非常清楚，对他的即位感觉愤愤不平。卫惠公四年，左公子和右公子起兵攻打卫惠公。一直受到卫国百姓鄙夷的卫惠公自然无法战胜仁义之师，兵败后逃亡到齐国。一直不忘重返卫国，他请求齐襄公帮助他讨伐卫国。齐襄公出于自己的利益答应了他。于是在卫黔牟即位8年后，齐襄公率领各路诸侯，假借周天子的命令，大举讨伐卫国，卫国战败，左公子和右公子被杀死，国君卫黔牟逃亡到了周王那里。卫惠公终于如愿以偿地回到卫国，再次坐上了国君的位置。

卫惠公二十五年（公元前675年），卫惠公对周王收留安置卫黔牟非常不满，联合燕国共同讨伐周王。此时的周王室实力已经非常衰弱，抵挡不住两个诸侯国的联军，周惠王逃亡到温地，卫国和燕国共同拥立周惠王的弟弟公子颓为周王。直到卫惠公二十九年（公元前771年），郑国才护送周惠王回到周朝。卫惠公三十一年（公元前669年），卫惠公去世，他的儿子太子赤继承了国君的位置，也就是卫懿公。

卫懿公是一个昏庸而又荒唐的君主，他即位后，荒淫无道。他非常喜欢鹤，整天以鹤为伴，丧失了进取之心，荒废了朝政，也不体察民情。他封给鹤不同的爵位，让鹤乘坐比国家大臣所乘的车辆还要高级豪华的车辆。为了饲养鹤，耗费了大量的人力、财力，大臣们对此相当不满，百姓也怨声载道。

卫国大夫石祁子是名臣石碏的后人，他为人忠厚正直，当时他和宁庄子都是朝廷的重臣。两个人都很贤明，曾经多次劝诫卫懿公不要玩物丧志，然而卫懿公却把他们的忠言当做耳边风，依旧不思悔改。卫懿公九年，北方少数民族狄进攻卫国，卫懿公命令卫国军队前去抵抗。将士们气愤地回应他说："既然鹤享有如此高的地位和待遇，现在就让它去打仗吧！"卫懿公没有办法，只好亲自带兵出征，和狄的军队在荥泽进行了交锋，由于军心不齐，卫军惨败，卫懿公死在乱军之中。

卫灵公选立太子

卫灵公三十九年（公元前495年），太子蒯聩和卫灵公的夫人南子之间产生矛盾，他打算杀死南子。蒯聩设下一计，让家臣戏阳在朝会时杀死夫人。事到临头，戏阳后悔了，迟迟不动手。蒯聩看到后非常着急，不停地向他使眼色。蒯聩的反常行为被南子察觉到了，她意识到蒯聩是要指使人杀死自己。南子夫人非常恐惧，大声叫喊："太子要杀我！"卫灵公听到之后勃然大怒。太子蒯聩知道自己闯下大祸，为了逃避卫灵公的惩罚，赶忙逃到宋国。不久他又从宋国跑到晋国投靠了赵氏。

卫灵公四十二年（公元前492年）春季里的一天，卫灵公怨恨太子蒯聩背叛自己，对小儿子公子卫郢说："你哥哥蒯聩背叛了卫国，太子的位置空缺三年了，我准备把你立为太子，我死以后由你来继承君位。"公子卫郢回答父亲说："我既没有治理国家的才能，也没有让百姓敬服的德行。如果您让我治理卫国的话，恐怕会把这样一个大国耽误了。您还是另外挑选合适的人吧！"卫灵公没再勉强。就在这一年的夏天，卫灵公去世，夫人南子准备立公子卫郢为国君，遭到拒绝。南子对公子卫郢说："这是你父亲的命令。"公子卫郢依然不为所动，他说："太子蒯聩虽然逃亡在外，但是他的儿子公子卫辄还在卫国，我怎么敢当国君呢？"卫国拥立公子卫辄即位，这就是卫出公。

蒯聩逃亡到晋国后，一直依附赵简子。他听到卫灵公去世、新君即位的消息后，恳求赵简子护送他回国即位，赵简子答应了他的请求。为了让蒯聩名正言顺地回国，赵简子让家臣阳虎找来了十几个人装扮成卫国人的样子，身穿孝服装做给卫灵公服丧，让他们来迎接蒯聩回国。随后，赵简子护送蒯聩返回卫国。卫国百姓听到了这个消息以后，都不愿意让蒯聩即位。卫国发兵阻击蒯聩，蒯聩无法进入卫国的境内，只好撤退到宿邑以求自保，卫国军队没有乘胜追击，收兵回朝。

卫国孔文子娶了蒯聩的姐姐，生下孔悝。孔文子家里的仆人浑良夫相貌非常英俊，在孔文子死后，孔悝的母亲就一直和浑良夫通奸。蒯聩退守宿邑之后，孔悝的母亲派遣浑良夫去看望他，蒯聩觉得自己复位的机会来了。他向浑良夫承诺说："如果你能想办法让我回国即位的话，我一定会重重报答你，让你享受大夫的待遇，免除你三项死罪，再把孔悝的母亲许配给你为妻。"浑良夫答应了他的请求，把蒯聩带回卫国，先把他藏在孔家外面的园子里。天黑以后，两个人装扮成女人，乘车赶奔孔家。孔家的家臣栾宁盘问他们，赶车人谎称他们是孔氏亲戚家里的侍妾，得以蒙混过关。二人进入孔悝母亲的房间，与她一起谋划如何夺取卫国政权。吃过晚饭后，孔悝的母亲手持长矛走在前面，蒯聩则带了5名身穿铠甲、手拿兵器的士兵进入孔悝的房间。孔悝母亲把孔悝逼到墙角里，蒯聩强迫孔悝配合自己的行动，劫持他登上高台，让他召集卫国的大臣们。这时孔家的家臣栾宁正准备喝酒，下酒的肉还没有烤熟，当他听到蒯聩叛乱的消息之后，害怕蒯聩会对卫出公不利，赶忙准备车辆赶到宫廷里通知卫出公，并把他送到了鲁国避难。在孔悝等人的

卫灵公与夫人　东晋　顾恺之

拥护下，蒯聩如愿以偿地当上了卫国的国君，这就是卫庄公。即位后，他责怪卫国大臣在他流亡在外的时候，没有人迎接他回卫国，于是想把大臣全部杀光，以发泄心中的怨恨。他怒气冲冲地质问大臣们："我在国外居住了这么多年，难道你们不知道吗？"大臣们听到后，察觉到卫庄公会对他们下毒手，与其坐以待毙，还不如先下手为强，于是他们联合起来，准备作乱。卫庄公得知消息后，害怕引起众怒，只好改变了对群臣的态度，群臣才作罢。

卫庄公三年（公元前478年），卫庄公登上城墙，向远方的戎州望去，询问身边的大臣说："戎虏为什么要建造这座城池呢？"戎州的人们听到这件事之后，害怕卫庄公会攻打自己，赶忙向晋国的赵简子求援。赵简子发兵讨伐卫国。卫国战败，卫庄公再次逃亡。卫国的公子斑师即位。

宋微子世家·第七

微子的逃亡

微子名字叫做启，是商王乙的大儿子，商朝末代暴君纣王的庶兄。商纣王即位以后，终日沉溺在酒色之中，荒淫奢侈，不理国政，实行黑暗残暴的统治。百姓生活在痛苦之中，怨声载道。贤德的微子因此多次进谏，劝诫商纣王改恶从善，做一个贤明的君主。可是纣王却把他的忠言当做耳边风，依然我行我素。商朝大臣祖伊看到周西伯姬昌在封地内推行仁政之后，觉得商纣王如果再这样下去的话，商朝的江山必然会被周代替。他把自己的忧虑告诉了商纣王。谁知道，商纣王不仅没有丝毫的警惕，还大言不惭地说："自从我降生到这个世界上以来，上天就赋予我做国君的命运。一个小小的西伯又能够把我怎么样呢！"

微子看到了这种情况以后，觉得纣王一直到死也不会听从忠臣的劝告，商朝的江山就要断送在纣王的手里了。虽然作为一个忠臣，应该以死来报效朝廷，可是为纣王这样一个暴君而死又值不值得呢？既然他不听忠告，还不如就此离开朝廷。选择死还是选择离开呢？他感到迷惘。他对商朝的太师、少师说："现在殷朝的政治已经不再清明，而是走向黑暗，朝廷没有能力治理好国家，先王费尽力气创下的大好基业眼看就要败坏了。可是纣王竟然只顾沉浸在酒色之中，把我们先祖成汤所制定的仁德的政策都丢弃了。商朝的百姓和臣子有很多都做了强盗，甚至犯上作乱。朝廷里的大臣们不仅不加以管制，反而也学着他们的样子干坏事，甚至违法乱纪。朝廷混乱到这个程度，于是百姓们纷纷起来反抗，对待官吏像对待仇敌一样，天下失去了和谐安定的局面。商朝丧失了优良传统，就好像乘坐船只渡河却找不到渡口一样，商朝灭亡的日子很快就要来临了。"太师和少师赞同他的观点。

微子问太师说："我应该何去何从呢？我们的殷朝还有保全的希望吗？你们如果不指点我的话，我就会陷入到不仁不义的境地，我该怎么办呢？"太师回答微子说："王子啊，这是上天降临的灾祸，是要让我们商朝灭亡啊！人力是改变不了的！你看纣王上不害怕天德惩罚、下不怕百姓反叛，还不听取长者们的劝诫。现在，殷朝的百姓都敢违背和亵渎神灵的意旨。假使您真的能够救治殷朝的话，能把国家治理好，即使自己死了，也是值得的。如果您没有能力治理好国家的话，那就不如离开这个是非之地，远走他乡。"微子听从了太师的建议，准备离开殷都。

大臣比干是商纣王的叔父，他对商纣王的倒行逆施感到极度不满，担心商朝的基业会毁在他的手中。他感慨地说："如果君主犯下了过失的话，作为臣子却视而不见，不拼着性命去劝诫他的话，最终遭殃的还是商朝的百姓啊！"于是他进宫向商纣王直言进谏。商纣王勃然大怒，对他说："你是圣人。听说圣人的心上面有7个孔，真的有这么多吗？今天我要看一看。"随后，吩咐手下人把比干杀死，并且用利器剖开了他的胸膛，挖出了他的心脏来验证是否有7个孔。

微子听到比干被杀之后，愤慨地说："父亲和儿子之间有着骨肉的亲情，君主和臣子之间是凭借着道义结合在一起的。所以，父亲如果犯下过错的话，儿子多次劝告他还不听的话，就只能随着他号啕大哭

宋公栾戈　春秋

了。臣子如果多次劝诫君主，而君主还是不听从的话，那么从道义上讲，臣子就可以远远地离开君主了。"微子远离了商朝的国都。

果然不出微子所料，不久，周武王姬发兴起仁义之兵讨伐暴虐的商纣王朝，商纣王被杀死，殷朝覆灭。这个时候，微子手中拿着商朝祭祀先王所用的礼器参见周武王。他祖露着臂膀，把两手绑捆在背后，让左边的随从牵着羊，右边的随从拿着茅草，跪在地上，用膝盖代替双脚向前行走，恳求周武王不要断了商朝历代先王的香火。武王久闻微子的贤明，又感慨于他的忠诚，亲自替他解开了绑在身上的绳子，还恢复了他原来的爵位。

为了让祭祀历代商王礼仪继续下去，周武王分封了商纣王的儿子武庚，让他治理殷地的遗民。武王死后，年幼的成王即位，周公旦代替他主持朝廷政务。管叔鲜、蔡叔度联合武庚反叛，周公旦亲自率军平定叛乱，杀死了武庚。随后，周公任命微子代替武庚供奉商朝的祖先，并且让他在宋地建立国家，治理殷朝遗民。微子本来就贤明有为，很快就得到宋国百姓的信任和爱戴。

箕子的宏论

箕子是纣王的叔父，商朝的重臣。商纣王刚刚用象牙制作筷子的时候，箕子悲哀地叹息着说："他现在用象牙制作筷子，以后一定会用玉制作杯子，玉杯制作成功后，就一定想把远方的稀世珍宝掠夺过来占为己有，他的衣食住行也要奢侈豪华起来。如果国君只知道追求享乐的话，国家肯定无法振兴了。"果然不出箕子所料，商纣王越来越荒淫无道，只贪图自己的享乐，不顾百姓的疾苦。箕子直言劝诫商纣王，纣王丝毫不理会他的忠言。有人劝箕子说："您现在应该离开商朝了。纣王如此为所欲为，商朝的祸患很快就要来临了，您留在这里也帮不了他什么忙，还不如赶快离开这里呢！"箕子无奈地说："作为臣子理应向君主进谏，因为君主不听取他的意见，就离开他远走高飞，这样的行为只能彰显君主的过失，而使自己取悦于百姓。我实在不忍心这样做。"箕子披头散发、假装疯癫，不再过问商朝的国政。有时候，他借助弹琴的方式来宣泄心中的悲愤之情，人们听到后竞相传颂，把他的曲子命名为《箕子操》。尽管如此，商纣王还是没有放过箕子，把他囚禁在监狱里。

不久，周武王发兵讨伐商纣王，灭掉了商朝。周武王知道箕子是一个德才兼备的贤才，就把他从监狱里面释放出来。周武王对箕子十分尊敬，曾经就如何治理天下请教箕子，周武王说："上天安抚百姓，使他们和睦相处。但是，上天是不会说话的，我一直不清楚上天是依靠什么法则来安定百姓的。您能够告诉我吗？"

箕子毫无保留地回答周武王说："很久以前鲧奉命治理水患，扰乱了五行的规律，天帝非常生气，治理国家的法规与基本道理因此遭到破坏。鲧死后，他的儿子禹接替他治理水患。上天欣赏大禹的美德，把九种基本法则（九天大法）传授给他，自此法治伦理又有了顺序。

"这九种大法分别叫做五行、五事、八政、五纪、皇极、三德、稽疑、庶征、向用五福畏用六级。

"五行分别是水、火、木、金、土。水的性能是滋润万物而向下沉；火的性能是炎热旺盛而往上升；木的性能是可以弯曲，可以变直；金的性能是能够熔化，改变形状；土的性能是可以耕种、收获。水味道咸；火味道苦；木味道酸；金味道辣；土味道甜。

"五事分别是仪容、言语、观察、听闻、思维。仪表神态应该严肃恭敬，这样内心就会谦恭；言语要正确守信，使人心悦诚服，这样国家就可以得到治理；观察事物要明晰透彻，这样就可以辨别出真假；听取意见要明辨是非，这样处理事物就会妥当；思考问题要全面周密，这样事情就会通达。

"八政分别是抓好农业生产、抓好商业贸易、祭祀好鬼神、掌管好土木建筑、抓好文化教育、搞好社会治安、制定好诸侯朝见的礼仪、治理好军队。

"五纪分别是年、月、日、星辰、历法。

"皇极是指君主应该遵循的最高原则：君主应该从百姓的利益出发制订制度，这样才能得到百姓的拥护，君主才能要求臣民遵守这些准则。君主要善于任用有才能的人，并且给予足够爵位和俸禄。君主对待臣子不能偏颇不公，臣子应遵循先王的法则办事，不要结党营私。君主应该像父母对子女一样关爱百姓。

"三德分别是端正人的思想、运用刚强的手段取胜、运用柔弱的手段取胜。只有端正好人的思想，天下才能安定；对那些强硬不友好的人，就应该运用刚强的手段战胜他们；对那些友好的人就应该以柔和的态度对待他们。

"稽疑就是解决疑难的问题，方法是选择擅长占卜的人通过占卜推测吉凶。占卜后出现的征兆有很多种，不容易通过它判断结果。这时可以同时找多个人占卜，听从多数人的判断。一旦遇到重大的疑难问题时，自己首先应该深思熟虑，再和臣子、百姓探讨商议，最后再通过占卜的方法来决断。自己、占卜、臣子、百姓都赞同就叫大同；自己、占卜赞同，臣子、百姓反对就叫做吉；臣子、占卜赞同，自己、百姓反对也算做吉；百姓、占卜赞同，自己和臣子反对还算勉强可行；只有自己赞同，占卜、臣子、百姓都反对的话，在国内办事吉利，在境外办事就会有凶险。如

●宗法制度的形式●

宗法制依靠自然形成的血缘亲疏关系划定贵族的等级地位，从而防止贵族间对于权位和财产的争夺，稳固贵族阶级的内部秩序。宗法制度下，嫡长子，即正妻所生长子，称为宗主，为族人共尊，是为大宗；众庶子为小宗。爵位、封土均由嫡长子继承，余子另行分封。宗法制在商朝只是开端，到西周才发展完备。

果所有方面都表示反对，那么就不要行动，否则就会有凶险。

"庶征是指天气上的各种征兆。如阴雨、晴朗、温暖、寒冷、刮风，假如这5种气象都具备，并按一定规律出现，庄稼就会茂盛。某种天气总是出现或总不出现都不是好事，如久雨不停或长期干旱都会引起灾难。如果君主谦虚恭敬，天就会按时下雨；君主政务廉明，阳光就会充足；君主英明，天气会温暖适度；君主深谋远虑，天气会寒冷适度；君主通达圣明，就会风调雨顺。这都是好的征兆。君主狂妄无知，降水就会过多；君主胡作非为，天气就会干旱；君主贪图享乐，天就会过分炎热；君主暴虐急躁，天就会过分寒冷；君主昏庸不明，大风就会持续不止。这都是不好的征兆。君主有了过失，会影响一年的天气，重臣有了过失，会影响一月天气，官吏有了过失，会影响一天的天气。天气正常，庄稼才会丰收，政治才会清明；贤人得到提拔，国家才会稳定。"

"仁义"的宋襄公

宋桓公三十年（公元前652年），桓公身患重病，感觉将要不久于人世。此时，宋国的太子是兹甫，但兹甫却不愿继承君位，他认为自己的哥哥目夷才是合适的继承人。宋桓公虽然觉得太子兹甫的建议并不违背道义，但没有答应他的要求。宋桓公三十一年（公元前651年）春，桓公去世，按照他的意愿，太子兹甫即位，这就是宋襄公。宋襄公刚刚即位不久就任命他的哥哥目夷担任相国。当时，霸主齐桓公在葵丘会合诸侯，宋襄公还没有安葬父亲，便匆匆地赶去赴会。

宋襄公八年（公元前643年），诸侯国的霸主齐桓公去世。这时齐国发生内乱，宋襄公通知各国诸侯，请他们和自己一同护送公子昭到齐国去接替君位。但是宋国比较弱小，宋襄公的号召力不大，多数诸侯都没有理会，只有3个小国带了很少的人马前来配合。宋襄公率领四国的兵马攻打齐国。齐国战败，把公子昭迎接回齐国，拥立他即位，这就是齐孝公。齐国是诸侯的盟主国，宋襄公帮助齐孝公继承了君位，宋国的地位因此大大提高。宋襄公雄心勃勃，准备像齐桓公一样成就霸业，幻想让宋国成为诸侯国家的盟主国。他计划召集诸侯国家会盟。但是，上次他召集诸侯攻打齐国时，只有3个小国听从了他，而中原的大国们都置之不理。这一次宋襄公准备借助大国的声势来召集小国。宋襄公十二年（公元前639年）春，宋襄公在鹿上和齐国、楚国的国君会盟。他请求楚国出面，召集更多的诸侯来参与会盟，楚王满口应承。正当宋襄公感觉满意的时候，国相目夷劝诫他说："我们国家从幅员和实力上来说，都是一个小国，现在的好多大国要强出我们很多，我们和他们争做诸侯国霸主肯定不会占到便宜的，您如果还坚持这样做下去的话，以后宋国将会面临很大的危险！"然而，宋襄公好大喜功，没有听从目夷的建议。

到了秋天，诸侯邀请宋襄公参加会盟，宋襄公兴致勃勃地准备动身前往。目夷再次劝诫他说："君王你就要大祸临头了，您的欲望大得过分了，有那么多实力强大的国家存在，他们怎么会容许您成为霸主呢？"然而此时的宋襄公哪里听得进他的金玉良言。果然不出目夷所料，诸侯会盟的时候，楚成王和宋襄公都想当盟主，两个人为此争执起来。楚国的势力强大，诸侯国家大多数依附于楚国。楚国强行扣押了宋襄公，还派兵攻打宋国。这一年的冬

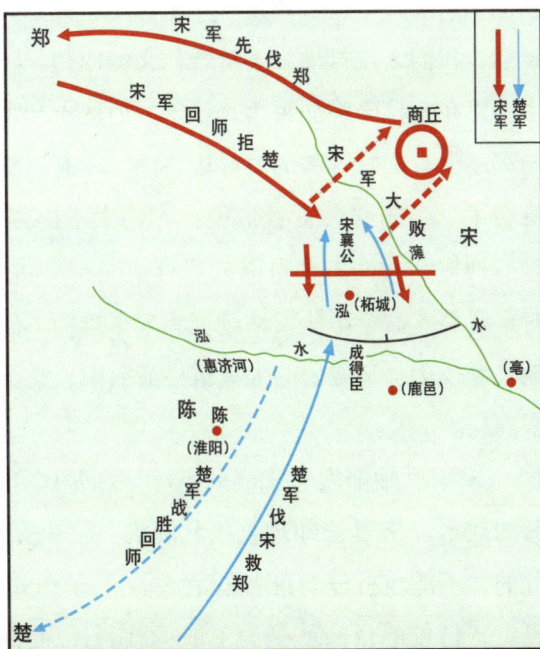

宋楚之战示意图

天，诸侯们在亳地会盟。楚成王被推为盟主，经过鲁国和齐国的调解，楚国才把宋襄公放回宋国。

宋国老臣子鱼在宋襄公回国后感慨地说："看来宋国的大祸现在可以告一段落了，但是祸患还没有结束。"宋襄公十三年（公元前638年）夏，宋国进攻郑国，子鱼预测说："宋国的祸患又要开始了。"郑国向楚国求援。楚国派兵攻打宋国，借此来援救郑国。宋襄公一直记恨楚成王夺走了自己朝思暮想的霸主宝座，因此准备和楚国交战。子鱼极力反对，他劝诫宋襄公说："楚国是大国，宋国没有能力战胜它，停战是最好的办法。"宋襄公没有采纳他的建议。

这一年的冬天，宋国和楚国在泓水两岸拉开阵势，准备交战。楚国军队开始渡河，准备在渡河后进攻宋军。目夷看到楚军忙着过河，便对宋襄公说："楚国倚仗着他们人多兵强，白天渡河，不把宋国放在眼里。我们可以趁着他们过到一半的时候，打他个措手不及，肯定能够战胜他。"谁知宋襄公却说："宋国是讲究仁义的国家。敌人渡河还没有结束，我们去攻打他，不符合仁义的原则。"不久楚军已经全部渡河上岸，正在安排阵势。目夷建议宋襄公说："现在应该进攻了吧，我们趁楚军还没有摆好阵势的时候攻打他，还有战胜的可能。再不发兵就没有机会了。"宋襄公责备他说："你太不讲究仁义了！敌人的阵势还没有排列好，我们怎么可以去攻打他呢？"很快楚军就摆好了阵势，这时宋襄公才命令军队发动进攻。宋军抵挡不住强大的楚军，结果一败涂地。混战中，宋襄公的大腿被弓箭射中，受了重伤。宋军保护他逃回国都商丘。

宋国百姓都埋怨宋襄公不应该和楚国开战，更不应该采用如此愚蠢的战术。宋襄公却理直气壮地说："讲究仁义的人是不应该乘人之危的，不能攻打没有准备的敌人。"子鱼知道了这件事之后，暗地里说："打仗的目的就是为了取得胜利，为什么要遵守那些迂腐的话语呢？如果真要像国君说的那样去做的话，还和楚国打什么仗啊？干脆直接到楚国去做奴隶算了！"宋襄公由于在战争中受了重伤，一年后就去世了。

名臣华元

自从宋襄公和楚国军队交战受伤而死以来，宋国和楚国关系逐步趋于恶化。宋文公四年（公元前607年），楚国以大国的身份唆使一直和宋国不合的郑国出兵攻打宋国。宋国派遣大夫华元统率军队迎战敌人。在两国交战之前，华元为了鼓舞将士们的斗志，下令宰杀牛羊，做成羊肉汤，犒赏军士们。谁知忙乱之中，华元一时大意，忘了分给他的车夫一份。车夫心想："每次我为你驾驶车辆都竭尽全力，任劳任怨，付出的辛苦并不比任何人少，为什么大家都有羊肉汤喝，唯独没有我的呢？很明显，你是没有把我放在眼里啊！"他越想越不是滋味，于是怀恨在心，准备寻找机会报复华元。在两国军队正式交战的时候，车夫故意把华元乘坐的战车驾驶到郑国军队阵地中去，郑军非常轻松地活捉了华元。宋国军队失去主帅，阵脚大乱，郑军没费什么事，就击败了宋军。

华元是宋国的名臣，是国君的左膀右臂，他做了郑国的俘虏，宋文公自然不能坐视不管，准备用贿赂郑国的方法把华元赎回来。他和郑国国君交涉后达成协议，宋国用一百辆战车和八百匹健壮的战马来交换华元。就在宋国的战车和战马还没有交付完毕的时候，华元却已经摆脱了郑国的监禁，偷偷逃回了宋国，而剩下还没有交付郑国的战车和战马，宋国当然不必再送了。

宋文公十六年（公元前599年），楚国派遣使者出使齐国，途经宋国。和楚国一直结有很深的冤仇宋国索性抓住楚国使者，把他扣押起来。楚庄王知道后，非常生气，同时也找到了讨伐宋国的理由。他发动大军攻打宋国，弱小的宋国在强大的楚国面前根本不堪一击，楚国军队很快进攻到宋国的首都商丘，把商丘城紧紧地包围起来。宋国派出使者到晋国，请求晋国派兵援救。晋国就在上一年刚刚被楚国打败，所以不敢冒着和楚国发生全面冲突的危险发兵援救，只是派遣使者鼓励宋国坚持守城，不要向楚国投降。

楚军围困商丘五个月后，商丘城内无粮草，外无救兵，情况极度危急。华元出于无奈，在深夜偷偷出城，来到楚国的军营，偷偷地进入楚国的将军子反的卧室，向他描述了商丘城中危急的情景，并且恳求子反劝说楚庄王退兵，子反答应了他的请求。（还有一说：华元摸进楚国的将军子反的大帐，把刀架到他的脖子上，逼迫他退兵。）楚庄王询问子反说："商丘城里的情况真的很危难吗？"子反回答说："是的。商丘城的百姓已经没有粮食吃了，他们用死人的骨头做柴禾煮饭吃，互相交换自己的孩子当作食物充饥。"楚庄王听到这种悲惨的描述后，也觉得于心不忍，所以下令撤退，商丘城的百姓才重获生机。

宋文公二十二年（公元前593年），文公去世，他的儿子即位，也就是宋共公。这时华元在宋国执政已经30年，他明白宋国在当时的诸侯国中实力相对弱小，长期的战争只能给宋国带来更大的灾难，要想治理好宋国就要和平。华元和楚国的执政大臣子重、晋国的执政大臣栾书私下里有很深的交情。宋文公九年（公元前580年），华元和楚国、晋国商讨协调，最终和两国签署了停战约定，宋国同时向楚晋两国进贡，三国之间不再开仗，这是春秋时期的第一个关于诸侯国之间消除战争的协议。

宋共公十三年（公元前574年），共公去世。当时华元的职位是右师，担任左师的是老臣鱼石，唐山担任司马的职位。司马唐山企图篡夺宋国国君的位置，他发动叛乱，杀死了即将继承王位的太子肥。德高望重的老臣华元自然也是他篡位的绊脚石，因此他准备杀死华元。华元知道后，不想趟这摊浑水，马上向晋国逃亡，当他走到黄河边上时，左师鱼石派人阻止他，请他回国。于是华元返回宋国，杀死司马唐山，平定了叛乱。随后，他和鱼石拥立宋共公的小儿子公子成即位，这就是宋平公。

晋世家·第八

曲沃代晋

叔虞是周成王的弟弟，成王即位以后把他分封到了黄河和汾河东边的唐地。叔虞去世后，他的儿子燮父继承了他的爵位。燮父因为尧帝旧都的南面有一条名为晋水的河流，于是改称自己为晋侯，他的子孙一直继承着晋侯的爵位。

到了晋穆侯的时候，穆侯迎娶了一个齐国女子作为夫人。齐国女子为他生下两个孩子，长子取名叫做仇，小儿子起名叫做成师，晋穆侯把公子仇立为太子。晋国人师服评价他们的名字说："国君给孩子取的名字真的很奇怪啊！太子名字叫仇，仇代表仇恨的意思。小儿子却叫做成师，成师表示成就他的意思。名字虽然是人们自己起的，事物却有着自己内在的规律。现在国君的长子和小儿子所起的名字刚好相反，以后晋国能不发生叛乱吗？"

晋穆侯二十七年（公元前785年），穆侯去世，他的弟弟殇叔发动叛乱，篡取了晋侯的爵位，太子仇被迫逃亡到外国。殇叔在位第四年的时候，太子仇回到晋国，率领自己的亲信杀死了殇叔，自己做了国君，这就是晋文侯。

晋文侯三十五年（公元前746年），文侯去世，他的儿子即位，这就是晋昭侯。晋昭侯即位不久，就把晋文侯的弟弟、自己的叔叔成师分封到曲沃，称为桓叔。桓叔当时已经58岁了，他德才兼备，很受百姓的爱戴，又任用贤能的臣子栾宾为相，把曲沃治理得井井有条，晋国的百姓们都愿意归附他。而晋昭侯治理国政却非常一般，在百姓中的威望不如桓叔。当时晋国有见识的人感慨地说："晋国以后的动乱一定会出现在曲沃。现在曲沃和整个晋国就像是一棵大树旁生得树枝比主干还要粗大一样，而桓叔又这样地深受百姓的爱戴，怎么可能不发生动乱呢？"

果然不出所料，没过几年，晋国的大臣潘父杀死了晋昭侯，迎接曲沃桓叔到晋国做国君。晋国百姓不能接受自己的君主被杀，而另外选立别人做君主的做法。正当曲沃桓叔准备进驻晋国国都的时候，遭到了晋国军队的抵抗。桓叔和晋国军队交战失败，退兵回到曲沃。于是晋国百姓拥立晋昭侯的儿子公子平继承国君的位子，这就是晋孝侯。晋孝侯不能容忍潘父杀死自己父亲、拥护外人即位的行为，即位不久就杀了他。

晋孝侯八年（公元前732年），年老的桓叔去世，他到死也没能成为晋国国君。他的儿子庄伯继承了他的爵位，当然，他也希望曲沃能够取代晋侯。在晋孝侯十五年的时候，庄伯找到了机会，在翼城杀死了晋孝侯。晋国军队攻打庄伯，庄伯抵挡不住，只好退回曲沃。于是，晋国百姓拥立晋孝侯的儿子公子郄即位，这就是晋鄂侯。晋鄂侯是一个短命的国君，在位仅仅六年就去世了。曲沃庄伯知道这个消息之后，认为这是曲沃取代晋国的大好时机，于是发动军队攻打晋国。周平王认为庄伯这种行为是大逆不道的，于是派兵来攻打他。曲沃庄伯只好再次退回曲沃。晋国百姓拥立晋鄂侯的儿子公子光即位，这就是晋哀侯。

晋哀侯二年（公元前716年），没能实现取代晋国愿望的曲沃庄伯去世了。他的儿子公子姬称继承他的爵位，这就是曲沃武公。晋哀侯八年时，晋国军队攻打陉廷。陉廷请求曲沃武公帮助，曲沃武公和陉廷人共同谋划反抗晋国。晋哀侯九年时，曲沃武公在汾河的河畔攻打晋军，晋哀侯做了俘虏。朝廷不能一天没有君主，晋国百姓拥立晋哀侯的儿子小子即位，这就是晋小子侯。就在晋小子侯元年，曲沃武公指使韩万杀死了被俘的晋哀侯。曲沃武公的势力越来越强大，晋国对此毫无办法。

晋小子侯在位四年后，曲沃武公通过诱骗的方式杀死了他。此时，周天子桓王充当主持正义的角色，他派遣兵马攻打曲沃武公。武公的实力还不足以和周王室抗衡，只好又退回到曲沃。于是，晋国的百姓拥立晋哀侯的弟弟公子姬缗即位。

晋侯缗执政二十八年后，曲沃武公再次发动了对晋国的战争。实力微弱的晋国抵挡不住强大的曲沃军队，曲沃终于实现了取代晋国的夙愿。曲沃武公把晋国的珍宝全都据为己有，为了避免周王室的干涉，他把珍宝拿去贿赂周天子，周天子收到礼物后非常高兴，任命曲沃武公为晋国的国君，封他为诸侯。从这时开始，曲沃完全代替了晋国。

骊姬下毒

曲沃武公去世后，他的儿子公子诡诸即位，这就是晋献公。晋献公五年，晋国出兵攻打骊戎。灭了骊戎之后，晋军俘虏了骊戎国君的女儿骊姬姐妹。晋献公贪图于她们的美貌，娶她们为夫人，骊姬姐妹都得到了晋献公的宠爱。

晋献公一共有8个儿子，太子申生的母亲齐姜是齐桓公的女儿。齐姜还生了一个女儿，后来嫁到秦国做了秦穆公的夫人，不过，齐姜很早就去世了。晋献公还娶了翟族狐氏姐妹两人作为夫人，她们分别生下一个孩子，姐姐的孩子叫做重耳，妹妹的孩子叫做夷吾。晋献公的8个儿子中太子申生及重耳、夷吾都非常贤能，受到献公的赏识。但是，在娶了骊姬为夫人之后，献公就逐渐疏远了这3个儿子。晋献公十二年（公元前665年），骊姬生下一个儿子，叫做奚齐。献公非常宠爱骊姬，随之对奚齐的宠爱也远远超出了其他儿子，他甚至打算废掉太子申生，改立奚齐为太子。为了疏远申生，他强词夺理地说："曲沃是我们祖先的宗庙所在地，蒲邑靠近秦国，屈邑靠近翟族，如果不派遣我的几个儿子去，那里会出现动乱的。"随后，晋献公派遣太子申生去驻守曲沃，公子重耳去驻守蒲邑，公子夷吾去驻守屈邑，而把骊姬的儿子奚齐留在晋国的都城绛。晋国的百姓看到这种情况，很多人都察觉到太子申生恐怕不能继位了。

晋献公十七年（公元前660年），献公派遣太子申生讨伐东山国。

大臣里克劝诫献公说："太子是供奉祭祀、早晚侍奉国君饮食的人。国君要出行，太子就应该留守在朝中，如果有人替代他留守，太子就应该跟随国君一起出行，这些都是古时候留传下来的制度。而统率军队、向将士发布号令，是国君与正卿的职责，这不适合太子去做。作为军队的统帅一定要有决定权，如果太子还要向国君请示，就显得缺乏威严。如果独断专行的话，又是对父亲的不孝，所以太子是不能够统帅军队的。"听了里克的劝诫后，献公转移话题说："我有好几个儿子，还没有决定立谁为太子。"里克没有回答就退了出来，然后去见太子申生。申生询问他："我是不是快要被废掉了？"里克无奈地说："太子你只管努力吧，作为军队统帅，您考虑的应该是能不能完成任务。作为国君的儿子，您考虑的应该是对父亲够不够孝顺，而不是能否继承君位，况且，国君为什么要废掉您呢？只要您注意个人修养，不去责难别人，就能免除灾难。"太子申生统率军队出征，本应随军出征的里克推说自己有病没有跟从太子。

晋献公私下里把废掉太子申生、立奚齐为太子的想法告诉了骊姬。狡猾的骊姬虽然希望自己的儿子即位，但又担心这样会招致晋国百姓的反对，为自己带来祸患。因此，骊姬表面上假装赞扬太子，但暗中却让人对太子恶意中伤。

晋献公二十一年（公元前656年），骊姬诱骗太子申生说："君主梦见了齐姜夫人，你赶快到曲沃的齐姜的祭庙祭祀吧，并且把祭祀用的肉带回来，敬献给君主。"太子申生听从了她的安排。当太子把祭祀用的肉带回送给献公的时候，献公正在外面打猎，他把肉放在了宫中，骊姬趁机在肉里下毒。献公打猎归来后，厨师把肉献给献公吃。献公正准备吃下，骊姬阻止说："肉是从很远的地方送过来的，应该先试一试再吃。"于是把肉放在地上，肉里面的毒药药性发作使地面隆起，把它喂给狗吃，狗当时就死了，给小宦官吃，小宦官马上身亡。骊姬哭泣着说："太子竟然这样残忍啊！为了君位居然连自己的父亲都想杀死，更何况别人呢？您年纪已经老了，在世的日子也不多了，太子竟然迫不及待！他这样做无非是因为我和奚齐的缘故。我们母子宁愿到别的国家避难，或者早早地自杀，也不能让太子残害。当初您想废掉他，我还反对，现在我才知道我错了。"太子听到这个消息后，马上逃到了新城。献公非常生气，杀死了太子的老师杜原款。有人问太子："是骊姬在肉里下了毒药，您为什么不去向国君解释清楚呢？"太子回答说："我父亲年纪大了，如果没有骊姬照顾他就会睡不好觉，吃不好饭。即使我能和他解释清楚，他也会和骊姬生气，我不能这样做。"还有人建议太子逃亡到别的国家，太子回答说："带着谋杀父亲的罪名逃跑，哪个国家会接纳我啊？干脆我自杀算了。"这年十二月，太子申生在新城自杀。

假途伐虢

晋献公八年（公元前669年），有人劝诫献公说："曲沃代替原来的晋国国君职掌晋国政权的时间还不算很长，原来晋国的那一大群公子还留在朝廷里面，并且人数很多，如果不尽早除掉他们的话，恐怕以后他们会给晋国带来很大的祸患。"晋献公觉得很有道理，于是派人去杀死晋国的各位公子。但是，有的公子已经逃亡到了虢国，在他们的请求下，虢国好几次派兵来讨伐晋国，但都没有取得胜利。早在曲沃和晋国争夺政权的时候，虢国就帮助晋国和曲沃作对。曲沃武公掌握了晋国的大权后，一直对虢国耿耿于怀。晋献公十年，献公打算发兵讨伐虢国。有位大臣劝诫他说："现在还不必急于攻打虢国，我们可以以静制动，先耐心地等待，等到虢国发生内乱的时候再去进攻它，就容易把它消灭掉。"晋献公听从了他的建议，暂时没有发兵讨伐虢国。

晋献公十九年（公元前658年），晋献公对臣子们说："以前我的先人庄伯和武公平定晋国叛乱的时候，虢国一直帮助晋国和我们作对，现在还收留了晋国流亡的公子，很明显要对我们不利。如果不消灭掉虢国的话，它肯定会给晋国的子孙后代带来祸患。"大臣们赞同献公的看

礼崩乐坏

春秋时期，随着宗族政治的日趋解体，传统的礼乐制度也难以继续维持，出现了"礼崩乐坏"的局面。在各国的政治斗争中，以下犯上的夺权事件层出不穷，不遵循旧有礼制的现象也经常发生。一些从诸侯手中夺取了政权的卿大夫，不仅僭用诸侯之礼，甚至也僭用天子的礼制。有鉴于此，孔子继周公之后对于礼乐制度进行了再次加工和改造，努力要将社会重新纳入礼乐的规范，但是他的理想并没有实现。历史进入战国时代后，社会变革的加速使传统的礼乐制度被彻底破坏。各国纷纷进行变法运动，法律制度普遍建立，从而取代了礼乐的地位，成为维护新的政治秩序的工具。此时残存的礼乐，已经流于形式，名存实亡了。

法。但是如果要进攻虢国就必需要通过虞国的领地，献公派遣大夫荀息为使者，用晋国屈地出产名马来贿赂虞国国君，向他借路行军以攻打虢国。虞国国君答应了晋国的要求，晋国借路虞国进攻虢国，占领了虢国的下阳以后就收兵回国了。

晋献公二十二年（公元前655年），献公准备灭掉虢国，又涉及到向虞国借路的问题。晋国大夫荀息建议晋献公用屈地所产的名马和垂棘出产的美玉贿赂虞国国君。晋献公不以为然地说："屈地的名马和垂棘的美玉都是我们晋国的珍宝！怎么可以随便送给不相干的人呢？"荀息回答说："国君您可以放心。如果能够从虞国借到进兵的道路的话，这些珍宝就相当于暂时存放在别人那里一样，早晚还都是我们自己的。"献公担心虞国不会借给晋国道路行军。他说："虞国有个忠臣叫做宫之奇，他一定会阻拦虞国国君，不让他借给我们道路。"荀息却有自己的看法，他说："宫之奇的确会阻止虞国国君的，他确实是个忠臣，但是他为人比较怯弱，如果虞国国君不听从他的劝诫的话，他也就不会坚持下去。而且，宫之奇和虞国国君是从小在一起长大的，两人之间的关系非常亲昵，国君并不敬重宫之奇。所以即使宫之奇劝阻，虞国国君也不会听从的。"献公再次派遣荀息到虞国去借道。

果然，虞国大夫宫之奇劝谏虞国国君说："我们不能把道路借给晋国，否则晋国灭掉了虢国之后马上就会回来灭掉我们的虞国。"虞国国君说："你太小心了吧！晋国的国君和我同姓，看在一个祖先的情分上，他是不会攻打我国的。"宫之奇回答说："太伯和虞仲都是太王的儿子，因为太伯逃走，所以没能够继承王位。虢仲、虢叔都是王季的儿子，又是文王的卿士，他们的功勋都很显赫，朝廷的府库中都有明确的记载。然而晋国却一定要把虢国消灭掉，他又怎么可能会爱惜虞国呢？况且，晋国和虞国的关系，能够比桓叔、庄伯家族与晋侯的关系更亲密吗？桓叔、庄伯家族犯了什么罪过，晋国国君竟然想全部杀死了他们？而虞国和虢国之间的关系，就如同嘴唇和牙齿的关系，嘴唇如果不存在了，牙齿也会感到寒冷。"但虞国国君贪图于晋国的财物，不听从宫之奇的良言，答应了晋国的请求。宫之奇知道后，意识到虞国马上就会面临亡国的大难，于是带着整个家族的人离开了虞国。就在这年冬天，晋国借道虞国前去攻打虢国。虢国抵挡不住，被晋国灭掉了，虢国国君逃到周朝的都城。晋国军队从虢国返回晋国，途径虞国的时候，发动突然袭击，毫无准备的虞国被晋国灭掉，虞国国君和一些重臣都做了晋国的俘虏。刚好，晋献公的女儿出嫁，晋献公把俘虏到的虞国国君和虞国大夫井伯、百里奚作为女儿的陪嫁人送给了秦穆公。荀息在虞国找到了献公过去送给虞君的名马，又把它献给了献公。献公笑着说："马还是我的那匹马，只是变老了！"

晋秦之争

晋献公夫人骊姬害死太子申生之后，又把毒手伸向晋国的公子重耳和夷吾。他污蔑重耳和夷吾是申生的同谋，希望献公能够杀死他们。两位公子听到消息后，赶忙逃亡到别的国家。晋献公二十六年（公元前651年），献公的病情开始加重，他知道自己将不久于人世，于是召见了荀息，对他说："我准备让奚齐继承我的王位，可是现在他的年龄还很小，大臣们很可能不服从他，弄不好还会发生内乱，你愿意拥立奚齐吗？"荀息回答献公说："国君您放心，我一定会尽最大的努力拥立奚齐。"这一年的秋天，晋献公去世。果然不出他所料，朝廷中的很多大臣都不同意奚齐继位。大臣里克、邳郑想迎接公子重耳回国即位，警告全力扶持奚齐的荀息说："流亡在外的三个公子在国外有秦国做后盾，在国内有晋国百姓的支持，你是应付不了的，干脆你就别再支持奚齐了。"荀息不为所动，他说："我答应过献公，无论如何也不能辜负他的嘱托。"几天后，在奚齐为献公守丧的时候，里克趁机杀死了他。荀息知道后非常悲愤，准备自杀一死了之。有人劝告他奚齐虽然死了，还可以扶持他的弟弟悼子，悼子是骊姬的妹妹为晋献公生的儿子。荀息觉得很有道理，埋葬了晋献公，拥立悼子即位。一个月后，悼子也被里克杀死，荀息没办法，只好自杀了。

里克准备迎接公子重耳回国继承王位，但是遭到了重耳的拒绝。他派使者去往梁国，迎接公子夷吾回国即位。夷吾很高兴，正准备回晋国，他的亲信劝诫他说："晋国国内还有好多可以即位的公子，但是里克为什么还要到国外寻找您呢？这非常可疑，您应该借助秦国的力量回国，否则将会很危险。"夷吾听取了他的意见，派人贿赂了秦国，并对秦国承诺，如果自己真的能够即位，就把晋国黄河西岸的土地送给秦国。又对里克承诺，如果能够帮助自己即位，就把汾阳城赏赐给他做封地。在里克的帮助和秦军的护送下，夷吾回到晋国即位。这就是晋惠公。

晋惠公即位以后，却没有兑现他的诺言。他派邳郑代表自己向秦穆公道歉说："当初我答应过把黄河西岸的土地送给您，现在我有幸回到晋国做了国君，正准备把土地给您，可是大臣们都说土地是先王留下来的，我没有资格擅自把它送给秦国。我再三解释也说服不了他们，只有向您道歉了。"另外，惠公不但没有把曾经许诺的汾阳城赏赐给里克，反而削弱了他的权势。惠公因为重耳还流亡在外，害怕里克拥立重耳发动政变，因此，赐里克自杀。邳郑因为出使秦国逃过了一死。晋惠公这种言而无信的做法引起了晋国百姓的反感，百姓们都不信服他。

晋惠公四年（公元前647年），晋国发生了严重的饥荒。于是向邻国秦国请求购买粮食。秦国君臣一直对晋惠公的言而无信耿耿于怀。当秦穆公询问大臣百里奚是否卖给晋国粮食时，百里奚说："天灾是每个国家都难免要面临的，诸侯国之间应该互相救济，这才是应该遵循的正道，我们还是卖给晋国吧！"秦穆公同意百里奚的观点。他说："是啊，晋国的国君虽然有错误，但是晋国的百姓没有错误啊。"秦国卖给了晋国很多粮食，帮晋国解除了危难。凑巧的是，就在第二年，秦国发生了严重的饥荒，就向晋国求购粮食。晋惠公和大臣们商量对策。大臣庆郑建议说："君主您是依靠秦国的力量才登上君位的。可是刚刚即位，您就违背了诺言。去年我们国家闹饥荒的时候，秦国救助了我们，现在人家闹饥荒的时候，请求购买我们的粮食，我们当然应该卖给他们了，这样的事情难道还需要商议吗？"但是大臣虢射的观点却恰恰相反。他说："去年是上天把我们晋国赠给了秦国，可是秦国却不知道趁我们闹饥荒的大好时机进攻我们。现在上天又把秦国赏赐给我们晋国了，我们怎么可以放弃这个大好的机会呢？马上出兵攻打他们吧。"晋惠公采纳了后者的意见，不仅不卖给秦国粮食，还出兵攻打秦国。秦国上下，对晋国这种恩将仇报的举动都表示无比愤怒。秦穆公亲自率领军队抵抗晋军，一路打到了晋国境内。晋惠公非常惊恐，无奈之下只好亲自出战。他想找一个为自己驾驶战车同时负责保卫自己的人，占卜的结果是庆郑最为合适。因为庆郑对晋惠公的做法一直不满，晋惠公担心他不听指挥，所以没有使用他。于是让步阳驾驶战车，家仆做护卫。九月，秦晋在韩原交战，晋军战败，晋惠公做了俘虏。庆郑生气地说："这都是他不听良言相劝的结果啊！"

重耳流亡

晋国公子重耳，是晋献公的儿子。从小他就喜爱结交朋友，17岁的时候，他就拥有了五位贤能的助手，他们分别是赵衰、狐偃咎犯、贾佗、先轸和魏武子。在晋献公还是太子的时候，重耳就已经长大成人。晋献公即位时，重耳已经21岁了。晋献公的夫人骊姬为了让自己的儿子奚齐即位，陷害了太子申生。随后，骊姬向晋献公诋毁重耳和夷吾。重耳害怕献公听信谗言加害自己，所以没有征得父亲的允许就逃到晋国的蒲城。晋献公知道后非常生气，派遣宦官履前往蒲城刺杀重耳。重耳发现之后慌忙跳墙逃跑，履紧紧追赶，砍断了重耳的衣袖，但重耳还是侥幸逃脱了。他知道自己在晋国无法再呆下去了，就带着他的五位贤士和几十个随从逃亡到了狄国。

狄国出兵讨伐咎如，俘虏了两个咎如的美女，把姐姐嫁给了公子重耳，生下了伯、叔刘两个儿子。妹妹嫁给了赵衰，生下了赵盾。重耳在狄国居住五年之后，晋献公去世，晋国大臣里克杀死了奚齐和悼子，准备迎接重耳回国即位。重耳意识到当时晋国的局势还很动荡，自己回国后很容易招来杀身大祸，所以婉言谢绝。不久，里克拥立夷吾即位，就是晋惠公。晋惠公七年，惠公觉得重耳的存在对自己的政权有很大影响，为了除掉这个祸患，他派遣宦官履和刺客来狄国刺杀重耳。重耳得知后和随从的贤臣商议说："我逃亡到狄国，并不是因为狄国有能力帮助我继承晋国的君位。只是因为它距离晋国最近，所以暂时居住在这里以观察晋国的变化。现在已经呆了很长时间了，应该去往大国。听说齐桓公有称霸的决心，正在推行王道，收留各国逃亡的诸侯。并且管仲和隰朋都已经去世了，他刚好需要贤能的人才，我们为什么不去投奔他呢？"大家一致同意他的观点。临行前，重耳告别妻子说："我走后你要等着我啊！如果25年后我还不会来，你就可以改嫁了。"夫人说："25年以后，恐怕我坟墓上的柏树都长大成材了，但是我还是愿意等你回来。"于是重耳离开了居住了12年的狄国。

重耳一行途经卫国的时候，卫文公对他们非常无礼。重耳愤怒地离去，经过五鹿时，携带的食物已经吃光了，众人只好向乡下百姓讨要食物。乡民把土块放在盘里面给他们吃，重耳见状非常愤怒，赵衰劝他说："土块代表土地，这预示着将来你会拥有晋国的土地。你不仅不应该发怒，还应该下跪感谢上天给你的恩赐才对！"重耳恍然大悟，立刻下跪拜谢。

到了齐国后，齐桓公对待重耳非常友善。把齐国宗室的女儿嫁给他做妻子，还送给他20匹好马。重耳在齐国居住了5年，因为宠爱妻子，贪图安逸享乐，不准备再回晋国。随他来齐国的赵衰和狐偃对他很失望，就在桑树下面谋划如何回晋国。刚好服侍重耳夫人的侍者在树上采摘桑叶，听到了他们的话，回去告诉了重耳夫人。为了防止侍者走漏风声，夫人杀了她。为了重耳的前途，夫人劝告他回国。重耳说："人活一辈子就是为了平安快乐，没有什么比这更重要的了。我决定到死一直留在齐国。"夫人劝告他说："你的身份是大国的公子，因为国家政

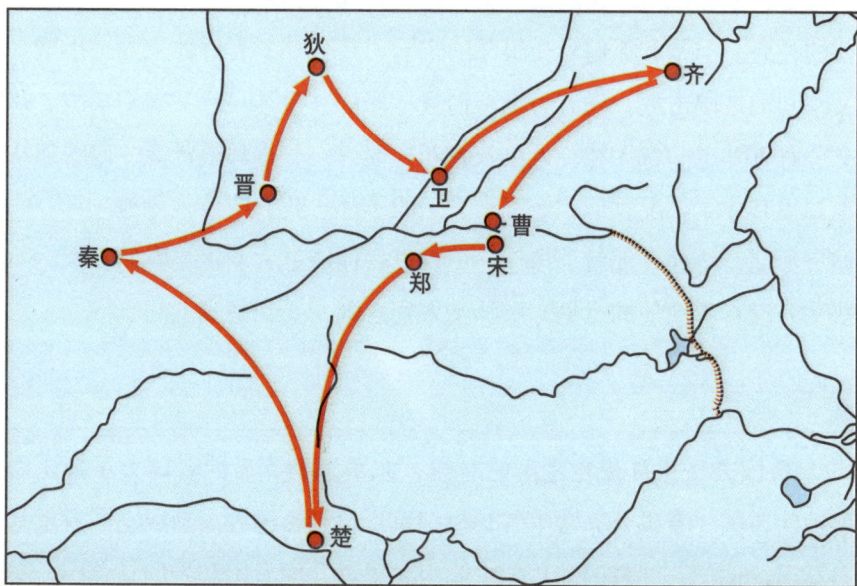

重耳流亡路线示意图

变，没有办法才来到这里的，许多贤能的人把身家性命都寄托在你的身上，而你却贪图享乐，不赶快回国，辜负了他们的希望，连我都为你感到羞愧啊！"可是重耳还是听不进她的劝告。出于无奈，夫人和狐偃、赵衰谋划，用酒灌醉了重耳，强行把他放到车上，随从们驾驶车辆离开齐国。重耳酒醒之后，明白了一切，他把怒气发放在狐偃身上，想要杀了他。狐偃说："如果你想杀我，我就心满意足了。"重耳怒气冲冲地说："如果这次回国仍然不能成就大业的话，我就吃了你的肉。"狐偃说："如果大业成就不了，我的肉就会有腥臭的味道，怎么可以吃啊？"重耳没有办法，只好带领随从继续向前走。

重耳一行经过曹国的时候，曹共公对他们非常无礼。他听说重耳的肋骨和一般人不一样，是连在一起的，于是想看一个究竟。曹国的大夫负羁劝告共公说："重耳德才兼备，又和您姓氏相同，他是走投无路才来到我们国家的，您怎么可以对他无礼呢？"共公却不听从他的话。于是，负羁偷偷地给重耳送去了食物，还在食物里面放了一块宝玉。重耳收下了食物，把宝玉退还给负羁，随后离开曹国来到了宋国，受到宋襄公的礼遇。但是和狐偃私交很深的宋国司马公孙固告诉他宋国是小国，又刚刚被楚国击败，没有力量帮助重耳即位。重耳一行又来到郑国。郑文公对重耳也非常无礼，大臣叔瞻劝告他说："重耳很贤能，他的随从也都很有才干，况且他和您都是文王的子孙。我们应该善待他才对。假如您不能善待他，那就杀掉他，免得以后他成就大业报复我们国家。"郑文公没有听取他的意见。重耳又来到楚国，受到楚成王的厚待。

重耳返都

晋国公子重耳流亡楚国的时候，在秦国做人质的晋国太子姬圉偷偷逃回晋国。秦穆公非常生气，想把重耳召到秦国去。楚成王同意重耳去秦国，他说："楚国和晋国之间距离很远，而秦国和晋国是邻国，秦穆公也很贤明，为了成就大业，你应该去。"随后，楚成王赠送了重耳许多财物。重耳一行来到了秦国。

秦穆公对重耳非常好，把自己的5个女儿全都嫁给了重耳，其中包括公子姬圉的妻子。重耳原本不想接受她，司空季子劝告他说："以后公子姬圉的国家都要归你拥有了，何况他的妻子呢？况且娶了她之后，您就能和秦国攀上亲属关系。为了洗雪您受过的耻辱，您也不必拘泥这些小节。"

民国《焚绵山》戏画
《焚绵山》讲的是介子推和他母亲隐居在绵山，后被使用激将法的晋文公烧死的故事。

重耳接受下来，秦穆公非常高兴，请重耳饮酒。酒宴之中，作陪的赵衰朗诵起了《黍苗》一诗。秦穆公从诗句中体会到重耳等人对晋国的思念，说："不要唱下去了，我知道你们盼望着赶快回到晋国。"重耳和赵衰马上拜谢秦穆公说："我们希望得到您的帮助，就像是庄稼盼望及时的雨水一样。"当时是晋惠公十四年（公元前637年），惠公去世后，太子姬圉即位。晋国大夫栾枝听说重耳在秦国，便暗中劝说重耳回国即位，并告诉他晋国有很多支持重耳的人愿意做内应。得知这些消息，重耳决定回国，秦穆公出兵护送。晋国只有惠公的旧臣吕甥、邵芮等少数几个人不希望重耳回国，而将士和百姓们大多希望重耳回来。因此，重耳顺利地回到晋国，结束了19年的流亡生涯，继承了晋国国君的位子，这就是晋文公。

重耳即位后，晋怀公姬圉逃到了高梁。不久，晋文公派人杀死了他。怀公的旧臣吕省等人一直反对晋文公，担心晋文公杀死他们。他们计划焚烧宫廷，杀死晋文公。从前刺杀过文公的宦官履鞮得到消息后为了将功折罪，把吕省等人的阴谋告诉晋文公。晋文公本来计划直接抓住吕省等人，但是担心他们人数众多，便换上衣服，悄悄来到王城会见秦穆公。吕省等人按计划发动叛乱，焚烧了宫廷，却找不到晋文公，感觉到事情不妙，准备逃跑。此时，晋文公已经求得秦国的帮助，秦穆公派遣军队在黄河岸边杀死了他们。晋国恢复平静之后，晋文公回国。晋文公贤德有才，在他的治理下，晋国的国力大大增强，百姓对他非常尊敬和爱戴。

早在秦国护送晋文公回国，一行人走到黄河岸边的时候，狐偃就对晋文公说："这么多年我和您一直在外奔走，我知道自己犯了很多错误，这些您一定也知道，所以现在我要离开您了。"晋文公听了马上回答说："我回国以后，如果有什么不和你同心同德的地方，就请黄河的神灵来惩罚我吧！"说完之后把手里的宝玉扔到了河水里，表示了自己和大臣们同甘共苦的决心。

一直跟随重耳流亡的大臣介子推很鄙夷狐偃的做法，他心中暗想："是天意让公子重耳兴盛起来的，可是狐偃却把公子重耳的兴盛当做是自己的功劳，还和君主讨价还价，真是可耻啊！我不能和这样的人同居官位共事了。"于是介子推悄悄地离开了。

公子重耳回国即位后，不忘那些跟随自己流亡的臣子们对自己的忠心，重重地犒劳了他们，功劳大的可以拥有封地，功劳小的也封赐了爵位。恰在这时，周王室发生了骚乱，文公忙于此事，忘记了封赏隐居起来的介子推。介子推不求俸禄，回到家里对母亲说："晋献公有9个儿子，现在只剩下了国君一人了。惠公和怀公得不到百姓的爱戴和拥护，上天不让晋国灭亡，所以让君王实现愿望。可是跟随他流亡的几个人却认为君王的即位是他们的功劳，想贪天功为自己所有，真是太可笑了！我不愿意和他们为伍。"介子推的母亲劝他去向文公讨要封赏。介子推说："如果明知道他们是错误的，我还去效仿他们，那么我的错误

晋文公复国图卷　南宋　李唐

此图描绘春秋时晋公子重耳出亡后经宋、郑、楚、秦诸国，最后终于回到晋国，做了晋侯的故事。

不是更大了吗？"于是，他带着母亲隐居起来，直到死也没有出现过。

介子推的随从为他抱不平，在晋文公的宫门上悬挂了一张条幅，上面写着："龙如果要飞到天上，需要5条蛇的辅佐。龙已经飞上了天，4条蛇受到奖赏，一条蛇受到冷落，这不是它的过错啊。"其中5条蛇比喻跟随晋文公一路逃亡的5位大臣，被冷落的一条就是介子推。晋文公看到后，叹着气说："这一定是在说介子推啊。我这些天忙于政事，还没来得及封赏他呢！"随后派人去寻找介子推，但他已经走得很远了，百般寻找也没有结果，后来有人说他隐居在绵山上。于是，晋文公把绵山周围的土地作为封地赏赐给介子推，并把绵山取名为介山，以表示对介子推的怀念。

文公称霸

晋文公二年（公元前635年）春，秦国把军队驻扎在黄河边，准备护送周襄王返回周朝国都。赵衰建议晋文公说："您如果想成为霸主的话，就应该护送周襄王返回国都。尊敬周天子是诸侯国称霸的资本，况且晋国是周武王的后代。晋国如果不抢先护送周天子，而落在秦国的后面的话，就无法向天下诸侯发号施令了。"晋文公采纳了建议，马上派兵护送周襄王回到周朝国都。周襄王的弟弟公子姬带反叛，晋文公派遣军队杀死了他。周襄王很满意晋国的帮助，把河内、阳樊两个城市赏给了晋国。

晋文公四年（公元前633年），楚国攻打宋国，宋国向晋国求救。晋国将军先轸对晋文公说："现在就是您报答当年宋襄公赠马之恩，也是建立您的霸业的时候了。"狐偃建议说："楚国最近和卫国结为婚姻之国，又和曹国结盟。如果我们攻打这两个国家的话，楚国一定会发兵援救，宋国的危险自然得到解救。"晋文公采纳了他的建议。为了顺利地完成军事任务，晋国开始整编军队，把所有军队编为三军。任命郤縠担任中军统帅，郤臻协助；派狐偃为上军统帅，狐毛协助，赵衰为卿；任命栾枝为下军统帅，先轸协助。三军编制完成以后，又经过认真操练，军威颇盛。于是，晋文公亲统三军，讨伐曹国和卫国。在讨伐曹国之前，晋国向卫国借道，卫国没有同意。晋文公在流亡时也曾受到过卫侯的冷遇，于是在攻打曹国后又进攻卫国。卫国国君请求与晋国讲和，晋国不同意。卫侯又准备和楚国结盟，求得楚国的帮助，但是遭到了卫国百姓的反对，他们把卫侯驱逐到襄牛。楚国出兵来援救，也没有成功。

晋文公五年（公元前632年），晋国发兵进攻曹国，攻进了都城。晋文公数落曹侯当初对自己的冷遇，并且下令晋国军队不许骚扰当年对自己有恩的曹国大夫负羁的住地，借此来报恩。这时候，楚军再次攻打宋国，宋国向晋国求援。晋文公非常为难，当初逃亡的时候，楚国和宋国都待自己不薄，现在宋国有难，不能不救，但营救宋国又免不了和楚国开战。先轸想出一个好主意，建议晋文公把曹侯抓起来，再把曹国和卫国的土地送给宋国。这样楚国为了救援曹、卫两国，就会从宋国撤军。文公依照他的计策去做。果然，楚国解除了对宋国的包围。

楚国大将子玉很不满意晋文公的行为，认为他是恩将仇报，建议攻打晋国。楚王说："晋文公在外流亡19年，吃尽了苦头，现在兴盛起来，这是天意啊！他是不可以抵挡的。"子玉却一再坚持发兵讨伐晋国，楚王无奈，拨给他少量的军队。子玉派使者通知晋文公说："如果你恢复卫侯的君位，不消灭曹国，楚国就不再攻打宋国了。"晋文公和臣子们商议对策，狐偃生气地说："子玉作为臣子，向您提出这样的条件，太没有礼貌了，不能答应他的请求。"先轸说："百姓平安是符合情理的，楚国现在的观点是同时安定3个国家，我们没有理由拒绝他。但为了惩罚他的无礼，我们可以暂时先同意他的要求，但派人到曹国和卫国去，私下里答应不再攻打他们。再把楚国使者扣留下来，以此激怒楚军，等到他发兵和我国交战的时候再说。"文公于是答应楚国的要求，但把使者扣留在晋军军中。晋国使者一到，曹国和卫国立刻和楚国断绝了关系。子玉知道以后，非常生气，率领楚国军队攻打晋军。晋文公命令晋军后退，有的臣子很奇怪，询问文公原因。晋文公说："当年我流亡楚国的时候，楚成王对我有恩。他曾经问我怎样报答他，我答应过他，以后如果晋国和楚国交战，晋国要先退让九十里的路程，作为对楚王的报答，现在要遵守诺言。"楚国将士见到晋军退后，也想撤军，但是子玉不同意，一直追击晋军。晋君退到城濮，宋国、齐国和秦国的援军队也相继赶到，联军反击，楚军大败，子玉带领残余的人马逃回了楚国。楚国与晋国相争，郑国站在楚国一边。楚国在城濮大败的消息传到郑国，郑国君臣很害怕，立即派人前来，请求与晋国结盟。

这场战争中，晋国缴纳了许多楚国的战利品。这一年的五月，晋文公把楚国的战俘进献给周天子，包括100辆战马上披着铠甲的战车和1000名步兵。周天子宣布晋文公为诸侯霸主，赏赐给他一辆用黄金装饰的大车；一副红色的弓，100支红色的箭；10副黑色的弓，1000支黑色的箭；一坛子味道香甜的酒，还有玉制的勺子和300名勇士。晋文公多次推辞，行过大礼才接受了天子的馈赠。周天子还特意写了《晋文侯命》一诗送给晋文公。

晋文公成为当时诸侯国的霸主。

晋灵公害赵盾

晋文公去世后，他的儿子晋襄公即位，这时赵衰等老臣相继去世，赵衰的儿子赵盾执掌晋国大权。晋襄公在位7年后去世了，当时太子夷皋年龄很小，晋国百姓害怕因为国君年幼，国家再次出现叛乱，都希望立年长一点的公子为国君。赵盾和大臣们商议国君的选立，他说："应该立襄公的弟弟公子雍，他年纪合适，晋文公又很喜欢他，他性情善良，和秦国的关系也很好。善良的人做国君，国家就会安稳；百姓侍奉年纪大的国君，国家就会和平；拥立先朝国君欣赏的人做国君，是一种孝顺；和以前友好的邻国结交，国家就会安定。"贾季却不同意赵盾的观点，他说："公子雍不如他的弟弟公子乐。公子乐的母亲辰嬴曾经受到过两位国君的宠爱，立她的儿子为国君，百姓一定会同意的。"赵盾反驳他说："辰嬴的地位很卑贱，按照先君的妃妾顺序排列，只能排到第十。她的儿子缺乏威望。况且她被两位国君宠爱，这属于淫乱的行为。公子乐远离强大的晋国，却出居弱小的陈国，这是孤立的情况，您想一想，母亲淫乱，儿子孤立，怎么可以拥立公子乐为国君呢？"赵盾没有听从贾季的建议，派人到秦国迎接公子雍回国，贾季也同时派人到陈国召公子乐回国。为了防止贾季叛乱，赵盾削夺了他的职位，贾季逃亡到翟国。

秦康公得知晋国迎接公子雍回国即位的消息后说："当年晋文公回

国即位的时候，由于没有人护卫，所以才会发生吕省等人的叛乱。"于是他准备派遣军队护送公子雍回国。这时太子夷皋的母亲缪嬴抱着幼小的太子，整天来到朝廷上放声大哭，质问大臣们："襄公有什么过错？他的儿子又有什么过错？为什么不让太子即位，反而要到外国去找别人呢？难道是想害死太子吗？"随后，她又抱着太子跑到赵盾家里哭着说："襄公临死的时候，把太子托付给你，叮嘱你把他培养成才。现在襄公刚刚去世，难道你就忘记他的嘱托了吗？"赵盾无言以对，大臣们对缪嬴也有所顾忌，他们商议之后，决定拥立太子夷皋为君。赵盾派兵阻挡秦国护送公子雍的军队，拥立太子夷皋即位，这就是晋灵公。

晋灵公十四年（公元前607年），灵公已经长大成人，他生活极度奢侈，性格骄傲蛮横。他极力搜刮百姓的财产，供自己享乐。他还建筑了一个高台，站在上面用弹弓弹射路上的行人，把观赏人们躲避弹丸作为一种乐趣。一次，晋灵公的厨师烹调时没有把熊掌煮烂，灵公就非常生气，竟然杀掉厨师，还让妇女抬着厨师的尸体扔到外面去。当他们经过朝廷时，赵盾、随会等都看见了，就一起去劝告晋灵公。晋灵公根本不听他们的忠告，但因为他们都是老臣，掌握朝政大权，灵公对他们有所顾忌。为了不再受人管制，灵公决定除掉赵盾，他让勇士暗中刺杀赵盾。勇士偷偷来到赵盾家里，发现赵盾卧室的门敞开着，正是杀死赵盾的好机会。进屋后，他环顾四周，发现赵盾的住处极其简朴，深受感动，于是他退出赵盾的房间，叹息着说："无论我杀死忠臣，还是违背君王的命令，都一样是有罪啊！"说完之后，以头撞树，自杀而死。

很多年以前，赵盾到首山打猎的时候，看到桑树下面有一个饥饿的男子，饿汉名叫示眯明。赵盾可怜他，赏给他食物吃，但是饿汉只吃了一半就停下来。赵盾很奇怪，问他为什么不吃完，他对赵盾说："我给别人做奴隶已经3年了，不知道母亲是否还活着，我要把剩下的一半食物留给母亲。"赵盾钦佩他的孝敬，又赏给他很多食物，让他带给母亲。不久，示眯明做了晋灵公的厨师，赵盾不知道这件事。

晋灵公准备借宴请赵盾的机会，埋伏好士兵杀死他，亓眯明得到消息。他害怕没有防备的赵盾喝醉酒遇害，在酒宴上提醒赵盾说："君王赏赐您的酒，您只喝三杯就可以了。"赵盾离开宴席后，晋灵公先命人放出一条叫敖的恶狗去咬杀赵盾，亓眯明冲上前，徒手杀死了恶狗。埋伏的士兵又来追杀赵盾，亓眯明阻挡住他们，赵盾终于逃脱。赵盾询问亓眯明救自己的原因时，亓眯明说："我就是以前桑树下那个饥饿的男子。"赵盾再问他的姓名，亓眯明没有告诉他。

赵盾知道灵公决定杀死自己，于是逃亡到外地。他的同族弟弟将军赵穿杀死了晋灵公，迎接赵盾回朝。赵盾官复原职后，从周朝国都迎接晋襄公的弟弟黑臀回国即位，这就是晋成公。晋国记载历史事件的官员董狐在史书上写到：赵盾杀死了自己的国君。赵盾向他解释说："灵公是赵穿杀死的，不是我杀的。"董狐严肃地说："您是晋国的重臣，逃亡期间也没有离开晋国的国境。您官复原职之后，也不惩罚杀死国君的叛臣。您怎么能推卸杀掉国君的责任呢？"孔子听到这件事情后赞叹董狐是一个好的史官。

晋厉公朝政

晋景公十九年（公元前581年）夏，景公去世，太子寿曼继承王位，他就是晋厉公。晋厉公刚刚即位的时候，很想和其他诸侯国和平共处，首先和强大的秦国订立了友好相处的盟约。但不久秦国就背叛了盟约，失望的晋厉公便派大臣吕相出使秦国宣布和秦国绝交。吕相凭借他良好的口才把秦国国君谴责得哑口无言。厉公又和其他诸侯相约，联合起来讨伐秦国，在麻隧打败秦军，俘虏了秦国大将成差。

晋国大夫伯宗能够直言进谏，因此得罪了许多大臣，郤锜、郤犨、郤至就在晋厉公面前诬告伯宗。厉公听信了谗言，没有经过明确的调查，就杀死了伯宗。厉公杀死忠臣的做法引起了晋国百姓的不满，他们不再爱戴拥护厉公了，大臣们也不再轻易直言进谏了。

晋厉公六年（公元前575年）春，晋国盟友郑国背叛了晋国，和晋国的仇敌楚国结盟。厉公非常生气，亲自率领军队讨伐郑国。楚国听到消息后，发兵救援郑国。厉公害怕强大的楚国，准备撤退。郤至劝告厉公说："您是来讨伐叛逆的，我们的立场是正义的。现在有强敌来帮助叛逆攻打我们，我们如果逃跑的话，那么以后您就没有资格对诸侯发号施令了。"厉公认为他说的有道理，只好和楚国交战。战争中，晋君的弓箭射中了楚共王的眼睛，国君负伤后，楚军失去领导，所以失败了。楚国主帅子反整顿残余的兵力，准备再和晋国交战。就在这个时候，楚共王要召见子反，但是子反喝得大醉，不能去拜见国君，楚共王非常生气，严厉地斥责了子反，子反因此自杀而死。失去了主帅的楚军只好撤退回国了。晋国通过这场战争在诸侯国中树立了很高的威信，厉公也树立起称霸的信心。

厉公生活非常奢侈，拥有很多宠爱的妻妾。他战胜回国后，生活更加奢靡。为了讨小妾的欢心，他准备罢免所有大臣的职务，让宠妾的兄弟们取代他们。厉公一个宠妾的哥哥叫做胥童，他和郤至有仇，想趁着这个机会害死郤至。刚好大臣栾书也对郤至不满，抱怨说郤至没有采用他的计策居然打败了楚国军队，这纯属是侥幸。胥童听到后，就悄悄来到楚国，请求楚王帮助他陷害郤至。楚王也希望除掉晋国的重臣，于是派人来欺骗厉公说："郤至想迎接公子周回国即位，所以请求楚国发兵和晋国交战。因为与楚国结盟的诸侯国还没有来得及发兵帮助楚国，所以晋国才打败了楚国。"厉公听到之后半信半疑，他就把这些传言告诉栾书，询问栾书的看法。栾书刚好想通过这次机会报复郤至，回答说："事实很有可能就是这样的。你可以派人到周朝国都暗中调查一下。"厉公听从了他的建议。栾书又特意安排了郤至和公子周单独会面的机会。调查的人把所见报告给厉公，厉公认为郤至果然要背叛自己，准备杀死他。

晋厉公八年（公元前573年），厉公到外面打猎时，和他的妻妾饮酒作乐。郤至杀了一头猪，准备把猪肉献给厉公吃，谁知道宦官孟张抢走了猪肉。郤至非常生气，就杀死了孟张。厉公知道后也非常生气，下定决心要杀死郤锜、郤犨、郤至兄弟三人。郤犨得知消息后，准备先下手为强，杀死厉公，他说："也许我们会被厉公杀死，但是他也好受不了，至少也要受重伤。"郤至却不同意他的计划。他说："忠诚的人就不应该反对君主；智慧的人就不应该伤害百姓；勇猛的人就不应该发动叛乱。如果失去了这三种美德，还有谁愿意跟从我呢？那还不如死了算了。"他们没有反叛。

这一年的二月，厉公派遣胥童率领士兵偷袭三郤。胥童想借这个机会除掉晋国更多的重臣，以后自己就可以执掌晋国的大权了。他趁机在朝廷上劫持了栾书和中行偃，然后对厉公说："请君主下令杀死他们吧，如果留下他们的话，以后您就会有无穷的祸患。"厉公不忍心杀掉他们，说："我不忍心一天早上就杀掉我的3个大臣。"胥童劝告他说："您不忍心杀害别人，可是别人会忍心谋害你啊！"厉公没有听从他的话，释放了栾书和中行偃。他还向他们道歉，说明自己这次只是为了惩罚三郤，和他们两个人没有关系，把他们官复原职。两个人谢过了厉公的不杀之恩，但是，从此他们开始记恨厉公，同时也害怕厉公再听信别人的谗言杀死自己。后来厉公到骊氏家游玩的时候，栾书、中行偃派遣他们的亲信把厉公逮捕，囚禁起来，又杀死了胥童，并派人把公子周从周朝国都迎接回国。厉公被囚禁了6天后，栾书、中行偃杀死了他，只用一辆车为他陪葬。厉公死后10天，公子周回到晋国，继承了王位，这就是晋悼公。

楚世家·第九

一鸣惊人

楚庄王即位3年以来，不问国事，从来没有下达过一道政令，他只是夜以继日地寻欢作乐。为了防止别人的干涉，他下达命令说："有敢于向我进谏的人，一律杀掉。"楚国大臣伍举不顾忌楚庄王的禁令，冒死进入王宫。当时庄王左手抱着郑姬，右手抱着越女，乐队在四周为他演奏乐曲。伍举请楚王猜一个谜语，他说："山上有一只大鸟，整整3年了，既不起飞也不鸣叫。您说这是什么鸟啊？"庄王回答说："虽然这只鸟3年都没有飞，但是它一旦飞起来就会冲到天上；虽然它3年都没有鸣叫，但是它一旦鸣叫就会使人们震惊。伍举你请回吧，我明白你的意思。"然而几个月过后，楚庄王不但没有收敛自己的行为，反而更加放纵了。这时大夫苏从入宫直言进谏。庄公问他："难道你不知道我颁布的杀死进谏者的命令吗？"苏从回答说："如果能够让国君您改过自新的话，我就算是死了，也是值得的。"庄公非常感动。从此，他停止了荒淫的享乐，大力整顿朝政，杀了数百名不称职的官员，同时也提拔了数百名贤能的人才，任命贤臣伍举和苏从处理朝廷的政事。楚国百姓看到君主的转变后，非常高兴，楚国实力逐渐增强。

楚庄王三年（公元前611年），楚国灭了庸国。楚庄王六年（公元前608年），打败了宋国。楚庄王八年（公元前606年），楚国讨伐陆浑戎族，路过洛阳的时候，在周朝国都的郊外阅兵示威。周定王派王孙满出城犒劳楚庄王。楚庄王向王孙满询问周朝的九鼎（周朝权力的象征）的大小和轻重，王孙满回答说："统治国家重要的是道德，而不是宝鼎。"庄王说："你不要认为拥有九鼎就很了不起！楚国只要把兵

一鸣惊人的另一个故事

齐国有一个名叫淳于髡的人，常用一些有趣的隐语，来规劝君主，使君王乐于接受。当时的君主齐威王沉迷于酒色，不管国家大事，于是淳于髡对威王说："我们国家有一只大鸟，羽毛色彩艳丽，美丽极了，它栖在大王的宫廷里，几年不飞也不鸣，不知是何道理？"齐威王不愧是政治家，他立刻领悟到这是在用大鸟比喻自己毫无作为。威王笑了笑，说："这个我知道。那大鸟是不想飞，如果它要飞，就能展翅飞翔，鹏程万里。那大鸟不鸣则已，一鸣一定会惊人。"从此齐威王不再沉迷于饮酒作乐，而开始整顿国事。结果全国上下，很快就振作起来，到处充满蓬勃的朝气。后来，人们常用"一鸣惊人"比喻平时不声不响的人，突然做出惊人之举。

器上的刃尖折断，放在一起熔炼，就足够铸成九只大鼎。"王孙满叹息着说："唉！您真是糊涂啊！以前虞夏昌盛的时候，边远的国家都来朝拜他，并且进献贡品。九州的长官纷纷进献了当地的金属，用这些金属铸成了九鼎，然后在上面描绘各种事物的图像。夏朝的国君桀道德败坏，九鼎便被殷朝拥有；殷朝占有宝鼎600年后，纣王残暴无道，九鼎被周朝占有。如果天子有道，鼎虽然很小，却重得挪不动；如果天子道德败坏，鼎即使再重也很容易被挪走。过去，周成王把九鼎安置在郏鄏，占卜的人说可以下传30代的国君，在周朝存放700年，这是上天的安排。现在周王室虽然很衰微了，可是上天的安排是难以改变的，所以你还没有资格询问九鼎的重量！"楚庄王无言以对，只好撤军回国。

楚庄王十七年（公元前597年）春，楚国进攻郑国，仅仅用了3个月的时间就占领了它。楚庄王原本想吞并郑国，郑国国君赤裸着上身，手里牵着一只羊来见楚庄王，他哀求说："上天不能够保佑我，不能让我很好地侍奉您，所以您一怒之下占领了我的国家，这都是我犯下的罪过。即使您把我流放到南海，甚至把我当做奴隶赏赐给诸侯，我也愿意服从。假若您不忘记周厉王、宣王和郑国的先王桓公、武公，看在他们的面子上，不断绝郑国的祭祀，让我像从前那样侍奉您，这是我最大的愿望。我也不敢有这样的奢望，但还是大胆地向您表白一下。"楚国的大臣们都建议楚庄王拒绝郑君的要求。楚庄王说："郑国君既然能够这样谦虚恭敬，那么他一定能够好好对待自己的百姓，我又怎么能够灭掉人家的国家，把事做绝呢？"随后，楚庄王答应与郑国讲和。他亲自举起军旗，率领楚军后退30里驻扎下来。郑国大夫潘尪同楚国订立了盟约，郑国国君的弟弟公子良被送到楚国做人质。这年六月，晋国来救郑国。晋军与楚军在黄河岸边大战，晋军溃败，楚国称霸中原。

楚庄王二十一年（公元前593年），宋国杀死了楚国出使齐国的使臣。楚庄王一怒之下，进攻宋国。楚军把宋国的都城连续围困了5个月，城里面粮草用光了，宋国面临着严重的危难。宋国大臣华元冒着生命的危险出城把城内的情况讲给楚国，楚庄王听说城中的百姓用死人的骨头做柴烧、交换自己的孩子做食物的惨状后，下令撤兵回国。庄王二十三年（公元前591年），楚庄王去世。他的儿子即位，也就是楚共王。

孤独的楚灵王

楚灵王三年（公元前538年），楚国派遣使者通知晋国，准备和诸侯会盟。诸侯国君们都来到楚国的申邑聚会。伍举问楚灵王："从前夏启在钧台来举办宴会，商汤有景亳的诰命，周武王在盟津誓师，周成王在岐阳狩猎，周康王在丰宫朝见诸侯，周穆王在涂山会盟，齐桓公在召陵会师，晋文公有践土的盟约，您打算使用哪种礼仪会见诸侯呢？"灵王回答说："使用齐桓公的。"楚灵王和诸侯订立盟约以后，感到很得意。伍举提醒他说："夏朝的桀举行会盟，缗人背叛了他；商朝的纣举行会盟，东夷背叛他；周朝的幽王举行会盟，戎族和翟族背叛了他。您要慎重考虑一下结局啊！"这一年的八月，齐国大臣庆封杀死国君。楚国出兵平定了齐国的叛乱，俘虏了庆封。楚国拿庆封向齐国百姓示众说："大家不要仿效庆封杀死自己的国君，欺凌幼小的君主，要挟大臣们和自己结盟。"庆封反驳说："大家也不要学习楚共王的儿子公子围杀死自己的侄子篡夺王位！"楚灵王马上派人杀死了庆封。

楚灵王十一年（公元前530年），楚国讨伐徐国，借此恐吓吴国。楚灵王询问大臣析父说："齐国、晋国、鲁国、卫国受周天子封赐的时候都接受了宝器，只有我国没有。现在我打算派使者请求周天子把宝鼎赏赐给我作为分封的宝器，周天子会给我吗？"析父回答说："会给的！从前我们的先王熊绎住在遥远偏僻的荆山，乘坐简陋的车子，穿着破旧的衣服，居住在荒凉的地方，还是不顾道路的艰险，把桃木弓、棘枝箭进贡给周朝。齐国国君是周天子的舅舅，晋国、鲁国、卫国国君都是周天子的兄弟。所以他们都被赏赐了宝器，唯独楚国没有。现在周朝和那四个国家都在听从您的号令，他怎么还敢吝惜宝器呢？"灵王又问："从前我的远祖昆吾住在原来的许国，今天郑国人占据了那块田地，现在我能要得回来吗？"析父回答说："周天子连宝器都舍得给您，郑国还敢吝惜田地吗？"灵王又问他说："过去诸侯们都认为我国地处偏远，而害怕强大的晋国。现在我国大力修建城池，在陈、蔡、不羹等地都部署上1000辆战车以上的兵力，诸侯们害怕我吗？"析父回答说："他们当然很害怕啊！"灵王对析父的回答很满意，说他能够谈古论今。

楚灵王十二年（公元前529年），为了享乐，楚灵王不惜加重百姓的赋税和兵役，给百姓带来很大痛苦。百姓怨声载道，痛恨楚灵王。从前，楚灵王会合诸侯的时候，羞辱了越国大夫常寿过，还杀了蔡国大夫观起。观起的儿子观从联合常寿过唆使吴国、越国联合攻打楚国。他同时假传公子弃疾的命令，把公子比接到楚国。趁楚灵王在乾溪享乐的时候，观从率兵进入楚国都城郢，杀死了太子禄，立公子比为楚王。然后，观从又来到乾溪，向楚国将士宣布："楚国已经有新的国君了。你们先返回国都的可以恢复你们的职位和财产，后返回国都的全部流放。"楚国的将士们听到后纷纷离开灵王返回国都。

灵王听到太子被杀的消息后，心中震惊，

熊掌难熟

宋、楚泓之战后，楚成王建立起霸业。楚成王的长子商臣和大臣潘崇，一个为逆子，一个为叛臣。公元前626年，两人率亲兵卫士深夜围攻王宫，持剑要杀楚成王。楚成王说："我已命人在烧制熊掌，俟其熟而食之，虽死不恨。"潘崇厉声说："熊掌难熟，你休想拖延时间以待外救。"说罢用束带将楚成王勒死。一代霸主惨死在逆子叛臣手中。

失足跌落车下，他问侍奉他的人说："别人也都像我这样爱自己的儿子吗？"侍者回答说："别人比您更爱自己的儿子。"灵王说："我杀死太多别人的儿子，所以才有现在的结局啊！"右尹建议他说："您还是到郢都的郊外听候百姓的处置吧。"灵王说："我犯了众怒，他们不会放过我的。"右尹说："那您就暂且到大城市躲避一下，再请求曾经和您结盟的诸侯发兵帮助您。"灵王说："这些诸侯都要背叛我，怎么会帮我呢？"右尹又建议说："那您就暂时到别的诸侯国，征求大国国君的意见吧。"灵王无奈地说："算了吧，我的好运到头了，不要自取其辱了。"灵王准备乘船进入鄢城。右尹担心自己再追随楚灵王，可能招来杀身之祸，就扔下楚灵王，自己逃跑了。

灵王众叛亲离，独自在山中徘徊，村民们没有敢收容他的。在路上，饿了3天的灵王遇见自己过去的仆人，楚灵王向他索求食物。仆人说："新的国君刚刚下达命令，楚国敢给您送饭的人和跟您一起逃亡的人都要判处杀光三族的重罪。我不敢给您食物，何况我自己还没有吃的呢！"又饿又累的楚灵王把头枕在仆人的大腿上睡觉。仆人抽出自己的腿，用土块放在灵王的头下面，赶忙逃走了。楚灵王醒来后找不到仆人，人也饿得坐不起来了。芋地地方官申无宇曾经两次触犯王法，楚灵王都赦免了他。他的儿子申亥为了报答灵王的恩情一直在到处寻找他，终于在厘泽找到饿昏了的灵王，就把他接到自己的家中悉心照顾。后来楚灵王就在申亥的家里去世。申亥让自己的两个女儿为灵王殉葬，厚葬了灵王。

叔向论楚难

楚国的公子比虽然已经继承王位，却还没有听到灵王死去的消息，楚国上至国君、大臣，下至百姓都害怕灵王再次回来。观从建议公子比说："如果不杀死公子弃疾，您虽然拥有了整个楚国，但总有一天会要遭受灾难的。"公子比说："公子弃疾是我的亲弟弟，我不忍心杀死他。"观从说："你不忍心杀他，他可忍心杀你啊。"公子比没有听从他的建议。观从见他不听劝，就离开了他。公子弃疾回到郢都以后，郢都的百姓每天夜里都感觉好像是楚灵王又回来了，人心惶恐不安。一天夜里，公子弃疾安排一个撑船的人在长江岸边一边奔跑一边大哭着说："灵王回来了！"郢都的百姓们听到后更加害怕。公子弃疾又派遣亲信曼成然告诉公子比和令尹公子晳说："灵王回来了！都城的人打算要杀死你们。百姓的怒气就像洪水与大火，是无法抵抗的。您还是尽快想个解决的办法吧，不要自取侮辱。"公子比和公子晳信以为真，自杀而死。于是，公子弃疾继承了君位，他就是楚平王。

楚平王用欺诈的手段杀死了前任国君，即位后害怕楚国的百姓不服从自己，担心诸侯国不拥护，就给楚国的百姓施加恩惠，整顿政务，任命有才能的观从为卜尹。他归还了被楚国吞并的陈国和蔡国的土地，让两国原来国君的后代继位，又归还了楚国侵占郑国的土地。他的做法赢得了楚国百姓和诸侯国的拥护。

先前，楚共王选立太子的时候，因为没有嫡长子，而另5个儿子都差不多，很难做出选择。楚共王决定请求神灵帮助决断，他偷偷地在楚国先王的祭庙里面埋了一块美玉，然后让5位公子先后进入祭庙。楚康王首先跨过埋藏美玉的地方向前走去。楚共王用手臂暗示埋藏美玉的地方，但公子比、公子皙进入祭庙后都远远地离开埋玉的地方。当时楚平王年纪还小，由人抱着进入祭庙。他给共王行礼的时候就压在美玉上面。后来，楚康王因为年纪最大继承王位，但是王位传到他的儿子手里时就失去了；公子围做了楚灵王，结果很糟糕；公子比只做了十几天的国君，公子皙没能即位，但都遭到杀害。他们的后代都断绝了，只有公子弃疾最后做了楚平王，继续了楚国的祭祀，这些事情和神灵的预示完全吻合。

当年，公子比从晋国回来准备即位的时候，韩宣子曾经询问叔向说："您看公子比能成功吗？"叔向肯定地说："不能成功。"宣子说："楚国百姓和公子比都非常厌恶楚灵王，强烈要求拥立新的国君，这就像是商人合伙做生意一样，怎么会不成功呢？"叔向回答说："可是又有谁和公子比相好，又有谁能够帮他对付仇敌，患难与共呢？夺取王位有五大困难：'一是具有高贵的地位却得不到贤能的人辅佐；二是有贤能人才辅佐，但缺乏强大的支持；三是有强大的支持力量，却没有长远的谋划；四是具有长远的谋划，却缺乏百姓的拥护；五是拥有百姓的拥护，而自己却缺乏德行。'公子比在晋国住了13年，从来没听说晋国和楚国跟随他的人里面有学识渊博的，所以说他没有贤才了；楚国王室家族成员，要么死了，要么背叛了，所以说没有支持他的力量；还没等到合适的机会却又轻举妄动，所以说他没有长远的谋划；他一直生活在国外，所以说他没有人民的拥护；楚国百姓一点也不爱戴他，所以说他没有德行。虽然楚灵王昏庸残暴，是自取灭亡，但公子比即位要面对的五大难题一个都没有解决，竟然还想做国君，谁能帮助他啊！据我看来应该是公子弃疾得到楚国。公子弃疾统治下的陈地、蔡地和平安定。他决不因为个人的欲望去违背百姓的意愿，百姓都很爱戴他。而且每当楚国芈氏发生内乱时，历来都是年纪最小的继位。况且公子比的官职只不过是个右尹，从地位上说也不过是先王的庶子。再加上百姓不拥护他，他凭什么即位呢？”宣子继续询问说：“齐桓公、晋文公和公子比不也是很类似吗？为什么他们就能即位呢？”叔向回答说：“齐桓公是卫姬的儿子，被釐公所宠爱；有鲍叔牙、宾须无、隰朋这样的贤臣的辅佐；有莒国、卫国作为外来的援助；有高氏、国氏在国内接应；他愿意接受正确意见，一如既往地爱护关怀百姓，所以他能成为国君。晋文公是狐季姬的儿子，得到晋献公的宠爱；他勤奋好学，17岁时就结交5位贤才，作为他的左膀右臂；还有齐国、宋国、秦国、楚国作为外援力量；又有栾氏、郤氏、狐氏、先氏在国内接应；他凡事都从百姓的利益出发，当惠公、怀公丧失民心时，百姓都开始拥护文公，所以文公应该享有君位。而公子比外面没有强国的帮助，里面没有百姓的拥护。他离开晋国的时候，晋国百姓不去护送他；返回楚国的时候，楚国百姓也不来迎接他。他怎么可能享有君位呢！”果然，公子比即位不久就被迫自杀，叔向的预言得到证实。

费无忌乱楚

楚平王二年（公元前527年），平王派遣大夫费无忌到秦国为楚国太子建迎娶秦国女子作为妻子。这个秦国女子非常美丽，费无忌为了讨好平王，抢先赶回楚国都城，建议平王说：“秦国女子有倾国倾城的美貌，您最好自己娶他为夫人，再给太子建另外娶妻吧。”平王贪图秦国女子的美貌。自己娶了秦女，生下了儿子熊珍，又给太子建娶了另外一位女子。当时伍奢做太子的太傅，费无忌做少傅。太子建讨厌费无忌的奸佞。费无忌得不到太子建的信任，对他记恨在心，于是常常在平王面前诽谤他。太子建母亲也不被平王宠爱，因此，平王逐渐地疏远了太子建。

楚平王六年（公元前523年），平王派遣太子建到城父守卫边疆。费无忌仍然不忘时刻在平王面前中伤太子建，他说：“因为我把本应嫁给他的秦国女子推荐给您做了夫人，太子非常怨恨我，同时他肯定也很怨恨您。并且现在太子驻守在边疆，掌握着兵权，又和诸侯国家结交，很有可能随时带兵发动叛乱，您可要小心防备他啊！"平王听信了他的谗言。他怨恨太傅伍奢没有教导好太子，于是把伍奢叫过来责备了一顿。伍奢明白是费无忌在陷害太子，就劝告平王说："您不能因为一个小人的离间，就怀疑疏远自己亲生的儿子啊！"为了拔掉伍奢这个眼中钉，费无忌对平王说："您如果现在不制服伍奢，将来后悔可就来不及了。"于是，平王把伍奢囚禁起来，并派遣司马奋扬召太子建回国都，准备杀死太子。太子建得知消息后，逃亡到宋国。

为了斩草除根，费无忌再次建议平王说："伍奢有两个儿子都不在国都，他们知道父亲被杀，以后一定会报仇的。不杀死他们的话，恐怕会给楚国留下很大的祸患。我们现在可以假意赦免伍奢，让他把自己的儿子召回来。"平王听从了他的建议。派人通知伍奢说："如果你能把你的两个儿子召回国都的话，就可以不杀你，否则的话你就死定了。"伍奢很清楚平王准备杀死自己的全家，也了解两个儿子的性情，他回答说："我可以召他们回来，长子伍尚会回来，但次子伍子胥肯定不会回来。"平王询问原因。伍奢回答说："伍尚正直憨厚，仁爱孝顺，敢于为节义而牺牲，他听说回到国都能够免除父亲的死罪，即使牺牲自己也必定要回来。伍子胥机智聪颖，勇敢又有谋略，他知道回来肯定是死路一条，所以不会回来。以后楚国的忧患一定会出在他的身上啊。"

平王派遣使者通知伍尚和伍子胥说："你们如果回到国都，君主就赦免你们父亲的死罪。"兄弟两个回到房间商议对策，伍尚对伍子胥说："这是个阴谋，但是，有解救父亲的可能却不去做，这是不孝顺；如果父亲被杀害，儿子却不能想办法为父亲报仇雪恨，那是没智谋。根据自己的能力去成就大事才是明智的选择。我已经准备好回国都和父亲一起去死，为我们报仇的重担就由你来承担。你赶快逃走吧。"。伍子胥知道哥哥已经下定决心回去了。他拿着弓箭，出去对使者说："我父亲犯了罪，为什么叫我们回去呢？"说完，他拉弓搭箭，瞄准使者，使者吓得赶忙逃跑了。随后，伍子胥便逃亡去吴国。伍尚回到了楚国国都。伍奢听到伍子胥逃亡的消息后说："伍子胥逃跑了，楚国以后可要危险了。"楚平王下令杀死了伍奢和伍尚。

楚国太子建的母亲居住在居巢。对太子被迫逃亡一事，她心存怨恨，暗中请求吴国讨伐楚国。就在楚平王十年，吴国国君派遣公子光讨伐楚国，打败了楚国的盟国陈国、蔡国的军队，并把太子建的母亲带回了吴国。楚国人非常害怕，加强了都城郢的防守。从前，吴国和楚国的交界处的吴国卑梁和楚国钟离，有两个小孩子为了争夺桑树，引起了这两户人家的争斗。争斗过程中钟离人杀死了卑梁人。卑梁大夫非常气愤，派遣城里的守军攻打钟离。楚王听到后派遣楚国军队占领了卑梁。吴王不甘示弱，以太子建的母亲家在楚国为理由，派遣公子光率领军队攻打楚国，一鼓作气占领了钟离和居巢。楚国更加害怕吴国，再次加强了对郢都的防守。

楚平王十三年（公元前516年），平王去世。将军子常认为："太子熊珍年纪还小，况且他的母亲原本应该嫁给太子建，所以不适合立他为国君。"他准备拥立平王的弟弟令尹子西为楚王。令尹子西为人仁义慈善，他说："国家有固定的法则，如果随便改立其他人做君王的话，国家就要发生动乱，我害怕即位以后会招来杀身之祸。"楚国拥立太子熊珍即位，他就是楚昭王。

费无忌迫使太子建逃亡，还杀死了伍奢父子和郤宛，给楚国种下祸根。伍奢的儿子伍子胥和郤宛的同宗伯嚭都逃到吴国后，鼓动吴军多次侵伐楚国，给楚国百姓带来灾难。楚国百姓对费无忌恨之入骨。楚昭王元年（公元前515年），楚国令尹子常杀死了费无忌，百姓们都非常高兴。

倒霉的楚昭王

楚昭王五年（公元前511年），吴国出兵攻占了楚国的六邑和潜邑。楚昭王七年（公元前509年），楚国派遣子常率领军队讨伐吴国，结果在豫章被吴国军队挫败。

楚昭王十年（公元前506年）冬，吴王阖闾亲自率领大军，伍子胥和伯嚭担任将领，联合唐国、蔡国共同讨伐楚国。楚国派子常率领军队迎击吴军，两国军队隔着汉水摆下阵势。吴国军队打败子常率领的楚国军队，子常逃亡到了郑国，楚军四散逃走，吴军乘胜追击，一口气杀到楚国的国都郢都。楚昭王意识到郢都已经防守不住，急忙逃跑，吴国军队顺利占领郢都。伍子胥按捺不住心中的仇恨，挖开楚平王的坟墓，鞭打平王的尸体，发泄出心中的怨恨。

楚昭王逃到了云梦。云梦的百姓不知道他就是国君，用弓箭把他射伤。随后，昭王又逃亡到郧国。郧公的弟弟对郧公说："楚平王杀死了我们的父亲，今天他的儿子来到我们这里，应该杀死他，为父报仇。这样做是天经地义的。"郧公不同意，阻止了他，但又担心弟弟私下里杀死楚昭王，就陪着楚昭王逃到随国。吴王阖闾听说昭王在随国，马上发兵攻打，他告诉随国百姓说："从前被封到长江、汉水之间的周王室的子孙们，全都被楚国消灭了。你们为什么还包庇楚昭王呢？"随国国君迫于压力，打算把昭王献给吴军。楚昭王的随从子綦听到这个消息以后，就让楚昭王躲藏在非常隐蔽的地方，然后自己假扮成昭王，对随国人说："请你们把我送给吴王吧。"随国国君不知道该不该把昭王献给吴军，就决定占卜，请神灵做决断，得出的结果是把昭王送给吴军对随很不吉利。于是，随国国君向吴王推辞

镈钟铭文

"隹王五十又六祀，返自西阳，楚王酓章乍曾侯乙宗彝，奠之于西阳，其永时用享。"这段铭文记载的内容与其他甬钟不同，与乐律无关，讲述了楚昭王逃到随国，受到随国保护的故事，显示了随、楚两国不同寻常的亲密关系。

说："昭王已经逃跑了，现在不在随国。"吴王不相信他的话，打算派遣军队进入随国搜查昭王，随国国君没有同意，吴军也只好停止进攻，从随国撤军。

楚昭王逃离郢都的时候，曾派遣申包胥到秦国请求救援。秦国国君本来不想救援楚国。申包胥在朝廷上哭了七天七夜，秦哀公被他的爱国精神所感动，于是派了500辆战车来救助楚国，联合楚国残余的将士共同反击吴国。楚昭王十一年六月，在稷打败了吴军。这个时候，恰好吴王阖闾的弟弟夫概在国内发动叛乱，自立为王。所以吴王阖闾从楚国撤军，回国去平定内乱。昭王这才重新回到郢都。

楚昭王十二年（公元前504年），吴国再次攻打楚国，攻占了番邑，楚国上下都害怕重演被吴国占领的悲剧。为了躲避吴军，楚昭王把国都向北方迁移。楚昭王二十一年（公元前494年），吴国和越国交战，越王勾践射伤了阖闾，不久，阖闾去世，吴国和越国因此成了死对头。吴国把主要精力放在对付越国上，没有再征伐楚国。

楚昭王二十七年（公元前489年），吴国攻打楚国的盟国陈国，楚昭王率领楚军前往援救。在边疆的城父驻扎军队。十月，昭王在军队中生了病。这时候，天空出现了奇怪的现象，红色的云霞好像鸟一样，围绕着太阳飞翔。昭王觉得很奇怪，于是向周太史询问吉凶。太史回答他说："天象预示的是国君您将要有大的灾祸，但是可以把灾祸转移到大臣身上去。"大臣们听到后，纷纷请求太史向神祷告，自己愿意代替昭王承担灾祸。昭王却说："大臣们相当于我的手和脚，现在我把灾祸转移到自己的手和脚上去，难道就能治好我的病吗？"他没有让大臣们替代自己。太史又占卜，寻找楚昭王生病的原因，结果表明是黄河的河神在作怪。臣子们请求昭王祭祀黄河河神。昭王回答说："自从我们的先王受封到楚地以来，只祭祀长江和汉水，我们从来没有得罪过黄河河神，为什么要祭祀他呢？"楚昭王的病越来越重，他把各位公子和大夫召来说："我没有才干，致使楚国接连受到侮辱，现在我竟然能够平静地死去。我已经感到非常幸运了。"随后，他让长弟公子申做楚王，公子申没有答应。再推让二弟公子结，公子结也不答应。于是又推让三弟公子闾，公子闾连续推辞了五次，最后才答应做楚王。不久，楚昭王在军队里去世。公子闾对大家说："昭王病情沉重的时候，不考虑自己的儿子，却推让兄弟们继承王位，我当时之所以答应他，目的是宽慰他，现在昭王去世，我怎么能继承王位呢？"他和公子西、公子綦商议，拥立昭王的儿子公子章即位，也就是楚惠王。然后停止进军，把楚昭王的尸体运回国内安葬。

怀王蒙羞

楚怀王二十四年（公元前305年），秦昭王即位，他准备采取贿赂楚王的方法和楚国结盟。秦昭王拿出许多财宝贿赂楚怀王，还送给他一个美丽的女子。楚怀王贪图财色，在怀王二十五年（公元前304年），亲自到秦国和秦昭王订立盟约。秦王把侵占的楚国上庸归还给了楚国。怀王二十六年（公元前303年），齐国、韩国、魏国对于楚国违背合纵亲善的盟约而和共同的敌人秦国联合，感到非常不满，于是三个国家联合讨伐楚国。楚国为了得到秦国的援助，把太子送到秦国做人质。随后秦国派遣客卿通率领军队救助楚国，齐国、韩国、魏国的联军这才撤退。

在秦国作人质的楚国太子和秦国一位大夫私下里争斗。楚国太子杀死了秦国大夫，逃回楚国，秦于是有了讨伐楚国的理由。楚怀王二十八年（公元前301年），秦国联合齐国、韩国、魏国共同攻打楚国，杀死了楚国的大将唐眜，占领了楚国的重丘才撤兵而去。楚怀王二十九年（公元前300年），秦国再次攻打楚国，楚国军队大败，楚国将军景缺战死，两万楚兵被杀。怀王非常害怕，派太子到齐国做人质，取得了与齐国的和解。楚怀王三十年（公元前299年），秦国又出兵攻打楚国，占领了楚国的8座城池。秦昭王给楚怀王写了一封书信，信上说："当初我和您结拜为弟兄，订立了盟约，您让太子到我国做人质，我们的关系一直非常融洽。然而楚国太子杀死了我的重臣，没有道歉就逃回了楚国，我确实愤怒到了极点，所以才派兵侵占楚国的土地。可是现在您把太子送到齐国做人质寻求讲和。秦国和楚国是邻国，又有婚姻关系，友好相处很长时间了。如果秦国和楚国关系搞不好的话，就没有能力号令诸侯了。现在我希望和您在武关相会，再次立下盟约，并且以后要始终遵守盟约，这就是我的愿望。"楚怀王读过信后非常为难：去赴会，又害怕受骗；不去赴会，又害怕秦王发怒。大臣昭雎说："君王您不能去赴会，那样很危险，应该派遣军队加强边境的防守。秦国有吞并诸侯的野心，不能轻易相信他。"怀王的儿子子兰却极力主张怀王前去赴会，他说："我们不能断绝和秦国的友好关系，您如果不去，秦国会不满意的。"怀王最后还是决定赴会。他进入武关后，就被秦国拘禁起来，劫持到了秦国都城咸阳。秦昭王在章台会见楚怀王时，不采用诸侯间应当使用的平等礼节，而是把怀王当做附属国的臣子一样对待。受到侮辱的楚怀王非常愤怒，后悔没有听从昭雎的劝告。秦昭王利用怀王，要挟楚国割让巫和黔中的土地给秦国。怀王打算先和秦国订立盟约，然后再割地，秦昭王却想先得到土地。楚怀王愤怒地说："秦国欺骗了我，还要挟我割让土地，我是不会答应的。"秦昭王因此把楚怀王扣留下来。

楚怀王被扣留在秦国之后，楚国大臣商议对策，有人担心地说："国君被扣留在秦国不能回来，秦昭王又要挟我国割地，太子又在齐国做人质，假如齐国、秦国联合对付我们，楚国就很危险了。还是拥立国君在国内的儿子即位吧。"昭雎表示反对，他说："君王和太子都被困在诸侯国，而我们现在却要违背君王的意愿拥立他的小儿子。这是不合适的。还是把太子从齐国接回来即位是上策。"于是，楚国派使者到齐国谎称怀王去世，请求太子回国。齐湣王征求国相的意见说："不如把太子扣留下来，用他来换取楚国的淮北地区。"国相说："这样不行，楚国如果另立他人为楚王，我们就白白扣留了一个没用的人质，而且在诸侯国中还留下一个不仁义的名声。"也有的臣子建议齐国继续扣留楚国太子。但齐湣王最终还是采纳国相的建议，把太子送回楚国。于是，楚国人拥立太子横即位，他就是楚顷襄王。随后，楚国通知秦国说："依靠神灵的保佑，楚国又有君王了。"表示不顺从秦国的要挟。秦昭王听到后非常生气，派军攻打楚国，把楚军打得大败，杀死了5万楚国士兵，攻占了15座楚国城池，才满意而回。楚顷襄王二年（公元前297年），楚怀王从秦国逃跑，秦国发觉以后，马上封锁了通往楚国的道路。楚怀王无奈，就走小路到赵国借路回楚国。赵国国君胆子小，不敢收容怀王。楚怀王又向魏国逃跑，这时，秦兵追上了他，又把他带回秦国。不久怀王一病不起。楚顷襄王三年（公元前296年），楚怀王在秦国去世，灵柩被送回楚国。楚国百姓都哀怜他，像父母兄弟死去一样悲伤。楚国和秦国断交。

奇妙的比喻

楚顷襄王即位以后，秦国写给他一封书信，上面说："楚国背叛了秦国，秦国非常愤怒，决定要率领诸侯的联军讨伐楚国。希望您有所准备，重整军队，让我们痛痛快快地打一场。"顷襄王知道楚国打不过强大的秦国，所以打算和秦国讲和。顷襄王七年（公元前292年），楚王迎娶了秦国女子，两国又订立了盟约。楚顷襄王十四年（公元前285年），顷襄王和秦昭王在宛地聚会，结成了友好的关系。十五年，楚国和秦国、韩国、赵国、魏国共同攻打齐国，夺取了齐国的淮北地区。

楚国有一位奇人，能用很小很细的弓箭射中天上大雁。楚顷襄王听说后，出于好奇召见了他，并向他询问射箭的经验。他回答说："我只是用小弓、小箭射一些小雁、小鸟而已，不值得向大王讲述。况且凭着楚国广阔的土地和大王您的贤明，所要射取的东西要比我大得多。过去三王射取到的是道德的尊贵美名，五霸射取到的是当时的诸侯国。现在对您来说，秦国、魏国、燕国、赵国是小雁；齐国、鲁国、韩国、卫国是小野鸭；邹国、费国、郯国、邳国是小鸟。剩下的国家就不值得去射了。您为什么不用圣人之道作弓，用勇士作箭，看准时机射取他们呢？那样的话您就可以把他们装在口袋里满载而归了，这种乐趣绝对不是一时的快乐，获取的也绝不是野鸭和小雁之类的猎物。

"您可以早上射魏国都城大梁南部，射伤它的右臂，这样就直接牵动到韩国，那么中原地区的通路就断绝了，上蔡也就不攻自破了。转过身来再射击魏的东面，砍断了魏国的左臂，再向外射击定陶，那么魏国东部就可以获得了。况且魏国被砍断了左膀右臂，就站立不稳了。您再从正面攻击郯国，就能攻占大梁。这就是您第一次射箭，所能取得的快乐。

"如果您对射箭确实非常爱好的话，那就抛弃小弓小箭，使用有力的弓和石头制成的箭，去东海射击尖嘴的大鸟，早晨射击东莒，晚上射击泪丘，夜里攻占即墨，转身夺取午道，这样的话，就占有了长城以东和泰山以北的地区。西边和赵国接壤，北边直通燕国，楚国、赵国和燕国就像鸟张开的翅膀，不用订立盟约就联合起来了。这时候，您就可以向北游赏燕国的辽东，向南遥望越国的会稽，这就是第二次射箭取得的乐趣。

"至于泗水流域的12个诸侯国家，就不值得您顾虑了。您一个早上就可以射取他们。现在秦国打败了韩国，但不能长期驻守攻占得来得韩国城池；讨伐魏国也没有取得实际的成效；攻打赵国时还吃了亏，这导致秦国和魏国的实力大大消耗了。您可以趁这个机会拿出宝弓，射出利箭，收回楚国被夺取的汉中、析、郦等城池。等到秦国疲倦的时候，您还可以夺取崤山以东及河内地区。然后，您就准备安抚百姓，面向南方称王吧！

"而现在的情况是：秦国是一只大鸟，背靠着大陆，面朝着东方，左臂控制赵国的西南，右臂控制楚国的鄢郢，正面对着韩国、魏国，占据了地理上的优势。如果它一旦飞翔，就会纵横三千里，可不是您轻易能够射死的。"

顷襄王听完他的精彩比喻之后深有感触，于是放弃了和秦国结盟的想法，派遣使者出使诸侯国，重新订立盟约，以便联合对付秦国。

昭子理屈

楚顷襄王非常清楚仅仅凭借自己的力量是无法抵挡秦国的。他准备和齐国、韩国联合起来，共同讨伐秦国，同时他还想利用这个机会，谋取周朝王室。周王室得到这个消息以后，马上采取了对策，周赧王派遣大臣武公去往楚国劝说楚国的国相昭子。

武公对昭子说："楚国准备联合齐国、韩国通过武力的方式夺取周王室的土地，还想把周朝的宝物运送回自己的国家，我认为这种做法是不可取的。周天子是全天下的诸侯国家共同尊奉的君王，如果你杀了他，或者是让世代相传的君王作为你的臣民的话，大的诸侯国家一定不会再去和你亲近。如果你凭借国力强大，军事力量雄厚来威胁现在已经力量微弱的周王室的话，小的诸侯国家一定不会对你归附顺从。大国不亲近你，小国不顺从归附你，那么，你既不能在诸侯国家之中获得威望，也不会获得实际的利益。如果威望和利益都不能够获得的话，你就不应该再去动用武力了，这样只会使百姓受到伤害。如果你承担了图谋夺取周王室的名声的话，你就没有资格再向诸侯国家发布号令了。"

昭子回答他说："楚国图谋夺取周王室的消息只是谣传而已，您不要担心了。但是我还要问一句，即使像您所说的那样，周王室难道就不能图谋夺取了吗？"武公回答他说："在军事上，如果你不拥有超过敌人五倍的兵力的话，就不适合对他发动攻击。如果你不拥有超过敌人10倍的兵力的话，你就不适合通过围攻的方式企图占领敌人的城池。你应该知道一个周朝就相当于20个晋国。韩国过去曾经动用过20万的兵力围攻过晋国的城池，但是最后还是以失败告终，韩国精锐的将士战死，普通的士兵受伤，晋国城池也没能被攻占。现在您没有拥有超出当时的韩国100倍的兵力却还想图谋夺取周朝，怎么可能成功呢？况且你和周王室结下了怨仇，就会伤害到有礼仪之邦的称号的邹国和鲁国百姓的感情，他们就会和齐国绝交。这样的话，你们就要承担罪恶的名声了，所以你们这样做是很危险的。而且实际上归属周王室掌管的土地也不过只有几百里，即使你得到了这些土地，你的国家也不会因此而富强起来。即使你全部占有周王室的百姓，你的军队也不会因此而强大起来。道理已经很清楚了，可是那些好大喜功的君主和喜好战争的臣子们，每次动用武力的时候，都把夺取周王室作为目标。这又是为什么呢？因为他们想得到周王室祭祀先王的器具。所以他们丧失了理智，不害怕承担杀害君王的罪名。现在，韩国想要把周朝祭祀的宝器夺去，献给楚国，我非常担心天下的百姓会因此而仇恨楚国。我还是给你打个比方吧。老虎的肉有腥臊的味道，它还有锋利的爪牙用来防身，但是人们还是会竭尽全力去逮捕它。这是因为老虎的皮很珍贵，人们想要得到它。假如让生活在草丛中的麋鹿披上老虎的皮的话，人们就不会冒着危险去捕捉老虎，而去直接捕捉弱小的麋鹿了。同样道理，假如你占有了周朝祭祀的宝器，别的诸侯国家一定会想：'如果占有楚国的土地，完全可以使自己的国家强大；攻打拥有杀害君主的罪名的楚国，完全可以增加自己国家正义的名声。'于是他们就会借着这个机会讨伐楚国了。《周书》上说得好：'如果想在政治上有所作为的话，就不要率先领导叛乱。'楚国如果真的攻取周王室的话，各个诸侯国的军队一定会源源不断地来讨伐你了。"昭子被武公说得哑口无言，同时他也认为武公的话很有道理，于是劝顷襄王放弃了夺取周王室的计划。

越王勾践世家·第十

勾践入吴

越王允常在位的时候，就和邻国吴国国君阖闾多次发生冲突，两国结下很深的怨仇，相互之间经常发生战争。越王允常去世以后，他的儿子勾践继承了王位。越国和吴国间的怨仇还是没有得到缓解。

就在越王勾践元年（公元前496年），吴王阖闾听到越王允常去世的消息后，认为越国忙着办理丧事，新君又刚刚即位，国内不稳定，是攻打它的良好机会，亲自率领吴国军队攻击越国。当时越国的兵力不如吴国强大，为了打败吴军，越王勾践选拔出一批不怕牺牲的勇士，派遣他们向吴军挑战。勇士们冲到了吴国军队的阵地前面，一边大声呐喊，一边拔出武器砍向自己的脖子自杀而死，越军这样做，连续3次。吴国将士从来没有见过这阵势，都非常惊讶地注目凝视，看得心惊肉跳。就在这个时候，早就准备好的越国军队突然发动了袭击。没有防备的吴军被杀得大败，吴王阖闾也在战斗中被射伤脚趾。阖闾回到吴国之后，因为箭伤发作，不久就去世了。在临死前，他告诫儿子夫差说："你一定不能忽视越国，要灭掉它为我报仇。"夫差含泪答应了父亲。夫差继承了吴国的王位。

越王勾践三年（公元前494年），勾践听说吴王夫差夜以继日地操练军队，准备攻打越国，就想先发制人，抢在吴国发兵之前先去攻打他。大臣范蠡进谏说："您不能先去攻打吴国。据我所知，兵器属于凶器，发动战争是违背道德的行为，与人争夺是处事最下等的做法。暗中谋划违背道德的事情，喜欢使用凶器，亲自参与最下等的事，一定会遭到上天的惩罚，您这样做是绝对没有好处的。"越王勾践固执地坚持己见，终于还是发兵攻打吴国。吴王夫差派出吴国全部精锐部队迎击越军，在夫椒把越军杀得大败。越王带领了5000名残兵败将退守会稽。吴王夫差乘胜追击，把会稽包围起来。

被围困的越王勾践悔恨地对范蠡说："我不听您的劝告，以致落到这个地步，现在我该怎么办呢？"范蠡冷静地回答说："现在，只有忍辱负重，等待时机。大王应该派人给吴王送去丰厚的礼物，请求讲和。如果他还不答应的话，您就只有把自身作为抵押，亲自去侍奉吴王。"这次，勾践听从了范蠡的建议，派遣大夫文种去向吴王求和。文种跪在地上，一边用膝盖向前走，一边给吴王磕头说："君王，您的亡国臣民勾践托我请求您允许他做您的奴仆，允许他的妻子做您的侍妾。"吴王心中不忍，准备答应文种。伍子胥对吴王说："上天把越国赏赐给了吴国，现在是吞并越国的最好的时机，千万不要答应他的请求。"文种回到越国后，将详情告诉了勾践。勾践觉得走投无路，准备杀死自己的妻子和儿女，然后烧掉财物，亲自上战场和吴军决一死战。文种赶忙阻止他说："吴国的太宰伯嚭非常贪婪，我们可以用丰厚的财物去贿赂他，请求他劝说吴王答应我们。我可以暗中去吴国贿赂他。"勾践派文种送给伯嚭珠宝玉器和美女。伯嚭同意为越国通融，他带文种去见吴王夫差。文种给夫差下跪磕头说："如果大王您能够饶恕勾践的罪过，越国就会把世代相传的宝物全部送给您。假如您不能饶恕的话，勾践只有杀死妻子和儿女，烧毁全部宝物，率领他的5000名将士和您决一死战了。如果这样的话，您也要付出相当大的代价的。"伯嚭也趁机劝说吴王夫差说："越王已经甘心情愿地做了您的臣子，您如果答应了他，对吴国是非常有利的。"吴王听罢，又准备答应文种的要求。伍子胥强烈反对，他说："如果现在您不灭亡越国的话，以后您连后悔都来不及了。越王勾践是贤君，文种、范蠡都是良臣，如果让勾践返回越国，以后一定会成为吴国的心腹大患。"然而，吴王夫差不听从伍子胥的良言相劝，终于还是赦免越王，放他回了越国。

勾践被困在会稽时，曾经叹息着说："难道我就要在这里结束我的生命了吗？"文种劝慰他说："当初商汤被囚禁在夏台，周文王被围困在羑里，晋国的重耳逃亡到翟族，齐国的小白逃到莒国，最终他们要么成为天下共主，要么成为诸侯霸主，都成就了伟大的事业。从这点来看，我们现在面临的祸患很有可能会转变成未来的好运！"而后来的结局最终证实了他的话。

卧薪尝胆

自从吴王夫差饶恕了越王勾践，放他回到越国以后，勾践始终不忘自己在吴国蒙受的耻辱。他在座位旁边悬挂了一颗苦胆，无论是坐着的时候还是躺着的时候都能够看到它，借此来时刻提醒自己。每次饮食之前，他都要先品尝一下胆汁，胆汁的苦味就会使他想起自己在会稽所受的侮辱。他还亲自耕种庄稼，他的夫人亲手纺织布匹。饮食上他也非常俭朴，从来不吃荤菜。在着装上他也十分朴素，不穿华丽的衣服。他对待贤能的人彬彬有礼，招待宾客热情诚恳，热心救济贫穷的百姓，真心哀悼去世的老人，安慰他们的亲属，和百姓们同甘共苦。越王准备任命范蠡管理国家政务，范蠡推辞了，他说："如果用兵打仗的话，文种不如我。如果治理国家，安抚百姓的话，我不如文种。"勾践任命文种管理国家政务。为了使吴国相信越国真的甘愿臣服于他，勾践让范蠡和大夫柘稽到吴国作了人质，直到两年以后，吴国才允许范蠡回到越国。

越王勾践从会稽回到越国已经7年了，这段时间里他一直都在安抚越国的百姓和士兵。同时也不忘自己在会稽受到的耻辱，准备寻找机会向吴国报仇。越国大夫逢同了解勾践的心思，便向他进谏说："越国刚刚经历过灾难，现在国家才开始富裕起来，假如我们马上开始整顿军事装备的话，吴国知道后一定会担心我们攻打他们。这样的话，他们一定会先对我们下手，以我们现在的实力还不能战胜吴国。假如真的打起仗来的话，越国的灾难又要来临了。您看凶猛的大鸟袭击目标之前，一定

勾践卧薪尝胆图

会先把自己隐藏起来，乘目标不注意的时候突然制服它。现在，吴国的军队驻扎在齐国、晋国的边境上，吴与楚国、越国结下很深的仇恨。吴国虽然在诸侯国家中拥有显赫的名声，但实际上已经危害到了周王室。吴王虽然建立了很大的功业，但是却缺乏道德，所以他一定会骄傲、狂妄、蛮横起来。现在，从越国的利益出发，您可以和齐国结交，和楚国亲近，归附于晋国，对吴国在表面上也要表现得非常亲近。吴国极为贪婪，以后肯定会主动攻击别的国家。这样的话我们就可以借助这3个国家的势力消耗吴国，趁着吴国疲惫的时候就可以一举打败它了。"勾践觉得他的话非常有道理，毫不犹豫地接受了。

两年后，吴王夫差准备讨伐齐国，伍子胥阻止他说："您不能讨伐齐国，齐国对于吴国的危害，只相当于身上一块癣而已，而越国却是我们的心腹之患，您应该先讨伐越国。"吴王不听。吴军攻打齐国，获得了胜利。伍子胥又提醒正在得意的夫差说："您不要高兴得太早，大祸在后面呢！"吴王非常生气。文种为了探测吴王对越国的态度，建议勾践向吴国借粮食。伍子胥坚决反对吴王借粮给越国，但吴王还是没听。伍子胥愤怒地说："吴王如果一直不听从我的劝诫的话，再过3年吴国就会成为一片废墟！"和伍子胥一直不合的太宰伯嚭到这些话后，觉得这是在吴王面前诋毁他的好机会，他对吴王说："伍子胥虽然表面忠厚，实际上内心极度残忍，他连自己的父亲和哥哥的生命都不顾惜，怎么可能顾惜您呢？他已经有怨恨您的情绪了，如果不严加防备，他一定会策划叛乱的！"吴王起初并不相信伯嚭的谗言。然而伍子胥预感到吴国不久后将有大的灾祸，在一次出使齐国时，他把儿子委托给了齐国的鲍氏。吴王听说后，认为伍子胥真的有谋反的打算。于是在伍子胥从齐国回来后，吴王就派人送给伍子胥一把叫做"属镂"的剑让他自杀。伍子胥大笑着说："夫差啊夫差！我辅佐你父亲雄霸天下，又拥立你做国君，当初你还想和我平分吴国，我都不接受，谁知道没过多久你就听信谗言要杀死我。可惜啊！可惜！你一个人绝对没有能力支撑起吴国！"说完后，他又告诉使者说："我死后，一定要挖出我的眼睛挂在吴国都城的东门上，我要亲眼看着越国的军队攻进吴国都城。"说完后拔剑自杀而死。

3年之后，勾践询问范蠡说："吴王杀死了伍子胥，吴国缺乏忠臣，小人当道，现在我们可以攻打他吗？"范蠡认为时机还不

越国灭吴国示意图

成熟。直到第二年春天，吴王带领吴国的精锐部队到北部去会合诸侯，只留下老弱残兵和太子驻守都城，这时范蠡提醒勾践攻打吴国的时机到了。越国派遣精锐的部队全力进攻吴国。吴军大败，吴国的太子被杀。这时候吴王正在黄池与诸侯会盟，他担心诸侯国家知道自己惨败的消息，严防泄密，私下却派使者带上丰厚的礼物向越国求和。越王意识到此时自己还没有能力灭掉吴国，便和吴国讲和。

以后4年中，越国不断地攻打吴国。吴国的精锐部队都在和齐国、晋国的战争中消耗殆尽，因此吴军大败。越军包围吴国都城达3年之久，后来把吴王围困在姑苏山上。吴王派遣大臣公孙雄裸露上身，跪在地上用膝盖向前爬行，请求与越王讲和。勾践准备答应吴王的要求，范蠡说："当初您被困在会稽，是上天把越国赏赐给吴国，但吴国不要。现在是上天把吴国赏赐给了越国，越国难道还要违背上天的旨意吗？再说君王你谋划讨伐吴国已经整整22年了，到了最后的时刻怎么可以放弃呢？那样做是要被上天惩罚的。您难道忘了您在会稽受到的耻辱了吗？"勾践回答说："我很想像您说的那样做，但我怜悯吴国的使者。"范蠡见状，便让士兵击鼓进军，下达命令说："越王已经把权力交付给我了，吴国使者赶快离开吧，不然就要对你不客气了。"公孙雄大哭着离开了。走投无路的吴王夫差只好自杀而死，临死前他用衣袖遮住自己的脸说："我实在是没有脸面去见伍子胥啊！"吴国就这样灭亡了。

无疆败国

勾践去世以后，越国又历经五代君王，后王位传到了无疆手中。无疆好大喜功，特别想做诸侯的霸主。当时强大的诸侯国家有越国北面的齐国和西面的楚国。在楚威王的时候，越国准备发兵攻打齐国。齐威王派遣使者劝告越王无疆说："现在楚国是强国，越国如果不去攻打楚国的话，从大处来讲不能称王，从小处来讲不能称霸。我推测您不去攻打楚国的原因，是因为没得到韩国和魏国的支持。可是，韩国和魏国是永远不会帮您攻打楚国的。韩国与楚国开战，不仅军队会遭到失败，而且叶、阳翟也难以保住；魏国如攻打楚国也必将战败，魏国的陈和上蔡也会受到楚国的攻击。韩国和魏国追随越国，是因为他们想靠越国来牵制楚国，这样他们才有安全感。他们是不会攻打楚国的，可您为什么还要指望得到韩国和魏国的支持呢！"

越王无疆回答说："我并没有指望韩国和魏国出兵攻打楚国。我对他们的要求只不过是希望他们能够坚守自己的国土，这样就可以对楚国有所牵制。楚国也就不会轻易地攻打越国了。越国和韩国、魏国搞好关系，也是为了不让他们被齐国和秦国利用。这样的话，韩国、魏国不需要作战就能扩大自己的国土，不需要耕种就能得到收获。可是现在，韩国和魏国不但不像我说的那样做，反而还在黄河和华山之间的地方相互攻打，被齐国和秦国所利用。我有所期待的韩国和魏国竟然这样不长进。我怎么可能依靠他们的帮助来称王呢！"

齐国使者感慨地说："越国没有灭亡实在是太侥幸了！我并不看重人们使用的智谋，因为智谋就像眼睛一样，眼睛可以看清楚细小的毫毛，却看不到自己眼里的睫毛。现在君王您已经看到韩国和魏国失误的地方，但是却不知道自己犯下的过错，这就如同刚才我所比喻的那样。君王您期望韩国和魏国所做的，并不是要他们率领军队出征，也不是要和韩国、魏国的军队联合，只是想让他们分散楚军的兵力。而现在楚军的兵力已分散了，韩国和魏国对您还有什么用处呢？"

越王无疆要齐国使者具体讲一下他的话的含义。齐国使者说："楚国的3个大夫已经分别率领所有的军队，向北包围了曲沃、於中。从那里到无假关，楚军的战线长达三千七百里，楚国兵力分散的程度简直令人难以想象。况且君王您希望的是晋国和楚国相互战争。晋国和楚国不争斗的话，越国还不出兵。这就相当于只知道有10，却不知道5加5等于10了。您如果不趁着现在这个机会攻打楚国。从大处来讲您就没有称王的机会了，从小处来讲您也没有称霸的机会了。并且雠、庞、长沙都是楚国盛产粮食的地区，竟泽陵是楚国盛产木材的地区。越国如果出兵占领无假关的话，这四个地方就可能归您所有了，楚国都城就可能缺乏供应。我听说过，做好了称王的准备但没能够称王的话，还是可以退一步称霸的。但是连称霸都不能的，也就远离了王道。所以我希望您能够转过头去攻打楚国。"

越王无疆认为齐国使者的话很有道理，于是就撤回了攻打齐国的军队，转过头去攻打楚国。楚威王亲自率领军队迎战，结果越国军队大败，越王无疆也被杀死了。楚国攻占了越国的全部领土。从此，越国开始分裂，越王室的子弟们互相争夺权位，有的称王，有的称君，他们零零散散地居住在东南沿海地区，全都臣服于楚国。

陶朱公范蠡

范蠡辅佐越王勾践灭亡了吴国，他意识到盛名高位很难长久保持，而且他也看透了勾践的为人，只能共患难，很难共享乐，于是写信向勾践辞行："我听说君王有忧愁，臣子就应该为他分忧，君主受到耻辱，臣子就应该去死。从前您在会稽蒙受耻辱，我之所以没有死，是为了帮助您报仇雪恨。现在您的仇恨已经洗雪了。我该向您辞行了。"范蠡悄悄地收拾好财物，带着他的随从，乘船从海上离开越国，再也没有回来。勾践为表彰范蠡的功绩把会稽山作为他的封邑。

范蠡乘船来到齐国，更改了自己的姓名，自称为"鸱夷子皮"，他和儿子共同治理产业。没过不久，财产就积累到了几十万。齐国国君听说他很贤能，请求他做齐国国相。范蠡叹息着说："住在家里就能积累到千金的财产，做官就能达到国相那样高的地位，这是平民百姓能够达到的极点啊，长期享受荣华富贵是不吉利的。"他把自己的家产分发给了朋友和邻居，自己携带着贵重的财宝来到陶地居住。他看准这里地理位置好，交通便利，非常适合做生意。他在这里从事贸易经营，没过多久，就积累了上亿的财产。因为居住在陶地，所以范

蠡自称为陶朱公。当时天下的人都
知道有一位善于经营、极度富有
的陶朱公。

　　陶朱公来到陶地后又生了一个
小儿子。小儿子成人的时候，陶朱公
的二儿子在楚国杀了人，被关在牢里。
陶朱公说："杀人偿命是很简单的道理，
但是，我家有千金，不应该让儿子在闹市
中被砍头啊。"他打算派小儿
子到楚国打点关系营救二儿
子，并为他准备了一千镒黄金
用来贿赂。这时他的长子主动要
求去楚国营救弟弟，陶朱公只好同
意他去，写了一封信，要长子交给
以前的好友庄生，并对长子说："到
楚国后，一定要送给他一千镒黄金，一切
都要听从他，千万不能和他发生争执。"
长子答应了，并且还多带了几百镒黄金
以防万一。到楚国后，他先来到庄生的家
中，发现他的住宅非常简陋，不像有势力
的人。但他还是把信和金子交给了庄生。
庄生接受后说："你赶快离开这吧！等你
弟弟释放以后，也不要打听释放他的原
因。"陶朱公的长子离开庄生的住处
后不放心弟弟的安全，私自留在楚
国，并且用自己携带的黄金贿赂楚
国有势力的官员。

西施像
传说范蠡离开越国后，
携美女西施归隐，两
人曾泛舟无锡的五里
湖，快乐逍遥似神仙。

庄生廉洁正直，在楚国受到人们的广泛尊敬。其实他并没想收下陶朱公献上的黄金，只是想事成之后再归还给陶朱公，来表示自己的信用。他留下黄金后，叮嘱妻子说："这是陶朱公的钱财，以后还要全部归还给他，不过哪一天归还就说不好了，这就像不知道自己哪一天会生病一样。你千万不能动用这些金子。"庄生入宫拜见楚王说："某个星宿移动到了某个位置，这预示着楚国要有祸乱发生。"楚王一直对庄生非常信任，赶忙问道："那我现在应该怎么办呢？"庄生回答说："只有施行恩德才能免除灾害。"楚王听取了他的建议，派遣使者把国库封起来。受到陶朱公长子贿赂的楚国大臣知道消息后赶忙告诉他说："楚王把国库封起来了，说明他将要实行大赦了，你弟弟有救了！"陶朱公的长子惊喜之余又想，一千镒黄金白白送给庄生了，很不甘心。于是又来到庄生家里，对庄生说："现在楚国正准备大赦，我弟弟自然可以得到释放，所以我来向您告辞。"庄生明白他想要回黄金，就把黄金归还给他。陶朱公的长子非常高兴。

　　庄生为自己被小辈欺骗而感到羞耻，再次进宫拜见楚王说："您想通过大赦的方式驱除楚国的灾难，然而，我听到流言说陶朱公的儿子杀人后被我国囚禁，他家里人贿赂了君主您身边的人，所以君王这次大赦不是施恩给百姓，而是为了释放陶朱公的儿子。"楚王听说后生气地说："我虽然没有大的德行，但也不会为了一个富人的儿子进行大赦！"下令先杀死了陶朱公的二儿子，第二天再下达大赦的命令。陶朱公的长子携带着弟弟的尸体回家了。

　　他回到家后，母亲和乡邻们都非常悲痛，只有陶朱公苦笑着说："我早就知道长子一定救不了弟弟！这不是说他不爱弟弟。他年幼时和我一起奋斗，经受过各种辛苦，所以把钱财看得非常重，不会轻易花钱。而小儿子一出生就享受富贵，所以把钱财看得非常轻，舍得花钱，所以我才想让小儿子去救他哥哥。这样的结局早就在我意料之中了。"

赵世家·第十一

赵氏孤儿

晋灵公在位的时候荒淫无道，奢侈残暴，屡次想杀掉忠臣赵盾。赵盾被迫逃到外地。后来他的弟弟赵穿杀死灵公，拥立成公即位，赵盾重新回到朝廷执掌大权。到了晋景公的时候，赵盾去世。他的儿子赵朔继承了他的爵位，和他共事的大夫屠岸贾是晋灵公的宠臣。晋景公三年（公元前597年），屠岸贾当上了司寇，开始报复当年杀死晋灵公的人，赵朔自然是他第一个想杀掉的。他和众位大臣商议这件事情，大臣韩厥反对屠岸贾杀害赵朔，他认为灵公被杀的时候，赵盾还在外地，没有参与杀害灵公的行动，因此不应该杀害赵盾的后人。屠岸贾却认为赵盾虽然没有亲手杀死灵公，但他却是谋害灵公的主谋，一定要杀赵朔。韩厥劝说无效，赶忙暗中通知赵朔，建议他逃跑。赵朔担心背上叛国的罪名，不愿意逃亡在外；他也不想断绝赵家的香火，于是托付韩厥，一旦出现不测，请他帮助保护赵氏后人。韩厥答应了。赵朔谎称自己有病在家中休养，不去上朝，但是屠岸贾还是没有放过他。在没有请示晋景公的情况下，他擅自带领士兵袭击了赵朔的家，杀死了赵朔，灭绝了整个赵氏家族。

赵朔的妻子是晋成公的姐姐，赵朔被杀的时候，她怀了身孕，逃到晋景公的宫里躲了起来。赵朔的一位门客叫做公孙杵臼，对赵朔非常忠心，他找到赵朔的朋友程婴问他为什么没有一起去死。程婴回答说："赵朔的妻子怀孕了，如果是男孩，我就把他抚养成人；如果是女孩，我再去死。"过了不久，赵朔的妻子生下一个男孩，取名叫做赵武。屠岸贾知道消息后，马上进宫搜查。赵朔夫人把赵武藏在衣服里面，对天祷告说："如果赵氏宗族真的要灭绝的话，你就大声地哭；如果不该灭绝的话，你就不要出声。"屠岸贾前来搜查的时候，赵武竟然没有发出声音，躲过了这场灾难。程婴和公孙杵臼商议如何营救婴儿，公孙杵臼说："营救婴儿和死哪件事更难？"程婴说："死很容易，营救婴儿非常难。"公孙杵臼说："赵氏家族对你很好，您就承担起难当的重任，让我去死吧！"于是两人把别人家的婴儿藏到深山里。程婴从山里出来，对屠岸贾说："如果你能赏赐我千金，我就告诉你赵朔的孤儿藏在什么地方。"屠岸贾非常高兴，答应了他，派兵跟随程婴抓到了公孙杵臼和假冒的赵氏孤儿。公孙杵臼大骂程婴见利忘义，屠岸贾派人杀死了公孙杵臼和婴儿。屠岸贾以为赵氏孤儿确实已经死了，总算放下心来。程婴寻找机会把真正的赵武接出来，悉心地抚养。

15年后，晋景公身患重病，通过占卜的方式预测吉凶。占卜的结果说一个大家族断绝了香火，他家的神灵在作怪。景公便询问韩厥，韩厥知道赵武还活在人间，于是回答说："大的家族现在在晋国断绝香火的只有赵氏，赵氏家族世世代代都建立了非凡的功勋，从来没有断绝过香火。而君主您却诛灭了赵氏宗族，晋国的百姓都在为他们不平和悲哀，希望您能够认真地反思一下这件事情。"晋景公询问韩厥："赵家还有后代吗？"韩厥把程婴营救赵氏孤儿的事情完全告诉了景公。晋景公准备让赵武继承赵氏的爵位，暗中把他召进宫中。晋景公命令韩厥带领士兵埋伏在宫中，晋国大臣们进宫探望景公病情的时候，景公让大臣们和赵武见面，要他们同意让赵武继承赵氏爵位。由于韩厥带兵把守，大臣们迫于压力，只好同意，并说："当初那场事变，是屠岸贾一手制造的，是他假传君命胁迫我们的。要不是国君您身体不好，不便烦扰，我们早就想请求您扶立赵氏的后代。如今国君有此意，正是贤明之举。"晋景公当即命令赵武、程婴和各位大臣攻打屠岸贾，灭掉他的家族。随后，晋景公把原本属于赵氏的封地重新赏赐给赵武。

到了赵武成人行加冠礼的时候，程婴和晋国的各位大臣告别，然后对赵武说："当初赵家被灭门的时候，和赵家有牵连的人几乎无一幸免。我和你父亲是生死之交，当时并不是不想去死，而是准备抚养赵家的后代，让他为赵家报仇，建立自己的功业。现在你已经长大成人，并且恢复了赵家原来的爵位，我要去地下把这个好消息报告给你父亲和公孙杵臼了。"赵武放声痛哭，坚持阻拦程婴说："您对我恩重如山，我宁愿自己受苦也要报答您的大恩，我要一直供养您到

京剧《赵氏孤儿》剧照
马连良饰程婴，谭元寿饰孤儿赵武。《赵氏孤儿》叙述春秋时晋灵公与奸臣屠岸贾杀害了忠臣赵盾全家，并搜捕赵家孤儿。赵家老友程婴与门客杵臼救出孤儿，程婴将孤儿抚养成人，最后终为赵家雪冤报仇。

死。难道您现在就忍心离开我吗？"程婴回答说："不行。公孙杵臼认为我能够完成大事，所以先于我死去，如今我不去向他复命的话，他就会以为我没有完成任务。"程婴说完，自杀而死。伤心欲绝的赵武为程婴守孝整整3年，每年的春季和秋季都要祭祀程婴。

赵简子当权

赵武去世以后，谥号是赵文子。他的儿子景叔，景叔生了赵鞅，也就是赵简子。当时，晋国的政权已经落在赵简子等几位大夫的手中了。赵简子曾经组织诸侯联军，在周朝境内驻守，并且把因为躲避弟弟子朝而流亡在外的周敬王护送回周朝，树立了巨大的威望。

晋定公十四年（公元前498年），晋国大夫范氏和中行氏发动叛乱。第二年春天，赵简子见到邯郸大夫赵午，对他说："把我从卫国划

过的500户士民还给我，我准备把他们安置到我的封地晋阳去。"赵午当时答应了他的请求，但是他回去和父兄商议后，却遭到了反对。他违背了对赵简子的承诺。赵简子非常生气，把赵午逮捕起来，囚禁在晋阳。并且通告邯郸的百姓说："我准备杀死赵午，你们打算拥立谁继承他的爵位呢？"随后他真的杀了赵午。赵午的儿子赵稷和他的家臣涉宾为了给赵午报仇，在邯郸发动叛乱。晋定公派遣籍秦率领军队讨伐赵午，包围了邯郸。晋国大夫荀寅和范吉射平时和赵午关系非常好，不愿意帮助籍秦攻打赵午，反而策划作乱。晋国大臣董安于事先了解了他们的计划，但没有制止他们。这年十月，范氏和中行氏发动军队讨伐赵简子。赵简子抵挡不住，逃到晋阳。晋定公派军队包围了晋阳。大臣荀栎向晋定公进谏说："晋国以往的君主曾经颁布法令，如果大臣发生叛乱，领头的要被处死。现在三位大臣全部带头作乱，可是您只是讨伐了赵简子一个人，这样做是不公平的，希望您能把他们全部驱逐出晋国。"晋定公采纳了他的建议。一个月后，他派遣荀栎、韩不佞和魏哆率领军队讨伐范氏和中行氏，但是他们的军队没有战胜对方。范氏和中行氏率军回头攻打晋定公。晋定公奋力还击，经过鏖战，终于击败了范氏和中行氏的军队。范氏和中行氏失败后逃到朝歌。晋国大臣韩不佞和魏哆平时和赵简子关系很亲密，于是在晋定公面前为他求情，晋定公同意赵简子返回朝廷。这年十二月，赵简子返回绛城，和定公等在宫中盟誓。

第二年，晋国大臣知伯文子（简称知伯）对赵简子说："范氏和中行氏虽然发动了叛乱，但这全是董安于挑起的，他也参与了策划。晋国的法令规定带头作乱的人要处死，现在范氏和中行氏已经受到了惩罚，唯独董安于却没有得到处治。"赵简子对于这件事情感到难以处理。董安于知道以后对赵简子说："我死了以后，赵氏就可以安定了，这样晋国也就能安宁了，看来我死得是太晚了。"随后自杀身亡。赵简子把董安于自杀的消息告诉了知伯。从此以后，赵氏才得到安宁。

赵简子有个家臣名字叫做周舍，非常喜欢直言进谏，赵简子很赏识他，但是他很早就死了。周舍死后，赵简子每次上朝处理政事的时候，都表现得很不高兴，大夫们以为得罪了赵简子，一起向赵简子请罪。赵简子说："你们没有罪过。我听别人说1000张羊皮加在一起的价值也赶不上一只狐裘。现在我每次上朝的时候，只能听到恭敬顺从的声音，却听不到周舍那样和我争辩的声音了，我对此感到十分忧虑。"赵地的臣子和百姓听到他的这些话以后，才知道赵简子是一个乐于接受意见的好领袖，因此都顺从爱戴他。晋国的百姓知道以后也都愿意归附他。

晋定公十八年（公元前494年），赵简子发兵讨伐潜逃在外的范氏和中行氏，包围了朝歌。中行文子又逃到邯郸。3年以后，赵简子再次发兵攻打邯郸，中行文子抵挡不住，又逃到柏人。赵简子紧追不放，派兵包围了柏人，中行文子和范昭子无法在晋国立足了，只好逃亡到齐国。于是赵氏占有邯郸和柏人，原本属于范氏和中行氏的其他领地归晋国公室所有。此时的赵简子名义上是晋国的上卿，实际上已经单独包揽了晋国的政权，他的封地已经和诸侯的封地相当了。

三家分晋

晋出公十一年（公元前464年），出公派遣智伯率军讨伐郑国。此时赵简子刚好生病，于是就派遣儿子——太子赵毋恤率领军队协助智伯包围郑国。智伯喝醉了酒，丧失了理智，强行用酒灌赵毋恤，还动手打他。跟随赵毋恤的大臣们非常生气，要求杀死智伯。赵毋恤劝阻他们说："我父亲之所以让我做太子就是因为我能够忍辱负重，现在不能因为一时的冲动耽误了大事。"虽然他嘴里这样说，心里却非常怨恨智伯。智伯酒醒后意识到赵毋恤可能会报复自己，于是在回到晋国之后建议赵简子废掉赵毋恤，另立太子，赵简子没有听从他的建议。赵毋恤得知后更加怨恨智伯。

赵简子去世以后，赵毋恤继承他的爵位，这就是赵襄子。赵襄子的姐姐原来是代王夫人。赵简子刚刚安葬，赵襄子还没有脱掉孝服，就赶往北方登上了夏屋山，邀请代王赴宴。酒宴当中，赵襄子安排厨师拿着铜制的烹饪器皿在一边侍奉，他命令厨师趁着倒酒的机会，用铜制的器皿打死了代王和他的随从。随后，赵襄子就发兵占领了代地。他的姐姐听到这件事后，哭叫得呼天抢地，之后自杀身亡。代地的百姓同情她的遭遇又钦佩她的忠贞，把她自杀的地方叫做摩笄山。赵襄子把代地封赐给哥哥伯鲁的儿子赵周，让他做代地的君主。

赵襄子即位4年以后，智伯联合赵氏、韩氏、魏氏3家把原来范氏、中行氏的领地全部瓜分了。晋出公非常生气，但是又没有能力制服这4家大臣，于是他就准备联合齐国和鲁国，想依靠他们的力量来讨伐4家大臣。4家大臣知道这个消息以后，便先下手为强，联合起来攻打晋出公。出公无奈，只好向齐国逃亡而去，还没有到齐国，就死在了半

三家分晋示意图

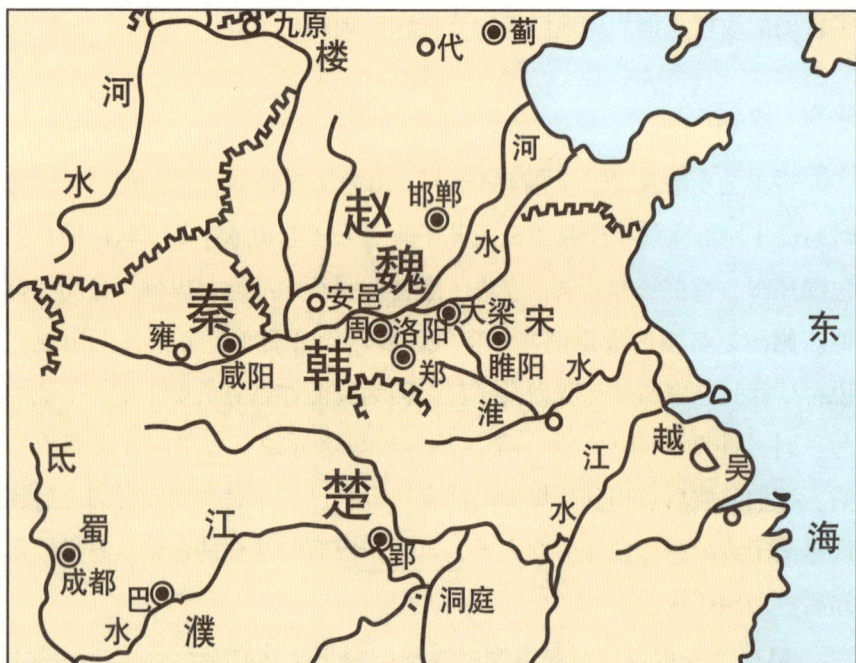

路上。智伯让晋昭公的曾孙公子骄继承晋国的君位，也就是晋懿公。此时，智伯的权势和实力在4家大臣中是最大的，他越来越骄傲蛮横，不把其他3家大臣放在眼里。他要求韩氏、魏氏两家割让领地给他，韩氏、魏氏迫于压力答应了他的要求。智伯又要求赵氏割地给他，赵襄子本来就不准备割让领地，再加上智伯以前侮辱过他，于是断然拒绝了智伯的要求。智伯非常生气，亲自率领韩氏、魏氏两家联合进攻赵氏。赵襄子知道自己抵挡不住他们，赶忙逃到晋阳驻守。

赵襄子的大臣原过退守时落在了赵襄子后面，他走到王泽的时候，看见3个奇怪的人，只能看见他们腰带以上的部分，腰带以下部分看不见。3个人交给原过两节竹子，叮嘱他说："替我们把这竹子送给赵毋恤。"原过到了晋阳后，把自己的奇遇如实告诉了赵襄子。赵襄子斋戒了3天，亲手剖开竹子，只见里边用朱红的字写道："赵毋恤，我们是霍泰山山阳侯的神灵。三月丙戌日，我们将要帮助你灭掉智氏。你也要在百邑建造庙宇祭祀我们，我们还会把林胡的土地赏赐给你。"赵襄子再次拜谢神灵对他的指引，接受了3位神灵的命令。

智伯联合韩氏、魏氏围攻晋阳，一年多还是没有攻克。他们把汾河的水引来，水淹晋阳城，晋阳城内一片汪洋，大水离城墙墙顶只差三版的高度。城里的百姓只好把锅挂起来做饭，因为缺乏粮食，忍痛互相交换子女当做食物吃。赵襄子的大臣们也都有了外心，对待赵襄子的礼节也越来越轻慢，只有高共从来没有过分的举动。面对这个局面，赵襄子非常害怕，于是在半夜派遣丞相张孟同暗中劝说韩氏和魏氏。3家终于达成了共识，由韩氏和魏氏做内应，3家联合起来灭掉了智氏，共同瓜分了智伯的土地。成功之后，赵襄子对大臣进行封赏，高共受到上等的封赏。张孟同疑惑地问赵襄子："我们被围困在晋阳的时候，只有高共没有立下功劳。"赵襄子回答说："当晋阳城处于非常危急局势时，大家都对我很怠慢，只有高共没有丧失臣子对君主的礼节，所以他要受到上等的封赏。"

从这时起，赵氏、魏氏、韩氏三家包揽了晋国的大权，晋国国君形同虚设。后来到了晋烈公的时候，周天子赏赐赵氏、魏氏、韩氏，封他们为诸侯。到了晋静公的时候，魏武侯、韩哀侯、赵敬侯把晋国的土地彻底瓜分，晋国的香火从此断绝了。

赵武灵王胡服骑射

赵武灵王是一位目光远大、很有魄力的国君。他发现赵国百姓穿着长袍大褂，无论是干活打仗，都十分不方便。而北方的胡人穿着短衣窄袖的服装行动灵活，并且胡人骑马打仗，比赵国的步兵和战车要先进得多。赵武灵王立志要对赵国进行改革。赵武灵王十九年的春天，武灵王召见赵国老臣肥义共同议论天下大事，一连谈了5天才结束。随后，他又召见大臣楼缓商议说："赵国虽然取得卓越的功绩，但大业还没有完成。我们周围还有很多敌对的国家，如果我们不拥有强大的军事力量，很容易被他们灭掉。所以我们必须要进行大幅度的改革，但是，要取得高于一般人的功名，就不会被世俗的人所理解。我准备让赵国人穿着胡人的服装。你们看怎么样？"楼缓支持赵武灵王的想法，而别的大臣全都不同意。

赵武灵王对肥义说："当年简子、襄子二位先主就是吸取了胡族和翟族的有益经验，取得了很大成就，我决心要学习他们的做法。现在我就准备改穿胡人的服装，学习骑马和射箭，不仅我自己这样，我还要带领赵国百姓改穿胡服，学习骑射。但是我这样做的话，人们一定不会接受，大臣和百姓都会议论我。您说我该怎么办呢？"肥义回答说："我听说做事情如果犹豫不决的话，就不会取得成功。您既然已经决定承受背弃风俗的名声，那么就没必要在乎人们对您的议论了。再说您这样做对赵国是有好处的，您就放心贯彻下去吧！"赵武灵王听完之后坚定了信心，毅然穿着起胡人的服装。

赵武灵王派人劝说朝中重臣、自己的叔父公子成说："我已经穿上了胡人的服装，还准备穿着它上朝，希望叔父您也能穿上了胡人的服装上朝。在家您是长辈，我听您的；在朝我是国君，请您听我的。要是我穿着胡人的服装上朝，而您却不穿，恐怕会遭天下人议论。再者，从国家推行政令的原则上说，政策应当从朝廷大臣和国君的家族开始执行，这有利于在全国推行。况且，我下令改穿胡服，有利于富国强兵，并不是为了个人享乐。您是我的叔父，朝廷的重臣，希望您能支持我，成就伟大的功业。"公子成认为赵武灵王的做法不符合礼仪，不同意。赵武灵王亲自来到公子成家中，请求他说："衣服本来就是为了方便人穿着的，礼仪也是用来方便人行事的。圣明的人观察百姓的风俗习惯，根据实际情况制定了礼仪，目的是使国家和百姓得到好处。每个国家都有不同的习俗，也有不同的礼仪，并且会随着实际情况的变化做适当的调整。现在我改穿胡人的衣服，学习骑马射箭是为了增强赵国的军事力量，使赵国强大富裕起来，希望你不要被死的风俗所束缚，能够支持我！"公子成被说服了。第二天，他们就穿上胡人的服装上朝。赵武灵王正式发布诏令，命全体赵国人改穿胡人服装。

赵国的大臣赵文、赵造、周袑、赵俊都接受不了赵武灵王的命令，共同前来劝阻赵武灵王。武灵王教导他们说："每个先王都有自己的习俗，我们又应该去效法哪一种呢？习俗和礼仪不能拘泥于一种形式，要清楚制订它的目的是为了给人们带来好处。用古代留传下来的方法来约束现在的人是行不通的，是不能通晓事物变化的表现。我命令赵国改穿胡人的衣服是适合现在的实际情况的。这一点你们理解不到啊！"说完，赵武灵王不顾大臣的反对，继续推行胡服，并且教练士兵骑马射箭。

赵国推行了"胡服骑射"制度以后，军事实力和综合国力在短期内大大增强。在赵武灵王二十一年（公元前305年），武灵王亲自率领赵国军队进攻中山国。中山国根本无法抵挡强大的赵军，只好贡献出四座城池来求和。武灵王同意了他的请求，把军队撤回赵国。两年后，赵国再次攻打中山国，中山国再次割地求和。又过了3年，赵国第三次出兵，攻占了中山国。随后，赵军向北打到燕、代一带，向西攻取了云中、九原的土地。

主父之死

赵武灵王在位27年后，把王位传给了儿子赵何，这就是赵惠文王。老臣肥义担任相国，同时担任赵惠文王的师傅。武灵王则自称为主父。

主父打算让儿子赵惠文王独立自主地治理国家，自己就穿上胡人的衣服，率领士大夫们到西北地区巡视。他准备从云中、九原直接向南方袭击秦国，为了探听秦国的虚实，他亲自乔装成使者进入秦国王宫。秦昭王起初没有发觉出异常，直到主父走后，他才感觉到此人相貌雄伟，不像是普通的臣子，于是马上派人前去追赶。而这个时候，主父早就出了秦国的关口。秦昭王通过仔细调查后，才知道冒充使者的就是主父。秦国上到国君，下到百姓都感到非常害怕。

赵惠文王即位3年来，在主父的帮助下，灭掉了中山国，并且使北方的少数民族臣服于赵国，建立了卓越的功勋。为了庆祝胜利，主父摆设酒宴，和大臣们聚会欢饮达5天之久。主父对大臣们按照功劳的大小进行赏赐，封长子赵章为代地的安阳君。赵章一向都很放肆霸道，一直对弟弟被立为国君表示不满。主父派大臣田不礼辅佐赵章。

肥义德才兼备，主父让他辅佐赵惠文王。当时，大臣李兑劝告肥义说："公子章现在正值壮年而且心高气傲，野心相当大，他的亲信和随从非常多，辅佐他的田不礼非常残忍而且傲慢。这两个人如果联合起来，互相怂恿，恐怕不久就会发动叛乱。"

肥义也意识到公子章有叛乱的可能，为了保护赵惠文王，他对信期说："公子章和田不礼非常让人担心。他们外表善良，内心阴毒。在王宫里得到君主的宠爱，然后就跑到外面去胡作非为。我非常担心他们会叛乱，甚至到了寝食不安的地步了。为了保证君主的安全，从现在开始，如果有人想觐见君主，一定让他先和我见面，我确定他不会伤害君主以后，才能允许他见君主。"信期十分赞赏肥义的做法，按照他说的去施行。

赵惠文王四年（公元前295年），赵国大臣都来朝拜国君。主父从旁边暗中观察，发现公子章朝拜弟弟赵惠文王时精神非常颓废。他想到公子章作为哥哥，反而要朝拜弟弟，做弟弟的臣子，心中涌起对

春秋时期的军队车步并重，只有少量的骑兵，且处于无足轻重的地位。到了战国时代，骑兵才作为一种独立的兵种正式出现。最先建立骑兵部队的是赵国。赵国饱受北边的楼烦、林胡、匈奴等游牧民族扰边之苦，赵国传统的车步兵，在与灵活、快捷的胡人骑兵作战时屡遭失败。于是赵武灵王"胡服骑射"，进行改革，削减车兵，增加骑兵；改传统宽袍大袖为胡人式的紧身束服，征边民和胡人组成骑兵部队，击败了楼烦、林胡等的侵扰，攻灭了中山国，使赵国一跃成为军事强国。于是各国纷纷效仿，秦、赵等国均号称"车千乘，骑万匹"，军队也由步车为主渐渐转变为车骑并重。

他的怜悯之情。于是主父准备把赵国分成两个部分，让公子章做代国的国君。但是这个想法一直都没有实施。

主父和赵惠文王到沙丘游览，分别在两处宫室里居住。公子章趁着这个机会联合田不礼发动叛乱，他假传主父的命令，要召见赵惠文王。肥义不放心，首先前去查看，结果被公子章杀死。赵惠文王知道后，派遣随行的卫队讨伐公子章。公子成和李兑听到消息后率兵从都城赶来，平息了叛乱，杀死了公子章和田不礼，王室得以安定。赵惠文王任命公子成为宰相，李兑为司寇。当初，公子章被打败的时候，逃到主父那里，主父不忍心亲生儿子被杀害，收留了他。公子成和李兑因此包围了主父的宫室。公子章被杀死后，公子成和李兑商量说："无论出于什么原因，包围国君的宫室都是灭门大罪。我们现在就算撤兵，也要被

诛灭九族啊！"于是他们继续包围主父的宫室，通告宫中的人"后出来的人灭族"。这样，主父宫里的人全都出来了。主父也想出宫，但被兵士阻拦，只得退回宫中。宫中的存粮吃完后，找不到别的食物，主父只好掏鸟窝，吃幼小的麻雀充饥。3个月后，主父在宫中饿死。公子成确定他已经死了，才向诸侯发出讣告。

触詟说赵太后

赵孝成王元年（公元前265年），秦国派兵攻打赵国，攻占了赵国的三座城池。这时候，赵孝成王刚刚即位，赵国的大权由太后执掌。秦国加紧了对赵国的攻势，赵国形势非常危险。于是赵国派遣使者出使齐国，希望得到齐国的救援。但是齐王坚持要求赵国的长安君到齐国做人质，然后才肯发兵救援。长安君是太后的小儿子，太后非常宠爱他，不忍心让他冒着危险到外国做人质，拒绝了齐国的要求。但是这个时候，赵国如果得不到齐国的救援的话，就面临着亡国的危险，因此，赵国的大臣们极力进谏，劝太后同意齐国的要求。然而太后却固执己见，并且明确地告诉大臣们："如果有人再来和我谈论让长安君去做人质的事情，我一定会把唾沫吐到他脸上。"

赵国大臣害怕了，不敢再向太后进谏。这个时候，左师触詟却主动求见太后，太后已经料到他是为了长安君的事情来的，准备一口回绝他，于是在宫中怒气冲冲地等着触詟。触詟进入王宫之后，踏着碎步，小跑到太后跟前，坐下后向太后告罪说："老臣我腿脚不灵活了，所以很长时间没有来到您。我总是原谅自己的怠慢，但是又害怕太后的身体不舒服，所以非常想来看望您。"太后说："我也老了，走不动了，来往都得乘坐车辆。"触詟又询问说："您的饭量还行吧？"太后说："现在每顿只能喝一点粥。"触詟说："老臣我最近也没有食欲，就经常散散步，每天走上三四里，这样才勉强增加了一点饭量，身体也感觉到舒适一些。"太后说："可我没有时间散步啊。"几句家常的寒暄过后，太后布满怒气的脸上才稍微平和了一点。这时候，触詟请求太后说："我的小儿子舒祺没有什么出息，我已经老了，非常疼爱他，希望他能够做一名黑衣卫士，保卫王宫。我今天特意来，冒着死罪来请求您。"太后很感动，答应了触詟的要求。随后，她好奇地问："你们男人也疼爱小儿子吗？"触詟回答说："男人比妇人更疼爱小儿子。"太后笑着说："不是的，妇人疼爱小儿子的程度要远远超过男人。"触詟反驳她说："不是这样吧！我觉得您对女儿燕后的疼爱程度要超过长安君。"太后说："您错了，没有疼长安君那么疼。"触詟说："父母疼爱子女，就应该为他们的将来考虑，为他们做长远打算，不能只顾眼前的利益。当初您把燕后嫁到远方的时候，因为舍不得离开她而伤心哭泣。她走了以后，您同样想念她，但是却不希望她回来，因为您希望她的子孙都能够继承王位。"太后说："是啊！"触詟说："赵国三代以来，每位君主的子孙都有被封侯的，可是现在他们的后人还有在位的吗？"太后回答："没有。"触詟又说："这种情况不仅仅只发生在赵国，其他国家有君王的子孙封侯的，三代后还有在位的吗？"太后回答："也没有听说过。"触詟接着说："为什么会出现这种现象？难道说国君的儿子封侯后变坏了吗？这是因为他们没有取得功勋却拥有尊贵的地位，没有付出劳动却获得了丰厚的俸禄。所以灾祸就自然降临到他们头上了。而今，您赐予了长安君尊贵的地位、肥沃的土地和贵重的宝物，现在国难当头，却不让他为国立功，等到您离开人世以后，长安君又能凭借什么在赵国安身立命呢？我是看到您为长安君的打算非常短浅，所以才认为您更加疼爱燕后。"太后完全被触詟说服了，同意了让长安君到齐国充当人质。太后毕竟心疼自己的小儿子，为他准备了一百辆车和其他用品，这才送他上路。

长安君到齐国做人质，齐国履行诺言，派遣军队来解救赵国的危难。秦国知道齐国出兵后，立即把军队撤回，赵国的危难解除了。赵国的贤人子义听到这件事以后，评论说："即使是君主的儿子，尚且不能平白无故地享用荣华富贵，更何况是我们这样普通的人呢？"

赵孝成王贪利招祸

赵孝成王四年（公元前262年），赵孝成王做了一个奇怪的梦。他梦见自己穿着左右不同颜色的衣服，骑着龙在天上飞舞。但是还没有飞到天庭，掉到了地上，地上则堆满了许许多多的金银财宝。第二天，赵孝成王就召见占卜的人为他破解梦的吉凶。占卜的人告诉他说："左右颜色不同的衣服表示残缺不全；骑着龙飞天没有到达天庭就掉下来，表示虽然有气势但是却缺乏实力；堆积如山的金银财宝表示存在着隐患。"

就在赵孝成王做梦后的第三天，韩国上党太守冯亭派遣使者前来拜见他。原来秦国发兵讨伐韩国，大军已经达到上党。上党远在韩国的西北边陲，只有狭隘的道路与韩国本土相联系。秦军切断这条道路后，上党就孤悬在外，韩国要救上党，必须通过魏国或赵国。可此时，韩国本土还正遭到秦国的攻击，自救不暇，根本无力救援上党。太守冯亭知道，凭借上党的兵力，无法抵挡强大的秦国，但是又不甘心投降秦军。他想与其投降秦国，还不如投降赵国。至少在对抗强大的秦国这一点上，韩国和赵国还是站在相同立场上的。于是，他就派遣使携带上党地图求见赵王，愿意把上党的17座城池全部割给赵国。

赵孝成王听到以后非常高兴，认为这是一个不劳而获的好机会。于是他召见平阳君赵豹，把这个消息告诉他说："冯亭要把上党17座城池全部送给赵国，我们接受下来，怎么样？"赵豹听后，提醒赵孝成王说："我们不能平白无故地拣这样一个大便宜，这里面一定隐藏着祸患。"赵孝成王说："冯亭说了，上党的百姓是感念我的恩德，自愿归附的。可不是平白无故呀！"赵豹进一步为他分析事情的得失，他说："秦国准备吞并韩国，现在上党和韩国其他地区的通道已经被秦国断绝了，它已经相当于一座孤城了，基本上掌握在秦国的手里了。冯亭把上党送给赵国实际上是想嫁祸给赵国。您可以想一想，秦国费了那么大的力气才控制了上党，怎么可能轻易地让赵国坐享其成呢？况且秦国是强大的国家，赵国相对来说是弱小的，强大的国家想要占弱小的国家的便宜还很困难呢，弱小的国家又怎么能够占到强大的国家的便宜呢！况且这次秦国出动了精锐的部队进攻上党，可见它对上党是志在必得，又怎么会让给我们白白得到呢！"

赵孝成王却利令智昏，不甘心放弃到手的城池。他说："即使发动百万大军，不停地战斗一年，也不一定能够攻占一座城池，现在我们不费一兵一将就能拿到17座城池，这样的机会我们怎么能够白白错过呢？"赵豹走后，赵孝成王又召见了平原君和赵禹，询问他们的意见，二人说："不用作战坐收17座城池，这可是个大便宜，不能失去这个机会。"于是，赵孝成王下定决心接受上党的土地。

赵孝成王派遣平原君赵胜到上党接收城市。平原君对冯亭宣布了赵孝成王的旨意：封赏太守冯亭3万户的封地，封赏各位县令3000户，许诺他们世世代代为侯，当地军民也各有封赏。冯亭流着眼泪拒绝了封赏，他不愿意会见平原君，派遣使者转告他说："我不愿意陷入3种不义的境地。我为韩国国君驻守城池，却不能和城市共存亡，这是第一个不义；没有经过国君的允许就私自把上党割给了赵国，这是第二个不义；通过出卖国君的土地的方式来换取自己的封地，这是第三个不义。所以，无论如何我也不能接受封地。"赵孝成王也没再勉强他。

赵国接受了上党的17座城池之后，担心秦国会采取行动，于是派遣能征善战的老将廉颇率领军队驻扎在长平。秦国对赵国接受上党非常不满，但因为畏忌廉颇，一直也没有进攻赵国。后来，赵孝成王听信了谗言，罢免了廉颇大将的职位，派遣只会纸上谈兵、缺乏实际作战经验的赵括接替廉颇。不久秦国大将白起就率领秦军进攻赵国。赵国军队大败，赵括在战争中被杀死，40万赵国将士全部投降秦国，随后被白起全部活埋，赵国元气大伤。赵孝成王这个时候才想起赵豹当初对自己的良言相劝，但是后悔也已经晚了。

你一定要知道的

史记故事

（全4册）

汪 阳 / 编

3

中国华侨出版社

·北京·

目　录

列传

（上）

在《史记》一书中，列传所占篇幅最多，可分两大类：一类是人物传记，有一人一传的专传，有两人或数人的合传，按人物性质排列立传。所记人物范围极广，涉及社会各个阶层。另一类是对外国或国内少数民族的记载，涉及中外关系史和国内民族关系史。列传对本纪起了充实和具体化的作用。

伯夷列传·第一

伯夷和叔齐

伯夷和叔齐是孤竹国国君的两个儿子，都非常贤能。孤竹国国君准备让叔齐继承自己的君位。但是他死了以后，叔齐却坚持要把君位让给哥哥伯夷。伯夷认为叔齐即位是父亲的遗命，不能违背。但是叔齐坚持让他即位，伯夷无奈之下，只好悄悄离开了孤竹国。叔齐知道哥哥出走之后，竟然也没有继承君位，同样离开了那里。孤竹国的百姓们只好拥立孤竹国君其他的儿子继承君位。

那个时候，商朝的纣王荒淫残暴，百姓生活在水深火热之中，伯夷和叔齐听说西伯侯姬昌能够很好地赡养老人，于是前去投奔姬昌。但是等他们到了西岐的时候，姬昌已经去世了。他的儿子周武王姬发追尊姬昌为周文王，并且把他的木制灵牌安放在兵车上面，发兵讨伐商朝。

伯夷和叔齐勒住武王的马缰绳，劝阻他说："您的父亲刚刚去世，还没来得及好好安葬，而您却要发动战争，作为儿子，这样做是最大的不孝。商纣王是您的君主，而您却要发兵去攻打他，作为臣子，这样做是最大的不忠。您还是赶快撤回军队吧！"周武王身边的随从人员认为伯夷和叔齐阻挡大军的前进，就准备杀死他们。这时候，太公吕尚赶忙制止住他们，对周武王姬发说："他们是有节义的人，我们应该恭敬地对待他们。"太公吕尚搀扶着他们离开了军队。伯夷和叔齐没能制止周朝大军的行动。

周武王率军灭掉了商朝，平定了天下，建立了周朝。伯夷和叔齐认为周武王作为臣子杀死君主是不符合伦理的事情。他们坚持仁义，坚决不吃周朝的粮食，相伴隐居在首阳山上，每天只靠采摘野菜充饥。不久，伯夷和叔齐就因为饥饿奄奄一息了。临死的时候，他俩共同创作了一首诗歌。歌词的内容是："我们登上了西山，采摘那里的薇菜。残暴的臣子替换了残暴的君主，他却认识不到这个错误。神农、虞、夏那样的太平盛世再也看不到了，何处才是我们的归宿？我们只有去死了，命运是这样的不公平啊！"他们饿死在首阳山上。

采薇图 宋 李唐
此图描述的是商末周初，孤竹国二公子伯夷与叔齐因不满武王伐纣，发誓不食周粟的故事，作者借此二人宁可隐居荒山，以薇蕨为食也不妥协的典故，暗喻当时南宋子民中坚守气节的人。

管晏列传·第二

管仲为相

　　管仲，名夷吾，是颍上人。他在年轻的时候就具有非凡的才干，但是家里面非常贫穷。管仲和鲍叔牙关系很好。鲍叔牙家境比较富有，管仲经常占鲍叔牙的便宜，鲍叔牙对此从未有过半句怨言。后来，鲍叔牙追随齐国公子小白，管仲则追随公子纠。齐国国君去世以后，公子纠和公子小白争夺君位，最终公子小白即位，也就是齐桓公。齐桓公强迫鲁国杀死了公子纠，管仲也被囚禁起来。鲍叔牙了解管仲的贤能，向齐桓公推荐他。齐桓公和管仲曾有过一箭之仇，本来想杀死管仲，但在鲍叔牙的建议之下，同意任用管仲。管仲被接回齐国，并且得到了重用。鲍叔推荐了管仲以后，情愿做管仲的帮手。管仲果然不负众望，在他的辅佐之下，齐桓公成为天下霸主，多次会合诸侯，使其他的诸侯国家臣服于齐国。

　　管仲感慨地说："我从前贫困的时候，曾经和鲍叔牙共同做生意，每当分配收入的时候，我总要比鲍叔牙多拿一些钱，而鲍叔牙并不认为我这样做是贪财，因为他知道我家境贫穷；我还曾经替鲍叔牙谋划事情，结果不但没有成功反而使他更加困顿，而鲍叔牙并不认为是我愚笨，因为他知道人有时运气好，有时运气坏；我好多次当官不久就被罢免，而鲍叔牙并不认为我没有能力，因为他知道我没有遇到好的时机；我在战争中好多次逃跑，而鲍叔牙并不认为我胆小怕死，因为他知道我家里面有老母亲需要我来赡养；公子纠失败以后，和我一起辅佐公子纠的召忽为公子纠殉难而死，我却活了下来，而鲍叔牙并没有认为我对公子纠不忠，因为他知道我不会由于小的过失而感到羞愧，而会因为不能

扬名天下而感到耻辱。生
我养我的是我的父母，而
真正了解我的却是鲍叔牙
啊！"天下人不仅称赞管
仲的才能，更加赞美鲍叔
牙能够识别人才。

管鲍分金图

　　管仲担任齐国相国期
间，充分利用齐国位于海
滨的有利条件，进行商品
和货物的流通，积累了巨
大的财富。齐国因此国力雄厚，百姓生活富足安康。管仲还注重发展军
事，当时齐国的军事力量非常强大。其他诸侯国家都对齐国敬畏三分。
管仲能够分辨出事情的轻重缓急，权衡出事情的利弊得失，然后采取合
理的应对办法，所以他善于把祸患转化成吉祥。管仲的富贵和排场可以
和齐桓公相比，但是齐国百姓却认为这是管仲应该得到的，没有人认为
他生活奢侈。管仲去世以后，齐国仍然沿袭管仲制定的政策，因此，齐
国在很长一段时间内都强大于其他的诸侯国家。管仲去世100多年后，
齐国又出现了一位名臣晏婴。

晏子的智慧

　　晏平仲，名婴，是齐国的莱地夷维人。他一共辅佐了齐灵公、齐庄
公、齐景公三代国君，他生活节约俭仆，工作兢兢业业，赢得了齐国百
姓的尊重。晏婴担任齐国国相的要职，但是他在饮食上仍旧非常节俭，
他的家人在他的影响下，生活也非常俭朴，他的妻妾们从来都没穿过丝
绸制作的衣服。晏婴秉公办事，不徇私情。其他的诸侯国家都称赞他的
贤能。

　　晏婴非常善于举荐贤才。一次他在外出的路上，遇到了被囚禁起

《晏子春秋》

《晏子春秋》是记叙春秋时代著名政治家、思想家晏婴言行的一部书。《晏子春秋》共8卷，包括内篇6卷（谏上下、向上下、杂上下），外篇2卷，计215章，全部由短篇故事组成。全书通过一个个生动活泼的故事，塑造了主人公晏婴和众多陪衬者的形象。这些故事虽不能完全做信史看待，但多数是有一定根据的，可与《左传》、《国语》、《吕氏春秋》等书相互印证，作为反映春秋后期齐国社会历史风貌的史料。这部书多侧面地记叙了晏婴的言行和政治活动，突出反映了他的政治主张和思想品格。

来的越石父，晏婴知道越石父是一个非常贤能的人。他马上把越石父赎了出来，把他带回自己的家里。回到相府后，晏婴没有向越石父告辞，就直接走进了内室，很久以后才出来。这时候越石父要求和晏婴绝交。晏子非常惊讶，赶忙整理好衣帽，恭敬地问："即使我称不上宽厚善良，但是也把您从困境中解救了出来，您为什么要和我绝交呢？"越石父回答说："据我所知君子在不了解自己的人那里受到了委屈之后，在了解自己的人面前就会得到尊敬。因为别人不了解我，所以囚禁了我，这是情有可原的；但是您既然已经了解了我，对待我还这么轻慢，还不如我一直被囚禁下去呢。"晏婴听了后恍然大悟，马上诚恳地向越石父道歉，把他请进内室作为贵宾对待。

一次，晏婴坐车外出，他的车夫的妻子在家中从门缝里偷偷地观看他们一行。等到车夫回到家里，他的妻子就要求和他离婚。车夫非常奇怪，询问原因。他的妻子回答他说："晏婴只有6尺高，却担任国相的要职，我发现他外出时坐在车里，神态谦恭深沉，表现出甘居人下的态度。而你身高8尺，只不过做人家的车夫，可是你赶车的时候还神气十足，洋洋得意，以为自己很了不起。你这样的人不会有什么前途了！所以我要和你断绝婚姻关系。"车夫听了妻子的话之后非常惭愧，从这以后，他就变得谦虚谨慎了。晏婴发现了车夫的变化，觉得很奇怪，就好奇地询问原因，车夫把事情经过告诉了他。晏婴佩服车夫妻子的贤惠，再加上车夫也变得贤能起来，于是就推荐车夫做了大夫。

晏婴像

晏子出使楚国。楚国人想借侮辱他而使齐国受辱。因为他身材矮小，楚国人就在城门旁边特意开了一个小门，请晏子从小门中进去。晏子说："只有出使狗国的人，才从狗洞中进去。今天我出使的是楚国，应该不是从此门入城吧。"楚国人只好改道请晏子从大门进去。晏子拜见楚王。楚王说："齐国恐怕是没有人了吧？"晏子回答说："齐国首都临淄有7000多户人家，展开衣袖可以遮天蔽日，挥洒汗水就像天下雨一样，肩挨着肩，脚跟着脚，怎么能说齐国没有人呢？"楚王说："既然这样，为什么派你这样一个人来作使臣呢？"晏子回答说："齐国派遣使臣，各有各的出使对象，贤明的人就派遣他出使贤明的国君，无能的人就派遣他出使无能的国君，我是最无能的人，所以就只好出使楚国了。"

老子韩非列传·第三

老子和庄子

　　老子和周公旦、孔子一样，都是中国古代最有影响力的思想家和哲学家。老子和黄帝一起被人们称为"黄老"，又和晚于他的庄子，被人并称为"老庄"。老子姓李，名耳，字聃，春秋时期楚国苦县曲仁里人。据说他刚出生的时候就满头白发，因此被人们称为老子。他曾经做过周朝的史官，负责管理藏书室。孔子带着学生到周朝的都城去向老子请教关于礼的问题，老子就在大厅里面接待他们。老子说："你所说的礼，倡导它的人和骨头都已经腐烂了，只有他们的言论还在。君子有了合适的时机，遇上英明的君主，就会驾着马车，穿着朝服出去做官；要是没有合适的时机，没有遇上英明的君主，就像蓬蒿一样，到处飘荡，随遇而安。我听说，擅长做生意的商人把他的货物藏得严严实实，却好像什么东西都没有；君子有着高尚的德行，但表面上却显得非常愚钝。抛去你的骄气和过多的欲望，抛去你的做作的姿态、神色和过于远大的志向，那些东西对你没什么好处。我要告诉你的，也就是这些。"孔子告别了老子，带着学生们离开以后，就对他的学生们说："我知道鸟能飞，鱼能游，兽能跑。飞着的鸟能够用箭去射它，游着的鱼可以用线去钓它，跑着的兽能用网去捉它。如果说到龙，我就真的不知道该怎么对付了，因为龙是乘风腾云上天的。我今天看到了老子，才知道他大概就是龙啊。"老子潜心钻研道德学问，他的学说主要以隐匿声迹、不求闻达为宗旨。老子在周朝住了很久，后来看到周朝逐渐衰弱，感到很伤心，就骑着他的青牛，离开了都城。他一路向西走，一直走到函谷关，在那里遇见了关令尹喜。尹喜非常钦佩老子的学问，就对他说："您马上就要隐居了，能不能在隐居前给我们留下一本书呢？"老子说："既然你这么说，那我就写一本吧。"老子就写了《道德经》这本书。书一写完，老子就离开了，再也没有人知道他的行踪。《道德经》分

老庄图 清 任颐
此图将老子和庄子绘于一幅之中，庄子驾鹤而行，寓其"游逍遥"之意。老子枯坐一室，寓其"守玄默"之意。

为上和下两篇，上篇是道，下篇是德，所以叫做《道德经》，主要内容就是关于道德。传说老子活了160多岁，也有的人说他活了200多岁，这都是因为他专门研究道德，有助于长寿。孔子死后129年，史书上甚至记载周朝太史儋对秦献公说："原来秦国和周是一起的，在一起总共500年，分离70年以后霸王就出现了。"有人说儋就是老子，但也有人说不是，没人知道真假。

庄子姓庄，名周，是战国时代宋国蒙地人。他和道家学派的始祖老子一起，被人们称为"老庄"，但是他出生比老子晚几百年。庄子曾经做过蒙地漆园的小官，和梁惠王、齐宣王是同一时代的人。他的知识非常广博，可以说是天文地理样样精通，但是他的主要思想还是来源于老子的学说。他总共写了10多万字的作品，大多数作品都是通过一主一客两个人的对话，来表达自己的思想。他写了《渔父》、《盗跖》、《胠箧》，用来反驳和攻击孔子儒家学派的观点，表明老子道家学说的思想。而他写的《畏累虚》、《亢桑子》等，都是凭空想象的东西，不是真正的实情。但是庄子善于行文措辞，指事类比，用来攻击和驳斥儒

庄周梦蝶图　元　刘贯道

《庄子·齐物论》曰："昔者庄周梦为胡蝶，栩栩然胡蝶也，自喻适志与！不知周也。俄然觉，则蘧蘧然周也。不知周之梦为胡蝶与，胡蝶之梦为周与？周与胡蝶，则必有分矣。此之谓'物外'。""庄周梦蝶"在后世成为文人士大夫热衷表现的题材，上图人物线条高古，构图严谨，刻画了庄周闲适的情性。

家人物和墨家人物，即使是当时非常有才华的人，也难免会受到他的攻击。他的语言纵横恣肆、随心所欲，所以当时的王公大臣没有人愿意重用他。楚威王听说庄子很有才华，就派使者带着很多的礼物去邀请他，说希望拜他为楚国的国相。庄子笑着对使者说："黄金千两，的确是厚礼；一个大国的国相，也的确是非常尊贵的地位。但是难道你没有见过祭祀天地时用的牛吗？喂养它好几年，然后给它披上绣有花纹的绸缎，再把它拿到太庙里面去当做祭祀用的祭品。到那个时候，那只牛即便是想做一头孤独的小猪，又怎么能够如愿呢？使者大人您赶快走吧，千万不要玷污了我。我宁愿在肮脏污浊的小水沟里面游泳嬉戏，也不愿意被国君束缚。我宁愿一辈子不做官，也要让自己自由自在。"使者看见庄子这样坚决，没有办法，只能回去向楚威王复命。庄子的作品，现在存有《庄子》一书。《庄子》也叫做《南华经》，分为内篇和外篇，其中一部分是庄子的作品，另一部分则是他的弟子以及其他人的作品。这本书和《老子》一样，都是道家的经典作品。

韩非与《说难》

韩非，韩国人，出身于贵族世家，是战国时代著名的法家人物。韩非子非常喜欢刑名法术之说，他的主要理论来源于"黄老之说"，也就是黄帝和老子的学说。韩非天生口吃，不善于言论，却非常擅长写书。他和李斯一样，都是儒家大师荀卿的学生，但是李斯自认为比不上韩非。

韩非看到韩国越来越衰弱，就多次上书劝谏韩王，但是韩王没有采纳他的意见。韩非感叹韩王不任用贤能的人，反而相信阿谀奉承的小人，并且给他们高官厚禄。于是他作了《孤愤》、《五蠹》、《说林》、《说难》等著作来抒发自己的不得志，阐明为政治国之道。

韩非想通过游说来传播自己的学说。他知道这样做很困难，这在他所写的《说难》一书也讲得非常具体。但是他最后还是因为传播学说死在了秦国，印证了他当初的担忧。

《说难》里面写道："说服别人之所以困难，不是因为才智不够，不能说服君主；不是口才不好，不能明确

小国寡民

小国寡民是老子心中理想的社会和国家形态。他认为社会之所以混乱，百姓之所以互相争夺，原因就在于人们欲望的过度、法令的繁多、对知识的追求和讲究虚伪的仁义道德等。他认为社会发展分为5个阶段，即"道"、"德"、"仁"、"义"、"礼"。人类社会的最初发展阶段是由"道"统治的，一切纯任"自然"，是完全"无为"的。以后的社会分别由德、仁、义、礼统治。老子认为后一个阶段与前一个阶段相比，离"无为"更远，美的、善的东西越少，丑的、恶的东西越多，因而离他的小国寡民的政治理想就越远。老子的幻想在一定程度上反映了在春秋战国时代战争频繁，人民生活动荡不安，统治阶级对人民进行残酷剥削的情况下，人民迫切要求安静休养和减轻剥削的愿望。而他所追慕与向往的社会，正是远古的原始社会。

地表达出自己的意思；也不是不敢直言不讳地指出君主的过失。说服别人的困难，在于是否知道要说服对象的心理，以及自己该用怎样的话去说服他。

"所要说服的对象如果想得到名声，你却用重利去劝说他，他就会认为你品德低下，就会疏远你。所要说服的对象贪图重利，你却用名声去劝说他，他就会认为你没有头脑而脱离实际，就一定不会任用你。所要说服的对象心里贪图重利，但是却装出想得到名声的样子，如果你用名声去游说他，他就会表面上任用你，但实际上却疏远你；如果你用重利去游说他，他就会暗中采纳你的意见，但表面上却抛弃你。这些都是必须知道的。

"说服别人最重要的，就是要懂得美化君主所推崇的事情，掩盖他认为丑陋的事情。他自以为高明，就不要拿他以往的过失来让他难堪；他自以为勇敢，就不要用坚持自己的想法让他生气；他自以为强大，就不要找他为难的事来拒绝他。说服别人要注意：如果有件事和君主想做的事类同，如果另一个人和君主同样的品行，就要把那件事和那个人加以美化。有和君主同样过失的人，就要想法掩饰他的过失。等到君主对你不再抵触，你说的话不再被君主排斥的时候，就可以施展自己的口才和智慧了。这就是和君主相处的难处啊！等到时间一长，国君对你的感情已经很深厚，你的计策也不再被怀疑，和他争论也不被降罪了，那时候，就可以对他讲明利害关系，帮他建功立业了。这样的话，说服就成功了。"

在书中，韩非用了很多形象生动的比喻，例如弥子暇的故事："从前有个叫弥子暇的人，非常受卫灵公的宠爱。有一天，弥子暇的母亲生病了，弥子暇就假托卫灵公的命令，驾着卫灵公的马车回去看望他的母亲。按照当时卫国的法律，偷偷驾驶国君的马车的人要被砍断双脚。但是卫灵公知道以后，却说弥子暇对母亲非常孝顺，就没有降罪他。又有一天，弥子暇和卫灵公一起在花园游玩，弥子暇吃到一个桃子很甜，于是就把没吃完桃子献给卫灵公。卫灵公就说：'他因为爱我，处处都想着我，所以才把自己没吃完的桃子献给我吃。'但是弥子暇老了以后，不再受卫灵公的宠信了，卫灵公就说：'他曾经偷偷驾着我的马车去看他母亲，甚至还把吃剩的桃子给我吃，真是大逆不道。'本来是同样的事情，却因为国君的爱憎发生了变化，而有了不同的看法。所以，说服国君的时候，必须考虑国君的个人感情。就像龙一样，龙可以驯服、戏弄、骑坐，但是龙的喉咙下面有一个倒着长的鳞片（逆鳞），如果谁动了，龙就会伤害他。国君也是如此，说服国君的人要做的，就是不要触动他的'逆鳞'。"

有人把韩非的书带到了秦国，秦王嬴政读后，感慨地说："唉，我要是能和写这些书的人交往，就是死了也没什么遗憾了。"李斯说："这些是韩国的韩非写的书。"嬴政马上出兵攻打韩国。韩王非常害怕，就派韩非为使者出使秦国。

韩非到了秦国以后，秦王嬴政很欣赏他。李斯和姚贾非常嫉妒，就在秦王面前诋毁他说："如果大王要吞并各国，韩非肯定会帮助韩国。如果他在秦国留的时间长了，再回到韩国，肯定会成为大王您的祸害。不如给他安个罪名，处死他。"嬴政同意了。李斯派人送毒药给韩非，逼他自杀。韩非无奈，只能服毒自尽。等到秦王后悔，派人去赦免他的时候，已经晚了。

司马穰苴列传·第四

司马穰苴

　　齐景公时，晋国和燕国分别出兵攻打齐国，齐国几次派出军队应战，都大败而回，齐景公非常担心。晏婴向齐景公推荐田穰苴，一番交谈下来，齐景公看到田穰苴果然很有才华，就封他为将军，让他马上派兵去抵挡燕国和晋国的军队。田穰苴却对他说："君主，我地位卑微，现在您突然任命我为将军，不但士兵们不服我，老百姓也不会信任我。除非大王派一位不但得您宠信还受百姓尊重的大臣，作为监军。"齐景公就派自己最宠信的大臣庄贾去做监军。

　　田穰苴和庄贾约好第二天中午在军营门前会面。第二天，田穰苴早早地就到了军门，但庄贾看不起田穰苴，更不把和他的约定放在心上。一直到了正午，庄贾也没有来。田穰苴就自己一个人巡视营地，整顿军队。

　　等田穰苴宣布完纪律之后，太阳已经下山。这时，庄贾才赶到军营。田穰苴把军法官叫来，问他："军法规定，对约好时间但是迟到的人，该怎么处置？"军法官回答说："应当斩首。"庄贾连忙派人快马报告齐景公，求他救命。

　　庄贾派出去报信的人出发不久，田穰苴就把庄贾斩首了，还拿着他的头在军营里面巡行示众，全军将士都感到震惊和害怕。过了好长时间，齐景公派的使者才驾车飞奔进军营，拿着符节来赦免庄贾。田穰苴说："将领在军队里，国君的命令可以不接受。"又问军法官说："驾着车马在军营里奔驰，应该怎么样处罚？"军法官回答说："应当斩首。"使者非常害怕。穰苴说："他是国君的使者，不能斩首。"于是杀了使者的随从，砍断了马车左边的横木，还杀死了马车左边的马，又让使者回去向齐景公报告，自己则率领着部队出发了。

士兵们安营扎寨，挖井立灶，饮水吃饭，探问疾病，安排医药，田穰苴都亲自过问并抚慰他们。事情不分大小，也不分士兵们高低贵贱，都认真处理，公平对待。田穰苴还把自己的食物拿出来分给士兵。田穰苴挑选出强壮的士兵，留下生病的和体质羸弱的。3天以后重新整顿军队，准备出战。军队士气大振，就连那些病弱的士兵也都要求一同奔赴战场。晋国军队知道齐国军队士气高涨，觉得不能正面应敌，就撤回去了。燕国军队知道以后，就渡过黄河向北撤退。齐国军队趁势追击他们，收复了所有沦陷的国土，最后凯旋回国。

还没到国都，田穰苴就解除了军队的武装，取消了战时规定的号令，直到宣完誓立完盟约以后才进入都城。齐景公率领文武百官到城外来犒劳将士。齐景公接见了田穰苴，任命他为大司马。从此以后，田氏在齐国的地位一天天显贵起来。

后来，大夫鲍氏、高氏、国氏等人忌妒司马穰苴，就在齐景公面前诋毁他。齐景公于是解除了司马穰苴的官职，司马穰苴郁郁而死。司马穰苴的死，让田乞、田豹一些人对高氏和国氏家族的人痛恨不已。后来，田常杀死齐简公以后，就把高氏和国氏家族全部诛灭了。到了田常的曾孙田和这里，田和便自立为国君，这就是齐威王。齐威王不管是带兵打仗还是树立权威，都模仿司马穰苴的做法。齐威王还派人编辑古代的《司马兵法》，把司马穰苴的兵法也附在里边，并且命名为《司马穰苴兵法》。

孙子吴起列传·第五

孙子练兵

孙子名武，是齐国人。他和司马穰苴一样，是齐国田完的后代，也是著名的军事家。当时齐国正发生内乱，孙武觉得不如去其他国家去发展，或许能发挥自己的才华。恰好当时南方的吴国在国君的领导下，国力强大，孙武就一个人离开了齐国，去了吴国，希望能得到吴王的重用。在吴国，孙武认识了伍子胥，和他成为好朋友。在那里，他还写了13篇兵书，这就是赫赫有名的《孙子兵法》。

过了几年后，公子光刺杀了当时的吴国国君，自立为君，称阖闾。公子光当上国君后，任用了伍子胥等一些贤臣，并四处寻找有才华的人，希望能够让吴国更加强大。于是伍子胥就对吴王阖闾推荐了孙武。

听伍子胥说孙武精通兵法，吴王阖闾就接见了他。阖闾说："您的13篇兵书我全部都看过了，您可以尝试着来操练一下军队让我看看吗？"孙子回答说："当然可以。"阖闾说："那您可以试试操练妇女吗？"孙武又回答说："可以。"阖闾就让他把妇女当做士兵进行操练，之后叫出自己宫中的美女，一共180个。孙子把她们分为两队，再让吴王阖闾最宠爱的两位侍妾分别担任两队的队长，并且让每个人都拿一支戟。安排妥当后，孙武问她们说："你们都知道自己的左手、右手、心口和后背吗？"妇人们回答说："知道。"孙子说："我说向前，你们就看心口所对的方向；我说向左，你们就看左手的方向；我说向右，你们就看右手的方向；我说向后，你们就看背的方向。"妇人们答道："是。"孙武宣布完了号令以后，就摆好大斧和铖等刑具，又把刚才已经宣布过的号令再次讲说明白。做完那些事情后，孙武就击鼓，命令妇女们向右，妇人们都大声笑了起来。孙子说："纪律还不清楚，号令也不熟悉，这是将领的过错。"于是又反复把纪律和号令交代讲解，然后又击鼓命令她们向左，妇女们还是哈哈大笑。孙子说："纪律弄不清楚，号令不熟悉，这是将领的过错；现在纪律和号令已经讲得清清楚楚，你们却不听从我的命令行事，那就是队长和士兵的过错了。"孙武就要杀左、右两队的队长。吴王阖闾正在台上观看，看见孙武要杀自己的两个爱妾，大吃一惊。急忙派使臣传达命令说："我已经知道将军善于用兵了。我要是没有了这两个侍妾，就是吃起东西来也不会觉得香甜，希望你不要杀了她们。"孙子回答说："我已经接受大王您的命令担任将军，将领在军队里，国君的命令有些是可以不接受的。"于是斩杀两个队长，拿她们的人头示众。然后按照顺序任用左右两队的第二个人作为队长，再次击鼓发令。这一下，妇女们不论是向左向右、向前向后、跪倒还是站起都符合号令和纪律的要求，再也没有一个人敢发出声音。于是孙子派人向吴王报告说："队伍已经操练整齐，大王可以下台来视察她们的演习。大王怎么用她们都可以，即使是叫她们赴汤蹈火也没有问题。"这时的阖闾，正在为孙武杀了他的两个心爱的美人感到心痛，一点心情都没有，就回答说："将军你不用操练了，回房间休息去吧。我不想下去检查了。"孙子感叹地说："大王只是欣赏我对您说的那些兵法，却不能真正来加以使用。"

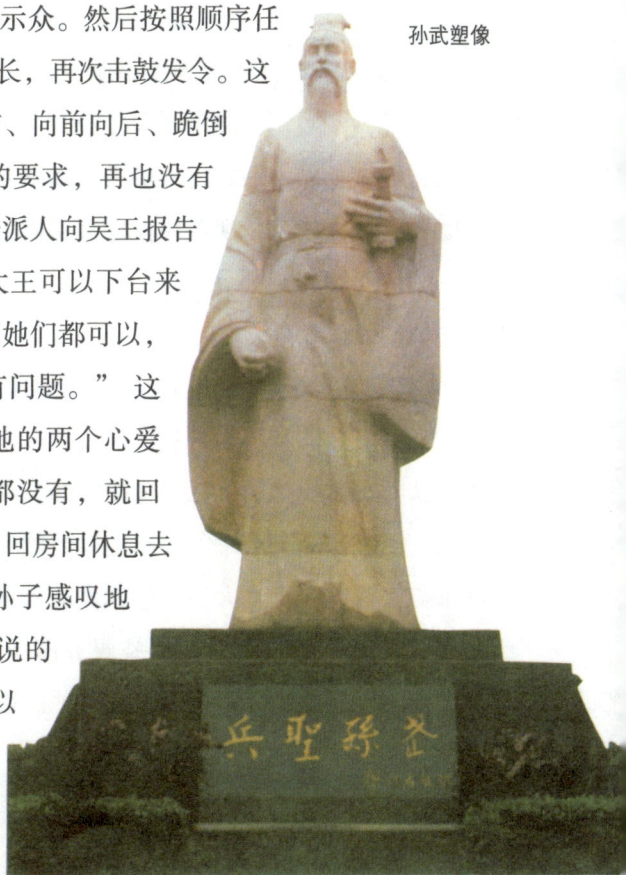

从此，吴王阖闾知道孙武是真的善于用兵，最后终

孙武塑像

孙五（武）子演阵教美人战　版画

图中孙武作道士装束，举旗于城上教宫女演习战术，吴王坐于对面的台上，俯视两队演武的阵容。

于任命他做了吴国的将军。吴王阖闾三年（公元前512年），吴军征伐楚国，攻占舒邑。阖闾想顺势进攻楚国首都，孙武对他说："我军征战多时，已经很疲劳，现在攻打郢都，时机还不成熟。"吴王听取了他的意见，停止征伐。公元前511年以后，吴军连续三年征讨楚国，相继攻占楚国的六邑、邑、居巢。

吴王阖闾九年（公元前506年），吴王再次就攻打郢都一事征询孙武的意见。孙武和伍子胥都认为时机基本成熟，建议吴王联合唐、蔡二国军队共同讨伐楚国。孙武还为阖闾设计了一整套作战计划，吴王欣然采纳。吴王出动全部军队，与唐国蔡国组成联军，西进伐楚。楚国也发兵抵御，双方在汉水大战，楚军大败奔逃。吴王纵兵追击，五战五捷，攻克郢都。吴军击败楚国，威震齐国和晋国，孙子功劳甚高。破楚之后，孙子隐居起来，再也没人知道他的去向。

孙膑入齐

孙子死后，过了100多年又出了一个孙膑。孙膑出生在阿城和鄄城一带，是孙武的后代子孙。孙膑曾经和庞涓一道拜当时有名的鬼谷子为师，学习兵法。庞涓学成出师，来到魏国，得到了魏惠王的信任，当上了魏国的将军。但是庞涓非常清楚自己的才能比不上孙膑，深怕有一天孙膑超过或战胜自己，就秘密派人把孙膑找来。孙膑虽然得到老师的真传，学得精妙的兵法，但万万没想到自己的师兄会对自己不利，因此高高兴兴地到了魏国。庞涓热情地欢迎师弟的到来，接风洗尘之后，师兄弟一番长谈。庞涓了解到孙膑果然高明，自己所学远远不及，非常嫉妒。为了自己的功名利禄，庞涓便设下毒计，找了个罪名砍掉了孙膑两只脚，并且在他脸上刺了字，还把他囚禁起来，不让别人知道。

齐国的使臣来到魏国，孙膑得知，觉得脱离魏国的时机来了。他偷偷地拜见了齐国使者，详细地向他讲述了自己的情况及在魏国的遭遇，并且请求使者把自己带回齐国。因为孙膑是齐国人，齐国使臣听完他的讲述，十分同情。在交谈中，这位使者还发现孙膑是一个非常有才华的奇人，便决定带他到齐国去。通过精心的策划和周密的布置，孙膑终于离开了魏国，也摆脱了庞涓的控制与迫害。孙膑到了齐国以后，在将军田忌手下当门客，田忌非常赏识他。

田忌经常和齐国的贵族公子们赛马，而且下非常大的赌注。孙膑发现那些马的脚力都差不多，而那些马又可以分为上、中、下3个等级。比赛的时候，一般是上等马对上等马、中等马对中等马、下等马对下等马。于是，孙膑就对田忌说："将军您尽管下大的赌注，我保证能让您取胜。"田忌相信了他的话，就和齐王以及其他的贵族公子们比赛，而且下了一千两黄金的赌注。快到比赛的时候，孙膑对田忌说："现在用您的下等马对他们的上等马，用您的上等马对他们的中等马，再用您的中等马对他们的下等马。"3次比赛结束以后，田忌的马输了一场，赢了两场，结果赢得了齐王一千两黄金的赌注。田忌看到孙膑有过人的才能，就把推荐给齐威王。齐威王向孙膑请教兵法，听后十分满意，就让他担任军师。

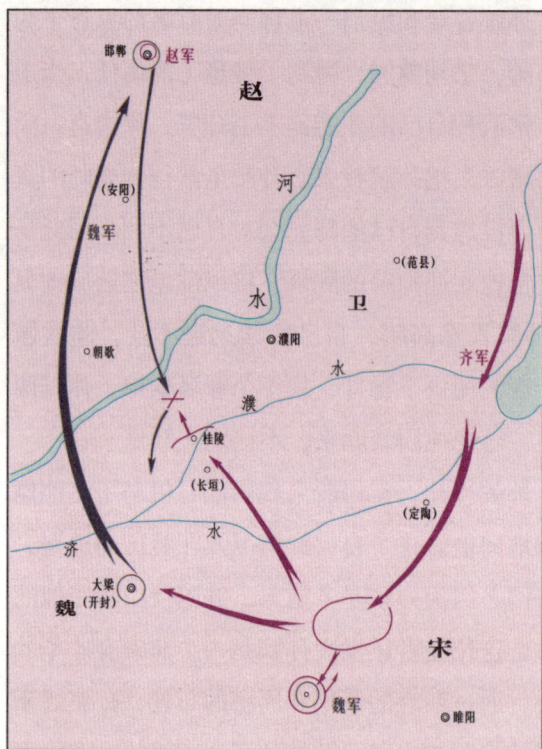

桂陵之战要图

后来，魏国攻打赵国，庞涓统领大军直逼赵国都城邯郸。赵国形势危急，急忙派人向齐国求救。接到赵国的求救信后，齐威王打算任用孙膑为主将，让他带领军队去援救赵国。孙膑没有答应齐威王，他推辞说："我孙膑是一个受过酷刑的人，不适合担任部队的主将。"齐威王就任命田忌做主将，孙膑做军师。孙膑因为被挖掉膝盖，不能行走，只能坐在一辆有帐篷的车里面，暗中替田忌出谋划策。一接到命令，田忌就想要带着齐国的军队，直奔赵国，孙膑劝阻他说："想要解开乱成一团，缠成一片的丝线，不能够生拉硬拽；想劝解两个正在打架的人，不能也卷进去和他们打在一起。要扼住争斗者的要害，争斗者因形势限制，就不得不自行解开。现在魏国和赵国两国正在交战，那么魏国全部的精锐部队必然在赵国全力进攻，而留在魏国国内的，肯定只是一些老弱病残。将军您不如率领齐国军队，马上向魏国都城进攻，占据魏国的交通要道，攻打魏国空虚的地方。到时候，魏国军队就只能放弃攻打赵国，撤回魏国，以求自保。这样的话，我们一下子就解救了赵国被围困的危险，又可以轻松破敌。"这个策略极其高明，田忌听了，十分赞赏，马上传令下去，吩咐按照孙膑的计策办。齐国大军掉转方向，向魏国进军，直捣魏国都城。魏国告急，魏王立即派人传令，让正在攻打赵国的魏军回师。魏军统帅庞涓得到消息，马上放弃攻打赵国，撤回魏国。为了解救国都的危机，魏军马不停蹄，日夜兼程。田忌和孙膑探知魏军的行动，便留下一支部队继续进攻，选派精锐部队在桂陵设下埋伏。桂陵是魏军从赵国回到国都的必经之路。当人困马乏的魏国军队到达桂陵的时候，正好钻进了孙膑设下的埋伏圈，几乎全军覆没，魏国的大将军庞涓也成了孙膑的俘虏。

增兵减灶

在齐国和魏国桂陵之战以后不久，齐国发生了内乱，田忌不再是齐国的大将军，而孙膑也不再是军师了。桂陵之战中被孙膑俘虏、又被释放了的魏国将军庞涓，总想着找孙膑再比高低。他见齐国发生内乱，孙膑也不再是军师了，觉得这是进攻其他国、扩大魏国土地的好时机，于是就发兵攻打韩国。正赶上齐威王死了，他的儿子继位，叫做齐宣王。齐宣王又重新启用了田忌和孙膑，不过庞涓不知道这件事。

韩国本来就没有魏国强大，加上庞涓确实有不低的军事才能，韩军抵挡不住魏军，于是向齐国求救。但是在齐国，关于要不要派兵去救韩国，却有着两种不同的意见。以相国邹忌为代表的一些人认为犯不着为了别的国家的事情派自己的士兵去冒险，而且如果帮助韩国的话，就得罪了魏国；以田忌为代表的一些人却认为应该去救，如果不救韩国的话，魏国就会越来越强大，到最后恐怕连齐国都会被魏国灭了。大家各有各的道理，争了半天，就是没争出个结果来。

最后，大家都看着孙膑，看他的想法怎么样。孙膑想了想，然后对大家说：“如果我们不去救韩国的话，那韩国肯定抵抗不住强大的韩国，最后只能被魏国消灭。等魏国越来越强大以后，那我们齐国就麻烦了；可要是我们马上就派兵去帮助韩国，一起抵抗魏国的进攻，那无异于就是我们齐国和强大的魏国直接对抗。即便是能打赢，也要损失不少的人，对我们还是非常不利。现在最好的方法，莫过于一方面派人通知韩国，说我们齐国决定帮助他们，而且军队已经在路上，希望他们能够坚持到援兵的到来，另一方面我们先不要发兵，等韩国和魏国打得两败俱伤的时候再去，那样的话，就能一举两得了。"大家听了孙膑的主意，纷纷表示赞同。

果然，一切都按照孙膑的计划进行着。韩国得到齐国的答复后，面对魏国的进攻，拼命抵抗，等待着齐国的援救，而魏国也久攻不下，渐渐地失去了耐心。等到双方打得差不多的时候，孙膑才和田忌一起派兵攻打魏国都城大梁。庞涓听说齐国军队攻打大梁，没有办法，只能班师回国。由于韩国和魏国很近，庞涓的军队比齐国军队更快到达大梁。魏王命令太子魏申为元帅，庞涓为将军，前去迎击齐国军队。

在快到魏国的路上，孙膑对田忌说："大人，您知道，魏国的士兵非常英勇善战，而且一向瞧不起齐国，认为我们齐国士兵胆小怯战。善于打仗的人就应该把握住外在的条件，运用各种方法来取得胜利。兵书上说，如果劳师远征，经过几百里去攻打别的国家，夺取别国的土地，那样的军队肯定要损失他们的将军；而要是经过几十里的路，去攻打其他的国家，那么在到达那个国家之前，士兵们就恐怕会将近有一半的人都已经逃跑了。我们不如将计就计，每天减少做饭的锅灶，让魏国以为我们的士兵越来越少，从而对我们放松警惕，最后我们就能出其不意，打败魏国了。"田忌听从了孙膑的建议，让齐国军队进入魏国的第一天，建造10万个做饭的锅灶，第二天的时候就减为5万个，第三天又减为3万个，让魏国人误以为齐国士兵已经逃亡了一大半。

庞涓率兵出发三天，听说齐国士兵越来越少，到后来只剩下3万人。他非常高兴，就对士兵们说："我本来就知道齐国的士兵非常胆小，但没想到，进入我们魏国还不到3天，竟然有一半以上的人逃亡。现在正是我们进攻的好机会。"于是他丢下步兵，自己只带了一些精锐的骑兵不分日夜地追赶齐军。

孙膑对魏军的行程做了一个初步的计算后，估计着这天晚上魏军应该到达马陵。马陵道路狭窄，而且四周有很多险要关口，可以设下伏兵。于是他就命人在路旁的一棵大树上刮下一块树皮，在露出的白色树干上写着"庞涓死于此树之下"。接着他又选派军队中擅长射箭的士兵，埋伏在险要关口的两旁，并且命令他们，一看见黑夜中魏军点火，就一齐朝着火把放箭。

　　果然不出孙膑所料。傍晚，庞涓带领自己的骑兵到达马陵，忽然看见路旁有棵被削去树皮的大树，而且上面还有字，感到非常奇怪。他就命人点燃火把，照亮去看。还没等他读完那些字，在关口两旁埋伏多时的齐国士兵纷纷朝着火把开弓放箭。魏国军队突遭袭击，顿时乱作一团，士兵们四处逃窜。庞涓看见士兵们都四散奔逃，无法收拾，知道败局已定，就拔出自己的长剑，长长地叹了一口气，说："没想到我庞涓成就了孙膑这个小子的名声！"然后无奈地自杀了。正在逃跑的魏国士兵，得知自己的主帅自杀，军心涣散，斗志瓦解。齐军乘势追击，彻底击溃魏军，并俘虏了魏国太子魏申，然后凯旋归国。

　　孙膑也因此名扬天下，后世还流传着他写的《孙膑兵法》。

吴起成名

　　吴起是卫国人，出生于贵族之家，但是到了他这一代，家境已经没落了。

　　吴起喜欢兵法，曾经拜曾子为师，学习治国之道，后来到鲁国做官。

　　齐国的军队攻打鲁国，鲁国国君想任命吴起为将军，但是因为吴起的妻子是齐国人，所以鲁国国君对他还是有些怀疑。吴起一心想当上将军，一展自己平生所学。他得知鲁穆公对自己有所怀疑，就回到家，杀了自己的妻子，并砍下妻子的头，拿给鲁穆公，以此表明自己的心迹。鲁穆公一见，非常感动，就任命吴起做将军，率领军队攻打齐国。吴起果然不负鲁穆公的重托，率领鲁国军队，大胜齐军。

鲁国有的人非常嫉妒吴起，就暗中诋毁他说："吴起从不相信别人，而且非常残忍狠毒。他年轻的时候，家里的黄金足足有几千两，他把这些钱都用来去外面买官，但是到最后却什么也没得到，还花完了家里所有的积蓄。和吴起同乡的人笑话他，说他没什么出息，他就拔剑把几十个嘲笑自己的人都给杀了。他杀人以后，就从卫国的东门逃跑，不顾自己年迈母亲的死活，离开了家乡。他和他的母亲告别的时候，咬着自己的胳膊发誓说：'我吴起要是当不上国相客卿，就绝不回卫国。'于是到了鲁国，拜孔子的弟子曾参为师学习儒术。不久，同乡的人来告诉吴起，说他母亲故去，但是他为了做官，竟然不回去奔丧。曾参知道后，认为他一点儿也不孝顺，非常瞧不起他，甚至和他断绝了师徒关系。吴起被老师开除后，就去学习兵法，后来在国君的朝中做官。国君怀疑他，吴起就杀了自己的妻子，向国君表明自己的心迹，希望能够得到将军的职位。鲁国是一个小国，如果任用一个会打仗的将军，就会被其他国家误认为我们鲁国很有野心，那样的话对鲁国十分不利。况且鲁国和卫国是兄弟国家，国君要是重用吴起的话，就等于得罪卫国。"鲁穆公听到流言，就慢慢地对吴起有所猜疑，逐渐疏远了吴起。

　　吴起被鲁穆公疏远以后，没有办法，只能去其他国家发展。他听说魏文侯非常贤明，觉得不如去投奔他。吴起就前往魏国，表示自己愿意在魏国效力。魏文侯也听人说起吴起有才能，想委以重任，但对吴起了解不多。为搞明真实情况，他问大臣李克："吴起是个什么样的人啊？"李克回答说："大王，虽然吴起这个人贪恋财物而且喜欢女色，但是讲起带兵打仗，那他可真的是一位英雄，连齐国的司马穰苴也很难比得上。"魏文侯听了以后，马上任命吴起为大将军，并且让他率领军队与秦军作战。吴起带领魏国军队西征，击败秦军，夺取了秦国五座城池。

　　吴起担任将军带兵打仗的时候，总是和士兵们一起同甘共苦。和最下等的士兵穿一样的衣服，吃一样的饭菜，睡觉的时候不铺垫子，行军的时候也不坐车骑马，还亲自背着行李和干粮。吴起还十分爱护士兵。有一次，一个士兵身上长了一个毒疮，吴起就亲自给这个士兵吸出疮里面的毒液。这个士兵的母亲听说了这件事情后，就嚎啕大哭。别人知道了，觉得很奇怪，就问她说："你的儿子在部队里只是一个无名小卒。他身上长了个毒疮，吴起将军却亲自给他吸疮里的毒，你应该为你儿子感到高兴和骄傲才是啊，怎么还哭得那么伤心呢？"那个士兵的母亲回答说："不是像你说的那样。以前他父亲也在吴起将军手下当兵，身上也长了个毒疮，吴起将军亲自替他父亲吸出了疮里面的毒。他父亲为报答吴起将军，在战场上勇往直前，不顾生死，最后战死在战场上。现在吴起将军又亲自给我儿子吸出毒疮里面的毒，他肯定也会像他父亲那样，舍生忘死地报答吴起将军啊。我不知道他会在什么时候战死，也不知道他会战死在哪里，所以才放声痛哭。"

魏文侯因为吴起非常善于用兵打仗，对人公正公平，在部队得到所有将军和士兵们的信任和爱戴，于是就任命他担任西河地区的郡守，来抗拒秦国和韩国对魏国的进攻。

吴起的见识

魏文侯死了以后，他的儿子当了国君，这就是魏武侯。有一天，魏武侯带领大臣们乘坐大船，沿黄河顺流而下。船行在黄河中央，魏武侯站在船头，看着黄河宏大磅礴的气势，感慨颇多，便回过头来对吴起说："你看这大山，这大河，多么壮观、多么险要啊！真是我们魏国的珍宝啊！"他满以为吴起会赞同，没想到吴起却讲出下面一番大道理来："君王，成就大业依靠的是国君的仁慈和美德，而不是靠山川的险要。古代三苗氏凶暴好杀，不修德行，不讲信义，他们拥有洞庭湖和彭蠡湖，想凭借这些险要的地势阻挡大禹，最后怎么样，不还是被提倡仁德的夏朝灭亡了吗？一个国家政权是否稳固，在于国君有没有美德，能不能让百姓得到好处，而不在于拥有多少险峻的山水，占据多少地理上的险要。如果君王您不修仁德，现在和您同乘一条船的人，也难保不成为您的仇敌！"魏武侯听了他的话，连忙点头，说："你说得真对！"

吴起做西河郡守，很有政绩，名声一天比一天大。后来，魏国设置了相国，由田文担任。吴起认为自己的功绩比田文高，心里忿忿不平，总想找田文理论一番。

他就找到田文说："我想和您比一比功劳，比一比才能，你看怎么样啊？"田文一听这句话，就知道他来者不善，但还是和气地回答说："好的，吴将军您请说吧。"吴起就问："那我先问问你，带兵打仗，让士兵心甘情愿地为国作战，让敌国不敢轻视魏国，你说我们俩谁更厉害啊？"田文回答说："当然是将军您啊，这点我哪能比得上您啊？"吴起一听这话，就更看不起田文了，又问他："那我们再比比其他的。说到管理老百姓，发展生产，让国家富强，我们两个人，你说谁厉害？"田文还是低声下气地说："这点我也比不上吴将军您啊。"吴起更加高兴了，连看都不看田文一眼，趾高气扬地说："那你再说说，镇守西河，抵抗秦国的进攻，打败韩国和赵国，去攻占他们的土地，我们俩相比谁更厉害？还是我吧？"田文连忙点头，说："当然还是将军您啊！我怎么能和您相比呢？"

这时的吴起，满以为田文在自己的逼问下，会主动让出国相的位置，就马上接着说："那我就不懂了，论带兵打仗，你不如我；论治理百姓，你也不如我；论镇守西河，抗拒秦军，你还是不如我，那为什么现在你是国相，而我只做个西河郡守呢？"田文见吴起说出了自己的真正意图，便回答说："吴起将军，上面的三点，我确实是不如您，但是国君让我当国相，自然有他的道理。您想想，现在国君刚刚即位，年龄不大，没有太多的政治经验，不但大臣们对他能否治理好国家都心怀疑虑，而且就连百姓们不大信服。魏国国内，隐藏着许多不安定的因素，您说，这种情况下，是让您来处理国家大事好呢？还是让我来处理国家大事好呢？"

听了这句话，吴起沉默了很长一段时间，想自己的身份和才能在稳定国家政局方面确实不如田文，然后诚恳地说："应该让您来掌管国家政务！"田文接着说："这就是我的优势所在，也是我的职位比您高的原因。"吴起明白了其中的道理，从此以后，再也不敢看不起田文了。

吴起之死

魏国国相田文死了以后，公叔痤接替他当上了国相，而且还娶了魏国的公主做妻子。公叔痤听说吴起曾经和田文比试谁的功劳大，害怕他也会这样对待自己，威胁自己的相位。他想除掉吴起，然而又无良策，只能整天在家唉声叹气。一天，一个聪明的下人知道了他的心思，就对他说："大人，您要想把吴起赶走，那还不简单？只要一个小小的主意就行了啊。"公叔痤一听，非常高兴，连忙问下人说："你快说，有什么好办法？"下人附着公叔痤的耳朵说道："大人，吴起这个人，为人节俭而且清正廉明，但是又非常爱面子，喜欢别人夸他。大人您只要对大王说：'大王，吴起那么有才华，既能带兵打仗，又能管理国家和百姓，而我们魏国国土那么小，又和西方强大的秦国相邻接。他肯定不会在我们魏国这样的小国呆下去，一定会有其他的打算的。'那时大王肯定就会对他产生怀疑，并且问您：'那该怎么办呢？'您就对大王说：'大王可以把公主殿下许配给吴起做妻子，来观察他到底有没有永远留在魏国的打算。如果吴起拒绝娶公主为妻的话，那就说明吴起不打算在魏国长住；如果他愿意娶公主为妻，那自然就说明他以后要永远呆在魏国。那大王您也就能放心了。'等到大王下令把要公主许配给吴起的时候，大人您再找个机会，邀请吴起来家里面，让他亲眼看看公主是怎么对待自己的丈夫的。但是大人您事先要和公主商量好，假装让公主生气，让公主表示看不起你。到时候，吴起看见魏王的公主连您这个丞相大人都看不起，就会担心她更看不起自己这个小小的将军了。那样，他自然就会拒绝大王的美意。如此一来，他只能离开我们魏国了。"

对公叔痤的诡计一无所知的吴起，果然中了他设下的圈套。吴起

《吴子》

中国古代著名兵书之一。题名作者吴起为战国时卫国左氏（今山东定陶西）人，曾师事左丘明的弟子曾申。他初为鲁将，后为魏将，因率兵击秦并参加攻取中山之战，被荐为西河郡守。魏武侯时，吴起甚有声名，后受大臣王错排挤，去魏入楚。楚悼王任吴起为令尹进行变法，楚因而强盛一时。悼王既死（公元前381年），宗室大臣作乱，吴起被攻杀于治丧之所。吴起是先秦时代著名的政治家和军事家，他的兵书在战国和西汉时十分流行。

在公叔痤家做客时，只见公主对国相大人呼来喝去，根本不当个人看，十分吃惊。时隔不久，魏武侯提出将公主许配给吴起，吴起委婉地拒绝了。于是，魏武侯当真怀疑吴起是不是有另投他国的打算，慢慢地就疏远吴起，不再信任他。吴起见状，害怕魏武侯下令降罪给自己，马上逃离了魏国，去了楚国。

这时的吴起，已经不是原来那个刚学完兵法没什么名气的吴起了。因为打了很多的胜仗，他在诸侯国当中已经有了很大的名气。楚悼王早就听说吴起很有才华，知道吴起到达楚国，就马上派人四处打听吴起的消息。找到吴起后，楚悼王就封他做楚国的国相，让他辅佐自己，治理楚国。

吴起当了楚国国相以后，没有辜负楚王的厚望，马上着手进行各种改革。他进一步明确了楚国的法令，坚决按照法令办事；命令下达了，就一定执行。他还淘汰并裁减了一些没有什么作用的职位，废除了一些和国君以及公侯关系非常疏远的人的贵族地位，将原本用于养活这些人的财物用来培养军队。吴起致力于提高楚国士兵的素质，增强楚国的军事力量，还揭穿了那些在楚国往来奔走、希望游说楚王进行连横或者合纵的说客。就这样，楚国逐渐强大了起来，向南平定了百越，向北吞并了陈国和蔡国，打退韩、赵、魏三国的进攻，向西还讨伐了秦国。

一个人有得意的时候，就肯定会有失意的时候。诸侯各国对楚国的强大感到非常担心。而且吴起在楚国的改革，得罪了太多的贵族势力。那些因为吴起改革而丧失利益的贵族们，一同谋划，想害死他，但是苦于楚悼王对他非常宠信，一时也没什么办法。终于，楚悼王去世了。

那些被吴起得罪的人，马上展开了行动。他们带领着自己的部下，拿着弓箭，攻打吴起。吴起被迫跑进了停放楚悼王尸体的地方，但围攻他的贵族们并不放弃，一直追到了楚悼王的尸体旁边。吴起一看对方人多势众，就趴在楚悼王的尸体上。贵族们对他早就怀恨在心，现在好不容易等到国君去世，怎么都不能放过他，于是纷纷朝他的身上射箭。因为吴起和楚悼王在一起，他们虽然射杀了吴起，一些人的箭也射中了楚悼王的尸体。

安葬完楚悼王，太子登基当上了国君。太子一即位，就下令把射中悼王尸体的人全部处死。那些为射吴起而射中了楚悼王尸体而被灭族的人，一共达70多家。

伍子胥列传·第六

伍子胥逃难

伍子胥，楚国人。父亲叫伍奢，哥哥叫伍尚。伍子胥的祖先伍举，因为勇于向楚庄王进谏，得到庄王的信任，所以伍家在楚国很有名。

楚平王让伍奢担任太子建的太傅，费无忌担任少傅。但是费无忌对太子并不忠心。楚平王派费无忌担任使者，替太子建去秦国迎娶秦国公主。见秦国公主长得很漂亮，费无忌就飞马回到楚国，对平王说："秦国公主是个绝代美人，大王您不如自己娶了她，然后再给太子另外娶一个。"楚平王是个贪图美色的人，当真听了费无忌的话，夺了儿子的老婆。他娶了秦国公主后，非常宠爱。秦国公主为他生了一个儿子，叫做轸。

费无忌因为向平王献上了秦国公主而得到了平王的宠信，就离开太子建，转而服侍平王。但是费无忌担心一旦平王死后，太子建当上国君，自己难逃一死，于是就在平王面前说太子的坏话。楚平王干了对不起儿子的事，现在又听信了费无忌的话，就更加疏远太子，派他去守卫城父，训练边镇的士兵。

可是费无忌依旧在平王面前挑唆，说太子建想造反。于是楚平王招来了太傅伍奢，责问他。伍奢知道是费无忌在平王面前捣鬼，就说："大王为

伍子胥画像镜 汉

什么偏偏要相信奸诈小人的谗言，疏远自己的亲生骨肉呢？"费无忌说："大王您要是不加以制止，太子的阴谋就会得逞。"楚平王对伍奢不满意，很生气，就把他囚禁起来，并派城父司马奋扬去杀太子建。还没有到那，奋扬就先派人告诉太子建："太子您快离开，不然会有杀身之祸。"太子建得信，逃亡去了宋国。

费无忌又对平王说："伍奢有两个儿子，如果不杀了他们，会成为楚国的祸害。大王可以把伍奢当做人质，逼他们回来。"楚平王派使者对伍奢说："你要是能让你两个儿子来，我就放了你，要是他们不来，那你就只能死了。"伍奢说："伍尚为人仁慈，让他来，他肯定会来。但是伍员（即伍子胥）为人刚正，坚忍，能成就一番大事。他看见我一来就被抓，肯定就不会来的。"平王不听，派人对伍尚和伍员说："如果你们到郢都，我就放了你们的父亲；要是不来，我就杀了他。"伍尚想去，伍子胥说："楚王现在召我们两兄弟，并不是想放了我们的父亲，而是担心我们如果逃走了，会成为他的隐患。所以就故意用父亲做人质，骗我们两人。我们一去，父子三人就全都会死。这比父亲一个人死更坏！而且如果我们去了，就没谁给父亲报仇了。还不如投奔其他的国家，借助他们的势力来报仇；要是我们和父亲一起死了，就什么也做不了了。"伍尚说："我知道即使是去了，也保全不了父亲的性命。但是我担心的是，如果父亲叫我回去，我不去，到最后又没能报仇雪恨，那我就成了天下人的笑柄了。"伍尚又对伍子胥说："你跑吧！你能够报杀父之仇，让我去送死。"最后，伍尚被抓，伍子胥得以逃往宋国。

伍子胥到了宋国以后，宋国华氏作乱，只得和太子建一起逃向郑国。郑国对他们很好。太子建又到了晋国，晋顷公说："既然太子和郑国关系很好，而且郑国也很相信太子，如果太子能在郑国作为我的内应，我在外面攻打郑国，就一定能把郑国灭了。灭了郑国以后，我就把郑国送给您。"太子建又回到了郑国。计划还没有行动，恰好太子建因为一些私事，想杀掉身边的一个下人，下人就把他和晋国的计划透露给郑国国君。郑定公和大夫子产就把太子建杀了。太子建有个儿子，叫做胜。伍子胥很害怕，就和胜一起投奔吴国。到了昭关，当地的官员想抓他们。伍子胥于是和胜各自分开逃跑。追赶的人跟在后面，到了一条河边，河上有一个渔夫驾着船，知道伍子胥很着急，就将他摆渡过河。伍子胥过了河以后，解下自己的剑，对渔夫说："这把剑值一百两黄金，送给您。"没想到渔夫哈哈大笑，回答说："楚国的法令说，抓住伍子胥，赏粟5万石，封执圭的爵位，又怎么是你这价值百两黄金的剑能比得上的？"说完就摇着船走了。

伍子胥到了吴国。当时吴王僚刚刚当权，公子光是将军。伍子胥通过公子光拜见吴王。

当时，楚国边境钟离和吴国边境卑梁氏都养蚕，两个地方的女子为争采桑叶相互撕打。到后来竟然导致楚国和吴国发动战争。吴王派公子光攻打楚国，攻占了钟离和居巢以后，撤军回国。伍子胥劝吴王僚说："大王您既然派公子光攻打楚国，为什么不继续攻打下去呢？干脆灭了楚国。"公子光对吴王说："伍子胥的父亲和哥哥被楚王杀了。他之所以劝大王您攻打楚国，是为了报他的私仇。而且就算是继续攻打楚国，也未必能打败它呀。"吴王听后，不再理睬伍子胥的话。

伍子胥知道公子光有野心，想杀死吴王僚而自立为君，就向公子光推荐了专诸。自己却离开朝廷，和太子建的儿子胜到乡下种地。

5年后，楚平王死了。平王的儿子轸当上了国君，也就是昭王。吴王僚趁着楚国办丧事，派兵袭击楚国。楚国军队切断了吴国军队的后路，使吴军不能回国，吴国国内空虚。公子光趁机派专诸刺杀了吴王僚，然后自立为国君，这就是吴王阖闾。阖闾马上召回伍子胥，和他一起策划国事。

掘墓鞭尸

吴王阖闾三年（公元前512年），吴国派遣伍子胥和伯嚭率领军队攻打楚国。二人一举占领舒地，捉住了背叛吴国的公子烛庸和公子盖余。阖闾想乘胜挥师西进，攻击楚国郢都。孙武劝告说："百姓和士兵都太疲惫了，不能进兵，还是等别的有利时机吧。"吴王接受意见，收兵回国。

公元前506年，吴王对伍子胥和孙武说："当年我想进军郢，你们都说不行，依现在的情况看，条件成熟了吗？"伍子胥和孙武回答说："公子囊瓦身为楚国将军，贪财好利，敲诈盟国，唐国和蔡国都怨恨他。大王要大举进攻楚国，一定要先取得唐国和蔡国的支持，以免有后顾之忧。"吴王采纳了他们的建议，先派人说服两国。然后，吴国发动全部军队与唐、蔡两国组成联军，合攻楚国。楚国将军子常战败逃跑，楚军全线动摇。吴王见状，便指挥联军乘胜进击，楚军崩溃。随后伍子胥等人进军郢都，楚军多次阻击，吴军五战五捷。不久，吴军兵临城下。楚昭王见势不妙，仓皇出逃。第二天，吴军杀进楚国的都城。

楚昭王逃出郢都，来到云楚大泽，没想到却遭到强盗的偷袭。昭王狼狈不堪，又逃到郧地。当年，楚平王曾杀死了郧公的父亲，郧公的弟弟怀恨在心，要杀楚昭王报仇。郧公知道楚国强大，不愿再结深仇，但又无法阻止弟弟行动，就和昭王一块逃跑。昭王一行避难来到随地，没料到一支吴兵追来，并包围了随地。吴国将领对随地人说："楚国全部灭掉了汉水流域诸侯国，罪恶昭昭，请杀了楚王或把他交给我们。"王子綦见随人要杀昭王，就把他藏起来。随地人很迷信，为昭王之事算了一卦。卦象显示把昭王交给吴军并不吉利，随人就拒绝了吴军的要求，昭王得以逃脱。

伍子胥有一个要好的朋友，名叫申包胥。当初，伍子胥出逃时，对申包胥说过，自己一定要颠覆楚国，而申包胥则表示一定要保全楚国。吴兵攻进郢都后，伍子胥到处搜寻楚昭王，要杀他报仇，但没有找到。一想起父兄被杀，伍子胥就怒不可遏。他无处发泄，就命人挖开楚平王的陵墓，把他的尸体拖出来。见到楚平王尸体，伍子胥红了眼，拿过鞭子，对着尸体猛抽300鞭，这才解了恨。

申包胥听到这个消息，派人去对伍子胥说："您这样做也太过分了！您毕竟做过楚平王的臣子，他毕竟是您的君王，如今您竟然侮辱死人，违背人道，伤天害理，简直到了极点！天公也会因此震怒的。"伍子胥对来人说："请你转告申包胥，就说我就要这么干，就要倒行逆施。"申包胥听后，很是气愤，就跑到秦国向秦君求救。秦国不想趟这浑水，拒绝了他的请求。申包胥不走，站在秦国的朝廷上，日夜痛哭，连哭七天七夜，秦国君臣无不动情。秦哀公同情地说："楚王虽然昏暗无道，但有这样的忠臣，楚国不应该被灭掉！"于是，秦国派出500辆战车，与申包胥一起去救楚国。这年六月，秦军在稷地打败吴军。此时，因吴王长期在外，他的弟弟夫概潜逃回国，自立为王。阖闾见国内出现叛乱，就撤军回国，攻打夫概。楚昭王趁此机会，率军打回郢都。

两年后，吴王稳定了国内局势，派太子夫差领兵攻打楚国。楚国担心吴军再次大规模进攻，就把都城迁到邑，以躲避吴军。当时，吴国采用伍子胥等人的战略，军事上获得了空前的成功，楚国、齐国、晋国、越国无不畏惧。

仲尼弟子列传·第七

颜回和子路

颜回是鲁国人，比孔子小30岁，是孔子最喜欢的一个学生。

颜回问孔子什么是"仁"，孔子回答说："克制自己，遵守礼仪，就是'仁'。"

孔子对学生们说："颜回这个学生真的是个品德高尚的人啊。生活艰苦，粗茶淡饭，住在简陋的胡同里，一般的人都忍受不了这种困苦，但是颜回却一点也不改变自己，乐于享受这样的乐趣。听我讲课的时候，颜回像个蠢笨的人，但是下课后观察他私下的言谈，发现他却能够自由发挥，颜回实在是不笨。"孔子又评论子路说："得到任用就能匡时救世，不被任用就藏道在身，只有我和你才能这样吧！"

虽然颜回非常受孔子的喜欢，但是很不幸，不到30岁就病死了。他死后，孔子很伤心，痛哭了一场，一边哭一边对学生们说："我真为颜回伤心啊。因为有了颜回，你们才和我更加亲近啊。"

鲁哀公问孔子："您的那些学生中，最好

子路问津图　明　仇英

《论语》

《论语》是孔子和弟子们的互相应答，以记言为主，"论"是论纂的意思，"语"是话语。《论语》成书于众手，记述者有孔子的弟子，有孔子的再传弟子，也有孔门以外的人，但以孔门弟子为主。它虽然不是孔子的著作，却是研究孔子及其思想主张的原始资料。《论语》内容广泛，言简意赅，集中体现了孔子的政治主张、伦理思想、道德观念及教育原则等，尤其是在治学和教育等方面的观点和主张，至今依然闪耀着智慧的光芒，成为千百年来研习传统文化的必读经典。

学的是哪一个？"孔子回答说："我最好学的学生是一个叫颜回的。他不但有才华，而且对人很善良。可惜的是，他短命死了。现在再也没有像他这样的学生了。"

仲由字子路，比孔子小9岁。

子路年轻时，性情粗暴，喜欢动武，性格刚直。他每次都戴着雄鸡冠一样的帽子，佩着猪皮装饰的宝剑。孔子用礼慢慢地诱导他，后来，子路穿着儒服，带着礼物，通过孔子的学生，请求拜孔子为师。

子路问如何处理政事，孔子说："先要自己做给百姓看，才能让百姓辛勤劳动。"子路请求孔子再讲深入些。孔子说："长期这样做，坚持不懈。"

子路问孔子："君子会崇尚勇敢吗？"孔子说："只有义才是最高尚的。如果君子崇尚武力而不讲义，那他就有作乱的心思；如果小人崇尚武力而不讲仁义，就会做坏事。"

孔子评论子路说："只听单方面言辞就可以决断案子的，恐怕只有仲由吧"，"仲由崇尚勇敢超过我，但是暴躁也超过了我，处理事情不够周全，太过偏激了"，"仲由这种性格，不会得到好的结果"，"穿着用棉絮做的破袍子和穿着狐皮大衣的人站在一起而不羞愧的，恐怕只有仲由吧"，"仲由的学问入门登堂了，但是还没进入内室"。

季康子有一次问孔子说："你的弟子子路有仁德吗？"孔子回答他说："我知道，委派他掌管一个大国赋税征管，他是称职合格的，这点可以放心。至于说到仁德方面，我确实不知道他有没有。"

卫灵公非常宠爱一个妃子，叫做南子。太子蒉聩得罪了南子，担心招来杀身之罪，就逃亡去了国外。卫灵公死后，夫人南子想立自己的亲生儿子郢为国君。公子郢不答应，并且说："现在太子的儿子还在国内，我怎么能够和他争呢？应该他当国君。"于是夫人就立了蒉聩的儿子辄做国君，也就是出公。12年以后，出公的父亲蒉聩勾结卫国大夫孔悝一起造反，夺回国君之位。这时子路担任孔悝的宰邑，正在外地。他听说孔悝和蒉聩造反的事情后，马上赶了回去。子路刚好碰上认识的子羔从卫国城门出来，准备离开卫国。子羔就劝子路说："你千万不要回去了。现在国君已经逃往国外，你没必要冒着生命危险去管这样的事情。"子路非常生气，回答说："我既然在出公手下办事，在他有难的时候，就不能不去帮他。"正好有一个使者进城，子路就跟着进去了。

这时蒉聩已经自立为国君。子路赶到他那里的时候，蒉聩正和孔悝一起站在台上。子路就对蒉聩说："英明的君王就不能任命孔悝这样的小人，让我替您杀了他。"蒉聩不听子路的话，子路就要放火烧台子。这可吓坏了蒉聩，他忙叫手下的石乞和壶黡阻拦子路。搏斗的过程中，子路的帽缨不小心被割断了。子路说："我应该戴着我的帽子死去。"就系好自己的帽缨。他刚把帽缨系好，就被杀死了。

孔子听说了卫国发生了叛乱，就说："哎呀，仲由要死了！"果然传来了子路死去的消息。

子贡出使

端木赐，字子贡，卫国人，比孔子小31岁。

齐国的田常想造反，但是害怕鲍牧、高昭子和国惠子几家的势力，于是就调动他们的军队去攻打鲁国。孔子听到消息，就对他的学生们说："鲁国是我们的祖宗坟墓的地方，也是我们的父母之邦。现在齐国田常想攻打鲁国，你们为什么不挺身而出呢？"于是子路站出来，打算去救鲁国，孔子没有同意。子张和子石请求去救鲁国，孔子也没有答应。直到子贡提出要去，孔子才同意了。

子贡来到了齐国，拜见了田常，并劝他说："您要攻打鲁国，是错误的。鲁国非常难攻打。鲁国的城墙很矮，地方也不大，国君很愚蠢而且不讲仁义，大臣们是钩心斗角，百姓们也不愿意打仗，这样的国家不能去攻打。您应该去打吴国，吴国城墙高而且坚固，土地宽广肥沃，盔甲坚韧崭新，士兵精神饱满，武器和军队都非常多，又有着贤能的官员守卫，这样的国家容易攻打。"田常听了他的话，脸色一变，生气地说："你所说的容易，别人却认为很难；你所说的很难，但别人却认为很简单。请你告诉我，这是为什么？"子贡说："我听说，如果国内不稳、朝中不安，就要攻打强大的国家；如果忧患在国外，就应该攻打弱小的国家。现在齐国国内不安，所以您应该去攻打强国。我还听说国君几次加封地您，都遭到了其他人的反对，足见国内不安。现在你调动军队去攻打鲁国，如果赢了，齐国国君就会很骄傲，带兵的大臣也会居功自傲，但是你的功劳却显不出来。国君骄傲的话，就容易和你疏远；大臣骄傲的话，就容易争权夺利。这样的话，你上和国君疏远，下又和大臣们争斗，您在齐国就危险了。所以您不如攻打吴国，吴国很强大，如果您输了，百姓们就会指责国君和带兵的大臣。那样在上没有大臣与您作对，在下没有百姓对您指责，到时候，控制齐国的人就是您一个人了。"田常觉得有道理，就问："但现在军队已经到了鲁国，如果撤退的话，大臣们就会怀疑我，怎么办？"子贡说："您先不要进攻，我马上去游说吴王攻打齐国，援救鲁国，您再派部队去迎战。"

子贡就去了吴国，对吴王夫差说："我听说，施行王道的人不会被灭绝，能称霸的人没有强大的敌人，一千钧重的东西上放上一铢一两的东西，也可能会移位。现在强大的齐国攻打鲁国，如果兼并了有相当实力的鲁国，国力大增，再过来和吴国争霸，我真为大王您担心啊！大王您要是派兵去援救鲁国，不但鲁国的百姓会感激您，其他诸侯国也会赞扬您的仁义。这样，表面上是拯救鲁国，实际上是削弱了强大的齐国。"夫差说："你说的很对。但是几年前我曾经和越国打过仗，还把勾践围在会稽山。现在勾践在越国厉兵秣马，准备复仇。如果我派兵去攻打齐国的话，越国就会偷袭我们吴国。先生您等我灭掉越国，就按您说的去攻打齐国。"子贡听了，说："越国比鲁国弱小，吴国没有齐国强大。大王不去攻打齐国，反而去攻打越国，那样的话，还没等越国失败，齐国早就吞并鲁国了。况且大王正打着扶危救困的旗号建立霸业，如今您攻打弱小的越国而害怕强大的齐国，这不是勇敢的表现。勇敢的人不逃避困难，仁慈的人不让别人陷入困境，聪明的人不错失良机，施行王道的人不会被灭绝。大王您凭借这些来树立你们的威信。现在通过宽恕越国来向各国显示您的仁义，再派兵援助鲁国，攻打齐国，向晋国施加压力，诸侯各国一定会臣服于您，大王您的霸业就成功了。您如果真的担心越国，请让我去会见越王，让他派出军队和您一起讨伐齐国，这样您就没有后顾之忧了。"夫差十分高兴，就派子贡去越国游说勾践。

越王清扫道路，在郊外迎接子贡，并且亲自到子贡住的房间问他："我们越国是蛮夷之国，子贡大夫您为什么屈尊来到这呢？"子贡说："我正在劝说吴王去援救鲁国，攻打齐国，但是吴王却说害怕您会乘他不备，偷袭吴国，还说要先攻打越国。那样的话，越国一定会被攻破。没有打算报复却招致了别人的怀疑，这就太拙劣了；想报复别人却又让人知道了，这又太糊涂了；事情还没有发动却让人知道了，这就太危险了。这三点可是办事的最大祸患啊。"勾践磕头，拜了两下，说："当初我不自量力和吴国交战，被围困在会稽。我对吴国是恨之入骨，恨不得和吴王同归于尽。"子贡说："吴王凶狠残暴，大臣们无法忍受；国家经常打仗，士兵无法忍耐；百姓怨恨国君，大臣们纷纷变乱；

伍子胥苦谏被杀，太宰伯嚭当政，只知道顺应着国君的过失，保全自己的私利，吴国的情况已经很糟糕了。现在大王如果能出兵跟随吴王，顺着他的心意，再用金银珠宝来讨好他，用谦卑的语气恭维他，他一定会攻打齐国。吴国要是输了，就是大王您的福气。如果胜了，他一定会进攻晋国，我再去拜见晋国国君，让晋国攻打它，这样定会削弱吴国。等吴国的军队在与齐国作战中受到消耗，而且又被晋国牵制住，大王您再乘机攻打它，就一定能灭掉吴国。"勾践十分高兴，采纳了他的意见。

子贡回到吴国，告诉夫差说："大王，勾践已经表示，希望带领越国的士兵随您攻打齐国，而且他还会送一些武器和宝物给您。"5天后，越王果然派重臣文种来向吴王表达了这些意思。

夫差高兴地问子贡："那您说让勾践披甲上阵可以吗？"子贡回答说："千万不可以。越国本来就弱小，现在几乎出动了全国的兵马帮助您，如果再要求人家的国君也来随您作战，别人就会说大王您不义了。"

于是夫差就拒绝了勾践陪同作战的要求，自己率兵讨伐齐国。子贡再去晋国，告诉晋国说吴国将要攻打齐国，如果打败齐国，下一个进攻的目标就是晋国，要晋国做好准备。晋国得信，果然派重兵驻扎在晋、齐两国的交界处，静观事态的发展。

子贡的这次出使，不但保全了鲁国，削弱了齐国，还导致了吴国的灭亡。晋国打败了吴国，也变得更加强大起来；越王勾践最后则成为东方诸侯国霸主，也都有子贡的出使在其中所起的推动作用。

商君列传·第八

商鞅入秦

商鞅原来叫公孙鞅，是卫国国君的后人，因此也叫做卫鞅。后来秦国国君把於、商等一些地方封给了他，他因此被称为商君，后来人们就把他叫做商鞅。

公孙鞅年轻的时候就非常喜欢研究统治术和法律。当时，他投奔魏国国相公叔痤门下，担任中庶子。公叔痤知道他很有才能，就打算向魏惠王推荐他。刚好公叔痤得了病，魏惠王亲自去看望他，说："您的病要是有什么意外，谁能够接替您的位置呢？"公叔痤回答说："我手下的中庶子公孙鞅，虽然年轻，但是一个奇才，能接替我。希望大王您能把魏国的国家大事全部托付给他，交给他去处理。"魏惠王听了公叔痤的话，什么也没说，就准备回宫。看到魏惠王不采纳自己的建议，不想任用公孙鞅，公叔痤连忙叫下人们退下，然后对魏惠王说："大王您如果不任用公孙鞅的话，就一定要杀掉他。千万不要让他离开魏国，去其他国家。"魏惠王看着公叔痤认真的样子，心中暗笑，为了安慰这位老大臣，就随口答应了。魏惠王走了以后，公叔

商鞅像

痤马上叫下人找来公孙鞅，对他说："刚才大王问我魏国有谁能够担任国相，我在大王面前推荐了你。但是我看大王的样子，就知道他不会同意我的建议。你知道，做臣子的要忠于自己的君主，所以，我就劝大王杀掉你，不让你到其他国家去，大王答应了我的请求。作为一个人，你与我有交情，我得把这消息告诉你，你现在赶快离开魏国吧，不然的话，很快就会被大王派出的人抓住。"公孙鞅听了公叔痤的话，回答说："大王既然不能听从您的话来任用我，又怎么会听从您的话来杀我呢？"最后还是没有离开魏国。魏惠王离开公叔痤后，对自己下人们说："公叔痤病得很严重，真让人伤心啊。他想让我把魏国的国家大事全部都交给公孙鞅处理，难道不是病得太重，糊涂了吗？"

不久公叔痤就病死了。当时，秦孝公渴望富国强兵，到处招贤纳士，希望恢复秦穆公时代的霸业，收复失去的土地。公孙鞅听到这个消息，就来到秦国。公孙鞅通过大臣景监求见秦孝公，秦孝公召见了他。

见了面以后，公孙鞅跟秦孝公讲解治国道理，说了很长时间，而秦孝公却一直打瞌睡，一点也没听进去。公孙鞅离开以后，孝公就把怒火发到景监身上："你给我介绍的客人只不过是一个狂妄之徒罢了，又怎么能任用呢！"景监把孝公的话告诉了公孙鞅，公孙鞅却说："我向大王推荐的是尧和舜治理国家的方法，但是君王根本就没有心思听。"过了五天，景监又请求孝公召见公孙鞅。公孙鞅再次见孝公时，比上次说得更多更好，但是仍然没有说在秦孝公的心上。接见完公孙鞅以后，孝公再次责备景监。景监也责备公孙鞅，公孙鞅回答说："我劝说君王采用夏禹、商汤、周文王和周武王的方法来治理国家，君王他还是听不进去。我拜托你请求他再召见我一次。"

公孙鞅又一次拜见了孝公。这一次秦孝公对公孙鞅很友好，可是依然没有任用他。接见完公孙鞅以后，秦孝公对就景监说："你介绍的客人还不错，我可以再和他谈谈了。"景监把孝公的话告诉了公孙鞅，公孙鞅说："我用春秋五霸治理国家的方法来说服君王，看君王的样子是准备接受了。如果君王再召见我一次的话，我就知道该说些什么东西啦。"于是公孙鞅又一次拜见了孝公，孝公和他谈得非常投机，一连交谈了好几天都不觉得厌倦。景监感到很奇怪，就问公孙鞅："您是怎么了解到君王的心意，获得君王的欢心呢？现在君王高兴极了。"公孙鞅回答说："上次我劝君王采用古代明君治理国家的办法，建立夏、商、周那样的盛世，可是君王却说：'时间太长了，我没法等，何况英明的国君，都是自己在位的时候就已经名扬天下了，我又怎么能够默默无闻地等上几十年、几百年来成就帝王大业呢？'所以，这次我向君王推荐的是富国强兵的具体策略，君王才非常高兴。如果采用这种策略，可以在短时期内收到成效，但想创立像商朝和周朝那样不朽的功业，恐怕不可能了。"

秦孝公任命公孙鞅为左庶长，让他负责秦国的变法。

立木为信

秦孝公任用公孙鞅后不久，公孙鞅打算改革秦国制度法令。秦孝公担心天下人会议论自己，公孙鞅说："做事犹豫不决就不会成功。有超常出格行为的人，难免遭到平庸者的指责和非议；有自己的独到见解的人，一定会被普通人误解和嘲笑。那些愚蠢的人对于已经成功的事情都弄不明白，但聪明的人却事先就能预见将要发生的事情。老百姓很难从开始就和您共同谋划，但可以一起享受成功的喜悦。真正追求最高道德的人是不会迎合世俗的，真正做大事的人不应该去跟普通人商量。所以圣人认为：只要能够使国家强大昌盛，就没有必要事事循规蹈矩；只要能够对老百姓有利，就没有必要遵循陈旧的礼制。"孝公听了，觉得有道理，说："说得好。"

但是甘龙却反驳说："不是那样的。圣人不改变民俗而施以教化，聪明的人不改变成法而治理国家。顺应民风民俗来加以教化，不费力就能成功；沿袭成法来治理国家，官吏习惯而且百姓安定。"公孙

"重农抑商"是贯穿中国整个封建专制时代的重要思想政策，它萌发于春秋，成熟于战国，延及以后历代，它是中央专制集权政治的配套措施。其"重农"之农，包括小农及以小农为基础的农业经济，目的是稳定国家兵源、财源（赋税）与社会经济基础；其"抑商"之商，指的是商品经济与资本市场，在抑制商人资本对破产小农的盘剥、兼并的表层下，包含有防止政权对立面或异己力量出现的根本目的。

鞅说："那只是世俗的说法而已。普通人满足于原来的习俗，而读书人只局限于书本上学的东西。这两种人当官守法还可以，但不能和他们谈论现行制度法以外的东西。夏商周三代，虽然制度不同，但都能统一天下。五霸虽然作法各异，但都也能称霸一方。聪明的人制定法度，愚蠢的人被法度约束；贤能的人改变礼仪，普通的人受制于礼仪。"杜挚也附和甘龙说："没有百倍的利益，就不能改变现行的制度；没有十倍的功效，就不能更换正在使用的器物。遵循原来的法令不会有过失，保持原来的礼制不会有差错。"公孙鞅说："治理国家没有一成不变的办法。只要对国家有利，就不一定非得照搬古代的法令。所以，商汤和周武王没有沿用旧的法令也取得了天下，夏桀和殷纣并没有改变旧的礼制，不也灭亡了吗？"辩论结束，秦孝公接受了公孙鞅的意见，决心变法。他任命公孙鞅为左庶长，负责改革法制。

公孙鞅下令把十户人家分为一什，五户人家分成一伍，民户之间互相监视检举。如果有一家犯法，十家一起治罪。不向官府告发为非作歹之人的，处以腰斩的刑罚，告发作奸犯科之人的，和砍敌人首级一样受赏，窝藏犯罪分子与投降敌人一样惩罚。一户人家有两个以上的壮丁不分家的，赋税加倍。有军功的人，各按标准升爵受赏；为私事打架斗殴的，按照情节的轻重分别处以不同的刑罚。致力于农业生产，让粮食丰收、布帛增产的免除劳役或赋税。从事工商业及因懒惰而贫穷的人，就把他们的妻子全都没收，作为官奴。身为贵族而没有军功的，不能列入家族的名册。明确每个人的爵位和等级，各自按等级占有土地、房产，家臣奴婢的衣裳、服饰，按各家爵位等级确定。有军功的大力表彰使之荣耀，没有军功的即使很富有也不算光荣。

新法制定好以后，在公布之前，公孙鞅怕秦国百姓不相信，就在国都市场的南门竖一根三丈长的木头，并且宣布谁能把木头从市场南门搬到市场北门，就能获得十两黄金的奖赏。百姓们觉得很奇怪，没人敢动。于是公孙鞅又宣布："能把木头搬到北门的赏五十两黄金。"有一个人按捺不住好奇，就走出来把木头搬走到了北门，公孙鞅马上就赏给他五十两黄金。这件事情迅速传遍都城，秦国百姓相信公孙鞅言出必行。

新的法令实施了刚满一年，秦国都城抱怨说新法不好的就有几千人。于是有人就怂恿太子触犯了新法，试探公孙鞅执行新法的决心。公孙鞅说："新法之所以不能顺利推行，就是因为上层的人不断触犯它。"于是就要按照新法来处罚太子。但是太子是国君的继承人，不能施以刑罚，公孙鞅就处罚太子的老师，负责监督太子行为的公子虔受到责罚，负责传授知识的公孙贾被处以墨刑。第二天，秦国百姓没有谁再敢违抗新的法令了。新法实施10年以后，秦国百姓都非常满意。即便是在路上丢了东西，也没有人乱捡；山林里也没有了盗贼；百姓家家富裕，户户殷实；人们都勇于为国家效力，不敢为私利而争斗；乡村、城镇社会秩序安定。那些当初说新法不好的人，都转而称赞新法。而对那些扰乱教化的人，公孙鞅全将他们迁到边远的地方去。从此以后，再也没有人敢随便议论新法了。因为变法成效显著，秦孝公任命公孙鞅为大良造。

3年以后，秦国把国都从雍地迁到咸阳，并推行了一系列新的政策：下令禁止百姓父子兄弟同居一室。把小的乡镇村庄合并成县，设置县令、县丞。通过调整，把全国划分为31个县。打破原来的地界对农民的局限，鼓励开垦荒地，按统一的标准征收赋税。统一全国的升斗、秤和丈尺。这些新的法令推行了4年，很有成效。这时，公子虔又触犯新法，被判处劓刑。

变法5年后，秦国实力大增，国富兵强。周天子把祭祀用的肉送给秦孝公，诸侯各国都来秦国祝贺。

作法自毙

商鞅担任秦国丞相10年，公子贵族备受打击，很多人都对他心怀怨恨。赵良去拜见商鞅，商鞅说："我想和您交个朋友，可以吗？"赵良回答说："我不敢答应。孔丘说过：'向国君推荐贤能、受到百姓拥戴的人曾说过，占据不属于自己的职位，叫做贪图官位；拥有不属于自己荣誉，叫做贪图名声。'我若顺从您，与您交朋友，那就成了既贪图官位又贪图名声的人了。所以不敢答应。"商鞅就问他："先生是不是认为我治理秦国不够好，不赞成我的做法？"赵良说："听得进别人的建议叫聪明；能审视自己的过失叫英明；能管住自己叫自强。虞舜说过：'谦虚低调的人反而受到尊重。'您不如采用虞舜的治国之道，这样就不用问我了。"商鞅不以为然，说："从前秦国人和戎狄人的生活方式差不多，现在我改变了这种风气。我还大规模营造城市和宫殿，把秦国建设得就像鲁国和魏国一样。先生您看我治理秦国，和五羖大夫相比，谁更高明？"赵良回答说："1000只羊的皮，比不上一领狐裘珍贵；1000个人随声附和，比不上一个士人的直言争辩。周武王倡导直言争辩而周朝昌盛；殷纣王爱听阿谀奉承导致商朝灭亡。您要是不反对周武王的说法，那么我先请求您不要怪罪我，那样我就可以大胆对您说说我的意见，可以吗？"商鞅说："冠冕堂皇的话，非常华丽；至情至理的话，非常直白平实；逆耳忠言虽然让人难以接受，但却如同药石；甜言蜜语虽然好听，但却对人百害无一利。先生您要是真的肯向我说出您的意见，那些话就是我的良药啊。"

赵良说："五羖大夫，是楚国的一个平民。他听说秦穆公非常贤明，就想去拜见他，但是因为没有盘缠，就投靠秦国人，穿着粗麻衣服喂牛。一年以后，秦穆公知道了，将他解脱出来，提拔他做要职，全国人都很服气。后来他在秦国担任国相六七年，其间率领秦国军队一次攻打郑国，三次扶立晋国国君，一次救楚国于危难之际。他在境内推行仁德的统治，让巴地人主动纳贡；他对诸侯各国施以恩德，让8个戎国都主动臣服。由余听说以后，不远千里前来拜见。五羖大夫在秦国担任国相的时候，即便是劳累，也不乘坐马车；即便是非常热，也不张开华盖；在国内出行，无需车辆随行，更不需要警卫保护。他的功绩和美名载入史册藏在府库，他的美德更是记在百姓的心里，流芳后世。五羖大夫死的时候，秦国百姓不分男女，都痛哭流涕，儿童们也不再唱歌，舂米的人也不再劳作，这都是因为五羖大夫的美德感动了他们啊。现在您之所以能拜见秦王，是通过宠臣景监的推荐，这不是成名的正道。您虽然担任秦国的国相，但是却不为了百姓考虑，只知道大肆修建宫殿楼阁，来炫耀自己的功劳。又按照刑法，判了太子的师父黥刑，伤害百姓来显示法律的严峻，这样就招致了别人对您的怨恨。教化的方法比强迫命令的作用还要大，百姓们以上司为榜样学习模仿，效果比执行命令还要快。现在，您不按照这些道理治理国家，却采用严刑峻法来树立自己的权威，这可不是真正的教化。您在封邑商地称孤道寡，天天都用新的刑法来约束压迫那些贵族和公子。《诗》说：'老鼠还有着自己的礼貌，人反而不讲礼仪。人要是不讲礼仪，那还不如快点去死呢。'按诗里所讲的道理，您的做法实在是不值得赞扬啊。现在公子虔闭门不出已经八年了，您又杀了祝懽，给公孙贾刺了面。《诗》里还说：'得到人们的拥戴，就能够兴旺；失去人们的拥戴，就会失败。'您做的这些事情，实在是难得人心啊。您每次出行，都有几十辆马车随行，车上站满顶盔贯甲的护卫。您选拔身强力壮的人做贴身警卫，命令武士持矛操戟紧随您的车旁。防卫措施有一样不到位，您都不敢出行。依我看，您现在的处境就像早上的露水随时会被晒干一样危险。若想保全性命以终老，不如将自己的封地献出来，到乡下当个自劳自食的百姓。然后再劝秦王接纳有才能的人，奖励有功，推崇德行，这样或许还能稍保平安。"但是商鞅没有听从他的建议。

　　5个月以后，秦孝公去世，太子即位。公子虔等一些人诬告商鞅谋反，太子立即派人去抓他。商鞅出逃，来到关下，想找个旅馆投宿。旅馆主人不知道他是商君，就说："商君制定的法律，要住宿的话必须有文书。"商鞅叹了一口气，说："唉，我竟然被自己制定的法律逼到了这个程度！"他又逃往魏国。魏国人怨恨他欺骗了公子卬，攻破了魏国军队，不肯接受他。商鞅想去其他的国家，魏国人却说："商鞅是秦国的罪犯，秦国的罪犯逃到了魏国，魏国不把他送回秦国，是不行的。"商鞅只好回秦国。商鞅回到自己的封地商邑，率领自己部下和军队攻打郑国，寻求出路。秦国派兵攻打商鞅的军队，在郑国黾池杀掉商鞅，随后把他的尸体车裂，并且诛杀他的全家。

苏秦列传·第九

苏秦用事

苏秦是东周洛阳人，他曾经到周朝东边的齐国拜师求学，在鬼谷子门下学习纵横之术。

苏秦在外面游学多年，希望能够一展才华，没想到最后却弄得穷困潦倒，只能狼狈回到家里。他的哥哥嫂子、弟弟妹妹和妻妾都嘲笑他，说："周人的习俗是专心经营产业，努力从事工商，以追求1/5的利润为目的。现在你丢掉自己应该做的事情不做，一心想靠着你那张嘴去吃饭，以至穷困潦倒，这不是自找的吗！"苏秦听了这些话，心里很惭愧，一个人独自伤心，就关了自己的房门不出来，把自己的书都拿出来，重新读了一遍。然后说："我一个读书人，既然已经拜了老师，学了很多东西，而且自己也天天埋头苦读，到现在却又不能依靠着自己学的东西来得到权力和财富。这类书即使读的再多，又有什么用呢？"于是把先前所读的书放弃，找到周书《阴符》，潜心钻研。苏秦整整花了一年的时间来详细地加以揣摩和思索书里面的内容，认为已经理解书中精髓，心情十分激动，说："凭着从这本书里面学的东西，就可以游说当代的国君了。"于是就去求见周显王，企图游说他。但是周显王的大臣们对苏秦非常熟悉，认为他是个夸夸其谈的无能之人，全都看不起他，所以周显王也不相信他。

苏秦又去西边的秦国。这时秦孝公已经死了，即位的是秦惠王。苏秦就游说秦惠王说："秦国的四面都是险要的要塞，还被许多山包围住，渭水就像一条带子一样，从国境穿过。秦国的东边有关山大河，西边有汉中，南边有巴蜀，北边还有代地。可以说，秦国真是个地势险要、土地肥沃、物产丰富的天然宝库啊。大王您凭着秦国那么多的百姓，再加上那么多训练有素的士兵，完全可以用他们来统一天下，建立万世帝业，统治四方。"秦惠王说："鸟儿的羽毛还没长丰满，不可以在高高的天空里飞翔；国家的政策法令还没有走向正轨，不可以吞并天下。"当时秦国刚刚处死了主张变法改革的商鞅，非常痛恨那些游说的人，所以秦惠王就没有任用苏秦。

苏秦又来到了东边的赵国。赵国国相奉阳君不喜欢苏秦，苏秦只得离开赵国。

接着，苏秦去了燕国，但是等了一年多的时间才有机会拜见燕王。他对燕文侯说："燕国的东边有朝鲜和辽东，北边有林胡和楼烦，西边有云中和九原，而且南边还有滹沱河和易水，国土纵横有2000多里，部队几十万人，战车600辆，战马6000匹，储存的粮食足够全国百姓用好几年。燕国的南面有碣石和雁门那样肥沃的土地，北面还有大枣和栗子等特产，燕国百姓即便是不去种地干活，光靠北面收获的大枣和栗子也足够百姓们吃的了。这就是人们所说的天府之国啊！

"要是说起老百姓能够安居乐业，没有战事，也不会看到军队的覆灭、将领们被杀的情景，没有哪个国家能够比得上燕国。大王知道为什么会这样吗？燕国之所以不会招致其他国家军队的怨恨，不被他们侵犯，都是因为赵国在燕国的南面，为燕国起着屏障的作用。秦国和赵国之间打了5次仗，其中秦国胜了两次，赵国胜了3次。秦国和赵国两国相互对抗，彼此削弱，大王您就可以在后边牵制着他们，这就是燕国不会被其他国家进攻的原因。更何况如果秦国想要攻打燕国的话，就必须穿过云中和九原，再穿过代郡和上谷，行军几千里。即便是占领了燕国的城池，秦国也没有什么办法来守住它。所以，秦国不能进攻燕国的道理也就非常明显了。现在如果是赵国想要攻打燕国，不超过10天，赵国几十万的大军就能够到达东垣，然后再渡过滹沱河和易水，再过四五天，他们就能到达燕国的都城。所以说，秦国攻打燕国，是在远离自己国家几千里的地方打仗；赵国攻打燕国，却是在离自己国家几百里以内打仗。不担心自己国家几百里以内的灾祸，反而去担心几千里以外的敌人，再也没有比这更加错误的想法了。因此我希望大王您和赵国合纵相亲，诸侯各国成为一个整体。那样的话，燕国就一定不会再有什么值得忧虑的事情了。"

燕文侯一听，觉得他说得很有道理，就答应了合纵，并且拜苏秦为国相，让他负责合纵的事情。

说赵王合纵

燕文侯资助苏秦车马钱财，让他到赵国去商讨合纵之事。这时，奉阳君已经死了，苏秦就趁机游说赵肃侯说："天下的卿相大臣和穿粗衣的读书人，都非常敬仰您，认为您非常英明，施行仁义，早就想在您面前听从教诲，表示忠心了。但是因为奉阳君妒嫉人才而大王您又不理朝政，所以没有人在您面前说出心里话。现在奉阳君已经去世，您又可以和士民百姓亲近了，所以我才敢把我的想法告诉您。

"我暗中替您考虑，没有什么比百姓安居乐业、国家太平更重要的了。让百姓安居乐业的根本，在于选择联盟的国家。联盟的国家选择

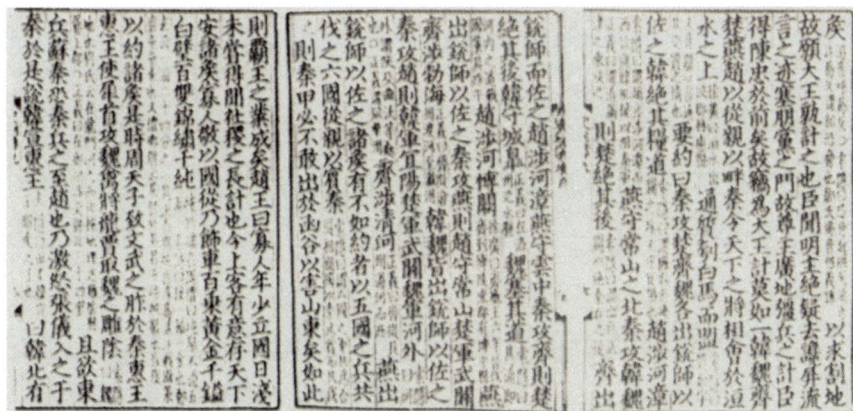

《史记·苏秦列传》中记载的苏秦合纵策略
苏秦是战国时著名的纵横家，曾说服齐王取消帝号，联合楚、燕、韩、赵、魏五国抗秦，使秦兵不敢出函谷关15年之久。

得好，国家安全，老百姓就安定；联盟的国家选择得不好，国家危急，百姓也就不得安定。请允许我说说赵国的外患：如果赵国和齐国、秦国为敌，百姓就不得安定；假如联合秦国攻打齐国，百姓也不得安宁；要是联合齐国攻打秦国，老百姓还是不得安宁。

"如果大王亲近秦国，那么秦国一定会去削弱韩国和魏国；如果和齐国友好，那么齐国一定会想法削弱楚国和魏国。魏国衰弱了就要割让河外，韩国衰弱了就要献出宜阳。不论秦国得韩国的宜阳还是得到魏国的河外，得到这些战略要地，最终都会使秦国强大，而对赵国不利。楚国衰弱了，您就孤立无援。这三点您不能不仔细地考虑啊。

"如果秦国占领了轵道，南阳就危险了，秦国要强夺南阳，包围周都，那么赵国就必须自卫；如果秦国攻占了卫地，占领卷城，那么齐国就一定会向秦国称臣。秦国得到了崤山以东战略基地，就一定会进攻赵国。秦军渡过黄河，越过漳水，占领番吾，那么，秦赵两国的军队一定会在邯郸城下交战。对赵国来说，这就是最令人担心的事。

"现在，崤山以东的国家没有比赵国更强大的。赵国纵横2000多里，军队几十万人，战车上千辆，战马上万匹，粮食可支持几年。西边有常山，南边有漳水，东边有清河，北边还有燕国。燕国弱小，不值得担心。秦国最记恨的就是赵国，但秦为什么不敢攻打赵国呢？是因为害怕韩国和魏国在后边偷袭它，所以韩、魏可以说是赵国南边的屏障。秦国如果要进攻韩、魏的话，就没有什么山川的阻挡，像蚕吃桑叶一样慢慢占领他们，最后逼近两国的都城。韩、魏抵挡不住，肯定会向秦国称臣。秦国没有了韩国、魏国的顾忌，肯定会攻打赵国。这也是我替您担心的。

"我听说唐尧连300亩的封土都没有，虞舜也没有得到过一尺的封地，却能拥有整个天下；夏禹的民众不够百人，却称王诸侯；商汤王、周武王的部下不过3000，战车不足300辆，士兵不超过3万，却能成为天子，是因为他们掌握了正确的策略。所以，贤明的君主，对外能估计敌国的强弱，对内能估计士兵们素质的优劣，用不着等到交战，就能知道战争的胜负。又怎么会被其他人蒙蔽，而对国家大事草率做出决定呢？

"我暗中观察过天下的形势。东方6个诸侯国土地是秦国的五倍，军队是秦国的10倍。如果六国结成联盟，齐心协力，攻打秦国，秦国一定会被打败。但是现在，六国却都争着讨好秦国，向秦国称臣。为什么呢？打败别人和被别人打败，别人向自己称臣和自己向别人称臣，难道一样吗？

"主张连横的人，都希望诸侯国割地给秦国。秦国统一天下，他们就能封侯封爵，享尽荣华富贵。前面有宫殿华车，后面有美女陪伴。至于各国所受的祸害，他们却一点也不担忧。所以他们才会倚仗着秦国的强大，日夜不停地威胁诸侯各国，恐吓各国割让土地。

"我私下为大王考虑，不如让韩、魏、齐、楚、燕、赵结成一体，联合对抗秦国。各国将相在洹水相聚，互换人质，杀白马为盟。如果六国合纵，结为一体，秦国一定不敢从函谷关出兵侵犯山东六国。这样，大王您就能称霸了。"

赵王一听，马上说："我还年轻，即位不久，没有听过让国家长治久安的计策。现在先生您想让天下安定，让各诸侯国得以保全，我愿意倾国相从。"于是给苏秦车子百辆，黄金千镒，白璧百双，绸缎千匹，让他去游说各诸侯国。

游说韩魏

周天子把祭祀文王和武王的胙肉（得到周王赏赐的胙肉是一种很高的荣誉）赐给秦惠王。秦惠王派犀首攻打魏国，俘虏了将军龙贾，占领了魏国的雕阴，还想向东进军。苏秦怕秦国部队打到赵国来，就故意激怒张仪，让他投奔秦国。

苏秦又游说韩宣王说："韩国北边有险要的巩邑和城皋，西边有宜阳和商阪的要塞，东边有宛水、穰水和洧水，南边有陉山，土地纵横

900多里，军队几十万。天下的强弓利箭都是韩国制造的，像谿子弓、少府制造的时力弓和距来弓，射程都在600步以外。韩国士兵用连弩射击的话，能连射100箭，中间不停止。远处的敌人，可以射中他们的胸膛。近处的敌人，可以射穿他们的心脏。韩国士兵使用的剑，都是从冥山、棠谿、墨阳、合赙、邓师、宛冯、龙渊和太阿锻冶的。这些剑，在陆地上能斩断牛和马，在水上能砍杀天鹅和大雁，打仗时能斩断坚固的铠甲铁衣。铁衣铠甲、坚固盾牌，样样具备。凭着韩国士兵的勇敢，穿着精良的铠甲，带着锐利的弓箭，拿着锋利的宝剑，即使以一当百，也没有问题。韩国如此强大，大王您如此贤明，却屈服于秦国，向秦国称臣。不但您的国家因此蒙受耻辱，还招致天下人对您的耻笑。可以说，没有什么能比这更羞耻了。我希望大王能好好地想想。

"大王侍奉秦国，秦王肯定会逼您割让宜阳和成皋。大王您今年把土地献给他，明年他肯定又会想要。给他吧，又没有那么多土地；不给吧，又会得罪他。大王的土地有限，秦王贪婪的欲望却无限，您用有限的土地来满足他无限的欲望，这就叫做拿钱买灾祸啊。我听过一句俗话：'宁愿做鸡的嘴，也不做牛的屁股。'现在，如果大王您向秦王称臣，那么您和做牛的屁股有什么不同呢？凭着大王的贤明，再加上韩国强大的军队，却背着做牛屁股的丑名，实在是羞耻啊。"

韩王脸色大变，卷起袖子，瞪大眼睛，手按宝剑，仰天叹息说："我虽然没有出息，也决不会再去侍奉秦国啦。我愿意把韩国托付给您，听从您的安排。"于是答应了苏秦合纵的建议。

苏秦又游说魏襄王说："大王的国土，南边有鸿沟、陈地、汝南、许地、郾地、昆阳、召陵、舞阳、新都和新郪，东边有淮河、颍河、煮枣和无胥，西边有长城作为边界，北边有河外、卷地、衍地和酸枣，纵横千里。表面上土地狭小，但实际上到处都是房屋，连放牧牲畜的空地都没有。魏国人口繁多，车马众多，日夜行驰，络绎不绝，轰轰隆隆，就好像三军军队一样多。我私下估量，魏国和楚国实力不相上下。但那些主张连横的人却蛊惑您侍奉秦国，和像虎狼一样凶恶的秦国一起扰乱天下。一旦魏国遭受秦国的危害，谁都不会顾及您的灾祸。依仗着秦国的强大，威胁恐吓别国的君主，没有比这更严重的罪过了。魏国是天下的强国，大王您是英明的国君，现在您竟然侍奉秦国，自称是秦国东方的属国，为秦国建宫殿，受秦国的分封，祭祀秦国先王。我私下为大王感到羞耻。

"我听说越王勾践仅仅用了3000士兵，就活捉了吴王夫差；周武王只用了3000士兵和300辆战车，就在牧野战胜了商纣：难道他们是靠着兵多将广吗？不是的。只是因为能充分发挥自己的长处。大王部队强大，战车600辆，战马5000匹，已经超过越王

苏秦归家妻不下机

勾践和周武王很多。可是现在我却听说大王您听信大臣们的建议，想臣服于秦国。大王您千万不要这样做。那些企图让大王您听从秦国的，都是些奸诈的小人，不是忠臣。他们身为大王您的臣子，却想让大王您割让土地来讨好秦国，让您贪图一时的利益而不去考虑长远的未来。希望大王仔细地考虑。

"《周书》上说：'微小的树芽要是不及时拔了，等到长成大的树枝以后怎么办呢？细微的嫩枝不及时砍掉它，等到长粗壮了，就得用

斧头了。'行动前不仔细考虑，就肯定会有灾祸临头。等到大难临头的时候，大王您该怎么办呢？大王要是能听从我的建议，六国合纵，齐心协力，一心一意，就不用再害怕强大的秦国了。"

魏王说："我没有出息，没有听过英明的指导，现在先生您奉赵王的使命来指教我，我愿意带领魏国听从您的安排。"

苏秦相六国

接着，苏秦又去了东方的齐国，游说齐宣王说："齐国四边都有天险，土地纵横2000多里，军队几十万人。粮食多得堆起来像山丘一样高大；军队强大，打仗时就像锋利的刀刃一样无坚不摧，交战时好像雷霆震怒一样猛烈，撤退时好像风雨一样快地消散。到现在还从来没有征调过泰山以南的军队，也从来没有渡过清河，涉过渤海去征调这两个地方的士兵。光是临淄一个地方就有居民7万户，我私下估计了一下，每户不少于3个男子，不用去征发其他地区的兵源，光是临淄的士兵就有21万了。临淄富有而殷实，这里的居民没有不吹竽鼓瑟、弹琴击筑、斗鸡走狗、下棋踢球的。临淄的街道上，车子多得车轴互相撞击，人多得肩膀相互摩擦。把衣襟连起来，可以形成帐幔；把衣袖举起来，可以成为遮幕；大家挥洒的汗水，就像下雨一样。家家殷实，人人富足，志向高远，意志飞扬。凭借着大王的英明和齐国的强大，天下没有哪个国家能够比得上齐国。但是现在大王您却要去侍奉秦国，我私下替大王感到非常羞耻。

"韩国和魏国之所以那么畏惧秦国，是因为他们和秦国的边界相邻。如果秦国和韩国、魏国交战，不超过10天就能兵临他们的都城，显而易见，他们打不过秦国。就算韩国和魏国战胜了秦国，他们军队的兵力也要损失一半，国家的边境也没有办法守卫；如果魏国和韩国输了，他们两国就马上会陷入非常危险乃至亡国的境地。这就是韩国和魏国不愿意和秦国交战，而很轻易地想要向秦国臣服的原因。但是现在齐国的情况却不一样，秦国和齐国隔着韩魏两国的土地。如果秦国想进攻齐国，就要经过卫国阳晋的要道、穿过齐国亢父的险塞，这两处要塞，两辆战车不能并排通过，两匹战马不能并排通行，只要有100个人守在那里，秦国军队就是有1000个人也打不过来。即使秦国军队打过来，也会顾虑重重，害怕韩国和魏国在后面偷袭他们。秦国对齐国虚张声势，恐吓威胁，却不敢冒险进攻，原因就在这里。

"不仔细考虑秦国不能奈何齐国的原因，却只想着去侍奉它，这是那些大臣们策略上的错误。现在，齐国还没有背上向秦国臣服的丑名，还有着非常强大的国家实力，所以我希望大王留心考虑一下，以便决定对策。"

齐王激动地说："我们齐国非常偏僻，我也没有机会听到您这样的教导。现在先生您来指教我，我愿意听从您的领导。"

苏秦又去了楚国，游说楚威王说："楚国是天下的强国，大王是天下的明君。楚国西边有黔中和巫郡，东边有夏州和海阳，南边有洞庭和苍梧，北边有径塞和郇阳，纵横5000多里，部队100万，战车1000

苏秦六国封相　年画

辆，战马1万匹，仓库里的粮食足够百姓们吃一年。这是成就霸业的资本啊。凭着楚国的强大和大王的贤明，天下没有哪个国家能比得上。但是现在大王您却想侍奉秦国，实在是没有道理啊。那样的话，诸侯各国就没有谁敢不向秦国臣服了。

"秦国最大的忧患就是楚国。楚国强大，秦国就会弱小；秦国强大，楚国就会弱小。这样看来，两国不能并存。所以，我为大王您着想，不如六国合纵，孤立秦国。

"我听说，没有动乱前，就应该阻止它。灾祸降临前，就要进行预防。如果等到灾祸临头，再去行动，那就来不及了。如果大王不合纵，秦国一定会派出两支军队，一支从武关出击，一支直下黔中，那么大王您的楚国就危险了。所以希望大王能及早考虑。

"如果大王能听从我的建议，我就能让山东各国听从大王您的号令，把国家和宗庙托付给您，接受您的指挥。如果大王能采纳我的计策，韩、魏、齐、燕、赵、卫各国的美女，就一定会送到您的后宫；燕国和代国的骆驼和良马一定会充满您的畜圈。所以，合纵成功，楚国就能称王。连横成功，秦国就要称帝。现在您要放弃称王称霸的功业，背上侍奉别人的丑名，我私下认为这种做法不可取。

"秦国，像虎狼一样凶恶，有吞并天下的野心。秦国也是各诸侯国的共同敌人。那些主张连横的人都想让诸侯君主们割地献给秦国，这就叫做供养仇人和敬奉仇人啊。他们一点儿也不担心自己的国家遭受秦国的危害，反而依仗着强秦的威势，劫持自己的君主。这是最大的叛逆，最大的不忠，没有比这更严重的罪过了。

"合纵相亲，各诸侯就会割让土地侍奉楚国；连横成功，楚国就要割让土地侍奉秦国，这二者，大王选择哪一个呢？"

楚王闻言，立刻醒悟过来，连忙说："我愿意听从先生您的建议，合纵对抗秦国。"

六国合纵成功。苏秦做了合纵的纵约长，并且同时担任六国的国相。

荣归故里

苏秦成功地说服东方六国的君主，建立了合纵联盟，共同对付强大的秦国。

苏秦要赶回赵国，向赵王汇报出使各国的具体情况。在回赵国的路上，经过周朝的洛阳，他想回到自己的家里看看。当时，随行的车辆多达几百辆，每辆车上都装满了金银财宝和其他贵重物品。各国诸侯派来随行的使者，多得不得了。这一路，苏秦可以说是威风凛凛，声势煊赫，绝不比帝王出行的气派逊色。

周显王听说苏秦当上了六国国相，想起自己原来对他的待遇，心里感到非常害怕。听说苏秦要回故乡，为了搞好与这位大人物的关系，周显王马上派人为他清除道路，并安排使臣到郊外去迎接他。苏秦一行摆着盛大的排场来了，受到超乎想象的热烈欢迎，整个城市几乎是倾城而出，观看他的风采，他感受到前所未有的光彩和荣耀。应酬完周王的使节和朝中重要的官员，苏秦终于回来到自家门口。苏秦下车一看，几乎惊呆了，只见自己的兄弟、妻子、嫂子全部跪在地上，垂着眼皮，不敢抬头看他。他感慨万千，拉起他们进屋落座，亲人们都非常恭敬地侍候他吃饭。苏秦看着自己的嫂子，笑着问他："你以前对我那么傲慢，现在为什么对我这么恭顺呢？"听了他的话，他的嫂子马上伏下身去，跪在地上，弯曲着身子，爬到他的面前，脸贴着地面向他请罪说："那是因为我看到，现在小叔您地位显贵，钱财多啊。"苏秦非常感慨，叹息说："同样是我这个人，当我富贵的时候，亲戚朋友们就敬畏我，但是，当我贫贱的时候，他们就轻视我。更何况不相干的人呢！假如我当初在洛阳的郊区买上2顷良田，满足于当富裕的小地主，那现在我难道还能够当上六国的国相，配上六国的相印吗？"

苏秦荣归故里，可谓风光无限，但也看透了世态炎凉，明白了人情世故。在家小住，盘桓数日，同时，他把自己得到的千两黄金，全部赏赐给自己的亲戚朋友。

当初，在苏秦落魄不得志的时候，为了去燕国，向一个人借了一百钱做路费。现在苏秦当上了六国国相，可以说是大富大贵了，就拿出一百两黄金来还给那个人。除了他以外，苏秦还报答了以前所有对他有恩德的人。在他的随从人员中，唯独有一个人没得到赏金。他不明白为什么，就走到苏秦面前，对苏秦说："我追随您多年，也应该有我一份吧。"苏秦看着那个人，就说："我并不是忘了您，您还记得吗，当初您跟我一起去燕国，走到易水河边上，您几次三番说要离开我，想想那时候我的处境：穷困不已，非常落魄，也没人帮助。而在这样的时候，您想抛弃我，因为这件事，我心里非常责怪您，所以把您放在最后，现在您也可以得到赏赐了。"

苏秦和六国约好建立合纵联盟，一起抵抗秦国。归家省亲之后，他回到赵国。赵肃侯对苏秦出使索取的成果十分满意，就封他为武安君。接着，苏秦把六国的合纵盟约送给秦国。秦国见状，很恐惧。从此以后，再也不敢轻易向函谷关以外的国家发起进攻了，这样的局面，维持了长达15年之久。

六国合纵，组成强大的军事政治联盟，共同抵抗秦国。秦国的实力无法抗衡六国联盟，也想不出更好的办法，只能暂时退守函谷关以西。但是，秦王无时无刻不在想着破坏六国的合纵政策。秦王派犀首出使齐国和魏国，以割地和送礼诱骗他们，劝说两国与秦国一起攻打赵国。齐国和魏国中计，与秦国共同发兵，攻打赵国。赵王见齐魏两国背信弃义，破坏盟约，就谴责苏秦。苏秦受到赵王的谴责，害怕了，就向赵王请求去燕国活动，并向赵王保证，肯定会让齐国和魏国遭到报复。赵王同意了。苏秦离开赵国以后，赵国与齐国、魏国绝交，六国合纵已经被破坏了。六国团结抗秦的局面结束，秦国破坏合纵联盟的政策获得成功。

苏秦之死

秦惠王把他的女儿嫁给燕国太子。这年，燕文侯死了，继位的是燕易王。燕易王刚即位，齐国就趁着文侯发丧，派兵攻打燕国，夺取了燕国10座城池。燕易王非常生气，废了苏秦的国相，对他抱怨说："先王在位的时候，资助您去其他国家进行游说，推行合纵计划。可是现在呢，先是赵国遭到齐国和魏国的攻打，然后就是我们燕国被齐国攻打。都是您的原因，才让我们两个国家受到天下人的耻笑啊。先生您能收复我们燕国国土吗？"苏秦一听燕易王的话，心里非常惭愧，就说："大王，请您派我出使齐国，把大王丢失的国土收复回来。"

苏秦到了齐国，见过齐王以后，苏秦拜了两拜，第一下对齐王表示庆贺，马上第二下就表示哀悼。齐王感到非常奇怪，就问他："为什么哀悼和庆贺之间来得那么快呢？"

苏秦说："大王，我听说一个人不管再怎么饿，也不会吃乌喙。因为乌喙虽然暂时能够充饥，却有着剧毒，能让人死得更快。现在燕国虽然弱小，但燕王却是秦王的小女婿。大王您夺取了燕国的10座城池，又和强大的秦国结下仇怨。如果秦国利用这个借口，支持弱小的燕国向齐国发动攻击，自己却在后面掩护，并召集天下的精兵攻击齐国，齐国就危险了。那不就相当于饥饿难忍的人吞下了乌喙吗？"齐王一听，非常担心，就问他："那么寡人该怎么办呢？"苏秦马上说："我听说善于把握形势的人，能够将灾难变为福气，将失败变为成功。如果大王您真能听我的建议，那就请大王您将燕国的10座城池还给燕王。那样的话，不但燕国因为收回10座城池会很高兴，而且秦国也以为大王您是顾及到秦国才这样做，也会很高兴。到时候，齐国和燕国、秦国都成了朋友，大王您号令天下，还有谁敢不听啊？这就等于表面上尊敬秦国，但实际上用10座城池就得到了天下，这是霸王的功业啊！"齐王就把10座城池归还了燕王。

有人在齐王面前诋毁苏秦说："大王，苏秦是个左右不定、出卖国家、反复无常的人。"苏秦知道以后，担心齐王降罪给他，就回到了燕国。

回到燕国，燕王没有恢复他的官职。苏秦对燕王说："我只是东周的一个平民，没有一点儿功劳。大王您拜我为国相，而且在朝廷里对我礼遇有加。现在我说服了齐王，让他归还了燕国失去的土地，按理来说大王您应该对我更加地亲密啊。现在我回到燕国，可是大王您却不让我官复原职，肯定是有人在您面前说了我的坏话，说我不老实。但是我的不老实，却正是大王您的福气啊。我听说忠诚老实的人，一切都为了自己；奋发进取的人，一切都为了别人。我游说齐王，并没有欺骗他。我把自己年迈的母亲留在东周，不是为了自己，而是要奋发有为。如果有3个人来服侍您，一个像曾参那样孝顺，一个像伯夷那样清廉，还有一个像尾生那样诚实，大王您认为怎么样？"

燕王回答说："足够了。"苏秦却说："那个像曾参那样的人，孝顺得连离开父母亲在外面住一晚上都不愿意，大王您怎么能让他千里迢迢，离开家乡到燕国来为您效力呢？那个像伯夷一样的人，虽然讲义气，不愿意作孤竹君的继承人，也不愿意做周朝的官，还不吃周朝的粮食，到最后饿死在首阳山下。这样廉洁的人，大王您怎么能让他去齐国为大王您游说呢？那个像尾生的人，和一个女子约会在桥下见面，女子没来，就一直等下去，大水来了也不走，到最后被大水淹死了。这样讲信用的人，大王您怎么能让他去齐国，说服齐国撤回齐国的军队呢？我就是因为过于忠信老实而得罪了大王您啊。"燕王觉得苏秦很狡诈，就说："你本不是个忠信老实的人，还说什么因为忠诚而获罪？"苏秦说："大王，话不是这么说，有时候忠信真的会被人们看作是过错。我听说这样一个故事。有个人在外面做官，他的妻子和别人私通。等他回家以后，妻子想用毒酒毒死他，并叫女仆把毒酒给他。女仆害怕会毒死男主人，想告诉他实情；但又怕自己说了实情以后，女主人会赶走自己。无奈之下，她只能假装晕倒，把酒倒在地上。男主人很生气，就打了她50大板。女仆虽然挨了打，却心安理得，因为她不但保全了男主人，还保全了女主人。所以说，老实有时候也是一种罪过啊。大王，您说我是不是也太老实了呢？"燕王听了他的故事，非常感动，不但重新让他做国相，而且对他更好。

苏秦和燕王的母亲私通，被燕王知道了。

合纵与连横

战国七雄中，秦国最强大，不断出兵进攻邻近的国家。齐、楚、赵、韩、燕、魏等六国由此提出了"合纵"抗秦的主张，意思是六国联合起来，共同抵抗秦国。因为这六个国家都在秦国以东，纵贯南北叫做"纵"，所以人们把这种联合称为"合纵"。跟"合纵"唱反调的是"连横"。持这一主张的人认为，秦国太强大了，只有依赖秦国，与它联盟，对付其他国家，才能取得胜利。因为秦国位于西方，其他6个国家在东方，从东到西叫做"横"，所以人们把这种主张称为"连横"。当时，鼓吹"合纵连横"最有名的人是苏秦和张仪。

燕王不但不责怪他，反而更加厚待他。苏秦觉得很害怕，就假装得罪了燕王，跑到了齐国，当了齐宣王的客卿。实际上是去离间齐国，让燕国暗中得利。

齐宣王死后，苏秦劝即位的齐湣王大肆铺张，厚葬宣王，向天下人显示他是多么孝顺。同时他还让齐湣王大兴土木，显示齐国的富饶。齐国很多大臣都反对苏秦，不仅在湣王面前说他的坏话，甚至还派人刺杀他。苏秦虽然逃跑了，却伤得很重。湣王非常生气，就派人追查行刺的凶手。苏秦临死前对湣王说："大王，我死了以后，您把我五马分尸，对大家说我苏秦来齐国是为了离间齐国，是燕国的间谍。这样，谋杀我的凶手就会自己出来向大王您邀功了。"齐湣王依照他的话，抓住了刺杀苏秦的凶手，把他杀了，替苏秦报了仇。

名士苏代

苏秦死后不久，齐湣王知道了他来齐国离间的秘密。齐湣王非常憎恨燕国，燕王也因此坐立不安。苏秦有两个弟弟，一个叫苏代，一个叫苏厉。他们见哥哥学有所成，当上了六国的国相，就向苏秦学习纵横之术。

苏秦死了以后，苏代想继承苏秦的事业，就对燕王说："大王，我本来是东周的一个平民，听说大王您仁义，就放下锄头来求见您。见到大王和您的大臣们，我才知道，您确实是天下的明君啊。"

燕王听了以后，非常高兴，就问："你所说的英明君主，应该是怎么样呢？"苏代回答说："我听说贤明的君主，首先就应该能听大臣们的直言，而不应该只喜欢听那些小人的奉承话。我在这斗胆说出大王您的过错。齐国和赵国，都是燕国的仇敌；而韩国和魏国，则是燕国的盟友。可是现在大王您不但不向仇敌报仇，反而还亲近他们，甚至还攻打自己的盟友，这对燕国一点好处也没有。大王您好好想一下。"燕王回答说："齐国本来就是我的仇人，我也想攻打它，只是因为燕国弱小，不是它的对手。您要是能助我讨伐齐国的话，我愿意把燕国托付给您。"苏代回答说："现在天下有7个国家争霸，燕国最为弱小，孤军作战显然不行。而无论是联合哪个国家，都会让这个国家的实力得到加强。这个国家强大了，燕国也就变强大了。现在齐王年老固执，到处征战。和楚国打了5年多的仗，又和秦国打了3年多的仗，还和燕国打了仗。连续征战，他们齐国已经元气大伤。"燕王有些担心，就问："可是我听说齐国有清济、浊河、长城和矩防，应该很难攻打吧？"苏代说："现在齐国民不聊生，老百姓对齐王怨声载道。即使齐国有长城、矩防、清济和浊河，也不足以作为要塞。而且以前不在济州以西征召士兵，是为了防备赵国；不在漯河以北征召士兵，是为了防备燕国。现在济州和漯河的人都已经征召完了，国内也空虚了。大王您要是派人去齐国当人质，而且送大量的金银珠宝给齐王的左右大臣。齐王肯定就会和燕国亲近，也会更加肆无忌惮地攻打宋国。那样的话，大王您就能趁着齐国国内空虚，袭击齐国。齐国就肯定会灭亡。"燕王大喜，听从了他的建议。

燕王派一个公子去齐国当人质。苏厉也一起去拜见了齐王。齐王怨恨苏秦，想囚禁苏厉。幸好燕国公子替苏厉说情，齐王才饶了苏厉，但还是把苏厉留在了齐国。

燕国国相子之和苏代结为亲家，子之想掌握燕国的大权，就派苏代去协助在齐国做人质的公子。齐王让苏代回燕国复命，燕王哙问苏代："齐王能称霸诸侯吗？"苏代回答说："不能。"燕王哙问："为什么？"他说："齐王不相信他的大臣们。"从此以后，燕王哙更加信任子之，不久就把王位传给了他，导致了国内大乱。齐国乘机派兵攻打燕国，杀了燕王哙和子之。燕昭王即位，苏代和苏厉不敢回燕国，投靠了齐国。

苏代经过魏国，魏国抓住了他。齐国派人对魏王说："齐国想把宋地封给秦王的弟弟泾阳君，秦国肯定不会接受。并不是秦王不愿意得到宋，而是因为他不相信齐王和苏代。现在魏国再与齐国对立起来，那么，齐国和秦国就会互相亲近和信任，进而联合起来。这样的话，秦国就会攻占宋地，这对魏国是非常不利的。大王您不如把苏代放回齐国，那样的话秦国肯定就会怀疑齐国，不相信苏代。齐国和秦国不

• 先秦历史散文 •

早在西周时期，周王室和各诸侯国已经有了自己的国史。到了春秋战国时期，历史散文的创作繁荣起来。《左传》《国语》和《战国策》就是其中的代表，其中《战国策》的文学成就极高。它以人物的活动为中心来记载史实，策士之间的相互辩难极尽夸张，铺张扬厉，而他们对于形势的判断和利弊的分析周密准确、深刻入理。先秦历史散文的创作，表现出文学性不断增强、史学的严格性有所削弱的特征。

合，当然对魏国有利。"于是魏王放了苏代，苏代到了宋国，受到宋王很好的款待。

不久，齐王派兵攻打宋国。苏代就送信给燕王说："现在齐国想攻打宋国。大王您要是帮助齐国灭了宋国，甚至打到楚国的话，那么齐国就会更加强大，燕国就更要看齐国的脸色行事了。大王您不如对外大发言辞，说要以齐国为中心，联合各国，反对秦国。那样秦国肯定就想削弱齐国。秦国那么强大，肯定能如愿。到时候，燕国就能联合其他的国家，既不屈服于秦国，也不屈服于齐国。"燕王认为有道理，就回信说："先王对苏家有恩，但是子之之乱后，苏家就去了齐国。燕国要想向齐国报仇，只有苏家兄弟能做到。"于是又请回了苏代，对他加以优待，并和他商讨讨伐齐国的大事。后来燕国果然打败了齐国，齐国几乎灭亡。

过了几年，秦王想邀请燕王去秦国，燕王打算赴约。苏代劝阻他说："大王，您千万不能去啊。秦王非常霸道，他想征服天下，却不靠仁义，反而明目张胆地依靠武力。不管是楚国、韩国、齐国，还是其他国家，秦王都对他们进行恐吓，威胁他们屈从。还经常背信弃义，冠冕堂皇地侵略其他国家。更可怜的是，六国不但不能一起来反抗，反而只知道忍气吞声。您要是去了，秦国肯定不会放您回来。"燕王相信了他的话，没去秦国。从此以后，燕王更加重用苏代。

苏秦、苏代、苏厉三兄弟，都靠游说而出名。但是苏秦因为在齐国施行了离间计，惨遭他人毒手，他死后也遭到天下人的嘲笑；而苏代和苏厉却比较幸运，能够享受天年。他们3个人都有着极大的智慧，才能说服六国采取他们的合纵策略。

张仪列传·第十

苏秦激张仪

战国时代和苏秦齐名的纵横家，毫无疑问就是张仪了。

张仪年轻的时候，和苏秦一起拜鬼谷子为师。张仪十分有才华，就连苏秦都认为自己比不上他。张仪离开师父后，就准备去游说诸侯。

张仪的第一个目标，就是楚国国君。但是在当时，平民想见国君的话，需要有大臣的引荐。一般的官员都见不到国君，更何况是张仪这样一文不名的穷书生？于是张仪决定先去楚国国相家里担任门客。如果得到了楚国国相的赏识，那自然就有机会见到楚国的国君。张仪到了国相家里以后，很长一段时间得不到国相的信任。他只能慢慢地等待机会。

有一天，楚国国相设宴招待宾客。在席上，国相丢了自己心爱的玉璧，门客们就对国相说："张仪一向贫困，而且品行恶劣，肯定是他偷了国相您的玉璧。"国相就让人把张仪抓住，打了几百杖。张仪宁死不承认，国相只好把他放了。带着这样大的屈辱，张仪回到了家。他的妻子看见他带着一身的伤回来，就问他："你今天怎么了？"张仪对她说了事情的经过，妻子对他说："唉！你要是不去读书，游说诸侯，又怎么会受到这样的屈辱呢？"张仪对妻子说："你帮我看看，我的舌头还在吗？"听了他的话，妻子笑着回答说："放心吧，你的舌头还好好地在那呢。"张仪一听，就说："那就够了。"

这个时候，苏秦成功说服了赵王，担任了赵国的国相，并且和赵王相约，去游说其他的国君。但是苏秦还是害怕秦国会攻打各国，破坏盟约。又因为找不到合适的人去秦国，苏秦就派人暗中对张仪说："当初你和苏秦关系很好，现在他已经当上了赵国的国相，你为什么不去赵

士的崛起

战国时期，养士之风盛行，著名的"战国四公子"都养士千人。士与主人之间建立起一种新型的隶属关系。张仪、苏秦便出自于这样的阶层。

国找他呢？"张仪觉得很有道理，就前往赵国，求见苏秦。

　　苏秦知道张仪到了自己家里，就让下人故意刁难他，不给他通报，还故意几天都不让他离开。等到张仪不耐烦的时候，苏秦才在大堂接见了他，让他坐在堂下，并且赐给他下人们吃的食物。又和他说："没想到你会沦落到这个地步。我不是不能帮你说几句，让你大富大贵。只是你自己不争气，实在不值得我那样做罢了。"之后就把张仪打发走了。张仪满以为苏秦会看在师兄弟的情分上，会向赵王推荐自己，没想到反而被这样羞辱。他非常生气，发誓一定要报复苏秦。考虑只有秦国能够对付赵国，于是张仪动身去秦国。

　　打发走张仪后，苏秦就对下人说："张仪非常有才华，我比不上他。只有他才能到秦国去，获得秦王的重用，从而掌握秦国的权势，然后让秦王不要攻打六国。但是张仪出身贫困，没有机会拜见秦王。我又害怕他贪图小利，不能成就大的事业，所以故意找个借口来侮辱他，目的是激发他的志气，让他能奋发向上。你帮我暗中照顾他。"苏秦于是派下人暗中跟随张仪，和他投宿同一客栈，慢慢接近他，还把车马和金钱送给他，提供给他需要的东西。

在苏秦下人的暗中帮助下，张仪终于见到了秦惠王并且得到了秦惠王的重用，担任了秦王的客卿。

看见张仪得到了秦王的重用，自己也完成了任务，下人就决定回国向苏秦复命。张仪感到很奇怪，就问他："多亏了您的帮助，我才能得到秦王的重视。现在正要报答您，您为什么要离开秦国呢？"下人回答说："其实暗中帮您忙的，并不是我，而是您的师兄苏秦先生啊。当初他担心秦国会攻打赵国，破坏六国的联盟，他认为除了您以外没有人能够说服秦王，掌握秦国的权势，所以就故意羞辱您。实际上他是为了激发您，又暗中派我提供各种东西给您，支持您来秦国。这些其实都是苏秦先生的苦心啊。现在您得到了秦王的欣赏，我也应该回去向苏秦复命了。"张仪听了以后，非常感慨，说："哎呀！我现在才知道自己比不上苏秦啊！现在我刚被秦王任用，又怎么能够说动秦王去攻打赵国呢？您替我回去感谢苏秦，说只要有他苏秦在，我一定不会让秦国攻打六国。"

果然，在苏秦死之前，秦国都没有攻打六国。

司马错论伐蜀

张仪当上秦国国相以后，想起楚国国相对自己的侮辱，就写了封信，警告他说："当初我和你在一起喝酒的时候，并没有偷您的玉璧，您却叫下人鞭打我。你一定要好好守卫住你的国家，因为我一定会报这大仇。"

苴国和蜀国交战，并且都向秦惠王写信求救。收到他们的来信后，秦惠王决定派兵攻打蜀国。但是因为道路狭窄险恶，非常难走，同时韩国又派兵攻打秦国，秦惠王感到很为难。先攻打韩国，再去讨伐蜀国，又怕情况变化，不利于秦国；先派兵讨伐蜀国，再攻打韩国，却又担心韩国会乘机来袭击。斟酌了半天，也没想好该怎么办。秦王征询司马错和张仪两个人的意见，没想到他俩争执起来。

司马错认为应该先进攻蜀国，再攻打韩国，但是张仪不同意。张仪对秦王说："依我看，大王不如先派兵攻打韩国。"秦王问为什么。

张仪说："我们先派使者去向魏国和楚国表示友好，然后出兵进入三川，拦住什谷的路口，封锁住屯留的道路。让魏国派兵切断韩国南阳的道路交通，让楚国派兵去进攻韩国的南郑，最后我们秦国再派兵攻打韩国的新城和宜阳，逐渐逼近周国东城和西城的郊区。这样大王就能够向天下人声讨周王的罪过，同时又能借机侵占魏国和楚国的土地。到时候，周朝天子知道抵挡不住我们的进攻，只能把他的九鼎和其他宝物都拿出来，献给大王您。大王您有了九鼎，又有天下百姓的户籍，就能够挟持周天子来命令天下的诸侯。以秦国的强大，再加上有周天子的名义，天下百姓，诸侯各国，还有谁敢不听从大王您的命令呢？这可是称王的大业啊！现在这小小的蜀国，地处西部边陲，非常偏僻，还是戎狄一类的小国。要是我们秦国派出大量的军队，劳民伤财，即使取胜也不能扬名天下；即便是占领了它的土地，也得不到什么实际的利益。我听说要是想争夺名位，就必须在朝廷里面；要是想争夺利益，就必须在市井江湖里面。现在的周国和三川，就好像是我说的朝廷和市井，大王你要是不忙着去争夺，反而想发兵去攻打蜀国那样遥远的戎狄一类的落后小国，那可离您的统一大业还差得很远哪。"

司马错马上反驳说："大王，事实并不是像张仪说的那样。我听说要想使国家富强，就必须扩大国家的土地；要想使军队强大，就必须让老百姓们生活富裕；要想称王称霸，就必须向天下百姓显示自己的仁德。如果这3个方面都具备了，那大王您的大业就能实现了。现在大王您的秦国不但土地狭小，而且百姓贫困，我认为大王您应该先做容易的事情，再做艰难的事情。蜀国地处偏僻的西边，是周围小国中的首领国，国内局势就像夏桀和商纣那时一样混乱，我们秦国攻打它就好像是狼追逐羊群一样简单。通过夺取蜀国的土地来扩大我们秦国的国土；夺取蜀国的财富来让秦国的百姓富饶、军备充足；无需损伤太多兵力就能够使蜀国臣服了。这样，我们征服了蜀国而天下人却不认为我们残暴，得到了西部各国的全部财富而不会有人说我们贪婪。因此只要我们一派出军队，不仅能得到实利，还能够得到铲除暴乱的好名声。要是按照张仪大人的看法，先攻打韩国，进而劫持周天子。那样我们非但不能得到什么实利，反而会被天下人认为不仁义，而且攻打天下人都不愿意攻打的国家，是很危险的事情：周国是天下所有诸侯国的宗主，而韩国也是齐国的盟国。如果大王您执意进攻韩国和周国的话，他们知道抵挡不住秦国的进攻，也知道会失去自己的九鼎和三川，就会一起合谋，希望能够借助齐国和赵国，从而与楚国和魏国达到和解，并和秦国对抗。而为了达到和魏国、楚国的和解，周天子必然会把九鼎献给楚王，而韩国也必定会将三川的土地献给魏王。到时候，大王您也没有办法加以阻拦。这些就是我刚才和您说的危险之处。所以我说，攻打韩国还不如攻打蜀国那样有利。"

秦惠王听完张仪和司马错的争论，决定采纳司马错的意见。于是秦王派兵攻打蜀国。果然，秦国军队不费吹灰之力就占领并且平定了蜀国，把蜀王贬为侯，派陈庄去蜀国当国相。蜀国归附了秦国以后，为秦国提供了丰富的资源，成为秦国争霸天下的大后方，秦国也因此变得更加富强。

游说魏王连横

秦惠王十年（公元前328年），公子华和张仪攻占了魏国的蒲阳。张仪劝说秦王把蒲阳还给魏国，并让公子繇去魏国作人质。然后张仪又游说魏王说："秦国对魏国这样宽厚，魏国不能不有所报答。"魏王就把上郡、少梁两郡献给秦国，作为答谢。秦惠王于是封张仪为国相，并且把少梁改名叫夏阳。

张仪当了4年秦国国相后，就正式拥立秦国国君称王。一年后，张仪担任将军，夺取了陕邑，并在上郡建立要塞。

后来的两年，张仪被秦王派去和齐、楚两国国相在啮桑会盟。回来以后，张仪被免去了国相的职务，他又去魏国担任国相。张仪到魏国，是为了给秦国谋利益。他想先说服魏国听从秦国的号令，然后迫使其他诸侯国仿效魏国，这样，秦国就可以号令天下了，但他的建议遭到了魏王的拒绝。秦惠王知道后，非常生气，立刻派军队攻占了魏国的曲沃和平周，并且对张仪更加优待。张仪心里很惭愧，觉得没办法来报答秦王。他在魏国待了4年，这时魏襄王去世，魏哀王即位。张仪又劝说哀王，但再一次遭到拒绝。为了迫使魏国听命，张仪暗中让秦国军队攻打魏国。魏国出兵抗秦，交战失败。

第二年，齐国在观津打败了魏国军队，秦国想趁此机会讨伐魏国。为扫清进军障碍，秦军攻打申差带领的韩军。秦军获胜，斩杀韩军8万官兵。诸侯们得知此事，非常恐慌。这时，张仪又游说魏王说：

"魏国国土纵横不到一千里，士兵也不超过30万。地势四面平坦，可以和四方的其他诸侯国相通。国内没有什么崇山峻岭，从新郑到都城大梁只有200多里，战车和士兵们不用费什么力气，就能很快到达。魏国的南边和楚国相接壤，西边和韩国相接，北边和赵国相邻，东边和齐国搭界，如果要让魏国的士兵驻守四方的边疆，单单是防守各种要塞的人就不能少于10万。可以这么说，魏国的地势，就是个天然的战场。假如魏国和南面的楚国交好而对齐国不友好，那么齐国就会攻打魏国的东面；如果和东面的齐国交好而不和北面的赵国亲善，那么赵国就会攻打魏国的北面；如果和西面的韩国不合，那么韩国攻打魏国的西面；和南面的楚国不亲，那么楚国就会攻打魏国的南面；这就是四分五裂的地形啊。

"而且现在各诸侯国成立合纵联盟的目的，是为了让国家得到安定，让国君得到尊崇，让军队更加强大，让声名远扬。现在那些主张六国合纵的人，想让天下成为一个整体，诸侯六国成为兄弟国家，于是就在洹水边上宰杀白马，歃血为盟，互相表示信守盟约。但是，即便是同父同母所生的一对亲兄弟，也会为了争夺财产而互相争执。难道大王您还打算相信和遵守苏秦那套虚伪狡诈并且反复无常的合纵策略吗？如果真是那样的话，大王您的失败是必然的了。

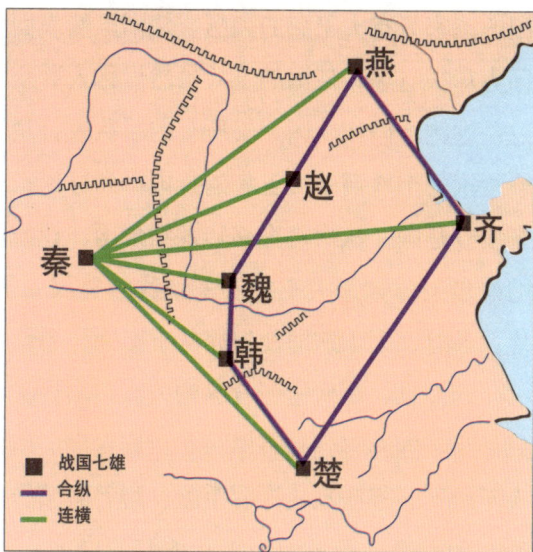

合纵连横示意图

战国末年，各国都展开积极外交，以争取盟友、削弱敌国。"合纵"即合众弱攻一强，攻击对象或秦或齐，以秦为主。"连横"指事一强而攻众弱，主要以秦国为中心。"合纵""连横"为秦强众弱格局下所出现的政治局面。

"如果大王您不听从秦国的命令，秦国就会派兵攻打河外、卷地、衍地、燕地和酸枣，并且攻打卫国，夺取阳晋。这样的话，赵国军队就不能够南下。赵国的军队不能南下而魏国的军队又不能北上，六国合纵联盟的通道就被秦国断绝。六国合纵联盟的道路一旦被切断，魏国也就危险了。到时候，秦国用武力要挟韩国屈服，韩国因为害怕秦国，就会归附秦国。韩国和秦国一旦联盟，魏国就只能坐等亡国。这也是我替大王您担忧的事情啊。

"我为大王您着想，还是不如归附秦国。如果您听从秦国号令，那么楚国和韩国就一定不敢有什么动作了，大王您也就可以高枕无忧，没什么值得担心了。

"再加上现在秦国最想要削弱的国家就是楚国，但是能够削弱楚国的国家只有大王您的魏国。楚国虽然表面上很强大，百姓富饶，实际国力却很空虚；楚国的士兵虽然号称人数众多，却胆小懦弱，在战场上总是逃跑。假如魏国聚集所有的军队攻打楚国，肯定能够取胜。通过夺取楚国的土地而使大王您的魏国得到好处；通过归顺秦国，和秦国一起来攻打楚国，从而将灾祸转嫁给楚国，让魏国国家安宁，这是一件大大的好事啊。如果大王您不采纳我的建议，等秦国的军队向魏国发起进攻，那时，大王您即便想屈从于秦国，恐怕也来不及了。

"而且，那些主张合纵的人，只会讲大话，很难让别人信任他们，只是为了能够得到高官厚禄，封侯封爵。所以那些游说的人，没有一个人不是天天都激动地攥着手腕，瞪着眼睛，向君王们大夸特夸合纵的好处。如果哪个国君因为赞赏他们的口才，就被他们合纵的计划给迷惑了，那就太糊涂啦！

"我听说，羽毛虽然很轻，但要是放多了，也能够让船沉没；很松的货物，但装载多了，也会折断车的架子；群众的舆论可以把铁熔化，众多的诽谤可以毁灭一个人。所以我希望大王能仔细地采取正确的措施，并且恩准我辞去国相职位，离开魏国。"

听了张仪的话，魏哀王就背弃了六国的合纵盟约，并通过张仪表示希望和秦国和解。张仪回到秦国后，又担任了秦国的国相。3年以后，魏国再一次背弃了秦国，重新加入合纵盟约。秦国攻打魏国，并且占领了曲沃。第二年，魏国又重新听从秦国的号令。

张仪欺楚

秦国想要派兵攻打齐国，但是齐国和楚国相互之间缔结了合纵相亲的盟约。秦王于是派张仪去楚国担任楚国的国相，离间齐国和楚国。

楚怀王听说张仪到了楚国，就准备了上等的宾馆，并且亲自去宾馆内安排张仪的起居。看见张仪，楚怀王说："我们楚国只是个非常偏僻的国家，您到我们这里来，有什么东西可以指教我呢？"张仪对楚王说："大王如果真的想听从我的意见的话，就请让楚国和齐国之间断绝往来，解除两国的合纵盟约。如果大王同意的话，我将请秦王把秦国商於一带六百里的土地献给大王您，还让我们秦国的美女来侍奉您。秦国和楚国之间互

相娶妇嫁女，永远结为兄弟国家。这样一来，不但齐国被削弱，秦国得到好处，大王您的楚国也能得到土地，没有比这更好的方法了。"听了张仪的话，楚怀王非常高兴，连忙点头答应。

大臣们都来祝贺楚怀王不费吹灰之力得到商於六百里的土地，只有陈轸一个人在一旁大声痛哭。陈轸说："现在秦国之所以那么重视楚国，不惜用自己国家的土地来收买楚国，都是因为楚国和强大的齐国是合纵盟国。如果大王您听从了秦国的建议，和齐国断绝往来，废除两国的盟约，楚国就孤立了。到那时，强大的秦国又怎么会拿出自己的土地，来满足我们一个已经孤立无援的国家呢？现在张仪口口声声说秦王答应给楚国六百里土地，但是等到他回到秦国以后，肯定不会承认现在向大王许下的诺言。到那个时候，我们不但与齐国断绝了外交关系，还必将招来秦国的攻击，齐国和秦国的军队肯定会联合起来对付我们楚国。大王您不如先暗地里和齐国继续联合，表面上让秦国以为齐楚已经断绝了关系，再派人跟着张仪一起去秦国。如果到时候秦国真的给了我们六百里土地，大王您再和齐国断交也不算晚；如果秦国违背诺言，不给我们土地，那我们也不算失策。"然而楚王哪里听得进陈轸的话，生气地对他说："我希望先生您闭上嘴巴，不要在我面前讲话了。您就等

着看我是怎么样得到那六百里土地吧。"

楚王把楚国的相印交给张仪，给了他大量的财宝和礼物，并且派了一位将军跟着张仪一起去秦国，打算去接收秦王许诺的商於之间的土地。随即，楚国和齐国断绝了外交关系，废除了合纵盟约。

张仪回到秦国以后，假装不小心从车上跌了下来，受了伤，一连3个月都没有去上朝。楚怀王听说了这件事情，就说："恐怕张仪是因为我和齐国之间的断交还不够彻底吧？"于是就派勇士到了宋国，借了宋国的符节，去北方的齐国大肆辱骂齐王。齐王非常愤怒，不但斩断了符节，还主动和秦国联合。秦国和齐国联合以后，张仪才上朝。一上朝，他就对楚国的使者说："现在我有秦王赐给的六里封地，愿意把这六里地献给你们楚王。"

使者回楚国向楚王报告，楚王气得七窍生烟，马上就要出动军队攻打秦国。这时，陈轸说："现在我可以说话了吧？大王您与其决定发兵攻打秦国，倒不如反过来割让一些土地，贿赂秦国，和秦国一起发兵攻打齐国。这样的话，虽然我们给了秦国一些土地，但能够以从齐国夺过来的土地来作补偿。"楚王还是不听他的话，坚决要出兵攻打秦国。

秦国和齐国联合起来攻打楚国，斩杀楚国官兵8万，楚军主将屈匄战死。秦国获胜后，夺取了楚国的丹阳和汉中两地。楚怀王不服，又派出更多的军队去攻击秦国，楚军再次失败。无奈之下，楚国又割让两座城池给秦国，委屈求和。

脱身有术

秦国要挟楚国，想得到黔中一带的土地，并愿意用武关以外的土地交换它。楚王说："我不愿意交换土地，只要能够得到张仪。"秦王想派张仪去楚国，但又不忍心对他说。张仪却自告奋勇请求去楚国。秦惠王说："您欺骗了楚王，楚王对您恨之入骨，绝对不会对您善罢甘休的。"张仪说："秦国强大，楚国弱小。我和楚国大夫靳尚关系很好，他非常受郑袖的宠信，而楚王对夫人郑袖言听计从。再说，我是奉了大王您的命令前去楚国，楚王怎么敢杀我？假如我的死能让秦国得到黔中的土地，那是我最大的愿望，死了也值。"张仪就去了楚国。张仪一到楚国，楚怀王就把他抓了起来，打算杀掉他。

张仪买通靳尚。靳尚找到郑袖，对她说："您知道您将不再为大王宠信吗？"郑袖问："为什么？"靳尚说："秦王特别信任张仪，肯定要把他救出来。现在秦王要用上庸等6个县的土地献给楚王，还要把秦国的美女嫁给楚王。大王一向喜欢土地，而且惧怕秦王，肯定会宠信秦国的美女而冷落您。您不如在大王面前替张仪说情，让大王把他放了。那样秦王就不会给大王送美女，也就没人和您争宠了。"郑袖相信了，她对楚王说："凡是作臣子的都要为自己的国家效力。现在大王您还没把土地交给秦国，秦王就派张仪来楚国，可见秦王对大王还是很尊重的。现在大王您不但不回礼，反而要杀了张仪，秦王一怒之下肯定会派兵攻打楚国。到时候，楚国就危险了。"楚怀王听后，非常后悔，赶紧赦免了张仪。

张仪刚出狱不久，还没离开楚国，就听说苏秦死了。他又游说楚怀王说："秦国土地占天下的一半，秦国军队能抵挡四方的国家。秦国有险要的地形、河流和坚固的边塞。战士100多万，战车千辆，战马万匹，粮食多得堆成山。法令严明，士兵们不畏艰难，乐于牺牲。以秦国的强大，肯定会吞灭各国。可以说，越后归顺的国家越快被灭亡。而且，那些主张合纵的人，无异于是赶着羊群去攻打凶猛的老虎。绵羊又怎么能够打得赢猛虎呢？现在大王不和老虎结盟，反而去亲近羊群，我认为大王政策失当啊。

"现在天下强国，除了秦，就是楚，两国势不两立。大王要不侍奉秦国，秦国就会派出军队占据宜阳，韩国各地交通断绝，无法来往。秦军出兵河东，夺取城皋，韩国肯定会向秦国称臣。魏国见状，也会屈服，通听命于秦。秦国进攻楚国的西部边境，韩国、魏国进攻楚国的北部边境，楚国怎么会不危险呢？

"秦国之所以15年不攻打齐国和赵国，是因为秦国在暗中谋划，想一举吞并天下。楚国和秦国在汉中打了一仗，楚国列侯战死70多位，还丢了汉中。再次出兵袭击秦国，和秦国军队在蓝田作战，这就是两虎相争啊。在楚国和秦国打仗之时，如果韩国和魏国突然发动全国的兵力进攻楚国，那么楚国就危险了。希望大王仔细地加以考虑。

"假如楚国与秦国结盟，结果会怎样呢？秦军出动军队攻占了卫国的阳晋，一举控制天下战略要地，东方各国全被制住。此时，大王您再出动全部兵力，进攻宋国，用不了几个月的时间就能拿下。再挥师东进，到时候泗水流域的小国就全归大王所有了。

"苏秦负责六国合纵，却暗中和燕王策划破坏齐国，夺取它的土地；苏秦假装得罪燕王，逃到齐国，做齐国国相，两年后被齐王五马分尸。主持各国结盟，最需要的是诚信，可主盟人却是奸诈虚伪的苏秦，因此，诸侯合纵结盟是不可能成功的。

"现在秦国和楚国接壤，从地势上也应该是互相亲近。大王如果能听我的主张，秦楚互相以太子为人质，秦王愿将女儿嫁给大王做姬妾，并且愿意拿出有一万户居民的都邑作为嫁妆，秦楚结为兄弟国家，永远友好。可以说，没有比这更好的办法了。"

楚王想来想去，最后决定听取张仪的建议。屈原劝阻他说："上次大王您就被张仪欺骗。这一次他来到楚国，我以为大王会煮死他，没想到您却放了他。现在您不但放了他，还听信他的计策，想归附于秦国。大王您千万不能这样啊！"怀王说："和秦国联合，就能保住黔中。这是很好的事情。况且我已经答应了他，你叫我又背弃他，这怎么可以呢？"楚王最后还是听从了张仪的建议，与秦国交好。

劝韩说齐

张仪离开楚国后，来到韩国，对韩王说："韩国国土狭小，面积不超过九百里，而且到处都是山，土壤贫瘠。所产的粮食主要是豆子，老百姓也只能吃些豆子饭，喝些豆叶汤。遇到收成不好的年份，老百姓即便是吃糠咽菜，也填不饱肚子。您的国家的仓库里，储存的粮食不够支撑两年；大王您的军队大概不会超过30万，而这还包括那些负责供应给养和做杂役的人。再除去负责防守边塞和守卫驿亭的战士，能够战斗的不会超过20万。

"再看秦国，军队100多万，战车几千辆，战马几万匹；秦军战士英勇无敌，拿着刀剑，拿着长戟，奋勇杀敌，作战时不顾性命扑向敌阵的多得都数不过来；秦国战马精良，奔驰飞越，前蹄跃起、后蹄腾空，一跳二丈的战马数不胜数。东方六国的战士，都是穿着甲胄，带着头盔去打仗，怯懦畏战；而秦国的士兵一旦交战，则甩掉盔甲，光着膀子，冲向敌人，左手拿着刚杀的敌人的头颅，右手还夹着刚抓住的俘虏。秦国军队和诸侯各国军队相比，就好像是英勇无敌的勇士和胆小懦弱的懦夫相比；从力量上看，就好比是成年大力士与刚出生小婴儿相比。秦军攻击其他诸侯国，无异于将千斤巨石压在小小的鸟蛋上。

"如果大王您不与秦国交好的话，秦国就会派出军队进攻宜阳，阻断韩国的交通，然后向东攻占成皋、荥阳，到时候鸿台的宫殿、桑林的花园都将不再是大王您的了。秦军一旦占领成皋，韩国就处在割裂状态，各地无法联系。到那时，韩国随时都会被灭亡。您要是现在与秦国结盟，韩国还能得到保全；要是与秦国为敌的话，大王您的韩国就危险了。自己引来了灾难，却还想得到好的结果；设下目光短浅的计策，却招致了深深的怨恨；与秦国作对而与楚国结盟，想不亡国是不可能的。

"因此我为大王您着想，觉得您不如归附秦国。秦国的愿望，就是削弱楚国，而能够削弱楚国的，也只有韩国。不是因为韩国比楚国更加强大，而是因为韩国的地势。现在大王您要是归附秦国，并攻打楚国，秦王肯定很高兴。攻打楚国，夺取楚国的土地，秦国和韩国都能得利，而且韩国还能把灾难转嫁到楚国身上，从而保全自己。我觉得没有比这更好的办法了。"

韩王采纳了张仪的建议。张仪返回秦国，秦惠王赏给张仪五座城池，并封他为武信君。之后，秦王又派遣张仪去东方的齐国，游说齐滑王。张仪见到齐滑王，对他说："天下的强国，没有能超过齐国的。齐国的大臣百姓们生活富裕，安居乐业。但是为大王出谋划策的人，都只是为了一时的利益，而丝毫没有考虑长远的未来。那些主张合纵的人对大王您说'齐国的西面有强大的赵国，南面有韩国和魏国，东北临海。齐国土地宽广，百姓众多，军队强大，士兵英勇，即使是一百个秦国，也不能拿齐国怎么样'。大王您轻易相信了他们的话，却不去考察事实。

"那些主张合纵的人，勾结在一起，都在夸大合纵的作用。我听说，齐国和鲁国打了三次仗，鲁国三次都赢了，但是接下来鲁国却亡了国。打了胜仗，却导致了亡国的结果，这是为什么呢？那是因为齐国强大，而鲁国弱小。现在的秦国和齐国，就好比是那时的齐国和鲁国啊。秦国和赵国在河漳交战，打了两仗，赵国都赢了；又在番吾打了两仗，赵国又赢了。四仗之后，赵国死了几十万的士兵，仅剩下了邯郸。表面上打了胜仗，但是国家却面临灭亡，是什么原因呢？因为秦国强大，而赵国弱小。

"现在秦国和楚国，互相娶妇嫁女，结成了兄弟之国。韩国献出了宜阳，魏国在黄河北面效力，赵国向秦国朝拜，将河间献给秦国。大王您要是不与秦国结盟的话，秦国驱使韩魏两国进攻齐国，派赵国军队渡过清河，直指博关，那时连即墨都不再是大王您的了。一旦遭到攻击，即便是想结好秦国，也不可能了。所以我希望大王您能仔细考虑我的建议。"

齐王说："齐国地处偏僻，远在东海一角，从没有听到过这样长远的计划，真是惭愧！"答应了张仪的建议。

连横赵燕

张仪离开齐国之后，就西行去游说赵王。张仪说："我们秦王派我给大王您出了个小小的主意。大王您率领天下的军队抵抗秦国，使得我们秦国军队15年不敢过函谷关。大王您威震天下，我们秦国对您是又怕又敬，只能整顿军队，修葺战车，喂养战马，练习武艺，囤积粮食，守住四方的边界，害怕您的进攻，丝毫不敢懈怠，这些都是因为大王您啊。

"现在我们秦国，已经攻取巴蜀，吞并汉中，包围东周，夺取周王的九鼎，占领了白马渡口。秦国虽然地处偏远之地，但是却对您是心怀怨恨已久。现在秦国的军队，驻扎在渑池，希望能渡过黄河，穿过漳水，占领番吾，进军邯郸城下。秦王想和您交战，来效法武王伐纣的故事。我们大王让我告诉您这些事情。

"大王之所以相信合纵的计划，都是因为苏秦的原因。苏秦花言巧语，欺骗诸侯国君，颠倒是非，想离间齐国，最后导致自己被五马分尸而死。天下不可能成为一个整体，也是显而易见的。现在楚国和秦国是兄弟之国，而韩国魏国是秦国东方的属国。齐国献出了盛产鱼和盐的土地，这就如同斩断了赵国的右臂。断了右臂和别人争斗，失去了亲信剩下自己一个人，想要不危险，怎么可能呢？

"现在秦国准备派出3支部队：一支堵住了午道，通知齐国军队渡清河，驻扎在邯郸东面；一支驻扎在成皋，在河南面威胁着韩国魏国军队；一支驻扎在渑池，和四国约好，一起攻打赵国，而且肯定会分割赵国的土地。我不敢把这些情况隐瞒，特来告诉大王您。我暗中为大王您想了个办法，大王不如和秦王在渑池会见，见面以后再谈判，请求秦王不要进攻。希望大王您能做出决断。"

赵王说："先王在世的时候，奉阳君把持朝政，蒙蔽先王，一个人独断专行。当时我还在宫里跟着师傅学习，没有参与朝廷大事。先王不相信大臣们，我那时还小，心里也感到疑虑，认为六国合纵，抵抗秦国，不是长久之策。所以我改变心意，希望能割让土地献给秦王，以表示谢罪。正打算派出使者前去秦国，就听到先生您的妙计。"赵王答应了张仪，张仪才离开赵国。

张仪又去北方的燕国游说：

"大王您亲近的国家就是赵国了。从前赵襄子把他姐姐嫁给代王，目的是借机吞并代国。赵襄子设下阴谋，约代王在句注要塞见面。他叫工匠做了一个金斗，把金斗的柄做得很长很尖，可以用来击杀别人。赵襄子在和代王喝酒的时候，暗中告诉厨子说：'等到我们喝酒喝到痛快的时候，你就用金斗把热汤端出来，给我加汤时，掉转金斗，用斗柄袭击代王，杀掉他。'厨子照办了，在给代王盛汤的时候，借机用金斗的柄刺杀了代王。赵襄子的姐姐听说了以后，磨尖了自己的发簪，自杀而死，所以现在代地还有磨笄山。代王的惨死，天下没有一个人不知道的。

"赵王阴险毒辣，大王您是非常清楚的，您还以为赵王值得亲近吗？赵国派出军队攻打燕国，还包围了燕国都城要挟您，逼得大王割让土地谢罪。现在赵王已经到渑池去朝拜秦王，并献出河间的土地，听从秦国。现在大王您不结好秦国，秦国就会派出军队到云中、九原，驱使赵国来攻打燕国，那时易水和长城就不是大王您的了。

"而且现在赵国就等于是秦国的郡县，不敢随便派出军队讨伐哪个国家。现在大王您结好秦国，秦王肯定很高兴，赵国也就不敢轻举妄动了。那样的话，燕国西面有强大的秦国作为援兵，而且南边没有了齐国与赵国的忧患。愿大王仔细考虑我的这个计策。"

燕王说："寡人的国家，是蛮夷之国，地方偏僻，虽然有那么多男子，但他们考虑问题却像幼小的婴儿一样，没有谁能够给我出什么好主意。现在多谢先生您光临我们燕国教导我，让我明白了利害。我决定向西服侍秦国，献出恒山一带的5座城池。"燕王听从了张仪的建议。

樗里子甘茂列传·第十一

"智囊"樗里子

樗里子名疾，是秦惠王同父异母的弟弟，他的母亲是韩国人。樗里子被秦国人称为"智囊"。

秦惠王八年（公元前330年），樗里子率领秦国军队占领了魏国的曲沃城。秦惠王十二年（公元前313年），樗里子带兵占领了赵国的蔺地。第二年，又和魏章一起攻打楚国，俘虏了楚国将军屈匄，夺取了汉中。秦惠王封樗里子为严君。

秦惠王死后，太子继位，称为武王。武王驱逐了张仪和魏章，任命樗里子和甘茂为左右丞相。秦武王派甘茂攻打韩国，占领了宜阳，又派樗里子带着100辆马车去周朝。周朝天子对樗里子非常尊重。楚王听说以后，非常生气，责备周天子，说他畏惧秦国人。周天子便派游腾到楚国，游腾对楚王说："智伯讨伐仇犹的时候，假装献给仇犹很大的车子，却又偷偷地让自己的部队跟在车的后面，把仇犹灭了。为什么呢？那是因为仇犹没有做准备，不知道会那样。齐桓公打着讨伐楚国的口号，真正的目的却是袭击蔡国。现在的秦国，如狼似虎。秦王派樗里子带着一百辆马车出使周朝，周朝害怕自己落到个仇犹和蔡国的下场，所以才派士兵保护樗里子他们的安全，实际上却是监视他们，担心他们有所行动。周王这样做，是怕一旦被樗里子灭了，就要麻烦大王您。"楚王听了以后，才高兴起来。

秦武王死后，继位的是昭王。昭王对樗里子更加尊敬。

秦昭王元年（公元前306年），樗里子带领部队进攻卫国的蒲城。蒲城太守很恐慌，就请胡衍帮忙。胡衍游说樗里子说："将军您攻打

《战国策》

《战国策》是战国时期各国游说之士计策、谋略及言论的汇编。最初书名纷繁，有《国策》、《事语》、《长书》、《国事》、《短长》等不同称呼。西汉末年，刘向汇集了33篇合订为一书，取名《战国策》。《战国策》是一部国别体史书，全书按东周、西周、秦国、齐国、楚国、赵国、魏国、韩国、燕国、宋国、卫国、中山国依次分国编写。 所记载的历史，上起公元前490年智伯灭范氏，下至公元前221年高渐离以筑击秦始皇。《战国策》实际上是当时纵横家游说之辞的汇编，而当时七国的风云变幻，合纵连横，战争绵延，政权更迭，都与谋士献策、智士论辩有关，因而具有重要的史料价值。该书文辞优美，语言生动，富于雄辩与运筹的机智，描写人物绘声绘色，常用寓言阐述道理，著名的寓言有"画蛇添足""亡羊补牢""狡兔三窟""狐假虎威""南辕北辙"等，在我国古典文学史上亦占有重要地位。

蒲城，是为了魏国呢？还是为了秦国？如果是为了魏国的话，那倒没错。如果是为了秦国的话，就不对了。卫国之所以能够得以保全，都是因为有蒲城的原因。现在将军您要攻打蒲城，把卫国打急了，卫国为了保全自己的国家，肯定会投向魏国。魏国西河一带的土地被秦国占领，却不能夺回来，就是因为魏国军队不够强大。现在如果卫国依附魏国，魏国的实力就得到了加强。如果魏国强大，秦国西河一带就有被攻击的危险了。到时秦王看到将军你做的事情，对秦国没有好处，却让魏国得到加强，肯定会怪罪于你。"樗里子一听，觉得有道理，就问他："那你说我应该怎么办呢？"胡衍说："大人您不如放弃攻打蒲城，我再把您的决定告诉卫国国君。"樗里子说："好的。"

胡衍到了蒲城，对蒲城太守说："樗里子已经知道了蒲城的弱点，他还说一定要攻占蒲城。"蒲城太守很恐慌，就对胡衍拜了两拜说："请先生您给我指点一条明路。"胡衍说："我能够让秦国军队撤退，不再攻打蒲城。"蒲城太守一听，非常高兴，连忙拿出300斤黄金献给胡衍，说："如果秦国军队真的撤退，放弃攻打蒲城的话，我一定会在卫国国君面前保举您，让您在卫国得到封邑。"

最后，胡衍不但得到了蒲城太守送奉的黄金，还得到了卫国国君的重用。樗里子放弃了攻打蒲城的想法，离开了蒲城。随后，樗里子又率领军队攻打皮氏城，攻打了很久，都没能占领，只能放弃。

秦昭王七年（公元前300年），樗里子去世，埋葬在渭南章台的东面。临死的时候，樗里子说："100年以后，一定会有天子在我坟墓的两边建筑宫殿，我的坟墓将被夹在中间。"樗里子的家乡在秦昭王庙西面的渭南阴乡樗里，所以人们都叫他樗里子。到了汉朝的时候，长乐宫建在樗里子坟墓的东面，未央宫建在樗里子坟墓的西面，而武库正对着他的坟墓。

左丞相甘茂

甘茂是下蔡人，曾拜下蔡的史举为师，学习各种学说，后来通过张仪和樗里子拜见了秦惠王。秦惠王见了他以后，非常高兴，任命他为将军，派他协助魏章进攻汉中一带。

秦惠王死后，继位的是武王。这时张仪和魏章离开了秦国，去了东方的魏国。蜀侯嬴辉和国相陈壮造反，秦王派甘茂率军平叛，他出色地完成了任务。甘茂回到秦国以后，秦王任命他为左丞相，樗里子为右丞相。

秦武王三年（公元前308年），武王对甘茂说："我想坐着车子，经过三川，风风光光地到周朝都城转一圈。如果真能那样的话，我就是死了，心里也满足了。"甘茂听了明白武王的心意，说："大王若真想去周都的话，请允许我去魏国，和魏王约定，一起攻打韩国。不过，还希望大王能派向寿和我一起去。"秦王同意了。甘茂到了魏国，就对向寿说："你先回去，告诉大王说：'魏国已经同意了我的建议，但是我希望大王您先不要攻打韩国。'事情如果成功的话，都是你的功劳。"向寿回到秦国，把甘茂的话告诉了秦武王。武王在息壤迎接甘茂，等甘茂一到，秦王就问他为什么不打韩国。甘茂回答说："宜阳是一个大县。长期以来，韩国一直把上党和南阳的战略物资送往宜阳。虽然说是一个县，但是实际上却是一个郡。现在我们要越过函谷关和崤山，不远千里，去攻打三川，非常艰难。从前曾参在费地的时候，鲁国有和曾参同名同姓的人杀了人。有人告诉曾参的母亲说：'曾参杀人了'。曾参的母亲还是织着布，镇定自若，好像什么事情都没有。过了不久以后，又有一个人跑来，对曾参的母亲说：'曾参杀人了。'他的母亲还是继续织着布。但是过了不久，第三个人来了，对曾参的母亲说：'曾参杀人了。'曾参的母亲于是扔下梭子，走下织布机，翻过墙逃跑了。以曾参的孝顺和母亲对他的信任，3个人来说曾参杀人，他的母亲尚且怀疑他。现在论贤能我比不上曾参，大王对我的信任也比不上曾参的母亲对他的信任，而怀疑我的人也不止3个，我害怕大王您也会像曾参的母亲一样，丢下梭子啊。当初张仪向西吞并了巴蜀这个地方，

金虎

秦国金器的代表性器物，秦人喜欢把黄金铸造成各种形象收藏和使用。这件金虎，不仅具有货币的一般价值，更是一件工艺精湛的艺术品，当为贵族所有。

向北得到了西河一带，向南得到了上庸，天下的人不因此赞美张仪，却赞扬先王的贤能。魏文侯派乐羊率兵攻打中山，打了3年才打下来。乐羊回到魏国夸耀自己的功劳，魏文侯就拿出了一筐弹劾乐羊的奏折。乐羊吓得连忙对魏文侯拜了两拜，说：'这不是我的功劳，而是大王您的功劳。'现在我只是一个从外地来到秦国的臣子，樗里子和公孙两个人会用韩国的强大来说长期攻打韩国的弊处。而大王您肯定会相信他们的话，想撤兵。一旦撤兵，大王您就会落下欺骗魏王的坏名声，而我也就得罪了韩国的公仲侈。"武王说："我不会听信他们的话，我可以和你发誓。"于是，武王就与甘茂在息壤起誓，然后派他率兵攻打宜阳。甘茂统兵打了5个月，也没有打下宜阳。果然，樗里子和公孙在武王面前说起甘茂的不是。武王就召见甘茂，想停止进攻。甘茂说："请大王不要忘了息壤。"武王说："是的。"于是又增派援军，让甘茂继续攻打宜阳。秦兵很快取胜，杀了敌军6万，夺取了宜阳城。韩襄公战败，只得派公仲侈去秦国谢罪求和。

占领了宜阳之后，秦武王终于到了周都，而且死在了那里。武王的弟弟继位，称为秦昭王。昭王的母亲宣太后是楚国人。楚怀王怨恨当初秦国在丹阳攻打楚国的时候，韩国没有援救楚国，就派兵围住了韩国的雍氏，韩国派公仲侈去秦国求救。秦昭王因为刚刚即位，而太后又是楚国人，所以不肯去救韩国。公仲侈找到甘茂，请求他为韩国说情。甘茂对秦昭王说："公仲侈和韩国正是以为能够得到秦国的援救，所以才会和楚国抗争。现在楚国军队围住了韩国的雍氏，而秦国的军队却不肯去援救韩国，那以后公仲侈就再也不会来朝拜啦。他肯定会带着自己的国家依附楚国。楚国和韩国连成一体，那么魏国就不敢不听从他们。到时候，就形成了韩国、魏国和楚国3个国家联合起来，攻打秦国的局面。大王，不知道坐着等待别人的进攻和主动进攻别人哪个更为有利？"秦昭王听了他的话，回答说："好。"于是，秦昭王派出援军，赶去援救韩国。楚国军队闻讯撤退。

功臣流亡

秦王派向寿守卫宜阳，派樗里子和甘茂讨伐魏国的皮氏城。向寿是太后的亲戚，从小和秦昭王一起长大，所以得到了昭王的重用。

向寿想要攻打韩国，韩国公仲侈派苏代去见向寿，对他说："禽兽在危急的时候，尚且能够撞翻马车。您虽然能够攻破韩国，让公仲侈受到侮辱，但公仲侈还是能够收拾 韩国残局，依附秦国，到那时他肯定能够得到秦王的分封。现在您把解口给楚国，并且把秦国的杜阳封给楚国的小令尹。秦国和楚国联合以后，一起攻打韩国，韩国肯定会灭亡。韩国灭亡后，公仲侈就会亲自带着他的部下与秦国拼死一搏。希望您仔细考虑清楚。"向寿说："我让秦国和楚国联合，并不是为了攻打韩国。您替我告诉公仲侈，说韩国和秦国是可以结好的。"

苏代回答说："请让我向您说明。人们说：'尊重别人尊重的东西，才能得到别人的尊重。'如今秦王亲近您，比不上当初对公孙奭的亲近；大王珍视您的才能，不如当初对甘茂。现在他们两个人都不能得到秦王的信任，而唯独您能和秦王一起决定秦国的大事，这是为什么？是因为他们两个人有失去秦王信任的地方啊。公孙奭与韩国亲近，而甘茂与魏国交好，所以秦王不相信他们两个。现在秦国和楚国争强斗胜，而您却与楚国相友善，是和公孙、甘茂犯一样的错误，和他们有什么区别呢？人们都说楚国是个善变的国家，而您却非要与楚国友善，这无异于自找麻烦。您应该和秦王一起想办法对付着楚国，而和韩国亲近则是防备楚国的最好办法。韩国是您最想攻打的国家。现在您建议秦王亲近韩国，用来防备楚国，这是为了国家的利益，放弃个人的恩怨啊，肯定能得到秦王的欣赏。"向寿说："是的，我是很想和韩国交好。"苏代回答说："甘茂曾答应过公仲侈把武遂还给韩国，并让宜阳的百姓返乡，而您却一心想着把武遂夺去，这样做还怎么与韩国结好。"向寿说："那你说该怎么办？难道我永远无法得到武遂啦？"苏代回答说：

"您为什么不借助秦国的强大力量，要求楚国把颍川还给韩国呢？颍川是韩国的立国之地。您要是向楚国求得了颍川，一方面您的命令在楚国得到推行，另一方面用楚国的土地收买了韩国；您要是求不到颍川，韩国和楚国之间的就会加深怨恨，就会争相结好秦国，那样对秦国仍然有利。楚国是秦国的最大对头，您通过责备楚国来拉拢韩国，这样对秦国太有利啊。"向寿反复思量，犹豫不决，自言自语说："该怎么办呢？"苏代说："这可是件好事啊。甘茂想通过控制魏国去攻打齐国，而公孙想通过控制韩国去攻打齐国。现在您安定了宜阳，安抚了楚国和韩国，再以此为基础，去讨伐齐国和魏国，那样甘茂和公孙奭的打算都会落空，他们的权势也会被进一步削弱。"

甘茂向秦昭王进言，建议把武遂还给韩国。向寿和公孙奭反对，但秦昭王不听，把武遂还给了韩国。向寿和公孙奭对甘茂心怀怨恨，就在秦昭王面前说甘茂的坏话。甘茂害怕，就放弃攻打魏国蒲城，逃亡国外。樗里子闻讯，只得和魏国讲和，撤兵回到秦国。

甘茂逃离了秦国，投奔齐国，遇上了苏代。这时苏代正作为齐国的使者，出使秦国。甘茂就对苏代说："我得罪了秦国，心里害怕，于是逃到了齐国，没有地方藏身。我听说富人家的女儿和穷人家的女儿在一块纺线，穷人家的女儿说：'我买不起蜡烛，但是你的蜡烛光用不尽。你可以分我一些烛光，这样既不会减少你的烛光，也能给我方便。'现在我逃亡到齐国，而先生您却要去出使秦国，正是权重的时候。我的妻子在秦国，希望先生您能把她带到齐国。"苏代答应了他。到了秦国以后，苏代就对秦王说："甘茂是才能出众之人，他在秦国居住已经很久了，对秦国的地理形势了如指掌。如果他在齐国约韩国和魏国一起攻打秦国，将对秦国不利。"秦王说："那怎么办呢？"苏代说："大王您何不好好对待他的妻子，并且允诺高官厚禄，欢迎他来秦国。等他一回来，就囚禁他，永远也别放他走。"秦王说："好的。"于是就封甘茂为上卿，任命他为丞相。但是甘茂没有去。苏代又对齐王说："甘茂是一个贤人，现在秦国封他为上卿，任命他为国相。但是甘茂感激大王您的仁德，希望成为您的臣子，所以拒绝了秦王。那大王您该怎么对待他呢？"于是，齐王封甘茂为上卿，秦国知道了，也厚待甘茂的家人。

齐国派甘茂出使楚国，当时楚怀王刚和秦国结盟。秦王听说甘茂到了楚国，就派人对楚王说："希望您能把甘茂送到秦国。"楚王问范蜎："我想为秦国安排个丞相，谁合适呢？"范蜎回答说："我不知道。"楚王问："我打算让甘茂当秦国丞相，可以吗？"范蜎回答说："不行。史举是下蔡的监门，为人不敬国君，不孝父母，名声极差，而甘茂对他却顺从恭敬。秦惠王英明，秦武王机敏，张仪善辩术，而甘茂在他们手下做事，当了十多种官职都没有出过任何的差错。甘茂确实是贤人，但是不能让他去秦国担任丞相。秦国有了贤明的丞相，对楚国没什么好处。以前大王您曾经让召滑到越国任职，召滑暗地里鼓动章义作乱，把越国搞乱，而楚国却因此得到大片的土地。大王之所以能有这样的成功，都是因为越国内乱，而楚国安定。现在大王您知道在越国用召滑，但是却忘记了让秦国用这种人，我认为这是您的失误。如果大王想向秦国推荐丞相，不如推荐向寿。向寿和秦王，从小穿一件衣服，坐一辆马车，非常得秦王的宠信。大王您要是推荐向寿当秦国丞相的话，对楚国有利。"于是，楚国拒绝送甘茂到秦国，而派使者请秦王任命向寿为丞相。不久，向寿果然做了秦相。甘茂无法回到秦国，最后死在了魏国。

少年拜相

甘罗是甘茂的孙子。甘茂死后，12岁的甘罗在秦国丞相文信侯吕不韦门下做事。

秦王政派刚成君蔡泽出使燕国，3年后燕王喜派燕国太子丹作为人质来到秦国。秦国打算派张唐到燕国出任丞相，劝说燕国一起去攻打赵国，以增加河外一带的土地。

张唐对文信侯说："秦昭王的时候，我曾经率兵攻打过赵国。赵国对我心怀怨恨，还说：'谁能够把张唐献给赵国，就能够得到一百里地的封赏。'现在我去燕国，肯定要经过赵国。赵国知道以后，肯定不会放过我的。"文信侯不好强迫他去，非常不高兴。

甘罗看到文信侯满脸怒容，就问他："君侯您为什么这么不高兴呢？"文信侯没好气地说："我叫刚成君蔡泽出使燕国3年，燕国太子丹已经作为人质来到秦国，说明交好燕国的政策取得了成效。所以我想让张唐去燕国担任相国，动员燕国和秦国一起攻打赵国，但是他却不肯去。"甘罗自告奋勇说："我能够说服他。"文信侯一听，觉得很荒唐，心里想，这样一个小孩，竟然那么大言不惭，就大声叱责他说："去，一边去！我亲自劝他，他都不肯去，你一个小孩，又怎么能够说服他？"甘罗说："项橐才7岁，就做了孔子的老师。现在我已经12岁了，君侯您就让我试试，又有什么坏处呢？"文信侯答应了他。

甘罗找到张唐，对他说："先生您的功劳和武安君白起相比，谁的大？"张唐毫不犹豫地说："武安君白起挫败了强大的楚国，威震燕国和赵国，战无不胜，攻无不克，夺取了如此多的城池。我的功劳当然比不上他啊。"甘罗又问："应侯范雎在秦国的权势，和文信侯相比，谁的大？"张唐说："应侯的权势没有文信侯的大。"甘罗说："确实这么认为？"张唐回答："确实。"甘罗说："应侯想攻打赵国，但是武安君白起故意为难他，和他作对。没想到武安君刚离开咸阳七里地，应侯就说动秦王，命令武安君自杀而死。现在比应侯权势更大的文信侯亲自请您到燕国去担任丞相，你却不肯去，我真的不知道您会死在哪里。"张唐一听，大为震惊，回答说："这次我就听你这个小孩子的建议，去燕国吧。"于是就整理行装，准备出发。

等到出发日期确定的时候，甘罗又对文信侯说："请您给我5辆马车，让我为张唐先生先到赵国通报一下。"文信侯进宫，对秦王政说："原来在秦国效力的甘茂，有个孙子甘罗。年龄很小，但是出身名家，非常有能力。我想让张唐去燕国，但张唐推脱有病，不想去。甘罗仅仅几句话，就成功说服了张唐。现在甘罗愿意替张唐去向赵国通报，请大王您派他去。"于是秦王政召见了甘罗，并派遣他出使赵国。

赵襄王亲自在郊外迎接甘罗。甘罗对赵王说："大王您知道燕国送太子丹到秦国做人质这件事吗？"赵王点了点头。甘罗又问："那大王您听说了张唐要去燕国担任丞相吗？"赵王回答说："也听说了。"甘罗说："燕国派太子丹去秦国担任人质，说明燕国没有欺骗秦国；而秦国派张唐去燕国担任丞相，就说明了秦国也没有欺骗燕国。而秦国和燕国之间不互相欺骗，就会联合起来攻打赵国，到时大王您的赵国就危险了。秦国联合燕国攻打赵国没有其他原因，就是想夺取赵国河间一带的土地。大王您不如答应我，把河间一带的5座城池送给秦国，并且请求秦国送太子丹回燕国，然后秦国一定会和大王您一起攻打弱小的燕国。"听了甘罗的话，赵王立刻把河间一带的5座城池割给秦国，而秦国则把太子丹送回燕国。赵国放心大胆地攻打燕国，夺取了燕国上谷30座城池，把其中的11座送给了秦国。

甘罗回到秦国，向秦王政报告。秦王政封甘罗为上卿，并且把甘茂原来的田地和房屋都赏赐给了甘罗。

穰侯列传·第十二

穰侯魏冉

穰侯魏冉是秦昭王的母亲宣太后的弟弟，他的祖先是楚国人，姓芈。

秦武王死后，弟弟即位，即昭王。昭王的母亲原名叫做芈八子，等到昭王即位以后，就号称宣太后。宣太后有两个弟弟，一个异父同母弟弟，姓魏，名冉，也就是穰侯；一个同父异母弟弟，叫做芈戎，也就是华阳君。昭王有两个同母弟弟，一个是高陵君，一个是泾阳君。

诸多人中，魏冉最为贤能，从惠王、武王时即已任职掌权。武王死后，他的弟弟们争相继承王位，只有魏冉有能力，他物色并拥立了昭王。昭王即位后，便任命魏冉为将军，卫戍咸阳。他曾经平定了季君公子壮及一些大臣们的叛乱，并且把武王的王后驱逐到魏国，昭王的那些兄弟中有图谋不轨的全部诛灭，魏冉的声威一时震动秦国。

秦昭王年少，宣太后掌管朝政，任命魏冉处理国事。

昭王七年（公元前300年），樗里子去世，秦国派泾阳君作为人质到齐国去。赵国人楼缓做了秦国的国相，赵国人感到不利。于是赵国就派仇液去秦国，劝说秦王任命魏冉为国相。仇液出发前，有个人对他说："如果秦国不听从您的建议，楼缓将会对您心怀怨恨。您不如对楼缓说：'请允许我为您考虑，我不会迫切地请求秦王任命魏冉为国相。'秦王见赵国不是很急切地想让魏冉担任秦国国相，肯定会感到很奇怪。秦王要是不任命魏冉为国相，那么你就不会得罪楼缓；而要是秦国听从了您的建议，任命魏冉为国相，魏冉就会感激您。"仇液听从了他的建议。秦国果然罢免了楼缓，让魏冉接替他的位置。

昭王十四年（公元前293年），魏冉推举白起代替向寿率兵攻打魏国和韩国。白起在伊阙打败了魏国和韩国的军队，杀了两国士兵24万人，俘房了魏国将军公孙喜。第二年，白起又占领了楚国的宛城和叶城。这时，魏冉却借口有病，辞去了国相的职位，让客卿寿烛接替自己。第二年，寿烛被罢免，魏冉又当上了国相。秦王把穰地封给魏冉，后来又增加了陶地，所以魏冉也被人们叫做穰侯。

穰侯受封的第四年，由他亲自担任秦军将领，率兵进攻魏国。魏国被迫献出河东方圆四百里的土地。其后，秦兵又占领了魏国的河内地区，夺取了大小城邑60余座。昭王十九年（公元前288年），在魏冉的操持下，秦昭王自称西帝，尊齐闵王为东帝。过了一个多月，吕礼来到秦国，使得齐、秦两国国君取消了帝号，仍旧称王。魏冉再度任秦国丞相后，第六年上被免职了。免职后二年，他又第三次出任秦国丞相。到第四年时，穰侯派白起攻取了楚国的郢都，秦国在夺取的楚国地方上设置了南郡。由于这个功劳，秦王赐封白起为武安君。白起是穰侯所举荐的将军，两人关系很好。当时，穰侯私家的豪富，甚至超过了国君之家。

秦昭王三十二年（公元前275年），穰侯领兵攻打魏国，击溃了芒卯，占领北宅，又包围了魏国都城大梁。这时梁国大夫须贾劝穰侯说："我听魏国大臣对魏王说：'以前梁惠王讨伐赵国时，曾在三梁战胜赵军，并攻下了赵国的都城邯郸。但是赵国不肯割地求和，最后又收复了邯郸。齐国

侯马盟书

春秋晚期晋国卿大夫举行盟誓时的誓约文书，1965年出土于山西侯马晋城遗址东南部的盟誓遗址中。根据盟书的内容分析，侯马盟书是晋定公十五年至二十三年（公元前497~前489年）间，晋国世卿赵鞅与卿大夫们为了共同的利益，而以结盟的形式团结一致，打击敌对势力，特举行盟誓时的誓词。侯马盟书的发现，对于揭示春秋、战国之际新旧势力的斗争，对中国古代盟誓制度、古文字以及晋国历史的研究，提供了极重要的文字资料。

也曾攻下了卫国故都楚丘，并杀死了卫将子良。可是卫国也不肯割地求和，最后也收复了国家。卫国、赵国之所以不被诸侯兼并，就是因为他们能够忍辱负重而又不肯割让土地的缘故。宋国、中山国多次被伐，割让土地，国家也随之灭亡。我们认为卫、赵两国可以学习，而宋和中山应该引以为戒。秦国贪婪暴虐，不可以亲近。现在秦军击溃了芒卯，占领北宅，并不是真的敢进攻大梁，而只是想以此来要挟大王，让大王您割地求和。大王千万不要听从他的要求。如果大王背弃合纵盟约，单独同秦国讲和，楚国和赵国肯定会对您心怀怨恨，就一定会争着去讨好秦国，而秦国也一定会接受他们。如果楚国、赵国和秦国三国军队一起攻打魏国，魏国想不灭亡，都不可能了。大王就算是想讲和，也要少割一些地，还要求秦国送来人质。不然一定会被骗。'希望您仔细加以考虑。《周书》上说：'天命不是固定不变的。'意思就是，侥幸的机会不可能多次遇到。您现在取得胜利，也不过是侥幸，要是把侥幸看作常规，那就想错了。而今，魏国已调集了全国的精兵强将来保卫大梁，兵力不少于30万人。以30万的大军来守卫坚固的大梁，能轻易攻下来吗？况且，楚、赵两国的援军不久也将赶到，到那时，您不仅会前功尽弃，而且处境危险。希望您趁楚、赵二国的援兵尚未到达的时机，赶快用割取少量土地的办法与魏国达成和解，魏国一定会答应。魏国向秦国求和，楚国、赵国肯定非常气愤，也就会争着讨好秦国。到时候，诸侯合纵联盟也就名存实亡了。"

穰侯听后，觉得有理，就解除了对大梁的包围。第二年，魏国背叛秦国，和齐国合纵相亲。穰侯又率兵讨伐魏国，击败将军暴鸢，杀了魏军4万，占领了魏国3个县。

第二年，穰侯和白起、胡阳再次进攻韩赵魏三国，在韩国华阳城打败了魏将芒卯，斩杀敌军10万，夺取了魏国的卷邑、蔡阳、长社和赵国的观津。穰侯把观津还给了赵国，要赵国去讨伐齐国。齐襄王很害怕，就让苏代秘密送给穰侯一封信，信上说："我听说秦国要和赵国一起来讨伐齐国。我对我们国君说："秦王英明而长于谋划，穰侯多智而善于处事，一定不会帮助赵国来讨伐齐国。'为什么呢？因为三晋合纵，就是秦国的仇敌。现在攻打齐国，却让赵国强大，这对秦国不利，这是一。要是想通过攻打齐国来消耗赵国和楚国，是不正确的。因为齐国早已疲困不堪，集中天下的兵力攻打齐国，就像是强弩去射一个即将溃烂的疮一样容易，哪里有什么消耗，这是二。秦国出兵少了，就得不到赵国和楚国的信任；出兵多了，他们又会担心被秦国所挟制。而且齐国败了，一定会去投靠赵国或楚国，这是三。如果赵国和楚国调转头来攻打秦国，秦国就会腹背受敌，这是四。所以我说英明的秦王和聪明的穰侯一定不会帮赵国来打齐国。"穰侯看后，放弃了讨伐齐国的想法，回到了秦国。

秦昭王三十六年（公元前271年），相国穰侯打算派人攻打齐国纲和寿。纲、寿两地靠近穰侯的封地陶邑，如果攻占下来，秦王肯定会把它们赏赐给穰侯。然而就在这时，魏国人范雎指责宣太后专政，穰侯擅权，泾阳君、高陵君太过奢侈。昭王于是免去了穰侯的职位，命令泾阳君等迁出关外，回到封地。穰侯迁出关外的时候，光是装财物的车子就有1000多辆。穰侯后来死在陶邑。

白起王翦列传·第十三

名将白起

在秦灭六国的过程中，大将白起和王翦起了重要作用。司马迁为白起、王翦立传，是肯定他们在统一战争过程中的赫赫战功；另一方面也尖锐地指出他们各有所短，白起"不能救患于应侯"，死于非命，王翦则"不能辅秦建德"，殃及后代。从这里可以看出，司马迁赞同秦统一中国的战争，但他反对虐民、暴政。

白起，郿人（今陕西郿县东北），擅长用兵打仗，在秦昭王朝中做将军。

从秦昭王十四年（公元前293年）到三十四年（公元前273年），白起率军南征北战，为秦国立下赫赫战功：攻打韩国和魏国，在伊阙斩杀敌军24万，俘虏了将军公孙喜，占领5座城池；再次攻打魏国，占领了61座城池；攻打赵国，占领光狼城；攻打楚国，夺取鄢、邓、城等5座城池；再打，攻取楚国都城郢城，迫使楚王把都城迁到陈；又打楚国，夺取巫地和黔中郡。白起也因功步步高升，由国尉而大良造，最后被封为武安君。

昭王三十四年（公元前273年），白起攻打魏国，占领了华阳，打败了芒卯，俘虏了韩、赵、魏三国将军，斩杀敌军13万。白起又和赵国将军贾偃交战，最后把贾偃的部下两万人沉入河里。昭王四十三年，白起攻打韩国陉城，杀5万人。

昭王四十五年（公元前262年），白起攻打韩国野王城。野王城投降秦国，从而切断了上党与韩国内地的联系。韩国上党郡守冯亭便同当地百姓们谋划说："通往都城的道路被切断，韩国肯定不能管我们了。

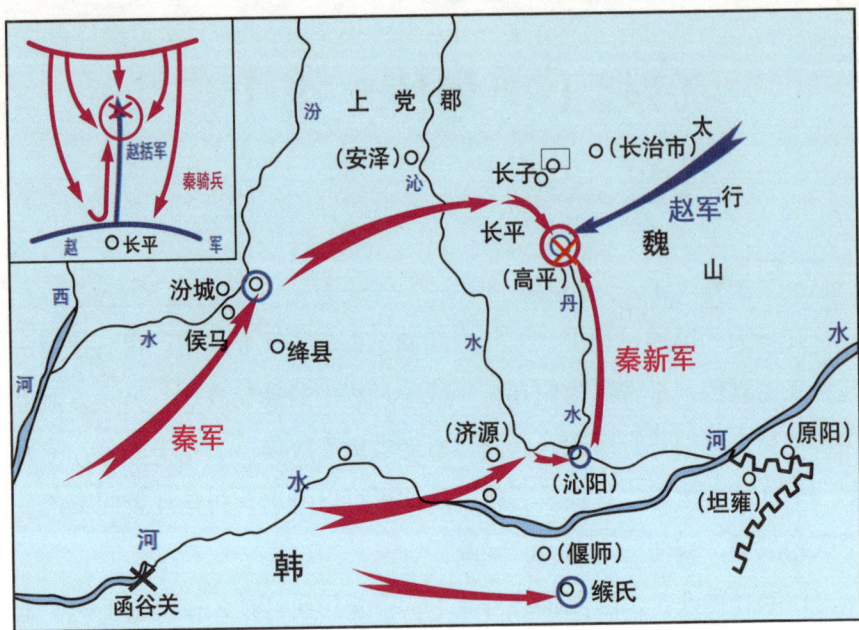

长平之战示意图

秦国军队一天天逼进，韩国不能救援，不如把上党归附赵国。赵国如果接受我们，秦国恼怒，必定攻打赵国。赵国遭到武力攻击，必定亲近韩国。韩、赵两国联合起来，就可以抵挡秦国。"于是便派人通报赵国。赵孝成王跟平阳君和平原君一起研究这件事，平阳君说："不如不接受。接受它，带来的殃祸要比得到的好处大得多。"平原君则表示异议说："平白得到一郡，接受它是有利的。"结果赵王接受了上党，封冯亭为华阳君。

昭王四十六年，秦国攻占韩国缑氏和蔺城。

昭王四十七年（公元前260年），秦国派左庶长王龁攻打韩国，攻占上党，上党百姓都逃向赵国。赵国士兵攻打秦国的侦察兵，秦国的侦察兵杀了赵国的裨将。六月，秦军攻破了赵国军队，夺取了两座城池，杀了4名都尉。七月，赵国任命老将廉颇为统帅，在长平修建防御工事，坚守不出。廉颇深沟高垒，加强防守，秦国几次挑战，他都不应战。秦军被廉颇阻挡，屡战无功，很是着急。丞相应侯得知赵王对廉颇不满，便派使者带着千两黄金，到赵国施反间计，使者说："秦国军队怕的，只是赵括一人。廉颇非常容易对付，况且，他很快就要投降秦国啦。"赵王中计，让赵括代替廉颇。秦国听说赵括出任赵军统帅，就暗中派武安君白起担任秦国上将军，王龁为副将。赵括派兵攻打秦国军队，秦国军队一边假装落败逃走，一边又派部队切断赵军的粮道，并迂回包抄赵军主力。

到了九月，赵国士兵断绝口粮已经46天，军内士兵们甚至暗中互相残杀，以人肉充饥。士兵们困厄至极，扑向秦军营垒，发动攻击，打算突围。他们编成四队，轮番进攻了四五次，仍不能冲出去。他们的将领赵括派出精锐士兵，并亲自披挂上阵，率领这些部下与秦军搏杀，意图突围，结果秦军在混战中射死了赵括。赵括的部队大败，士兵40万人向武安君投降。武安君谋划着说："之前我们秦军拿下上党，上党的百姓不甘心作秦国的臣民而归附赵国。赵国士兵变化无常，不全部杀掉他们，恐怕要出乱子。"于是用欺骗伎俩把赵国降兵全部活埋了。只留下年纪尚小的士兵240人放回赵国，赵国上下一片震惊。

秦昭王四十八年（公元前259年），秦国再一次攻占上党，之后将部队分为两支，王龁带领的军队攻取皮牢，司马梗带领的军队攻取太原。韩国和赵国恐慌，派苏代带着重金游说应侯说："赵国灭亡，秦王就称王天下了，到时武安君也就会位列三公。武安君为秦国攻占了70多座城池，在南面夺取了楚国的鄢、郢和汉中，向北战胜了赵括的部队。即使是周公、召公和姜太公，也比不上他的功绩。武安君位列三公，大人您能够在他下面吗？即使不想在他下面，也没有办法啊。不如允许韩国和赵国割地求和，这就不是武安君的功劳了。"于是，应侯对秦王说："秦国军队劳累，请允许韩国和赵国割地求和。"秦王同意了。这年正月，秦国和赵国、韩国停战。武安君听说了这件事，从此就对应侯心怀怨恨。

九月，秦国派五大夫王陵攻打赵国邯郸，当时武安君有病，不能出征。昭王四十九年（公元前258年）正月，王陵攻打邯郸，进展不大。武安君白起病好后，秦王打算派武安君代替王陵。武安君推辞说："邯郸不容易攻破，而且诸侯国援救邯郸的军队也会纷纷赶来。秦国虽然攻破了长平，可是秦国军队损失也过半，国内空虚。现在又要行军千里去攻打别国的国都，实在不是好的主意。那样的话，赵国军队在城里应战，诸侯国军队在城外攻击，秦国军队肯定会失败。这个仗不能打。"秦王不听他的建议，坚持要他去，武安君还是不肯赴任。秦王派应侯去请他，武安君就借病推脱。

秦王只好改派王龁代替王陵，但秦国军队还是没能攻破邯郸。楚国的春申君和魏国的信陵君一起率领几十万军队攻打秦军，秦军损失惨重。武安君对秦王说："大王您不听我的意见，现在怎么样了！"秦王听到后，气得七窍生烟，强行命令武安君赴任。武安君就推脱自己病情严重。应侯再一次去请他，武安君还是不肯赴任。秦王大怒，免去武安君的官爵，让他离开咸阳迁到阴密。但武安君有病，没能成行。过了3个月，秦军邯郸前线的情况越来越糟糕，秦王愤怒，就派人驱逐白起，不让他留在咸阳城里。

武安君刚离开咸阳西门十里，刚走到杜邮，应侯对昭王说："白起走的时候，还忿忿不平，有怨言。"秦昭王派使者赐给白起一把剑，叫他自杀。武安君仰天长叹："我怎么得罪了上天，得到这个下场？"想了很久，才说："我本来就该死。长平之战，我就坑杀了40多万人，当然该死！"于是拔剑自杀。这一年，是秦昭王五十年（公元前257年）。武安君无罪而死，秦国人都同情他，所以无论城乡百姓都祭祀他。

王翦之意不在田

王翦是频阳东乡人，从小喜欢兵法，后来从军。秦王政十一年（公元前236年），王翦率领部队攻打赵国阏与城，取得胜利，随后又占领了9座城池。秦王政十八年，王翦率兵攻打赵国。一年多以后，攻破了赵国，赵王投降秦国。第二年，燕国派荆轲去刺杀秦王，行刺失败，秦王派王翦攻打燕国。燕王喜逃到辽东，王翦攻破了燕国都城蓟，然后回到秦国。秦王又派王翦的儿子王贲攻打楚国，大败楚国部队。后来又攻打魏国，魏王也投降了秦国。

秦王攻灭了韩、赵、魏三国以后，就想攻打楚国。秦国将军李信虽然年轻，但是英勇果敢，曾经只身带着几千士兵追逐燕国太子丹的部队，最后将其攻破。秦王很欣赏李信，就问李信："我想攻打楚国，将军你估计需要多少部队呢？"李信回答说："不超过20万。"秦王又问王翦。王翦回答说："没有60万肯定不行。"秦王说："王将军您年老力衰了吧，为什么胆子这么小啊？"于是秦王派李信和蒙恬率领20万军队进攻楚国。王翦因为自己的建议没有被采纳，就借口有病，告老还乡，回到了频阳。李信攻打平舆，蒙恬攻打寝，都胜利了。后来李信攻占了鄢和郢，随后率领部队追击楚军，和蒙恬在城父相会。没想到楚国部队三天三夜没有休息，长途跋涉，袭击李信部队，李信大败，损失惨重。秦军只得撤退。

秦王听说秦国军队大败，非常生气。亲自到频阳，向王翦道歉说："我没有听取将军您的意见，致使秦军失败。现在我听说楚国军队每天都向西前进，形势不容乐观。将军您难道忍心丢下我不管吗？"王翦推辞说："我已经告病，回到了家乡。希望大王您能另外选用其他将领。"秦王说："哎呀，将军您就不要再推辞了。"王翦说："大王您要是一定要起用我的话，那就一定要60万士兵。"秦王答应了他。

王翦率领60万士兵准备出发，秦王在灞上给他们送行。送行的时候，王翦请求秦王赏赐自己良田华屋。秦王于是问："将军您就要出发了，为什么还要田地和房屋呢？"王翦回答说："我担任大王您的将军，即使有功劳，也不能封侯，所以趁着现在大王您任用我的时候，及时为我的子孙们赚取家业。"秦王哈哈大笑。王翦到达函谷关的时候，连续五次派使者回秦国，向秦王讨要田宅。有人对他说："将军您的要求，也太过分了。"王翦回答说："不是这样的。秦王多疑，不相信别人。现在秦王把秦国全部的军队都交给我，让我去攻打楚国。如果我不向他多请求一些田地，为我的子孙们赚取家业，他又怎么会放心得下，怎么会不怀疑我呢？"

王翦代替李信统帅全军，攻打楚国。楚国听说王翦率军前来，就派出全国的军队抵抗。王翦打到楚国以后，坚守军营，不肯出战。楚国部队几次挑战，王翦都不加以理会。王翦每天都让士兵们好好休息，而且和士兵们吃住在一起。过了一段时间，王翦派人问士兵们在玩什么游戏。回报说："大家在玩比赛投石头。"于是王翦说："可以进攻了。"

楚国部队几次挑战，见王翦不应战，就向东去了。王翦派部队追击，一直追到蕲南，打败了楚国部队，还杀了楚国将军项燕。王翦乘胜攻打楚国城池，一年多以后，俘虏了楚王负刍，把楚国属地改为秦国郡县。王翦又进攻百越国。

秦王二十六年（公元前221年），秦国平定了天下，其中王翦和蒙恬功劳最大，名传后世。

秦朝二世胡亥的时候，王翦和他的儿子王贲都已经死了，蒙氏一家也被灭门。陈胜反抗秦朝暴政，胡亥派王翦的孙子王离攻打赵，把赵王和张耳包围在巨鹿城。有的人说："王离是秦国的名将，带领强大的秦国军队，攻打赵国，肯定能获胜。"有人说："不对。担任将军三代以上的，肯定会失败。为什么呢？因为他们家杀的人太多了，对后代没什么好处。现在王离已经是王家第三代将军了。"不久，项羽援救赵国，攻打秦国军队，果然活捉了王离。王离率领军队投降了诸侯军。

孟子荀卿列传·第十四

百家争鸣

孟轲是邹国人，他拜孔子的门人子思为师。学成以后，去游说齐宣王，但是没有得到齐宣王的重用。游说魏惠王，还是不被任用。当时，秦国任用商鞅，整顿军队，富国强兵；魏国和楚国先后任用吴起，都一举变成强国；齐威王和齐宣王任用孙子和田忌等人，威震天下。天下各国都忙于合纵连横，热衷于武力，唯独孟轲提倡仁义，显得特别不合时宜。所以孟轲没有得到多少人的欢迎。孟轲写下了《孟子》7篇，宣扬孔子的学说。

齐国有3位邹先生。

第一个是邹忌。他借弹琴的机会，游说齐威王，得以参与国政，被封为成侯，担任丞相。他生活的年代早于孟子。

第二个是邹衍，晚于孟子。当时各国国君都只知道骄奢淫侈，不推行仁德之政。邹衍认为，如果国君推行道德，修行自身，就能普及到天下的百姓。他深入观察天地万物的阴阳变化，写下了《终始》、《大圣》等约10多万字。书中语言海阔天空，甚至不合常理。在这些书中，他坚持从细小的事物验证起，然后推而广之，以至于无所不包。他从当代起，追溯到远古的黄帝，研讨历代史迹，以及历史发展、朝代兴衰的规律。同时也记下了那些祈神求福、趋吉避凶的各种制度，并推而远之，一直到天地尚未形成，飘渺玄远而不能考察的时代。他首先列述中国的名山大川、深山大谷中的禽兽和各种生物、各类珍品，以此类推，再讲到海外异域人们所看不到的东西。又称天地分剖以来，五种德行相生相克，循环往复，每个时代都应采取与五德相应的政治制度，天命和人事也相应如此。他认为，儒家所说的中国，仅占天下的1/81。中国叫做赤县神州，赤县神州内又有九州，就是大禹所分定的九州，但这种州不能列入大州之数。中国以外像赤县神州的州有九个，这才是所谓的九州。一块土地，有小海四周环绕，人们和禽兽与其他州不相通，是一个独立的区域，这就是一州。像这样的州有9个，九州之外有大海环绕，就是天地的尽头。邹衍学说的主要宗旨，最后还是要归结到仁义节俭上来。只是开头显得太泛滥了。那些王公大人最初接触他的学说，感到惊奇，并想身体力行，但后来却终究不能实行。

邹衍在齐国受到重视。他前往魏国，魏惠王亲自到郊外迎接，并用贵宾之礼来接待他。他去赵国，平原君侧身而行，还为他擦拭坐席。他去燕国，燕昭王手持扫帚在前为他清路，并请求作为学生，向他求教，并为他修筑碣石宫，亲自前去请教。他写了《主运》。他游说诸国，受到如此的尊敬，是孔子在陈国、蔡国忍饥挨饿，孟子在齐国、梁国受冷遇不能相比的。所以周武王推行仁义讨伐商纣而成就王业；伯夷饿死不吃周朝的粮食；卫灵公向孔子请教军事，孔子不加回答；魏惠王想进攻赵国，孟子以周太王避敌来作答。这些难道是附和世俗、苟且求全吗？有人说，伊尹凭他的厨艺接近商汤，鼓励他成就王业；百里奚在车下喂牛，被秦穆公任用，而成就了霸业，先是迎合，然后引导国君实行王道。邹衍的言论虽然不符常规，但是或者也有百里奚贩牛、伊尹烹饪的意图吧！

第三个是邹奭，齐国当时邹姓学者之一，以学习邹衍之术来著述为文。

从邹衍到齐国稷下学宫的那些学者，像淳于髡、慎到、环渊、接子、田骈、邹奭等人，都著书立说，叙述冶乱，来游说当时的国君。

淳于髡，是齐国人，他见闻广博，记忆力强，学术上不拘束于一家之说。他很仰慕晏婴的为人，但他却以秉承君主的旨意、察言观色为处世原则。有人把淳于髡引见给魏惠王。魏惠王叫左右的人退下，两次私下召见他，他始终没说一句话。魏惠王感到奇怪，就责备引见的人，

孟母择邻　版画

相传孟母为了让孟子有一个良好的成长环境，曾三迁其住处。孟家原距墓园很近，孟子年幼，常游戏于墓园之中；孟母于是把住处迁至闹市附近，孟子又学商人做买卖；孟母再迁住处于学宫旁，孟子于是开始学揖让进退之礼，孟母欣慰，即定居于此，世称"大迁之教"。

说："您说淳于髡先生连管仲、晏婴都不如他。可是我见到他以后，他却一句话也不说。难道是我不配和他说话吗？还是有别的什么原因？"客人转告淳于髡。淳于髡说："我第一次见国君，他的心思在车马游猎上；第二次见他，他的心在声色女乐上。所以我两次都没有说话。"客人把淳于髡的话原原本本地告诉惠王。惠王听了大吃一惊，说："哎呀，淳于先生真是圣人哪！淳于髡先生第一次来见我，刚好有人给我进献了一匹好马。我还没来得及看，淳于髡先生就来了。他第二次来见我，又有人给我进献了歌舞女乐。我还没来得及欣赏，先生又来了。我当时心里面确实还在想着马和女乐。"后来淳于髡第三次拜见魏惠王，连着谈了三天三夜都没有疲倦的神态。魏惠王想任用淳于髡为卿相，淳于拒绝了，之后离开了魏国，终生没有做官。

邹衍的学说迂曲浮夸，富于雄辩；邹奭的文章徒具空文，难以实施；淳于髡，如果和他相处久了，往往能听到一些有益的言论。所以齐国人称赞说："谈天说地数邹衍，锦绣文章数邹奭，智慧过人数淳于髡。"

荀卿是赵国人。50岁的时候去齐国讲学，是当时最有名气的老师。荀卿曾经3次担任齐国祭酒。齐国有人诋毁荀卿，荀卿于是前往楚国，被春申君任命为兰陵县令。荀卿的学生当中有一个叫做李斯，后来在秦国当了丞相。荀卿痛恨世道的混乱，又气愤各国君主不实行王道，反而被鬼神迷惑。更痛恨一些人靠能言善辩混淆是非，于是他考察儒家、墨家、道家的所作所为及成败得失，加以整理，写下了几万字。完成著作不久，荀卿就去世了。荀卿死后，被埋葬在兰陵。

百家争鸣示意图

孟尝君列传·第十五

相门有相

  孟尝君姓田，名文，他的父亲是靖郭君田婴。田婴，是齐威王的小儿子，齐宣王的庶出弟弟。田婴从齐威王的时候就开始任职当权，曾经和成侯邹忌以及田忌一起率兵援救韩国，攻打魏国。宣王二年（公元前318年），田忌、孙膑、田婴一起攻打魏国，在马陵打败了魏国军队，俘虏了魏国太子申，还杀了魏国将军庞涓。宣王七年，田婴出使韩国和魏国，逼韩国和魏国臣服于齐国，还说服韩昭侯和魏惠王在东阿和齐宣王会面，订立了盟约。宣王九年（公元前311年），田婴任齐国的国相。齐宣王和魏襄王在徐州会面，互相尊对方为王。楚威王听说齐魏互尊为王，对田婴心怀怨恨，以为是他一手促成的。第二年，楚国讨伐齐国，在徐州打败了齐国军队，然后派人去捉拿田婴。田婴派张丑游说楚威王，楚威王才善罢甘休。田婴任齐国国相第11年，宣王去世，湣王即位。湣王即位3年后，封田婴在薛地。

  田婴有40多个儿子，其中一个叫田文。田文是田婴小妾的儿子，而且出生在五月五日。当时，人们认为五月五日出生的孩子会给自己的父母带来灾难。田婴就对田文的母亲说："赶快把这个孩子扔了，不要养他。"孩子毕竟是自己身上掉下来的一块肉，田文的母亲不忍心把孩子丢弃，就暗中抚养田文。

  等到田文大了以后，母亲找了个机会，让他和父亲田婴见面。田婴知道田文就是那个五月五日出生的孩子以后，气冲冲地责备她："我让你丢了这个孩子，你怎么还敢把他抚养大？"田文问田婴说："您不想养大五月五日出生的孩子，这是为什么呢？"田婴说："五月份出生的孩子，会长得和门一样高，会给父母带来灾难。"田文又问："人的生命，是由上天授予的呢？还是由门户授予的？"田婴不知道怎么回答，只能沉默不语。田文接着又说："如果真的是上天授予的话，那您又担心什么呢？如果真的是门户授予的话，那只要加高家里的门户就可以了。"田婴更没话说，只能呵斥田文："你不要再说了。"

过了一段时间以后，田文乘着空闲的时候问田婴："儿子的儿子是什么？"田婴回答说："是孙子。"田文又问："孙子的孙子呢？"田婴说："是玄孙。"田文继续问："那么玄孙的玄孙又是什么呢？"田婴不耐烦了，说："这我就不知道了。"田文说："您执掌大权，担任齐国的国相，到现在已经是三朝老臣。齐国的国土面积没有增加，您的财富却越来越多。门下也没有一个贤能的人。我听说，将军家肯定就能出将军，国相家也肯定能出国相。现在您的姬妾们践踏绫罗绸缎，而有才能的人却穿不上粗布短衣；您的仆人们有剩余的饭食肉羹，而有才能的人却连肚子都填不饱。您的财富一天天增加，连把这些东西将来留给谁都不知道；您服务的国家却在一天天衰落，您连想都不想。我感到很奇怪。"

田文的这些话，让田婴改变了对他的看法。田婴马上让他主持家里的事务，负责招待宾客。宾客越来越多，田文与他们相处得很好，人们都对他赞不绝口。田文的名声甚至传到了诸侯各国当中，诸侯各国都争着派人去找田婴，劝他立田文为太子。田婴死后，田文果然继承了田婴的爵位，被封在薛地，他就是孟尝君。

孟尝君在薛邑招揽各个国家的宾客，以至于连那些犯罪逃亡的人，都来投奔他。孟尝君舍弃自己的家业，给他们很好的待遇，得到了天下士人的敬仰。他门下食客几千人，不分贵贱，都享受和田文一样的待遇。每次孟尝君接待客人，和客人说话的时候，屏风后面都安排有一个人，负责记录孟尝君和客人的对话，以及客人的亲戚朋友们的住处。等客人离开以后，孟尝君就派人去问候客人的亲戚朋友，并且送礼物给他们。有一次，孟尝君和客人一起吃晚饭，有一个人把蜡烛遮住了。客人非常生气，以为自己吃的东西和孟尝君吃的东西不一样，放下碗筷就要告辞离开。这时孟尝君站了起来，把自己的饭端到客人面前给他看。客人看见孟尝君的饭菜和自己的一样，惭愧至极，就自刎而死。从此以后，士人们都争相投靠孟尝君。孟尝君对投奔自己的客人不分贵贱，一样优待。后来，孟尝君被齐湣王任命为齐国国相，果然应了他对父亲说的那句话"相门有相"。

鸡鸣狗盗

秦昭王听说孟尝君非常贤明，就先派泾阳君作为人质到齐国，希望求见孟尝君。孟尝君打算动身前去秦国，门下的宾客就都劝他不要去，孟尝君执意要去。苏代对孟尝君说："今天我从外面回来，看见木偶人和土偶人正在交谈。木偶人说：'天一下雨，你就会被雨冲毁的。'土偶人回答说：'我是土做的，如果被冲毁了，也会回到土里。但是天一下雨，就会把你冲走了，也不知道冲到哪里。'现在的秦国，如狼似虎，您却一定要去秦国，要是回不来，您能不被那土偶人嘲笑吗？"听了苏代的话，孟尝君才决定不去秦国。

齐湣王二十五年（史记中为此，实际应为齐湣王三年，即公元前298年），孟尝君出使秦国。孟尝君到了秦国以后，秦昭王任命他为秦国丞相。有人就对秦昭王说："孟尝君非常贤明，而且又是齐国人，现在他在秦国担任丞相，肯定是先为齐国做打算，然后为秦国考虑。他的存在，是秦国的隐患啊。"秦昭王听信这个人的话，不但囚禁了孟尝君，还打算杀了他。

孟尝君派人找到秦昭王最宠爱的妃子，请她帮忙。秦昭王的宠姬就说："我想得到孟尝君的那件白色狐皮大衣。"当时，孟尝君有件白色狐皮大衣，是天下至宝，价值连城。但孟尝君到秦国时，已经把它献给了秦昭王，再没有第二件。现在她想要，也无处去弄。孟尝君很发愁，那些门客也没有什么好办法。

正在孟尝君烦恼的时候，门客里面一个擅长偷东西的人对孟尝君说："我能够拿到那件白色狐皮大衣。"于是，他在晚上摸进了秦昭王的宫殿，把孟尝君献给秦昭王的那件白色狐皮大衣偷出来。孟尝君马上把它献给了昭王的宠姬。昭王的宠姬得到那件狐皮大衣以后，高兴地不得了，就替孟尝君说好话，劝秦昭王放了孟尝君。秦昭王听了她的话，放了孟尝君。孟尝君一被放出来，就快马加鞭，逃出城外。到了半夜，孟尝君一行人到达函谷关。放人之后，秦昭王后悔了，连忙派人追拿孟尝君。

孟尝君到函谷关下，城门还没有开，按照规定，早上鸡叫才开城门。孟尝君担心秦王派人追赶，很着急。这时，门客中有一个擅长口技的人，便学鸡叫。不久，周围的鸡都叫了起来。城上的守卫听到鸡叫，就打开城门，孟尝君他们顺利地出了函谷关。孟尝君他们出关还不到一顿饭的工夫，秦昭王派的追兵就到了，见孟尝君已经出关，只得空手而回。当初，孟尝君把那个会偷的人和会学鸡叫的人待为宾客的时候，其他的宾客都嘲笑他们，没想到等到孟尝君在秦国遭遇危险的时候，反而是他们两个解决了难题。从此以后，宾客们都很佩服孟尝君招纳宾客不论条件的做法。

孟尝君从秦国出来，经过赵国，受到了赵国平原君的招待。赵国的百姓听说孟尝君非常贤明，就都出来围观。但是看到孟尝君以后，赵国百姓都嘲笑说："原来还以为孟尝君是一个魁梧大汉呢，现在看了一下，才知道也其貌不扬啊。"孟尝君听后，非常生气。他和门客们一起跳下马车，砍死了几百人，灭了一个县，才离开赵国。

齐王为自己派孟尝君出使秦国感到内疚，等孟尝君回到齐国，就封他为齐国的国相，让他掌管朝政。

孟尝君怨恨秦国，便许诺帮助韩国、魏国攻打楚国，以此换取韩国和魏国的支持，组建联军攻打秦国，并打算向西周国借粮食和兵器。

苏代知道后，对孟尝君说："您曾调遣齐国军队，与韩国、魏国联合起来攻打楚国九年，占领了宛城和叶城以北的土地。这些土地都归韩国和魏国所有，增强他们的实力。现在，您又想攻打秦国，获得胜利后必然再次增加两国实力。韩国和魏国南面没有楚国的威胁，西面没有秦国的威胁，那么齐国就危险了。两国肯定会轻视齐国，畏惧秦国，我为您感到担心。您不如让西周与秦国交好，既不要进攻秦国，也不要向西周借兵器和粮食。您把军队驻扎在函谷关东但不要进攻，让西周把您的想法告诉给秦昭王说'薛公一定不会攻破秦国来增强韩、魏两国的力量。他进攻秦国，不过是想要大王让楚国把东国割给齐国，并请您把楚怀王释放出来求和'。您让西周用这种做法给秦国好处，秦国可以拿楚国的土地来保证自己不受攻击，肯定很满意。楚王能够被释放，也一定感激齐国。齐国得到楚的东国自然会更加强大，薛邑也就会世世代代没有忧患了。秦国并非弱国，实力很强，而处在韩国、魏国的西面，韩、魏两国怕秦国攻击，必定倚重齐国。"孟尝君听后，立即说："好。"一场兵灾就这样避免了。

冯谖客孟尝君

冯谖听说孟尝君喜欢招纳宾客，就穿着草鞋去见他。孟尝君说："先生您从那么远的地方，屈尊来到这里，请问有什么可以教我吗？"冯谖说："我听说您喜欢招纳贤能的人，而我是因为贫穷来投奔您的。"孟尝君把他安排在下等食客的住处。

过了10天，孟尝君问管宿舍的人："冯谖最近做了些什么？"那人回答说："冯先生非常穷，身上只有一把剑，而且剑把还用草绳缠着。他经常用手弹着自己的剑唱：'长剑啊长剑，还是回去吧，吃饭的时候没有鱼'。"孟尝君听了，就把冯谖安排在中等食客的住处。过了5天，孟尝君又去询问冯谖在干什么，管宿舍的人回答说："他弹着自己的剑，唱：'长剑啊长剑，还是回去吧，出行的时候没有车'。"孟尝君听后，便把他安排在上等食客的房间里，出入的时候还给他安排车辆。又过了5天，孟尝君再去问，管宿舍的人回答说："现在他又弹着自己的长剑，说：'长剑啊长剑，还是回去吧，没有办法养家'。"孟尝君听了以后，很不高兴。

过了整整一年，冯谖没有再说什么。当时孟尝君担任齐国的国相，在薛地有1万户的封地，他派冯谖去收债。

冯谖告别了孟尝君，到了薛地。冯谖把凡是借了孟尝君钱的人都集合起来，收到利息10万钱。冯谖用这些钱酿了酒，买来牛，把那些借孟尝君钱的人，不管付不付得起利息全都叫过来，付不出利息的人要求带着欠条，以便进行核对。等到大家到齐了，就杀牛上酒，开了酒席。正当大家喝酒喝得痛快的时候，冯谖就拿着契据走到席前与大家一一核对，能够付利息的人，就定一个期限；不能给利息的，就把他们的借据统统烧掉。接着冯谖对大家说："孟尝君之所以借钱给大家，就是为了帮助没有本钱的人，让你们能够从事生产。而他之所以要大家还债，是因为没有收入来供养他的宾客。现在宽裕的人，就给你们一个期限；没钱的人，就烧了你们的借据，取消债务。大家可以开怀畅饮了。有这样的封邑主人，大家又怎么能够背叛他呢？"坐着的人都感激地站了起来，向冯谖行礼。

孟尝君听说冯谖把借据都烧了，非常生气，就问他："我门下食客多达3000，平时的用度不够，所以我才放债给薛邑。但是您不但备酒上菜招待他们，还把他们的借据烧了，这是为什么啊？"冯谖回答说："不备酒上菜，大家就不会都来。也就不知道谁有能力还，谁没能力还。有能力的，给他们一个期限，他们就会还；没能力的，即便是催他10年，他也还不了。他欠下的利息越多，就越着急，甚至可能还会逃亡到其他地方。催他那么急，反而对您没什么好处。到时，不但大臣们会说您爱惜金钱，剥削百姓，百姓们也会怨恨您。现在我把那些没有用的借据烧了，放弃那些得不到的利息，让薛地的百姓感激您的恩德，宣扬您的名声，大人您还有什么疑问吗？"孟尝君于是拍掌大笑，感谢冯谖。

齐王害怕孟尝君功高盖主，就罢免了孟尝君。门客们见孟尝君被罢免，纷纷离去。只有冯谖对孟尝君说："您只要给我一辆马车，让我到秦国去，我就能让您重新被齐国重用，而且帮您获得更多的封地。"孟尝君真的给了他一辆马车，送给他一些盘缠。冯谖来到秦国，对秦王说："秦国和齐国，势不两立，谁更强大，谁就能得到天下。"秦王问他："怎么样让秦国更加强大，超过齐国呢？"冯谖说："大王您知道齐国罢免了孟尝君吗？"秦王说："我听说了。"冯谖说："让齐国称雄天下的，是孟尝君。现在孟尝君被齐王罢免了，心怀怨恨，肯定想离开齐国；如果孟尝君离开齐国来到秦国，那么齐国的地理形势、朝廷机密、社会状况都将为秦国所掌握。到时齐国的土地就是秦国的了，又何止是称雄啊？大王您马上派人带着重金暗中去迎接孟尝君，千万不要失去机会。如果齐国再起用他，秦国就麻烦了。"秦王听了以后，就派人驾着10辆车，带着一百镒黄金，去迎接孟尝君。冯谖告别秦王先行离开，回到齐国，对齐王说："秦国和齐国，势不两立，谁更强大，谁就能得到天下。我听说秦国派了10辆马车，拿黄金一百镒来聘请孟尝君。孟尝君不去秦国倒还可以，如果去了，秦国就要称霸天下了。到时秦国强而齐国弱，齐国就危险了。大王您何不趁秦国使者还没到，重新重用孟尝君，给他更多的封地，向他谢罪呢？孟尝君肯定会欣然接受。秦国虽然是强国，又怎么能够去请其他国家的丞相呢？"齐王派人到边境等秦国的使者，果然发现秦国使者赶来。齐王见状，召见孟尝君，恢复了他的国相职位，不但重新把薛地封给他，还增加了1000户。秦国使者听说齐国又任用孟尝君为国相，只得返回。

听说孟尝君重新当政以后，那些离开他的门客又纷纷回来投奔他。孟尝君对冯谖说："我喜欢招纳门客，对客人也从来不敢怠慢，后来有了3000多门客。可是，这些门客一看到我被罢免，都离我而去。

礼乐征伐自天子出

"礼乐征伐自天子出"，语出《论语·季氏第十六》："天下有道，则礼乐征伐自天子出；天下无道，则礼乐征伐自诸侯出。自诸侯出，盖十世希不失矣；自大夫出，五世希不失矣；陪臣执国命，三世希不失矣。天下有道，则政不在大夫。天下有道，则庶人不议。"这段话的意思是，天下有道的时候，礼乐的制定和战争的发动都是由天子决定的；天下无道的时候，礼乐和战争的事宜便由诸侯来决定。由诸侯来决定礼乐和战争，很少有能维持十代而不乱的；如果制定礼乐和发动战争的权力落到了大夫的手中，那就很少有能维持五代而不乱的；如果大夫的家臣把持了国政，就很少有超过三代而不发生动乱的。天下有道，国家的政权不会掌握在大夫的手中；天下有道，老百姓就不会有非议。

而现在多亏了先生您，才让我恢复了相位，他们怎么有脸来见我？我见了他们，要吐口水在他们脸上，大声辱骂他们。"冯谖说："万物都有其必然的规律，世上的事都有常规常理，大人您知道吗？"孟尝君回答说："我比较愚笨，不知道什么意思。"冯谖说："有生就有死，这是事物的规律。富贵的时候，门客多，贫穷的时候，朋友少，这是常规常理。您难道没见早上急着去市场的人吗？大早上，侧着肩，争着进市场的门；但是晚上，经过市场的人连看都不看一下。他们并不是喜欢早上的市场而讨厌晚上的市场，只是因为自己需要的东西晚上没有了。您失去国相的职位，宾客们离开您，不能因此怨恨他们、拒绝他们。希望您能像原来一样对待他们。"孟尝君拜了两下说："听了先生您的这席话，我受益匪浅，哪里敢不遵从啊。"

平原君虞卿列传·第十六

毛遂自荐

长平之战后，秦军围攻赵国都城邯郸。赵国派平原君到楚国求救，并希望双方能结成盟国。平原君打算在门客中选拔20位文武双全的人做随从，一起去楚国。平原君说："如果能够用和平的方式达成合纵结盟，那就好了。如果不能和平解决，哪怕是动用武力进行要挟，也一定要缔结盟约，才能回到赵国。随从人员不从外面找，只从自己门客们里面找就行了。"但是，选来选去，只找到19个，最后一个怎么都找不到。这时门下有一个叫毛遂的人，到平原君面前自我推荐说："我听说大人您要去楚国进行合纵谈判，选拔20人一起去，而且只在门客中选取。现在少了一个，希望大人您能让我一起去。"平原君看了他一眼，问他说："先生您在我门下几年了？"毛遂说："已经3年了。"平原君说："贤能的人在世上，就好像是锥子在口袋里，锥尖马上就能透出来。但是现在先生您在我这3年，却没有谁认为你优秀，我也没听过谁夸奖你，那就说明先生您没什么长处。先生

毛遂自荐图

您既然没什么长处，还是留在这吧。"听了平原君的讽刺，毛遂一点儿也不放在心上，反而正色说："那我今天就请您把我放进口袋里。如果把我放在口袋中，我早就脱颖而出了。"平原君听了他的话，觉得很是惊奇，又想到实在找不到其他人，就答应了。其他19人虽然没有说什么，但是脸上都流露出鄙夷的神色。

一路上门客们谈论不休，毛遂出口不凡，其他19人都被他的见识所折服。

到了楚国，平原君和楚王商讨合纵的事情，反复向楚王说明合纵的"利"与"害"，从早上谈到中午，楚王也没有下定决心。其他19人就对毛遂说："先生您请上去。"毛遂按着宝剑，沿着台阶走进堂内，问平原君："楚赵合纵，有利还是不利，两句话就能说明。但是现在从早上开始说，到了中午也没作决定，为什么呢？"楚王看见一个人走进来，自己还不认识，就问平原君："这位客人是谁？"平原君听见楚王问自己，回答说："他是我的门客。"楚王于是大声斥责毛遂说："还不下去！我在和你家主人谈话，你算干什么的？"毛遂却仍然按着剑，向前走了几步，来到楚王身边，说："大王之所以敢叱责我，是因为楚国人多势众。但是现在十步之内，大王您就不能倚仗楚国人多了，大王您的生命也掌握在我的手里。当着我家主人的面，您为什么要斥责我呢？我听说商汤用七百里土地就称王天下，文王用一百里土地就臣服诸侯，难道是因为他们人多吗？不是的。是因为他们能够发挥自己的优势。现在楚国土地五千里，士兵百万，这是大王您的资本。楚国这么强大，足可以做到天下无敌。秦国白起，只不过是个不起眼的小人物，只带了几万部队来和楚国交战。但结果呢，第一仗就占领了您的国都，第二仗就烧了楚国夷陵，第三仗甚至侮辱了您的先人。这可以说是奇耻大辱啊，连我们赵国都为您感到羞耻。大王您难道没有意识到，现在合纵是为了楚国，而不是为了赵国吗？再说，在我家主人面前，你为什么呵斥我！"楚王被他说得面红耳赤，连忙说道："好，好，确实是您说的那样。我愿意带领我的国家跟从您，和赵国缔结合纵盟约。"毛遂见赵王决定答应，但仍然不很坚决，就再一次问他说："现在您真的决定合纵吗？"楚王说："决定了。"毛遂于是对楚王左右的人说："拿鸡、狗、马血来。"之后，毛遂拿着铜盘，跪献在楚王面前，说："大王您应该歃血为盟，表明您合纵的决心。然后是我家主人，最后是我。"于是，楚王、平原君和毛遂在殿上起誓结盟。然后毛遂左手端着盛有鸡马狗血的盘子，右手招乎其他19个人说："诸位就在堂下参加盟誓吧！你们都碌碌无为，就是人们所说的依靠别人才能办成事情的人啊！"

平原君达成了和楚国结盟的目的后，就回到了赵国。平原君感慨地对毛遂说："我不敢再挑选人才了。当初我的门客，多的时候有几千人，少的时候也有几百人。自以为不缺少有才能的人。但是见到毛遂先生，才知道自己的过失。毛先生您的三寸之舌，胜过了100万的强大军队，让赵国的威望大大提高。我以后再也不敢刚愎自用，自以为是地挑选人才了。"从此，平原君把毛遂奉为上等的宾客。

解邯郸之围

邯郸在秦国军队的围攻下，情况万分紧急，平原君虽然十分担心，但也没什么办法，只能苦等着援军的到来。楚国派春申君率领军队来援救赵国，魏国信陵君也假借魏国国君的命令、夺了大将军晋鄙的军队前来救援赵国，然而两国的军队都还没有赶到。

看见平原君着急的样子，李同装做没看见，就问他："大人您不担心赵国灭亡吗？"听见李同这样问自己，平原君生气地说："赵国如果灭亡的话，我就会成为俘虏。你说我怎么不担心？"李同丝毫不以为然地说："不是这样吧！现在邯郸的百姓们穷苦得连粗布短衣都穿不上，拿着死人的骨头当柴烧，酒糟和米糠之类的东西都吃不饱，甚至各自交换孩子杀了吃，可以说是危急到极点；但是您的宫室里，还养着数以百计的侍女和姬妾。她们穿着丝绸绣衣，吃着精美的饭菜。邯

平原君赵胜像

郸城中百姓困乏，武器耗尽，为保家卫国，士兵们削尖木头当长矛箭矢；再看您的家里，珍宝玩器、铜钟玉磬照样琳琅满目、应有尽有。"平原君似乎从李同的这些话里面听出了什么，就说："您请接着说下去。"李同又说："如果秦国军队真的攻占了邯郸，您还能拥能有这些东西吗？要是能击退秦军，保全赵国的话，您又何愁没有这些东西呢？现在您要是能命令您家里所有的人都加入到士兵的队伍中，与战士们一起守城，再把您家里的全部东西都分发下去，送给赵国的士兵们使用。这样的话，士兵们在危急困苦的关键时刻，得到了您的帮助，肯定会对您感激不尽的。"平原君觉得李同说得很对，就按照他的建议去做，结果一下子募集到敢死之士3000人。李同和这3000人一起，杀出城去，赶赴前线，突袭秦军，秦军被这3000人的威势所迫，后退了三十里。在这个形势暂时缓解的时候，楚国和魏国的救兵也赶到了赵国。秦军一见，知道想攻下邯郸是极为困难的，便撤军回国。李同在和秦国军队作战的时候不幸阵亡，平原君很是感念，就请赵王赐封他的父亲为李侯。

名士虞卿当时在平原君门下，见平原君搬来楚国和魏国的救兵，击退秦军，为赵国立下大功，打算以此为由，请求赵王增加平原君的封邑。平原君很高兴。公孙龙知道了以后，就连夜驾着马车去见平原君，对他说："我听说虞卿想要以信陵君出兵救赵保存了邯郸为理由替您请求增加封邑，有这回事吗？"平原君点了点头，回答说："是啊，怎么了？"公孙龙摇了摇头，说："这样是很不好的。赵国国君任用您，让您担任国相，并不是因为您的智慧才能在赵国独一无二，别人都比不上您。赵国国君把东武城的土地封赐给您，也不是因为别人的功劳比不上您，都是因为您是国君的近亲的缘故。在这种情况下，您接受相印和封邑毫不推辞，也是因为您觉得自己是国君的近亲。但是现在，信陵君为了您出兵保存了邯郸，您是有功了，您也因此打算请求国君增加自己的封邑。您这样做，是无功时作为近亲接受封邑，而有功时又要求按照普通人来论功计赏啊。所以，这样是非常不好的。更何况，虞卿为您向赵王请封，有两种可能，要么办成，要么办不成。如果赵王同意了虞卿的请求，给您增加了封邑，那么虞卿就会认为对您有功，就会向您索要报偿，就像那些手里拿着别人欠条的债主一样；如果赵王没有同意他的请求，他也因为为您争功求封，让您对他感激涕零。您千万不能听从他的建议。"平原君听了公孙龙的话，认为很有道理，就拒绝了虞卿向赵王请求增加封邑的建议。

平原君去世的时候，是赵孝成王十五年（公元前251年）。虽然他死了，但是他的子孙们却世世代代承袭他的封爵，一直到赵国灭亡。

虞卿说赵王

虞卿是战国后期的纵横家。他穿着草鞋，带着竹笠去见赵孝成王。赵王第一次接见他，就赏给他黄金一百镒，白璧1双。第二次接见，封他为赵国的上卿，所以人们叫他虞卿。

秦军与赵军在长平大战，赵军不利。赵王召来楼昌和虞卿，对他们说："现在军队不能取胜，而且损失很大，我想撤军，你们看怎么样？"楼昌说："不如派人去秦国求和。"虞卿反驳说："楼昌说去求和，那是因为他认为如果不求和的话，赵军肯定会被秦军击破。大王您说，秦国是想击破赵国的军队呢，还是不想？"赵王回答说："当然是想啊。"虞卿回答说："既然大王您这样想，那么大王您不如派人带着重金去交好楚国和魏国，楚王和魏王得到大王您的重金，肯定会善待我们的使者。那样的话秦国会以为三国要合纵，一定非常担心，也就会同意与我们和解了。"赵王不听，和平阳君商议之后，决定议和，派郑朱先到秦国通报。赵王对虞卿说："秦国对郑朱很好，我打算让平阳君去秦国议和，你看怎么样？"虞卿说："秦国肯定不会和赵国和解。郑朱是贵族，他去秦国，秦国肯定会优待他，借此向各国宣扬赵国求和的事。楚国和魏国见赵国向秦国求和，就肯定不会来救赵国，秦国知道其他国家不来救赵国，到时求和也不行了。"果然，应侯虽然优待郑朱，但始终不肯答应和解。赵国军队在长平大败，秦国军队又围住了邯郸，直到楚魏两国援救赵国的军队到来才退兵。

秦国从邯郸撤军后，赵王准备派赵郝去秦国，以割给秦国六座城邑为条件讲和。虞卿对赵王说："秦国攻打赵国，是因疲惫不堪而退？还是他们有能力攻打，因为怜惜大王您才不攻打了呢？"赵王问："秦国攻打赵国，不遗余力。"虞卿说："秦国用尽兵力，尚且不能占领的地方，大王您却把它们拱手相让，这是帮助秦国攻打赵国啊。今年把地割让，明年秦军再来，大王您怎么办？"赵王把虞卿的话告诉了赵郝，并且问他："如果我向秦国割地求和，你能够保证明年秦国不会再攻打赵国吗？"赵郝说："不能保证。从前三晋结盟，共同抵抗秦国。现在秦国和韩、魏交好来攻打赵国，大王您和秦国的关系肯定没有韩、魏和秦国的关系好。现在我为大王出使，让秦赵之间开启关卡，互通贸易，使赵国与秦国的交好程度同韩、魏两国一样。如果明年大王您又被秦国攻打，那一定是大王对秦国还不够好。所以，这不是我敢承担的事情。"

赵王又把赵郝的话告诉虞卿。虞卿回答说："现在要割地求和，但是赵郝又说不能保证明年秦国不来攻打赵国。那么即使是割让六座城池，又有什么用呢？明年秦国再来攻打，还要把城池割让给他们，这简直就是自杀啊，还不如不求和。秦军虽然强大，但也很难占领六座城池。赵国虽然弱小，但也不会轻易就丢掉六座城池。如果我们用六座城池收买诸侯国，逼秦国停止攻打赵国，虽然是给了诸侯国，但能止住秦国的进攻，若能够联合起来，说不定还有机会攻占秦国的土地。这样对我们赵国有利。难道大王您非要割地求和，削弱自己，让秦国增强实力吗？再说了，如果明年秦国又要您割地，大王还会给吗？不给，就会得罪秦国。给，又没那么多土地。现在割地求和，秦国没什么损失就得到了土地，秦国越来越强大，而赵国越来越弱。大王您的土地有限，秦王的贪婪无限，用有限的土地来满足无限的贪婪，赵国肯定会灭亡的。"

赵王犹豫不决，就和楼缓商量说："究竟要不要给秦国土地呢？"楼缓假装推辞说："这不是我能知道的。"可赵王还是坚持要他说说自己的想法。楼缓就说："大王听说过公甫文伯的母亲吗？公甫文伯在鲁国当官，病死了，他的两个小妾为了他自杀而死。他的母亲听说了，也没有掉泪。别人问她：'你儿子死了，你怎么不哭呢？'他的母亲回答说：'孔子被流放到鲁国，而他却没有跟随。现在他死了，而妻妾为他自杀的有两人，一定是他对长者情义淡薄而对妻妾情义深厚。'由母亲说出这样的话，这是个贤良的母亲，由妻子说出这样的话，这一定是个嫉妒的妻子。说的话虽然都一样，但由于说话人的立场不同，人的用意也就跟着变化了。现在我刚从秦国来，如果说不给，那不是好办法；如果说给，大王会以为我是为秦国考虑，所以我不敢回答。让我为大王您考虑的话，不如给它好。"

虞卿听到这件事，入宫拜见赵王说："大王千万不要相信楼缓啊！"赵王又把虞卿的话告诉了楼缓。楼缓说："虞卿只知其一，不知其二。秦、赵两国交战而诸侯各国都很高兴，为什么？因为他们能够乘机攻打赵国。大王您不如赶快割地求和，让诸侯各国怀疑秦赵已经交好，同时又能结好秦国。不然的话，天下诸侯就会瓜分赵国。赵国要是被灭亡了，还图谋什么秦国呢？希望大王仔细考虑，不要再犹豫了。"

虞卿又去拜见赵王说："要是向秦国求和的话，只是向天下诸侯表示赵国软弱可欺。大王只要把秦国想要的这6座城池献给齐国，齐国肯定愿意和我们合力攻打秦国。大王把齐、赵两国结盟的事声扬出去，秦国肯定会反过来向大王求和。一旦跟秦王讲和，韩、魏两国听到消息，必定敬重大王；既要敬重大王，就必定拿出珍贵的宝物来向大王致意。这样大王的一个举动可以与韩、魏、齐三国结交亲善，也能改变被动的不利局面。"赵王听罢，下了决心，就派虞卿去拜见齐王。虞卿还没返回齐国，秦国求和的使臣就已经到了赵国。

不久，魏国请求与赵国合纵。赵孝成王和虞卿商议这件事。赵王对虞卿说："魏国请求合纵，你看怎么样啊？"虞卿说："魏国错了。"赵王听了他的话，庆幸自己没有贸然同意魏国的请求，就面带得色地回答说："还好我没有答应呢。"满以为虞卿会夸奖一下自己，没想到虞卿马上又回答说："大王您也错了。"听到这句话，赵王情绪马上跌到了低谷，而且感到非常奇怪，就问："魏国请求合纵，您就说魏国错了；我没有答应他，您又说我错了。您究竟是什么意思？"虞卿说："我听说小国和大国结盟，有好处就归大国，有错就归小国。现在的情况是魏国作为小国情愿担当坏处，而您作为大国却拒绝得到好处。所以我说大王错了，魏国也错了。我认为合纵对赵国有利。"赵王这才明白过来，就和魏国签订了合纵盟约。

后来，虞卿的朋友魏齐被秦国追拿，虞卿抛弃了万户侯的爵位和国相的高位，和他一起逃离赵国，最后被困在魏国。魏齐死后，虞卿不得意，就开始著书立说。他参考《春秋》，观察世情，写了《节义》、《称号》、《揣摩》、《政谋》等8篇文章，批评各国的得失。人们把这8篇叫做《虞氏春秋》。

你一定要知道的

史记 故事

（全4册）

汪 阳 / 编

4

中国华侨出版社
·北京·

目　录

列 传

（下）

在《史记》一书中，列传所占篇幅最多，可分两大类：一类是人物传记，有一人一传的专传，有两人或数人的合传，按人物性质排列立传。所记人物范围极广，涉及社会各个阶层。另一类是对外国或国内少数民族的记载，涉及中外关系史和国内民族关系史。列传对本纪起了充实和具体化的作用。

魏公子列传·第十七

贤能的信陵君

　　魏国公子无忌，是魏昭王的小儿子，也是魏安釐王的异母弟弟。昭王死后，安釐王即位，封无忌为信陵君。

　　信陵君为人仁义，礼贤下士，对待有能力和没有能力的人，他都非常谦和，屈尊结交，没有一点富贵公子的架子，所以来投靠他的食客多达3000人。当时，诸侯各国因为魏无忌贤能，10多年来不敢对魏国心存野心。

　　有一天，信陵君和魏安釐王正在下棋，突然发现北方边境燃起烽火。不久传来消息说："赵国军队进攻魏国，快到边界了。"安釐王大吃一惊，马上就要召集大臣们商议该怎么应对赵国。信陵君不慌不忙地对安釐王说："大王，赵王只是在打猎而已，并不是攻打魏国。我们还是继续下棋吧。"看着信陵君不慌不忙的样子，安釐王也强自镇定下来，接着下棋。虽然下着棋，安釐王心里却惊恐万分，没有一点儿心思。过了一会，又从北方传来消息："赵王是打猎，不是进攻魏国。"安釐王放下心来。但是想到信陵君镇定自若的表情，想到他说的话竟然和探报来的消息一模一样，好像事先已经知道，就问他："你怎么知道的？"信陵君回答说："我的门客中有能探得赵王秘密的人。赵王一有什么事情，他都会马上告诉我，所以我才知道。"从此以后安釐王忌惮公子的贤能，不敢让他掌管国家大事。

　　魏国有一个隐士叫做侯嬴，70岁，家里很穷，是夷门的一个看门小官。信陵君听说他很有才能，就去拜访他，并且送给他很多礼物。侯嬴拒绝接受礼物，说："我洁身自好几十年，不会因为当一个看门小官，家里贫穷，就接受公子您的财物。"

有一次，信陵君摆设酒席，宴请宾客。当时，许多达官贵人都来做客，可谓是高朋满座。等全部宾客都坐好以后，信陵君吩咐大家稍等。然后，他驾着马车，空出左边的座位，亲自去夷门迎接侯嬴。侯嬴见信陵君来请自己，就慢腾腾地整理好自己的衣服，然后径自上车，坐上了信陵君空出的左边尊位，毫不谦让，他想看信陵君怎么办。信陵君亲自牵马驾车，态度更加恭敬。走

信陵君访侯嬴　清　吴历　绘本

信陵君，即魏无忌，战国时魏国人，安釐王异母弟。封于信陵，故称信陵君。门下有食客3000，为战国四公子之一。

了一程，侯嬴又对信陵君说："我有一个客人，在屠宰场里面，希望您能驾着马车去那，我想见见他。"信陵君没有说什么，又顺从地驾着马车去集市。到了集市以后，侯嬴下了马车，去见自己的朋友朱亥，而且故意站在那里，和朱亥谈了很久。侯嬴一边和朱亥谈着话，一边暗中观察信陵君的反应。看到信陵君非但没有一点儿不耐烦，反而更加恭敬，侯嬴点了点头。当时，魏国很多大臣都在信陵君家里，等信陵君宣布酒席开始。集市上的人都看见公子亲自牵着马车，公子的下人们都暗自骂侯嬴。侯嬴见公子脸色一点儿也没有改变，就告别了朱亥，上了车。到了公

子家里，公子恭恭敬敬地请侯嬴坐在上席，并且把他介绍给其他客人。客人们非常吃惊，才知道让大家等那么长时间的人竟然只是一个小小的看门官，顿时议论纷纷。

等到大家喝酒喝得高兴的时候，信陵君站了起来，走到侯嬴的前面，给侯嬴敬酒。侯嬴对公子说："今天我已经够难为公子的了。我只是夷门的一个小小的看门官，但是公子您却亲自驾着马车，在大庭广众之下迎接我。可以说，您确实是礼贤下士。但您知道我今天的用意吗？我本来不该再去拜访我的朋友，之所以那么做，并故意在集市中站很久，是想让路过的人都看见，您这位大贵人对我这样一个小小的看门官多么尊敬，是想以此来成就公子您的名声。我越是骄傲自大，大家就越以为我是个小人；公子您越是对我恭敬，人们越是认为公子您是一个真正能礼贤下士的人。"信陵君明白了他的良苦用心，顿时感激不已。

侯嬴又对公子说："公子您还记得我去拜访的那个屠夫吗？他叫做朱亥，非常有才能，只是怀才不遇，得不到别人的重用，所以隐居在集市里当了个屠夫。"于是，公子几次去市场里拜访朱亥，朱亥都不回拜，公子感到很奇怪。

窃符救赵

魏安釐王二十年（公元前257年），秦军在长平大败赵国军队，又要进攻邯郸城。信陵君的姐姐是赵惠文王的弟弟平原君的夫人，她几次写信给魏王和信陵君，希望魏国派兵援救赵国。

魏王得信，派将军晋鄙率领十万大军前去援救。秦王知道以后，就派使者对魏王说："你们魏国要是敢去援救赵国，等我们打完赵国以后，肯定来攻打魏国。"魏王连忙派人拦住晋鄙，让魏国军队停止前进，驻扎在邺地，表面上是援救赵国，实际上却是在一边观望。平原君派人责备信陵君说："我赵胜之所以和你联姻，都是因为公子你讲仁义，能够急人所急。现在邯郸万分危急，坚持不了多少天，但是魏国的救兵迟迟不到，这不是有负于公子你的名声吗？再说，公子你即使是轻视我，甘心看着赵国被秦国军队攻下，难道你就不可怜你的姐姐吗？"信陵君感到非常内疚，几次请求魏王发动救兵，但是魏王始终不肯听从公子的建议。信陵君于是他带着自己的宾客，驾着马车，以极其微弱的力量和必死的决心起去救赵国。

经过夷门的时候，看见了侯嬴，信陵君就把自己决心和赵国共存亡的想法告诉了他。侯嬴听了以后，淡淡地说："公子您不顾自己的性命，去和赵国共存亡，实在是仁义。请原谅我年龄太大，不能和您一起去。"信陵君告别侯嬴，出发了。

走出了几里路，信陵君觉得不对头，心里想："我平时对侯嬴没有什么不周到的地方，这一点谁都知道。现在我前去送死，他却一句话也不对我说，难道是我有什么过错吗？"信陵君又驾着马车，回去问侯嬴。看到信陵君回来，侯嬴笑着说："我就知道公子您要回来。"又说："公子您喜欢结交天下才俊，现在赵国有难，您就想不出别的办法？带着宾客们去抵抗秦军，这就好像是把肉丢给饿虎，又能有什么作用呢？又怎么能对得起你的宾客呢？"信陵君拜了两下，向他请教该怎么办。侯嬴对信陵君说："我听说魏王把控制晋鄙大军的兵符放在房间里，极为严密。魏王最宠信的如姬能够随便出入魏王的房间，有可能也有机会把兵符偷出来。我听说如姬的父亲被人杀害，如姬想为父报仇，

阳陵铜虎符 秦
此符是秦始皇调动军队的凭证，用青铜铸成卧虎状，可中分为二，右半存皇帝处，左半存驻扎阳陵的统兵将领处，调动军队时，由使臣持右半符验合，方能生效。

寻找了凶手3年，一直都没找到。魏王的众位大臣为了结好，都想替如姬报仇，但都没有做到。还听说如姬为这件事哭着求公子帮忙，您派出门客，四处追寻，斩下如姬杀父仇人的首级，让她得遂心愿。如姬感激您的大恩，一直想报答您，只是没有机会。在此危急之时，您如果开口请如姬帮忙，她必定答应。要是能拿到虎符，您就可以夺取晋鄙的军队，利用这支军队援救赵国，抵御秦国，不比白白送死强得多。"信陵君听罢，马上进宫请如姬帮忙，如姬果然偷了兵符给信陵君。

信陵君拿到兵符，准备出发，侯嬴对他说："将军在外面，国君的有些命令可以不接受，这样对国家才有利。公子您即便是拿着兵符和晋鄙的兵符合在一起，晋鄙也不一定会把军队交给您，到时公子您就危险了。我的朋友朱亥可以和您一起去，他是个大力士。如果晋鄙听您的命令的话，就最好；如果他不听，就只能就让朱亥杀了他。"听了他的话，公子哭了起来。侯嬴奇怪地问："难道公子你怕死吗？为什么哭啊？"公子回答说："我不是怕死，只是担心晋鄙不听从我的命令，到时就要杀了他，所以才哭。"

信陵君去请朱亥，朱亥爽快地答应下来，而且笑着对他说："我只是一个杀猪的屠夫，您几次来找我，并且赐给我礼物，我之所以不拜见您，是因为觉得小小的感谢对您没什么作用。现在您遇上了紧急的事情，也是我该帮忙的时候了。"朱亥就和信陵君一起出发。

信陵君又去感谢侯嬴。侯嬴说："我太老了，不能和您一起去。但是等到您到晋鄙的军队的那一天，我就在北乡自杀而死，为公子您壮行。"信陵君到了邺，侯嬴果然在北乡自杀了。

信陵君假装奉了魏王的命令前来接替晋鄙。晋鄙把兵符合在一起，确认无误。但还是不放心，有些怀疑，就对公子说："现在我率领着魏国10万大军，驻扎在边境，肩负着国家的重任。您只身一人来接替我，到底是怎么回事？"朱亥见晋鄙起了疑心，马上拿出40斤重的铁锥，打死了晋鄙。信陵君整顿军队，并且下令说："父亲和儿子都在军队的，父亲回去；哥哥和弟弟都在军队的，哥哥回去；是家里的独子，没有兄弟的，也回去。"最后选了8万士兵，前去援救赵国。

秦国军队看到魏国的援兵到了，撤退而去。邯郸转危为安，赵国也得到了保全。赵王和平原君亲自在边界迎接信陵君，平原君背着箭，替公子开路。赵王对信陵君拜了两拜，说："自古以来的贤人，没有谁能够比得上公子您的。"平原君也认为比不上信陵君。

终不得信任

魏王因为信陵君偷了兵符，假借自己的命令控制了军队，还杀了晋鄙，对他心怀怨恨。信陵君也知道魏王怨恨自己，等到秦国军队撤离邯郸，赵国得到保全以后，他就派人率领魏军回到魏国，而自己却留在赵国。

赵孝成王感激信陵君对赵国的恩德，就和平原君商量，想把五座城池封给信陵君。信陵君知道以后，心里骄傲起来，总以为自己立了大功。这时，门客中有人对他说："有些东西不能忘记，有些东西应该忘记。如果别人对公子您有德，您千万不能忘记；但如果是公子您对别人有德，您就一定要忘记。公子您偷了魏王的兵符，夺了晋鄙的军队来救赵国，对于赵国来说，是有功劳。但是对于魏国来说，却是不忠。"信陵君意识到了自己的错误，马上又谦虚起来。

赵王举行盛大的宴会招待信陵君，他亲自去请，到了宫殿，请信陵君走西边的台阶（主人应走的地方）。信陵君拒绝了，坚持从客人该走的东边台阶上过。信陵君还向赵王请罪，说自己不但辜负了魏国，对赵国也没有什么功劳，还沾沾自喜，骄傲自大。赵王听了信陵君的话以后，甚至不好意思把想封赏他的话说口。

最后赵王还是把鄗地封给了信陵君，不久，魏国也把信陵归还给了信陵君。信陵君仍留在赵国。

信陵君听说赵国有一个叫毛公的人，很有才能，却藏身在赌徒当

战国四公子

孟尝君，生卒年不可考，齐公子，田婴子，名文，字孟，封于薛邑。任魏相，曾支持齐、燕、韩、赵、魏五国攻秦，受到苏秦的称赞。

信陵君（？～前243年），魏公子。封于信陵，称信陵君，连横抗秦的著名人士，有食客三千人。

平原君（？～前251年），赵公子，赵惠文王之弟，名赵胜，封于东武城，号平原君，养士三千人。

春申君（？～前238年），楚公子，名黄歇。其先祖受封于黄，其后乃以黄为姓。为楚相二十余年。"虽名相国，其实王也。"有门客三千人。

中。还有一个叫做薛公，藏身在酒店里。信陵君想去拜见他们，但是他们却躲了起来，不肯和他相见。信陵君打听到了他们居住的地方，就悄悄地步行去拜访，和他们结交。见面以后，毛公和薛公都觉得和信陵君相见恨晚。

平原君听说以后，就对夫人说："一开始我以为夫人你的弟弟天下没有谁能比得上，现在我听说他竟然自甘堕落，结交赌徒和酒鬼，看来也不过是个荒唐人！"夫人就把这些话告诉了信陵君。信陵君说："一开始我听说平原君很贤明，所以辜负了魏国，率魏国军队援救赵国，希望能救平原君。现在才知道，平原君之所以大肆招揽宾客，实际上只是为了显示自己的富裕和权势罢了，根本就不求真正的人才。我在大梁的时候，就听说这两个人非常贤明。所以我一直盼着和他们结交，而且还担心他们羞于和我为伍。现在平原君竟然耻于和他们结交，平原君实在是不值得交往啊！"说完，信陵君便准备离开赵国。夫人把这些话都告诉了平原君。平原君连忙向信陵君请罪，并且竭力挽留，信陵君才留了下来。平原君门下的食客听说这件事以后，纷纷转而投奔信陵君。

信陵君在赵国呆了10年，没有回到魏国。秦国听说信陵君在赵国，就不停地派军队攻打魏国。魏王焦虑万分，派使者去请信陵君回国。信陵君害怕魏王不肯放过自己，就告诫自己门下食客说："要是有谁敢替魏王的使者通报，我一定处死他。"于是没人敢劝信陵君回去。毛公和薛公两个人劝信陵君说："公子之所以能在赵国得到重用，扬名诸侯各国，都是因为有魏国啊。现在秦国攻打魏国，魏国危在旦夕。公子您能够眼睁睁地看着魏国被秦国灭亡吗？如果让秦国攻破了魏国，损坏了魏国先王的祭器，公子您又有什么面目去见天下人呢？"他们的话还没说完，信陵君的脸色大变，连忙驾着车赶回去救魏国。

魏王见信陵君回来，马上拜信陵君为上将军。魏安釐王三十年（公元前247年），信陵君派使者去诸侯各国求援。诸侯各国听说信陵君担任魏国的将军，钦佩他的仁义，就都派出军队援救魏国。信陵君率领五个国家的军队，在河外迎击秦军，击退了蒙骜，并且乘胜追击秦军，直到函谷关。信陵君大兵压境，秦军不敢出函谷关应战。当时，信陵君威震天下。

秦王对信陵君非常忌惮，就派使者带着万两黄金去魏国寻找晋鄙的门客，让他们在魏王面前诋毁信陵君说："信陵君在外面流亡十年，现在他担任魏国的将军，诸侯各国的将军都听从他的命令。诸侯各国只听说有信陵君，却不听说有大王您。信陵君更是想利用现在的时机南面称王。诸侯各国畏惧信陵君的威势，也打算一起支持他。"秦国几次派人施行反间计。魏王每天都听到别人对信陵君的诋毁，不由得不信，最后终于罢免了信陵君的职务。信陵君知道内情后，就推病不再上朝，每天都和宾客们喝酒到很晚，沉溺于女色。这样纵酒狂欢4年以后，竟然病死。这一年，魏安釐王也病逝。

春申君列传·第十八

黄歇封相

春申君是楚国人，姓黄，名歇，在楚国顷襄王朝中做官。顷襄王因为黄歇口才好，就派他为使者出使秦国。当时，秦国派白起攻打楚国，攻占了巫和黔中，攻克鄢和郢，势力达到竟陵。为躲避白起，楚顷襄王将都城往东迁到陈县。黄歇害怕楚国被秦国灭亡，于是上书秦昭王说："天下没有哪个国家比秦国和楚国更加强大了。现在秦国和楚国交战，这就是两只老虎搏斗啊。两只老虎搏斗，得利的就是猎狗。大王您不如和楚国亲善。请让我说明原因。我听说物极必反，就好比是冬天和夏天；东西太高了，就会危险了，就好比把棋子堆起太高会倒一样。现在大王您的土地，比以往任何时候都广阔。大王您让盛桥在韩国任职，盛桥把韩国的土地割给秦国，所以大王您不费一兵一卒就得到百里土地。大王可以说是贤能啊。您派兵攻打魏国，围住大梁，占领了河内、燕、酸枣、虚和桃，又攻打邢，魏国军队闻风而逃。大王您可以说是功绩彪炳啊。您整顿军队，两年后继续攻打魏国，占领了蒲、衍、首和垣，兵临仁、平丘。黄、济阳只能据守城池，魏国只能臣服于您。您又占领了濮、磨北面的土地，占据了秦齐之间的要道，断绝了楚国和赵国之间的联系，六国诸侯不敢互相援助。您可以说是威震天下，没人可比啊。

"如果大王您能够持功守威，消除攻伐之心而广施仁义，这样全天下人都会敬仰您，您也成就了王业，那么您就会和三王五霸齐名了。但是您要是想倚仗人多势众，军队强大，企图用武力臣服天下，我担心您会留下后患。《诗经》说'万事万物都会有个开始，但很少能有善终'，《易经》说'狐狸过了河，却湿了自己的尾巴'。这些话的意思是说开始的时候简单，但到后来却很难。为什么呢？从前智伯只知道讨伐赵国的好处，却不知道自己会有榆次的灾祸。吴国只知道讨伐齐国的好处，却不知道自己会在干隧遭到惨败。这两个国家，并不是没有大的功绩，只是因为贪图眼前的利益，忽视了后来的灾祸。吴国相信了越国，于是讨伐齐国，在艾陵战胜了齐军，然而却被越国偷袭，最后导致灭亡；智伯相信了韩国和魏国，讨伐赵国，攻打晋阳城，没想到韩国和魏国

《诗经》

《诗经》是我国第一部诗歌总集，收入自西周初年至春秋中叶500多年的诗歌300多篇，又称《诗三百》。先秦称为《诗》，或取其整数称《诗三百》，西汉时被尊为儒家经典，始称《诗经》，并沿用至今。《诗经》是我国第一部具有浓郁的现实主义风格的诗歌总集，在内容上分为风、雅、颂三个部分。其中"风"包括了15个地方的民歌，包括今天山西、陕西、河南、河北、山东、湖北北部一些地方（齐、楚、韩、赵、魏、秦），叫"十五国风"，有160篇，是《诗经》的核心内容。"风"的意思是土风、风谣。"雅"是正声雅乐，即贵族享宴或诸侯朝会时的乐歌，按音乐的布局又分"大雅"、"小雅"，有诗105篇，其中大雅31篇，小雅74篇。"颂"是祭祀乐歌，分"周颂"31篇、"鲁颂"4篇、"商颂"5篇，共40篇。

背叛，自己也被杀死在凿台。现在大王只知道攻打楚国，却没想到灭了楚国，韩国和魏国就强大了。我暗中为大王您担忧。

　　"《诗经》说：'大军不应该离开自己的国家长途跋涉攻打别的国家。'从这点来看，楚国是大王的援兵，韩国和魏国才是大王的敌人。现在大王您相信韩国和魏国，就像是吴国相信越国一样啊。我听说，敌人不能放过，机会不能失去。我害怕韩国和魏国表面上卑躬屈膝，实际上却是包藏祸心。为什么呢？大王您没有给韩国和魏国再生的恩德，却和他们有着几代的仇恨。韩国和魏国不亡，就会是秦国最大的

祸害。但是现在大王您却和他们一起攻打楚国，不正是过失吗？

"大王您攻打楚国难道不用出兵吗？而大王一旦出兵就要向韩国和魏国借路。这样一来，军队出发的时候，就等于是您把自己的军队交给了仇敌韩国和魏国，您就要担心他们能不能回来。要是不向韩国和魏国借路的话，您肯定要攻打随水右边的地区。那可都是高山大河，不毛之地啊。大王您即使占领了，也没有什么用处。这样的话，大王您背负了灭楚的恶名，却没有得到实际的好处。

"而且大王您一旦攻打楚国，其他四国肯定会偷袭秦国。就算您打败了楚国，但是却让韩国、魏国和齐国强大起来。等他们强大起来，即便是不能称霸，但是要阻止大王您称帝，也足够了。

"我为大王您考虑，不如亲善楚国。秦国和楚国联合后，逼迫韩国，韩国肯定会投靠秦国。大王您再起10万精兵驻守郑地，魏国肯定非常害怕，只能臣服于您。等到楚国、魏国、韩国和秦国成为一个整体，您再逼齐国割让济州一带的土地，到时候，燕国、赵国和齐国不就是大王囊中之物吗？那时，大王您就能够称雄天下了。"

昭王觉得黄歇的话有道理，下令停止向楚国出兵，又辞谢了韩国和魏国，并且派使者去和楚国结为亲善国家。

黄歇完成使命回到楚国，楚国又派他和太子完去秦国充当人质，秦国把他们扣留下来。楚顷襄王病重，太子完不能回国。太子完与秦国相国应侯很要好。黄歇就对应侯说："丞相真的对太子好吗？"应侯说："当然了。"黄歇说："现在楚王的病估计好不了了，秦国不如放太子回去。太子即位后，肯定会亲善秦国，感激丞相，到时就是两国交好。如果不放太子回去的话，那他就是咸阳的一个平民，楚国立其他人为太子，肯定不会侍奉秦国。希望您仔细考虑。"应侯把这些话告诉秦王，秦王决定让楚国太子的师父先回去问问楚王的病。黄歇替太子完谋划说："太子您不如逃回去。我留在这，以死来担当责任。"太子完换上马夫的衣服，替楚国使者驾车出了关。黄歇估计太子已经走远，秦国追也来不及了，才对秦王说："楚国太子已经回国，大王您请治我的罪。"秦王非常生气，想杀了他。应侯劝阻说："楚国太子即位以后，肯定会重用黄歇。大王不如赦他无罪，放他回去，显示秦国对楚国的亲善。"秦王于是把黄歇遣送回国。

3个月以后，顷襄王去世。太子完即位，他就是考烈王。考烈王元年（公元前262年），任命黄歇为相国，封为春申君，赐给他淮北12县的土地。过了10年，黄歇对楚王说："淮北和齐国接壤，战事紧张，请大王设为郡，更加方便。"他把淮北12县献给楚王。黄歇请求封在江东，得到了考烈王的同意。

当断不断，反受其乱

春申君有一个门客叫做朱英，是观津人。朱英对春申君说："人们都说楚国本来很强大，但是在您的带领下，却变得弱小了。但是我却不这么认为。先王的时候，和秦国亲近20年，秦国也没有攻打楚国，这是为什么呢？那是因为秦国如果要攻打楚国的话，必须要经过邑隘的边塞，非常不方便；如果向东周和西周两个国家来借路过，攻打楚国，也不可行，因为秦国一旁还有魏国和韩国在虎视眈眈。但是现在却不一样。魏国马上就要灭亡了，不但不能保全许和鄢陵，还把许割给了秦国。秦国军队距离楚国的都城陈仅仅160里，秦、楚之间的争斗会日益加剧。"春申君认为有道理，劝说楚王把都城迁到寿春。

楚考烈王没有儿子，春申君非常担心。他到处寻求能生育的妇人献给国君，虽然找了很多，但是都没能如愿。赵国人李园想把妹妹献给楚王，听说楚王不能生育，他担心时间长了妹妹不会再受宠爱，自己安享富贵的美梦也随之破灭。于是，李园来到春申君的门下充当一名门客。不久，他请假回家，并且故意拖延了返回的时间。春申君问他原因，李园回答说："齐国国君派人找我，说要娶我的妹妹，我因为招待齐国使者，所以来晚了。"春申君说："订婚礼物已经带来了吗？"李

《国语》

《国语》一书杂记西周、春秋时，周、鲁、齐、晋、郑、楚、吴、越八国人物与事迹，以及言论的国别史，又称为《春秋外传》。旧说为春秋末期鲁国人左丘明所作，与《左传》同为解说《春秋》一书的姐妹篇。近代学者研究证实，春秋时有称为瞽的盲史官，专门记诵、讲述古今历史。左丘明即是略早于孔子的著名瞽，其讲史曾得到孔子的赞赏。瞽讲述的史事被后人笔录成书，称为《语》，按国别区分就称为《周语》《鲁语》等，总称为《国语》。西晋时曾在魏襄王墓中发现大量战国时期写在竹简上的古书，其中就有《国语》三篇，言楚、晋事，说明战国时该书已流行于世。今本《国语》大约就是这些残存记录的总集。

园回答说："没有。"春申君说："可以让我看看你妹妹吗？"李园回答说："可以。"于是李园献上他的妹妹。春申君一见，十分喜欢，就纳为小妾，且不久就怀孕了。李园知道后，就和妹妹一起谋划。李园的妹妹就在空闲的时候，对春申君说："楚王对您的好，就算是他的亲弟弟，也比不上啊。现在您在楚国担任国相已经20多年了。但是国君却没有儿子，等国君去世后恐怕会立其他人为国君，等到其他人成为国君后，您又怎么能够得到宠信呢？您执掌大权这么久，对其他人恐怕有所得罪。等新国君掌权，恐怕您就会有灾难了。现在我已经有了身孕，但是其他人还不知道。我希望您为自己打算，把我献给楚王，楚王肯定会宠幸我。如果因为上天的怜爱，我生了个儿子，到时候，也就是您的儿子，成了楚国的大王，楚国就是您的了。"春申君觉得她说的很有道理，就把李园的妹妹献给了楚王。楚王非常喜欢她，几个月以后，李园的妹妹就生下了一个儿子。这个孩子被立为太子，而李园的妹妹则被立为王后。楚王因此很器重李园，让他参与朝廷大事。得志后的李园担心春申君把这个秘密泄露出去，就暗中蓄养了许多杀手，想杀了春申君。

春申君担任楚国国相25年，楚考烈王病重。朱英对春申君说："世上有不期而至的福气，也有不期而至的灾难，现在您在这个不确定的世上，侍奉喜怒无常的国君，又怎么能够没有不期而至的人呢？"春申君听糊涂了，问他："什么是不期而至的福气？"朱英回答说："您在楚国担任国相20多年，表面上是国相，实际上却等于是楚王。现在楚王病了，不久就会去世，而您侍奉少主。与其像伊尹、周公一样，替少主治理国家，等待少主长大，还不如代替他，自立为国君。这就是不期而至的福气啊。"春申君问："什么是不期而至的灾难呢？"朱英回答说："李园仗着自己的妹妹是王后，作威作福，把持朝政，还处处和您作对，又蓄养了许多杀手。就等着楚王死了以后，先下手为强，杀了您灭口。这就是不期而至的灾难。"春申君又问："什么是不期而至的人？"朱英回答说："您现在可以安排我作郎中。等楚王死后，李园肯定会先下手，我就可以替您先把李园杀了。我就是您不期而至的人。"春申君说："您还是不要这样。李园为人胆小，而且我对他也很好，他又怎么会杀我呢？"朱英见春申君不听自己的建议，害怕惹来灾祸，就逃到了秦国。17天以后，楚考烈王病死，李园果然先下手，叫杀手埋伏在棘门里面。春申君进了棘门以后，李园的杀手就刺杀了春申君。随后春申君全家也被灭门。之后，李园的妹妹和春申君生的儿子被立为楚王，也就是楚幽王。

范雎蔡泽列传·第十九

脱险入秦

范雎是魏国人，字叔。他想去游说魏王，但是因为家里贫穷，没有办法，只能先投奔魏国的中大夫须贾。

须贾奉魏昭王之命到齐国办事，范雎和他一起去。他们在齐国呆了几个月，也没有结果。齐襄王听说范雎能言善辩，就让人赐给范雎牛肉、美酒与黄金十斤。但是范雎没有接受。须贾知道这件事后，非常生气，以为范雎把魏国的秘密告诉了齐国，所以得到了齐国的馈赠。他叫范雎收下齐王送的牛肉和美酒，退还那些黄金。

回到魏国以后，须贾怨恨范雎，就把这件事告诉了魏国国相。魏国国相，是魏国的公子，叫做魏齐。魏齐非常生气，就叫手下人杖打范雎，打得肋骨都断了。范雎装死，魏齐就把他用席子卷起来，丢在茅房里面。宾客喝醉了酒，就在范雎身上撒尿，故意侮辱他。没有一个人替范雎求情。范雎在席筒里对看守的人说："您要是能放了我，我肯定会重重地谢您。"看守的人就请求魏齐把死人给丢了。魏齐喝得大醉，就说："好的。"看守的人就把范雎放了。魏齐清醒以后，非常后悔，就派人找范雎，不见尸体，于是到处捉拿。魏国人郑安平听说了这件事，就带着他一起逃亡，并且藏了起来。范雎也改名叫了张禄。

当时，秦昭王派谒者王稽去魏国。郑安平就假装成差役，伺候王稽。王稽问他说："魏国有没有有才华能的人，愿意和我一起到秦国呢？"郑安平说："我的家乡有个人叫做张禄，想拜见您，谈谈天下的大事。但是他有仇人，不敢白天来。"王稽说："那就让他晚上来。"郑安平就在晚上将张禄引见给王稽。交谈还没有结束，王稽就已经知道张禄非常有才能，和他们约好一起去秦国的时间和地点。

王稽离开魏国，载着范雎一起去秦国。经过湖邑，看见有马车从对面过来。范雎就问："过来的是谁？"王稽说："秦国丞相穰侯。"范雎就说："我听说穰侯在秦国擅权，非常讨厌接纳诸侯各国来的人。我怕他来时侮辱我，不如躲在马车里面。"过了一会，穰侯果然过来，问候完王稽，就停住车，问："关东有什么变化吗？"王稽说："没有。"穰侯又对王稽说："您有没有和诸侯国的客人一起来呢？他们没什么作用，只不过是扰乱我们秦国罢了。"王稽说："我哪里敢违背您的心意啊。"穰侯有些怀疑，但还是走了。穰侯走后，范雎说："我听说穰侯思考事情比较缓慢，他刚才就怀疑车里面有人，但是忘了搜查。现在他肯定很后悔，肯定会派人回来检查。"于是范雎下了马车。走了大概十多里地，穰侯果然派人来检查王稽的马车，看到没有客人，才罢休。

王稽回到秦国，向秦昭王通报了出使情况后，就说："魏国有一个张禄先生，是天下有名的智辩之士。他说：'秦王的国家非常危险，就像堆起来的鸟蛋，如果秦王得到了我，就能够保全。但是不能够用书信的方式。'所以我把他带了回来。"秦昭王不相信，范雎只能在秦国等待机会。

当时，穰侯和华阳君，都是秦昭王的母亲宣太后的弟弟；而泾阳君和高陵君则是秦昭王同母弟弟。穰侯担任秦国的丞相，而其他3个人则是秦国的将军。他们家里的财富，甚至超过了秦王。后来穰侯担任秦国将军，想越过韩国和魏国，攻打邻近自己封邑的齐国的纲和寿城，来扩大封邑的领土。范雎上书秦昭王说："我听说英明的君主治理朝政，对于有功劳的人，不会不加以赏赐，有能力的人，不会不让他们当官，苦劳大的，就增多他们的俸禄，功劳多的，就增加他们的爵位，能够治理国家百姓的，就提升他们的官职。所以没有能力的人，就不能当官；有能力的人，也不能被埋没。如果认为我说的话正确的话，希望您能采取我的建议，让它对秦国有点帮助；如果认为我说的话不正确，那么您把我赶走好了。俗话说："平庸的国君赏赐自己宠信的臣子，惩罚自己厌恶的臣子；英明的君主赏赐那些真正有功劳的人，处罚那些真正有罪的人。'现在我是身体伤残的无用之人，又怎么能够用妖言来疑惑大王呢？虽然您可能会因为我出生卑贱而看不起我，但您应该重视推荐我的人的意见吧！

"我听说周朝有砥砨，宋国有结绿，梁有县藜，楚国有和璞。这4种玉都是无价之宝，都曾为良匠所不识，但最终还是成为了天下有名的玉器。而大王您所抛弃的人，难道就不足以给国家带来好处吗？

"高明的医生知道病人的生死，而英明的国君知道事情的成败。对自己有利的，就加以利用；对自己有害的，就不任用；自己有所怀疑的，就稍微尝试一下，即使是舜和大禹复活，这一点也不能改变。至于谈论国家大事，这种东西我不敢在书里面写出来，简单了，又不值得听。我请求大王在稍微有空闲的时候，能够召见我。如果我说的不对，就请大王您准备好斧头和钺，我愿意接受死刑。"

这封充满感情的信，打动了秦昭王，范雎因此获得了拜见秦昭王的机会。

远交近攻

范雎去离宫拜见秦昭王。到了宫门口，他假装不知道是王宫，就要闯进去。刚好秦昭王来了，宫里的太监看到范雎冒冒失失要进去，担心秦王责备自己，就要赶范雎走，还说："大王来了。"范雎假装说："秦国哪里有大王啊？秦国只有太后和穰侯。"秦昭王听到范雎和太监的争执，就亲自迎接范雎，并且道歉说："我本来早就该向先生您请教了，但是因为义渠的事情非常紧急，每天都要去向太后请教。现在义渠的事情已经结束了，我才能够来请教您。我私底下认为自己不是很聪明，所以请让我以宾主之礼相见，请您对我加以指教。"范雎连忙还礼。

秦昭王叫左右的人都退下，长跪着对范雎说："先生您有什么可以指教我的吗？"范雎说："嗯，嗯。"过了一会，秦王又问范雎说："您有什么可以指教我吗？"范雎还是像原来一样，说："嗯，嗯。"这样问答一连进行了3次。秦王继续问："难道先生您一定不肯指教我吗？"范雎说："不敢。我听说当初吕尚遇到周文王的时候，吕尚还是一个渔父，正在渭江边上钓鱼。这样看来，他们的关系实在是很疏远。但是过了不久，他就成功说服了周文王，被周文王拜为太师。周文王采纳了吕尚的意见，最后终于夺得天下。假使周文王疏远吕尚，而不和他深谈的话，那周朝也就不能得到天下，也就不会有所谓的周文王和周武王的伟业了。现在我只不过是一个流亡在秦国的臣子，而我要对大王您所说的，都是关系到匡扶国家的大事，而且又关系到你的骨肉之情。我虽然想报效大王，表达自己的忠心，但实在是不知道大王您真正的想法啊。这就是为什么大王您3次问我，我都不敢回答的原因。我并不是有所顾忌，不敢说话。我知道今天我在大王您面前说了，明天我就可能会被杀头，但是我也没有逃避。如果大王您听取我的话，那么就算是被处死也不值得我忧愁，就算是被流放也不值得我担心，就算是身遭侮辱也不值得我羞愧。况且，五帝那么圣德也死去，三皇那么仁慈也死去，五霸那么贤能也死了，乌获、任鄙那么力大无穷也死，成荆、孟贲、庆忌和夏育那么勇敢也还是个死。死，是每个人都无法逃避的。既然不能避免，如果我的死能够对秦国有所帮助的话，这就是我最大的愿望了，我又怎么会害怕呢？伍子胥逃亡出了楚国，在吴国街头乞讨，最后却振兴了吴国，让吴王阖闾称霸天下。如果让我像伍子胥一样成就功业，即便是囚禁了我，让我终身不能出来，我又有什么担心呢？我所担心的，就是怕等我死了以后，天下人看到我因为忠言而死，不敢前来秦国。如今您上害怕太后，下被奸臣贼子迷惑，不知怎样来区别奸人。长此以往，重则国家被灭；轻则自己有危险，这就是我为您所担心的。至于穷困侮辱，甚至死亡，我都不担心。"

范雎的话让秦昭王很震惊，他说："先生您这是说的什么啊！我们秦国那么偏远，我又那么愚钝，先生您不远千里，来到我们秦国，正是上天劳烦先生，让您来保全我的国家啊。我能够得到先生，实在是老天爷可怜我，不忍心让秦国灭亡啊！先生您为什么说这些呢？事情不分大小，上涉及到太后，下涉及到大臣，先生您尽管直言，不要让我感到迷惑。"

范雎接着说："大王您的国家，国土广阔，是能称王的土地。百姓不敢私自斗殴，却又勇于为国，是称王必须有的百姓。这两样大王您都有了。以秦国士兵的勇敢，战车的众多，您的霸业完全可以实现，但是您却被臣子们阻挡了一切。秦国到现在已经闭关15年，这都是因为穰侯他们不尽力，以及大王您的策略有误啊。"秦昭王说："我想听听我的策略失误在什么地方。"

因为旁边有很多人在偷听，范雎没有敢说国内的事情，只能先说国外的事情。范雎说："穰侯越过韩国，攻打齐国的纲和寿，不是很好的计策。派出的军队少了，就不能够战胜齐国。派出的军队多了，劳民伤财。我想大王您的计划，是少出军队，让韩国和魏国多出军队，但是这样的话就不义了。现在这两个国家表面上讨好大王，实际上对秦国却并不亲近，而大王您还要越过他们去攻打其他的国家，可不太好。从前齐湣王向南攻打楚国，战胜了楚国的军队，杀了楚国的将军，但是齐国却一尺一寸土地也没有得到。难道是齐国不想得到土地吗？不是的，是因为隔着韩魏，无法统治。诸侯各国看到齐国国内疲乏，君臣不和，就兴兵攻打齐国，最后攻破了齐国。齐国之所以被诸侯国攻破，都是因为齐国讨伐楚国，而让韩国和魏国强大。这就是借给敌人军队，送给敌人粮草啊。大王您不如和远的国家交好，攻打近的国家，那样的话，得到一寸的土地，就是大王您的土地，得到一尺的土地，也是大王您的土地。而且从前中山国地方500里，赵国却吞并了它，不但功成名就，而且实利多多。现在韩国和魏国，在中部地区，是天下的枢纽，大王您要是想称霸天下，首先要控制中原地区，来威震楚国和赵国。如果楚国强大的话，就亲附赵国，如果赵国强大的话，就亲附楚国。一旦亲附了楚国和赵国，齐国就会非常害怕。齐国害怕的话，肯定会卑躬屈膝，带着重金来结好秦国。如果齐国与秦国交好，那么韩国和魏国也就可以到手了。"秦昭王回答说："我很早就想和魏国交好了，但是魏国经常反复变化，我不能和他亲近。请问先生，如何亲近并控制魏国？"范雎回答说："大王您首先态度恭敬，用重金去讨好魏王。如果不行的话，就割让土地来收买他；要是再不行，就派出军队去攻打他。"昭王回答说："我一定听从您的指教。"于是就拜范雎为客卿，和他一起商讨军国大事。秦王听从了范雎的计谋，派军队讨伐魏国，占领了怀，过了两年，又占领了邢丘。

拜相封侯

范雎当上秦昭王的客卿以后，对秦昭王说："秦国和韩国的地形，相互交错。秦国和韩国，就好像是树木有着蛀虫，人有着腹心的疾病一样。天下不发生变化还可以，一旦天下大变，对秦国造成危害的，除了韩国，还有哪个国家更为严重呢？依我的看法，大王您不如拉拢韩国。"听了他的话，昭王连忙说："我本来就想拉拢韩国，但是韩国却不听。我也拿他没有办法啊。"范雎于是说出了自己的主意："韩国又怎么敢不听呢？大王您派兵攻打荥阳，那么巩和成皋的道路就不能连通；您再向北断了太行山的道路，那么上党也就被割断了。大王您一派出军队，就把韩国断成了三分。韩国看到要被灭亡，又怎么敢不听呢？如果韩国听从的话，大王您的霸业也就可以考虑一下了。"昭王高兴地说："真是个好办法啊。"于是就派使者去韩国。

范雎更加受到昭王的信任，等到侍奉秦昭王几年后，就乘着空闲的时候对昭王说："我在山东的时候，听说了齐国有田文，没听说齐国有齐王。又听说秦国有太后、穰侯、华阳君、高陵君和泾阳君，没听说有秦王。独揽国家大权的才叫做国君，掌持利害的人才叫国君，掌握生杀大权的人才叫国君。现在太后随心所欲，一点儿也不顾及大王，穰侯出使其他国家也不报告给大王，华阳君和泾阳君做什么事情都没有顾忌，高陵君进宫出宫也不向大王您请示。有这样4个权贵，而国家能不危亡的，这是从来没有过的事情。正是因为秦国有他们4个权贵，所以秦国的百姓才会没有听说过大王您啊。有他们这些人，大王您的权势又怎么会不被剥夺，大王您又怎么能够发号施令呢？我听说善于治理国家的国君，不但在朝廷里面能够树立自己的威信，在外面也能够确立自己的权力。穰侯一帮人掌握着大王您的权力，决定着诸侯各国的生死，也掌握着天下百姓，动辄讨伐其他的国家，天下没有人敢不听从他们的命令。如果攻打其他的国家，打赢了，得到的土地和利益就是穰侯的。打输了，结果却是老百姓们的生活变得更加穷困，而他们的财富和权势，却一点儿也没有减少。"

范雎停了一下，看见秦昭王听得很认真，就接着说："《诗经》说：'树上果实太多就会压断树枝，树枝断了就会伤害树心；如果枝条多了，就要把根砍了；封邑大过国都，就会给国家带来危险。如果一国的臣子权势过于大，就会轻视这国的君主。'崔杼和淖齿在齐国专权，射中了齐王的大腿，抽了齐王的筋，把他悬吊在庙的梁上。结果齐王一晚上就死了。李兑在赵国专权，把主父赵武灵王囚禁在沙丘。赵武灵王100天以后也被饿死了。现在我听说太后、穰侯掌权，华阳君、泾阳君和高陵君在一边辅佐他们，一点儿也不把大王您放在眼里，现在的情形，就和淖齿、李兑在齐国和赵国一模一样啊。而且夏商周三代之所以会亡国，就是因为君主让臣子掌权，而自己却忙于纵酒狂欢，骑马打猎，不理国家大事。而替他掌管权力的人，却又嫉妒有才能的人，打压下属，欺骗国君，来成全自己的私利，一点儿也不为国君考虑。而国君也不能察觉，最后就导致了灭亡。现在秦国官员，从小到大，再到大王您身边的人，没有一个不是相国大人的亲信。大王您一个人在朝廷上，孤孤单单。我担心的是万世之后，拥有秦国的，不是大王您的子孙。"

秦昭王听了这话大为惊惧，道："您说得很对。"马上下令废黜了太后，并且把穰侯、华阳君、高陵君和泾阳君他们驱逐到了关外。昭王收了穰侯的相印，让他回到了陶邑。随后又分配车马让他装东西，总共有1000多辆。经过关卡的时候，关令查看他的财物，甚至比昭王宫廷的还多。

秦昭王让范雎担任秦国国相，并把应城赏给他，封他为应侯。这一年，是秦昭王四十一年（公元前266年）。

秦昭王为范雎报仇

范雎担任秦国丞相的第二年，也就是秦昭王四十二年（公元前265年），秦国攻占了韩国的少曲、高平。

秦昭王听说魏齐藏在平原君家里，又想到范雎所受的屈辱，就写信给平原君说："我听说您道德高尚，所以希望跟您交个朋友。我希望您能来秦国，和我就一起喝酒聊天。"平原君畏惧秦王，就去了秦国。没想到等他到了以后，秦昭王却对他说："从前周文王得到吕尚，尊他为太公；齐桓公得到管夷吾，尊他为仲父；现在范雎先生，就是我的太公、仲父啊。但是范先生的仇人魏齐却住在您的家里，希望您派人把他的脑袋取来；不然的话，我就不放您出函谷关。"平原君听了秦昭王的话以后，说："魏齐是我的朋友，即使他在我家里，我也不会把他交出来。更何况现在他根本不在我家呢。"看到逼迫平原君没用，昭王又给赵国国君写了一封信说："大王的弟弟平原君在我这，而范先生的仇人魏齐就在他的家里。大王派人赶快拿他的脑袋来；不然的话，我就派兵攻打赵国，也不放平原君回国。"赵王看了信，非常害怕，担心秦国军队攻打赵国，就派士兵包围了平原君的家，捉拿魏齐。情急之中，魏齐连夜逃走，找到赵国国相虞卿。虞卿估计自己不能说服大王，就解下自己的相印，和魏齐一起出逃，两人想来想去不知道有谁值得投靠，只得去大梁，打算通过信陵君投奔楚国。

信陵君听说虞卿和魏齐来投靠自己，担心秦国找上门来，有些犹豫不决，不肯接见他们。信陵君假意问周围的人："虞卿这个人怎么样？"侯嬴知道信陵君害怕秦国，不敢收留魏齐和虞卿，就对信陵君说："人固然很难被别人了解，可了解别人也不是件容易的事啊。想当初，虞卿穿着草鞋，戴着竹笠，到了赵国。赵王第一次接见他，就赐给他白璧一对，黄金百两；第二次接见他，就任命他为上卿；第三次接见他，就封他为国相，并赐他万户侯的爵位。当时，大人您抢着要认识他。魏齐走投无路的时候投奔他，他不顾自己的高官厚禄，解下相印，抛弃爵位和魏齐一起逃走，来投奔公子您。现在您因为害怕秦国，就假装不知道他的为人。我真是为大王您感到难过啊。"听了侯嬴的话，信陵君非常惭愧，马上驾着马车到郊外去迎接他们。但是已经迟了，魏齐一听说信陵君不想见他，一怒之下拔剑自杀。赵王知道魏齐自杀以后，就拿着他的头颅送到秦国，秦昭王这才放平原君离开秦国。

秦昭王四十三年（公元前264年），秦国攻占了韩国的汾陉，并且在黄河边的广武山上修建城池。

5年后，昭王采用应侯范雎的谋略，用反间计欺骗赵国。赵国上当，让马服君赵奢的儿子赵括代替廉颇统帅军队。结果秦军在长平大败赵国军队，进而围攻邯郸。不久以后，范雎和武安君白起结下了怨仇，就向昭王进谗言而把白起杀了。于是昭王任用郑安平，派他领兵攻打赵国。郑安平在战场上反被赵军团团围住，情况危急，他带领2万人投降了赵国。范雎闻说，坐在草垫上向昭王请罪。按照秦国法令，被推荐的官员犯了罪，那么推荐他的人也会根据情况被定罪。如果这样的话，应侯范雎的三族都要被逮捕。秦昭王恐怕伤了范雎的心，就在国内下令："谁要是敢谈论郑安平的事，一律按他的罪名治罪。"又赏给应侯范雎更为丰厚的食物来安抚他。没想到过了两年，担任河东郡守的王稽又和其他国家相勾结，因犯法而被诛杀。因为这两件事，范雎一天天郁闷起来。

　　一天，应侯看见秦昭王上朝时不停地叹气，就问："大王，我听说'国君有所忧虑的话，臣子就该感到耻辱；国君受到屈辱的话，臣子就应该受死'。今天大王上朝却不停地叹气，肯定是有什么忧心的事情。我请求您治我的罪。"昭王为了激励范雎，就对他说："我听说楚国的铁剑锋利，但是歌舞演技却很拙劣。我在想，如果铁剑锋利的话，楚国的士兵就肯定很勇敢，而要是歌舞演技很拙劣的话，楚国国君肯定是深谋远虑啊。国君深谋远虑而且士兵们还那么勇敢，我担心楚国是想攻打秦国。所以我们应该未雨绸缪。但现在武安君已经死了，郑安平也投降了赵国，国内已经没有了能征善战的大将。这就是我担心的事情啊！"范雎以为秦王在责备自己，心中忧虑但最终想不出办法。这个时候，燕国的蔡泽到了秦国，打算取代范雎做秦国的丞相。

乐毅列传·第二十

乐毅伐齐

乐毅是乐羊的后代。乐羊辅佐魏文侯，担任魏国将军，带兵攻下了中山国。乐羊被封在灵寿，他的后代也居住在灵寿。

乐毅很有才华，喜好军事。赵国发生沙丘之乱后，他离开赵国到了魏国。后来燕昭王任用子之执政，燕国大乱而被齐国乘机战败，非常怨恨齐国。但是燕国非常弱小，地处偏远，无法战胜齐国，于是燕昭王广招天下贤士。恰巧乐毅作为魏昭王的使臣来到燕国，燕王以宾客的礼节接待他，并任命他为亚卿。

当时，齐国很强大，南边在重丘战败了楚国宰相唐眜，西边在观津打垮了魏国和赵国，随即又联合韩、赵、魏三国攻打秦国，还帮助赵国灭掉中山国，又击破了宋国，扩展了1000多里地的领土。齐湣王与秦昭王共同上尊号称帝，不久他便自行取消了东帝的称号，仍归称王。各诸侯国都打算背离秦国而归服齐国。可是齐湣王自尊自大，很是骄横，百姓已不能忍受他的暴政了。

燕昭王认为可以攻打齐国的机会来了，就问乐毅是否可以出兵，乐毅回答说："齐国是一个大国，土地广阔，人口众多，不容易攻打。大王您要是一定要报仇的话，请联合赵国、楚国、魏国攻打齐国。"于是，燕昭王派乐毅去和赵惠文王结盟，另派人去联合楚国、魏国，又让赵国去劝说秦国。由于诸侯门认为齐湣王骄横暴虐，对各国也是个祸害，都同意跟燕国联合共同讨伐齐国。赵、楚、韩、魏、燕五国组成联军，由乐毅统一指挥。联军进击齐国，在济水两边大败齐军。这时各路诸侯的军队都停止攻击，撤回本国。燕国军队在乐毅指挥下单独追击败逃之敌，一直追到齐国都城临淄。齐湣王在济水西边被打败后，逃到莒邑并据城固守。乐毅带兵巡行，向齐国各地城邑招降，没什么效果。于是，乐毅集中力量攻打齐国都城临淄，打下临淄并把齐国的珍宝祭器运夺来送回燕国。燕昭王很高兴，封乐毅为昌国君。

乐毅在齐国作战5年，攻下齐国城邑70多座，只有莒城和即墨没有攻克。这时燕昭王死去，他的儿子即位，他就是燕惠王。惠王做太子时就对乐毅有所不满，齐国的田单了解到他与乐毅有矛盾，就派人到燕国施行反间计，造谣说："齐国只剩下莒城和即墨城没有被燕国占领。乐毅之所以不急于攻占即墨和莒城，是因为乐毅和燕惠王有仇，所以故意拖延时间，准备在齐国自立为王。"燕惠王本来就怀疑乐毅，又受到齐国反间计的挑拨，就派骑劫代替乐毅担任主帅，召回乐毅。乐毅害怕回国后被杀，就投靠了赵国。赵国把观津封给乐毅，封他为望诸君。

后来，齐国田单用计欺骗骑劫，在即墨城下大败燕军，然后一直向北追击，直到黄河边。齐国收复了全部领土，并且把齐襄王迎回都城临淄。

燕惠王非常后悔让骑劫代替乐毅，致使燕军惨败。可是他又怨恨乐毅投降赵国，怕赵国乘着燕国兵败之机派乐毅攻打燕国。于是燕惠王就派人去责备乐毅，同时向他道歉说："先王把整个燕国委托给将军，将军为燕国打败齐国，替先王报了深仇大恨，天下人没有不震动的，我哪里敢忘记将军的功劳呢！正遇上先王辞世，我本人初即位，是左右人欺蒙我。我所以派骑劫代替将军，是因为将军长年在外，风餐露宿，因此

几何纹长柄豆　战国

此豆风格特异，极为少见，是研究燕国文化和青铜工艺的重要实物资料。

召回将军暂且休整一下，也好共商朝政大计。不想将军误听传言，抛弃燕国而归附赵国。将军为自己打算是可以的，可是你这样做又怎么对得住先王的深情厚谊呢？"

乐毅回信给惠王说："我没有听从您的命令回到燕国，是因为害怕回国后发生不测，有损先王的英明和您的道义。现在您责备我，我怕其他人不知道先王宠信我的道理，也不明白我对先王的忠心，所以写信回答您。

"我听说，贤明的君主不赏赐亲近的人，而是奖赏功劳多的，任用有能力的。先王不和其他人商量，就任命我为亚卿。我自己也缺乏自知之明，自认为只要执行命令接受教导，就能侥幸免于犯罪，所以就没有推辞。

"后来先王派我去游说赵王一起攻打齐国，我也幸不辱命。靠着上天的引导、先王的神威，大败齐国。我们的部队，直抵齐国国都。齐王只身逃向莒邑，金银珠宝、战车盔甲以及祭祀器物全部缴获送回燕国。先王于是划出一块地方赏赐给我，让我能与小国的诸侯相比。

"我还听说，开始好的不一定结果也会好。伍子胥的主张被吴王阖闾采纳，阖闾带兵一直攻打到楚国郢都。吴王夫差不但不采纳伍子胥的建议，还赐他自杀，甚至还把他的尸骨装在袋子里扔到江里。吴王夫差没有采纳伍子胥的主张。而伍子胥也因为不能预见夫差的气量，所以被迫自尽。免遭杀身之祸而建功立业，彰明发扬先王的美德，是我的上策。遭到侮辱或者诽谤，毁坏先王的名声，这是我最害怕的事情。面临难以估量的罪过，还用侥幸心理谋求利益，这是按理不敢做的事情。

"我听说，古代的君子即使和人绝交，也不说他的坏话；忠良的臣子即使离开自己的国家，也不说出冤屈。我虽然无能，但也多次接受君子的教导。我献上这封信，把我的心意告诉您，希望您留意。"

燕惠王把乐毅的儿子乐间封为昌国君；而乐毅本人则被赵、燕两国任命为客卿，往来于两国之间，最后死在赵国。

乐氏后人

　　乐间住在燕国30多年，燕王喜采用他的宰相栗腹的计策，打算攻打赵国，便询问昌国君乐间。乐间说："赵国是同四方交战的国家，它的百姓熟悉军事，攻打它是不行的。"燕王喜不听，还是派兵攻打赵国。赵国的廉颇还击燕军，在鄗地把栗腹的军队打得大败，擒获了栗腹、乐乘。乐乘与乐间是同宗，于是乐间逃到赵国。燕国割让了许多土地向赵国求和，赵军才解围而去。

　　乐间已经在赵国，燕王悔恨没听用乐间的建议，就给乐间写了一封信说："殷纣王时，箕子不被任用，但他敢于冒犯君王，直言谏诤，毫不懈怠，希望纣王听信；商容因劝谏纣王而被贬谪，他身受侮辱，仍希望纣王改弦更张。等到民心涣散，狱中的囚犯纷纷逃出，国家已不可救药，然后两位先生才辞官隐居。因此纣王背上了凶暴的恶名，两位先生却不失忠诚、高尚的美誉。这是为什么呢？他竭尽了为君为国而忧虑的责任。现在我虽然愚钝，但还不像殷纣那么凶暴；燕国百姓虽不安定，但也不像殷朝百姓那么严重。有道是，家庭内部有了纷争，不尽述自己的意见，却去告诉邻里。这两种做法，我认为是不可取的。"

　　但乐间、乐乘怨恨燕王不听从他们的计策，两个人终于留在赵国。赵国封乐乘为武襄君。第二年，乐乘、廉颇为赵国围困燕国，燕国用厚礼向赵国求和，赵军才解围。5年之后，赵孝成王去世。悼襄王派乐乘代替廉颇的官职，廉颇不满，率兵攻打乐乘，乐乘逃奔，廉颇也逃到魏国。16年后，秦国灭掉赵国。

　　又过了20年，汉高祖经过原来赵国属地，问那里的人说："乐毅有后代吗？"回答说："有个乐叔。"汉高帝把乐卿封赐给他，封号称华成君。华成君就是乐毅的孙子。乐氏家族还有乐瑕公、乐臣公，他们是在赵国将要被秦国灭掉时逃到齐国高密的。乐臣公长于研究黄帝、老子的学说，在齐国很有名气，人们称他为贤师。

廉颇蔺相如列传·第二十一

完璧归赵

廉颇是赵国的将军，以勇气闻名于诸侯各国。赵惠文王十六年（公元前283年），廉颇率军征讨齐国，大败齐军，夺取了阳晋，被封为上卿。

蔺相如是赵国宦者令缪贤的门客。

赵惠文王得到了楚国的和氏璧。秦昭王听说了这件事，就写信给赵王，表示愿意用15座城池来交换这块宝玉。赵王同大臣们商量：要是把和氏璧给秦国，秦王恐怕也不会把城池给赵国，这样的话只是白白地上当受骗；要是不给，秦王肯定会派兵攻打赵国。究竟该怎么办呢？就算是不给的话，也要找一个人去回复秦王啊。赵王和大臣们都没想出个好办法来，也没有想到到谁能出使秦国。

这时缪贤对赵王说："大王，我的门客蔺相如可以完成这个任务。"一听说有人能去，赵王非常高兴，急忙问："为什么说他可以胜任呢？"缪贤说："微臣曾犯过罪，因为害怕，所以打算逃亡去燕国。但是蔺相如劝阻我说：'您是怎么了解燕王的？'我回答他说：'我曾经陪大王见过燕王，燕王私下告诉我说愿意和我交朋友。所以我想去他那里。'没想到相如却说：'当时赵国强大，燕国弱小，而您深受赵王宠信，所以燕王想和您结交。现在您去投奔他，燕王害怕得罪赵国，不但不会收留您，反而会把您交给赵王。您不如自己向赵王请求治罪，或许能够幸免。'我听从了他的意见，主动向大王您请罪，而大王您也赦免我。所以我认为他有智谋，是个合适的人选。"赵王召见蔺相如，对他说："秦王要用15座城池换和氏璧，要不要答应他？"相如说："秦

透雕双凤腾龙玉璧

玉璧 战国

国强，赵国弱，大王您不能不答应。"赵王又说："但要是秦王不给我城池，那怎么办？"相如说："秦王请求用城换璧，大王您要是不答应的话，那就是大王您理亏；而大王您给了秦王和氏璧而秦王不给您15座城池，那就是秦王不对。所以大王您应该答应秦王，然后再看秦王怎么办。"赵王说："可是派谁去秦国呢？"蔺相如自我推荐说："大王您要是相信我的话，我愿意前去。如果秦王给了大王您城池，我就把和氏璧给他；如果秦王不答应给城池，我一定会把和氏璧完好地带回来。"赵王就派蔺相如带着和氏璧去秦国。

秦王得知赵国使臣带着和氏璧来到秦国，非常高兴，就在章台接见蔺相如。蔺相如把和氏璧献给秦王。秦王拿着和氏璧，一边看，一边赞不绝口。为了让大家也开开眼，就把和氏璧给他的姬妾和大臣们传看。秦王和大臣们只顾着欣赏这块玉了，却把蔺相如晾在一边，蔺相如知道秦王根本就不想给赵国城池，就走上前去，说："大王，这个璧上有个斑点，我指给您看。"秦王一听，就把璧交给蔺相如，让他指指在哪儿。没想到蔺相如一把抓住和氏璧，往后退了几步，到了宫殿的柱子旁边，身体靠在柱子上，怒发冲冠，对秦王说："大王，平民百姓之间的交往，还不会互相欺骗，更何况是大国之间交往！赵王一听说大王您要和氏璧，就马上斋戒了5天，派我带着宝璧，专程给大王您送来。为什么要这样呢？那是因为赵王尊重大王您，想表达对您的敬意啊。可是现在我来到贵国，大王却如此傲慢。您得到和氏璧以后，还传给其他人观看，简直就是对我们赵王和我这个使臣的侮辱。我看大王您根本就没有给赵国15座城池的诚意，所以就拿回了这块璧。倘若大王您一定要得到这块玉，要逼我的话，我的头就和这块璧一起在柱子上撞碎！"蔺相如两只手拿着和氏璧，头冲着柱子

蔺相如完璧归赵　清　吴历　绢本

本图取材自蔺相如完璧归赵的历史故事。赵惠文王在位时，得到了楚国丢失的和氏璧。秦昭襄王得知后假以15城池换取和氏璧。蔺相如受命往秦，不惧秦之威，机智相对，视死如归，终完璧归赵。

就要撞过去。秦王怕蔺相如真的会说到做到，把和氏璧给撞裂了，连忙说："千万不要这样！寡人又怎么会是您说的那样呢？"秦王又接着说："我马上叫人把那15座城池指给您看。"于是秦王找来地图，给蔺相如指明那15座城池。聪明的蔺相如知道秦王只不过是骗他而已，实际上秦王一定不会给赵国那些城池的，就对秦王说："赵王派我给大王您送这和氏璧来之前，斋戒了5天。大王您也应该斋戒5天，安排大典，我才敢献上和氏璧。"秦王实在是喜欢这和氏璧，再加上蔺相如又坚决不

肯让步，最后只能答应他。

蔺相如知道秦王虽然答应斋戒5天，但他肯定舍不得割给赵国城池，就派随从带着和氏璧，从小路返回赵国。5天后，秦王安排好大典，请蔺相如献上和氏璧。但蔺相如回答说："秦国从穆公以来20多位君主，没有一个坚守盟约的。我怕被大王欺骗，所以5天前就派人把和氏璧带回赵国去了。现在大王您只要先把15座城邑割让给赵国，赵国又怎么敢不给您和氏璧呢？希望大王您仔细考虑。"朝廷上议论纷纷，大臣们都请求秦王把蔺相如拉下去杀了。但是秦王却说："杀了他，不但得不到和氏璧，反而坏了秦赵两国的交情。不如放他回赵国，赵王难道会为了一块璧来欺骗秦国吗？"最后还是让蔺相如回到赵国。

赵王见蔺相如不但带回了和氏璧，而且保全了赵国的尊严，非常高兴，封他为上大夫。最后秦国没有把城池给赵国，而赵国也没有把和氏璧给秦国。

将相和

秦王派使者告诉赵王，说想在西河外的渑池和他见面。赵王害怕秦国会扣留自己，想不去。但是廉颇和蔺相如却对他说："大王您如果不去的话，就会让秦国和其他国家的人耻笑大王您胆怯。"赵王无奈，决定去赴会。廉颇送赵王和蔺相如到了赵国的边境，对赵王说："大王您这次去秦国，我给您估计了一下路程。算上在秦国停留的时间，再加上返回的时间，不会超过30天。如果30天大王您还没回来，就请允许立太子为王，以免秦国要挟赵国。"赵王同意了。

到了渑池，赵王和秦王会面宴饮。喝到高兴的时候，秦王对赵王说："我听说赵王您爱好音乐，请您为我弹瑟吧！"赵王就弹起瑟来。没想到秦国的史官却走了上来，写道："某年某月某日，秦王和赵王一起饮酒，令赵王弹瑟。"蔺相如看赵王受到侮辱，就捧了缶个大步向

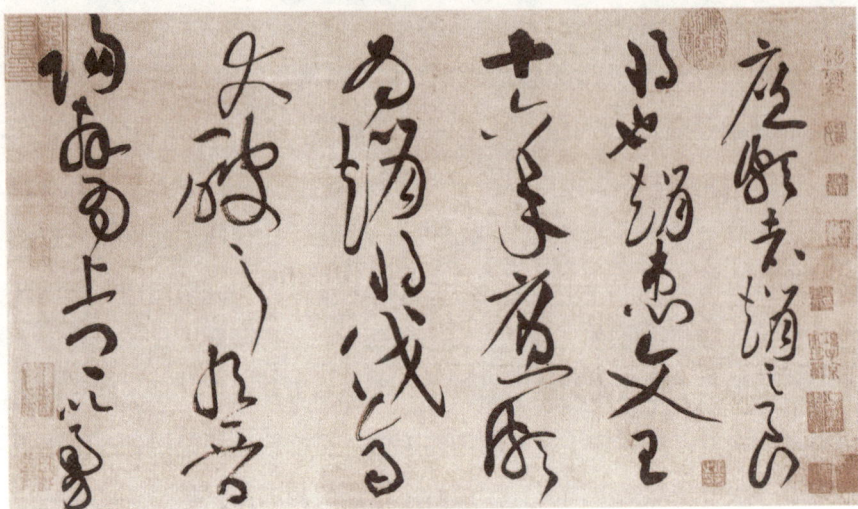

廉颇蔺相如传卷　北宋　黄庭坚

前，说："赵王听说秦王擅长秦国地方的土乐，请秦王为赵王击缶（古代一种陶质的乐器），以便互相娱乐。"秦王听了蔺相如的话，顿时心里怒火直起，不肯答应他的要求。蔺相如走到秦王跟前，跪了下来，递上缶，请秦王演奏。秦王坚决不肯击缶，相如就说："在这5步之内，我蔺相如以死相拼，大王您也逃不脱！"秦王的侍卫们一看到这个情形，纷纷拔出刀剑，想要杀蔺相如。蔺相如圆睁双眼，瞪着侍卫们，大喝一声，那些侍卫们都吓得倒退了几步。尽管秦王很不高兴，但是迫于蔺相如的威逼，只得敲了一下。于是，相如回头招呼赵国史官，让他写道："某年某月某日，秦王为赵王击缶。"秦国的大臣们见秦王吃了亏，都想找回点面子，压压赵王的威风，就对蔺相如说："请你们用赵国的15座城向秦王献礼。"蔺相如丝毫不肯退步，也说："请你们把秦国的咸阳作为礼物，献给赵王。"就这样，秦王直到酒宴结束，也没有能够压倒赵国。再加上廉颇在赵国的边境部署了大量的军队，防备秦国，所以秦国也不敢有什么轻举妄动。

　　赵王和秦王在渑池会见以后，回到赵国，由于蔺相如功劳大，就封他上卿，比廉颇的官位还高。廉颇心里很不服气，说："我是堂堂的赵国大将军，为赵国攻占了那么多城池，他蔺相如出身卑微，只不过靠嘴皮子立了点功，可是官位却在我之上，实在是我的耻辱。"不但如此，他还到处扬言说："要是让我在路上碰上了蔺相如，一定要好好地羞辱他一番。"蔺相如听到这些后，就不肯与他相见。即便是上朝，也常常推说有病不去，不想和廉颇相争。蔺相如的门客们都暗自为蔺相如抱不平，觉得廉颇太过分了。但是蔺相如却不在乎。

一天，蔺相如外出，远远看到廉颇的车驾，就掉转车子打算回避。蔺相如的门客们实在看不下去了，就对蔺相如说："大人，我们之所以离开亲人来侍奉您，就是仰慕您高尚的节义。现在您和廉颇同朝为官，而廉颇将军口出恶言，而您却处处躲着他，您怕他也怕得太过分了吧？我们这些平庸的人尚且为您感到羞耻，何况大人您官居卿相呢！我们这些人实在没有什么出息，还请大人您同意我们向您告辞！"蔺相如见他们这样，一边坚决挽留，一边向他们解释说："诸位认为廉颇将军和秦王相比谁更厉害？"门客们毫不犹豫地回答说："廉颇将军比不了秦王。"相如又说："以秦王的威势，我尚且敢在朝廷上大声呵斥他，羞辱他的大臣，我又怎么会怕廉颇将军呢？但是我想到，强大的秦国之所以不敢派军队攻打赵国，就是因为有我们两个人在呀。如果现在我们两虎相争，肯定不能共存。我之所以这样忍让他，就是因为国家的事情远远要比个人之间的恩怨仇恨重要得多。"廉颇听说以后，非常惭愧，脱去上衣，背着荆条，让自己的宾客们带路，来到蔺相如的门前请罪。一见到蔺相如，廉颇就感慨地说："我只是一个非常粗鄙的人，没想到将军您这么宽厚！还请您原谅我先前的过错。"从此以后，蔺相如和廉颇结为生死之友，成为赵国的顶梁柱。

这一年，廉颇进攻齐国，打败了齐国军队。两年后，廉颇攻占了齐国的几邑。过了3年，廉颇又攻克了魏国的防陵、安阳。过了4年，蔺相如领兵攻打齐国，打到平邑。第二年，赵奢又在阏与城下大败秦军。

赵奢斗勇

　　赵奢本来是赵国负责征收田租的一个小官。在收租税的时候，平原君的家人不肯缴纳，当时，平原君贵为公子，权势极大，人们都很畏惧。但赵奢二话不说，依法处治，杀了平原君家九个管事的人。平原君听说赵奢杀了他的家奴，非常生气，要杀死赵奢。赵奢见到平原君以后，对平原君说："大人，您是赵国的公子。您要是纵容您的家人胡作非为，就会削弱国家的法纪。赵国的法纪削弱了，赵国也就会衰弱了。这样，其他诸侯国就会出兵攻打赵国，瓜分赵国。赵国要是灭亡了，大人您还又怎么能够拥有这些财物呢？大人，以您的地位和尊贵，要是奉公守法的话，就会使国家上下公平。上下公平，国家才能强盛。国家强盛了，赵氏的政权就非常稳固，而您身为赵国贵戚，又怎么会被天下人轻视呢？"平原君认为他很有才干，就赦免了他，还把他推荐给赵王。赵王任用他掌管全国的赋税。在赵奢的努力之下，赵国的赋税非常公平合理，赵国的经济秩序得以稳定，老百姓们生活富裕，国库也非常充实，赵国也强大起来。

　　秦国进攻韩国，军队驻扎在阏与。韩国向赵国求救，赵王犹豫不决，不知道该不该去救，就召见廉颇，问他说："我们可以去援救韩国吗？"廉颇回答说："大王，要是去救韩国，道路不但非常遥远，而且既艰险又狭窄，很难援救。"赵王还是没能做出决定，于是又召见乐乘，问他对这件事的看法，但是，乐乘的回答和廉颇的话一模一样。赵王又召见赵奢来问，赵奢毫不迟疑地回答说："虽然从赵国到韩国的道路遥远，地险路狭，但是如果救韩的赵军遇到秦国军队，那就好像两只老鼠在洞里争斗一样，哪个更勇猛，那么哪个就能得胜。"赵王想了一想，觉得他说得很对，就派他率领军队，赶往阏与去救援韩国。

　　离开邯郸三十里后，赵奢下令军队停止前进，就地扎营。赵奢就在军中下令说："有谁来为军事进言的处以死刑。"秦国军队驻扎在武安西边，秦军击鼓呐喊的练兵之声，把武安城中的屋瓦都震动了。赵军中的一个侦察人员认为形势危急，而赵国军队没有什么动静，只是坚守不出，就请求急速援救武安。赵奢一点儿也没有犹豫，按照自己的军令，立即把他斩首。随后，赵奢传令赵军坚守军营。赵军停留了28天也不向前进发，并且继续建军营和防御工事。秦国的间谍潜入赵军营地，赵奢假装不知，用好酒好肉款待后把他遣送回去。间谍把赵军情况向秦军将领报告，秦将大喜，说："离开国都三十里，军队就不前进了，而且还增修营垒，赵军想夺取阏与，是不可能的了。"送走秦国间谍之后，赵奢立即传令，命令士兵们卸下铁甲，快速向阏与进发。养精蓄锐多时的赵军精神饱满，经过两天一夜的急行军，赵军穿过艰险狭隘小道，顺利抵达前线。大军停止前进，赵奢命令善射的骑兵在离阏与五十里的地方安营扎寨。军营刚刚筑成，秦军就探知了这一情况。原先放松了警惕的秦军十分吃惊，立即出动全军，前来攻打。大战在即，一个叫许历的军士求见赵奢，并说想就军事问题提出建议，赵奢说："让他进来。"许历进了大营以后，对赵奢说："秦国人根本就没想到赵军会来到这里，现在他们赶来对敌，士气很盛，将军一定要集中兵力，严阵以待。不然的话，必定要失败。"赵奢于是说："您请说说您的具体建议。"没想到许历却对他说："将军，我犯了您的军令，我请求接受死刑。"赵奢说："等回到邯郸以后再说这件事情吧。"许历放下心来，接着说："在两国军队即将交战的战场北面，有一座小山，是控制整个战场的军事要地。秦赵两军，谁先占据北面山头，谁就能获得胜利，谁后到，谁就会失败。"赵奢听了，认为有道理，立即派出一万军队迅速抢占北面的山头。赵军占据山头之后，秦国军队才赶到，随即派出精兵强将，来和赵国军队争夺北面山头。赵奢指挥赵国军队沉着应战，最后大败秦军。秦军战败，兵士四散逃跑。赵奢获胜，迫使秦军解除对阏与的围攻，撤退回国。

赵奢率领赵国军队凯旋回师，赵惠文王封他为马服君，并且任命勇于向赵奢进言的许历为国尉。赵奢因战功获得了和廉颇、蔺相如相当的职位。

纸上谈兵

赵惠文王去世后，太子孝成王即位。孝成王七年（公元前259年），秦国军队与赵国军队在长平对阵，那时赵奢已经死了，蔺相如病危。赵王派大将廉颇统率赵国军队，抵抗秦国军队。廉颇来到前线，认真分析了两国及两军的战争形势，决定采用稳扎稳打、消耗疲惫敌军的战术。他命令士兵修建坚固的工事，坚守阵地，拒不出战。秦国军队屡次挑战，廉颇都置之不理。秦军远道而来，利于速战速决，拖的时间越长，秦军取胜的可能性越小。廉颇策略得当，战术正确，秦军很被动。为了取得战争胜利，秦国决定拔掉廉颇。于是，秦国丞相范雎派人使用反间计，让人在赵国大肆传播谣言。秦军间谍说："秦国军队最害怕的，就是赵王让马服君赵奢的儿子赵括来担任赵国军队的将军。廉颇根本不行，连仗都不敢打。"赵王本来就不赞成廉颇固守不出的策略，再加上在廉颇的率领下，赵国军队还吃过几次小败仗。赵王听信了秦国间谍的话，决定任命赵括为将军，取代廉颇。蔺相如听到了赵王的这个决定，不顾身体状况，前去劝谏："大王您相信秦国人的话，只凭名声来任用赵括，这就好像是用胶把调弦的柱粘死再去弹瑟那样，一点儿都不知道变通。赵括虽然平时夸夸其谈，但他只会读他父亲留下的书，根本就不懂打仗。大王你千万不要任命他为赵国将军。"但是赵王却丝毫听不进去，坚持任命赵括为大将军。

赵括是赵奢的儿子。赵括从小就学习兵法，谈论军事，以为天下没人能抵得过自己。他曾经和父亲赵奢一起谈论用兵之道，赵奢虽然难不倒他，可是却不称赞他。赵括的母亲感到很奇怪，就问为什么。赵奢长长地叹了一口气，对妻子说："用兵打仗是一件关乎将士和百姓们生死的大事，但是他却把这样的大事说得那么容易。赵国不用他为将军也就算了，要是让他为将，那么等待赵国军队的就一定会是失败啊！"

和蔺相如一样着急的，还有赵括的母亲。听到赵王任命赵括为将军，她感到非常不安。于是在赵括将要起程去军营的时候，她上书给赵王说："大王，千万不可以让赵括做将军。"赵王很诧异，心想：别人的母亲都盼望着自己的儿子能够建功立业，怎么她却不想让儿子当将军呢？于是就问原因。赵括的母亲回答说："大王，当初他父亲赵奢担任将军的时候，亲自捧着饮食侍候士兵们吃喝，还把士兵们当成自己的朋友。大王赏赐的东西，他全都分给士兵，一点也不留给自己。现在赵括刚刚做了将军，他手下的军官没有一个敢抬头看他。大王赏赐的金帛，他都带回家藏起来，还到处寻找便宜合适的田地房产，全部买下来。大王您说，他哪里像他父亲？又怎么能够让他做赵国的将军呢？希望大王您仔细考虑，不要派他领兵。"赵王闻言，非常恼火，就说："这件事情我已经决定了，别再说了。"赵括的母亲见赵王不听，只能摇摇头，然后对赵王说："大王您要是一定要派他担任将军的话，那我有一个请求。"赵王强自按住心里的怒火，道："你说吧。"赵括的母亲说："如果赵括有什么不称职的情况，大王您能答应我不受他的株连吗？"赵王虽然怒火中烧，但还是答应了她。

赵括代替廉颇担任赵国将军，到了军营以后，就把廉颇制定的原有的规章制度全部都加以改变，并且大规模撤换军队中的军官。赵括的做法，在军中引起了轩然大波。这时秦国已经知道赵王任命赵括的消息，就暗中派出白起担任秦国将军，并且严令军中，谁要是泄漏白起担任将军的消息，处以极刑。白起知道赵括在军队中的做法以后，就派出一支部队，假装战败，引赵军前来追击，暗中另派一支军队去截断赵军运粮道路，并把赵军分割成两部分围困起来。断了粮食的赵军军心不稳，几次出战都被击败。赵军被困长达了40多天，饿得实在撑不下去了，赵括亲自带领主力部队出击，企图突围。战斗中，赵括被射死，40多万赵国士兵投降。更为可悲的是，这40多万赵国士兵，全被白起坑杀了。

赵王得知赵军惨败，非常生气，下令诛杀赵括的三族，由于赵括母亲有言在先，就赦免了她。

廉颇不老

长平之战后的第二年，秦国再次出兵进攻赵国，大军势如破竹，不久便包围了赵国都城邯郸。这一围就是一年多，等到魏国和楚国的援兵赶来，秦军才撤回。经过这两次大仗，赵国国内成年男子大为减少，国家也变得非常衰弱。

东面的燕国，与赵国有很深的仇恨和矛盾，看到赵国受到严重削弱，就起了攻打赵国的心思。但是，以往都是赵国主动攻打燕国，燕国长期处在被动挨打的地位，所以，燕王心里还是有所顾忌。栗腹了解到燕王德心思，就鼓动他说："大王，赵国的成年男子基本上都在长平一战中死了，都城邯郸又被秦国围攻了一年多。现在的赵国，可以说是要兵无兵，要粮无粮，衰弱到极点，要是大王您乘机发兵攻打赵国的话，肯定能够大败赵国军队。"燕王想想也是，于是派兵攻打赵国。

看到弱小的燕国都敢进犯国土，赵王大怒，派老将廉颇领兵反击。赵国军队毕竟是久战沙场，有丰富的作战经验。同时，重大的失败也激发了赵国军民的卫国决心，有道是哀兵必胜。廉颇率领赵军迎击来犯的燕军，在鄗城大获全胜，并杀死了燕军统帅栗腹，随后进军，包围了燕国都城。燕国见大事不妙，急忙派人讲和，答应割给赵国5座城池。因为这一战打得很漂亮，赵王便封廉颇为信平君，并把尉文之地封给他，还让他担任代理相国。

廉颇在长平之战前被免职时，原来的门客都离开了他。现在廉颇又重新被起用，且被封为信平君和代理相国，掌握赵国军政大权，那些门客又重新来投奔他。廉颇看到这帮人如此趋炎附势，非常生气，对他们说："算了吧，各位先生，还是都请回吧！"门客们见他拒绝了大家，就说："唉！大人您的想法怎么这样落后呢？人和人之间的结交，就是为了利益，就像是在市场里面买东西一样。您有权势有地位，我们就跟随着您；您要是没有了权势和地位，那我们就离开你啊。这本来就是一个很普通的道理，是理所当然的事情，您又有什么可以抱怨的呢？"廉颇说不出话来。

公元前244年，赵孝成王去世，悼襄王即位，派乐乘接替廉颇。廉颇无缘无故被免职，非常生气。他没有交出兵权，而是派兵攻打乐乘。乐乘打不过廉颇，只得逃跑。廉颇不听调遣，私自动用军队，违反了国家法令，怕赵王治罪，便逃到魏国的大梁。第二年，赵国将军李牧率兵攻打燕国，攻下了武遂、方城。

廉颇在大梁住了很久，很想在魏国有所作为，但是魏国仍然不大信任他，没有重用他。这时候，秦国越来越强大，不断出兵攻打赵国。赵国几次被秦兵击败，为了挽回局面，赵王想重新启用廉颇担任赵国将军，因为他有着极为丰富的对秦军作战的经验。廉颇知道以后，十分高兴。他也想再回到赵国，为赵国效力。赵王担心廉颇年龄太大无法胜任，就派使臣去探望廉颇，看他身体怎样。但是没想到廉颇有一个仇人，叫做郭开。郭开得知赵王想重新任命廉颇，就担心他回来后会对自己不利。于是，他用重金贿赂赵王的使者，让他回来后在赵王面前说廉颇的坏话。使臣接受了郭开的财物，答应下来。赵国使臣来到魏国与廉颇相见，廉颇当着他的面，一顿饭吃了一斗米，还吃了十斤肉，且披上铁甲，拿着武器，骑着马耍了几下，表示自己宝刀不老。使者回到赵国以后，却向赵王报告说："廉将军虽然已经老了，但是他的饭量还很不错。唯一美中不足的就是他陪我坐着的时候，一会儿的功夫，就拉了3次屎。"赵王听了使者的话，就以为廉颇已经年老力衰，不堪任用了，就打消了把他召回的想法。廉颇重返赵国的希望落空。

楚国听说骁勇善战、熟悉兵法的廉颇在魏国不受重用，就暗中派人把他接到楚国。廉颇到了楚国以后，虽然做了楚国的将军，但是却并没有立下战功。临死的时候，廉颇说："我想指挥赵国的士兵啊。"

名将李牧

李牧是赵国将军，精通兵法，用兵如神。李牧长年率领军队驻守在赵国的北方边境雁门郡，防备匈奴入侵。他在雁门驻防时，权力很大，可以根据需要来设置各种官员。他把在驻地管辖的各地收到的租税，都用来作军费。李牧对士兵十分关心，每天都要杀几只牛来犒劳他们。此外，李牧还训练士兵们射箭骑马，教他们作战的兵法。

李牧对付匈奴部队的方法十分让人琢磨不透。一方面他派士兵小心看守烽火台，派出很多人去侦察匈奴部队的动向，但另一方面却固守边塞，拒不出战。每次匈奴军队入侵赵国边境，李牧就命令赵国部队全部退进城堡里，固守城池。他还命令说："匈奴军队进攻的时候，谁要是不遵守命令坚守城堡，贸然出战，定斩不饶。"就这样过了几年。虽然匈奴部队屡次侵入赵国，但是赵国军队基本没什么损失。不但匈奴人认为李牧胆小怕事，而且连赵国的士兵百姓们，也都认为李牧是个胆小鬼。本来就对李牧有所猜疑的赵王，看到李牧固守不出，就更是生气，他一怒之下，就下令让李牧回到都城，让其他人接替了他。

新的将领就不像李牧一样那么有耐性，每次匈奴入侵，他都率领赵国军队出兵交战，但是每次交战，都大败而回，而且损失惨重。赵国百姓也不敢在边境耕田放牧，生产陷于停顿。这一下，赵王就坐不住了，万般无奈之下，只能重新请李牧担任镇守边境的将军。

李牧一想，原来自己坚持不主动出战，却遭到大王的责备，这回又让自己去雁门，怎么着都要让他同意自己的策略。于是李牧先是闭门不出，对赵王说自己生病了。但是边境情况实在紧急，而赵王又没有合适的人选，就一再派人催李牧出山。李牧还是推辞说有病。赵王见状，就强行命令他上任。李牧见时机到了，就对赵王说："大王，您要是一定要让我去雁门的话，那么我请求您答应我一件事。"赵王一听他答应了，哪里还在乎他一个请求。李牧说："大王，如果让我带兵的话，我还要像原来一样，拒不出战。到时候大王您不要责备我。"赵王虽然不喜欢他的策略，但是实在没办法，只能答应。

李牧来到雁门以后，还是像原来一样，每次匈奴军队入侵赵国边境，他就命令赵国军队进入城堡。匈奴军队虽然想和赵国军队交战，但拿李牧没有什么办法，几年下来，还是一无所获。除了辱骂李牧胆小以外，匈奴士兵明显放松了警惕。而赵国的士兵们每天吃着牛肉，练习骑马射箭，个个都觉得英雄无用武之地。又过了一阵子，士兵们实在按捺不住心里的想法，强烈要求李牧出兵和匈奴军队决一死战。看到士兵们跃跃欲试的样子，知道军心可用，李牧才决定与匈奴开战。

李牧从部队里面选出了英勇善战的勇士5万，擅长箭术的士兵10万；调集战车1300辆，战马13000匹；还让百姓们赶着牲口在边境上放牧。一眼望去，遍地都是牛羊。匈奴部队看见赵国人在边境放牧，觉得是偷袭的好机会，就派出了小股的部队入侵。李牧这回终于派出军队迎战，但是他却假装打不过，还丢下了几千人。匈奴单于非常高兴，就率领主力部队，攻击赵军。没想到李牧却把部队分成两支，一左一右围攻匈奴，大败匈奴部队，杀了10多万人。李牧率领军队乘胜追击，最后灭了襜褴，又打败了东胡，还收服了林胡。匈奴单于落荒而逃。以后的10多年里，匈奴部队再也不敢侵入赵国的边境。

公元前244年，李牧派兵攻打燕国，攻占了武遂、方城。公元前235年，李牧又攻打秦国，大败秦国军队。赵王非常高兴，封李牧为武安君。

公元前229年，秦国派王翦攻打赵国，赵王派李牧迎击。秦国军队占不到便宜，就再次行使离间计。秦国买通了赵王的宠臣郭开，让他造谣说李牧要造反。一听说手握重兵的李牧要造反，赵王吓了一跳，连忙命令他回都城，让赵葱和颜聚去接替。但是李牧不肯接受赵王的命令。赵王更加怀疑他，就派人逮捕了他，把他杀了。李牧一死，秦国马上派王翦猛攻赵国。秦军大败赵军，杀了赵葱，活捉了颜聚和赵王，最后灭了赵国。

田单列传·第二十二

田单复国

  田单是齐国田氏的远房子孙。齐湣王的时候，田单担任临淄的小官，根本就不被齐王和百姓们知道。

  燕国派乐毅攻破了齐国，齐湣王仓皇逃往莒城。燕国军队长驱直入，占领了齐国70多座城池。为了躲避战乱，田单带着自己的族人一起逃往安平。出发前，田单让族人把车子突出在外的车轴砍断，再用铁皮包住，族人们感到奇怪。过了不久，燕国军队攻破了安平，齐国百姓们又逃往其他地方。逃亡路上，人多车多，秩序混乱。由于车轴外凸太长，车子因车轴相撞而损坏的很多。不少人因此影响了行程，做了燕军的俘虏。唯独田单和他的族人们，因为事先有所准备而得以逃脱。他们又向东去了即墨城。

  齐国的其他城池都被燕军占领，只剩下莒城和即墨城还在齐军手里。燕军听说齐湣王在莒城，就全力攻打。齐国大臣淖齿杀了齐湣王，自己率领部队坚守莒城，抵抗燕军。燕国军队见没有办法攻破莒城，就转而去攻打即墨城。燕国军队包围住即墨城，即墨城大夫率领齐国军队应战，死在战场上。这时的即墨，群龙无首，老百姓们人心惶惶，担心过不了几天就会被燕军破城。这时，有人想起了田单。他们就推荐田单为首领，田单没有推辞，毅然出任将军，在危难之际担负起抗击燕军的重任。

  不久，燕昭王去世，燕惠王即位。燕昭王对乐毅非常信任，而燕惠王却和乐毅有矛盾。精明的田单知道以后，就想到一个好主意。他派人去燕国造谣，说："现在齐湣王已死，乐毅之所以不马上攻破即墨城和莒城，有两个原因。第一就是乐毅和燕惠王有矛盾，怕攻破了这两座城池回到燕国后，会被燕惠王杀害。第二就是乐毅假借攻打齐国的名义，实际上却想在齐国称王。因为齐国百姓还没有归顺他，所以他暂且延缓进攻即墨城，等待齐国人投靠。齐国人所担心的，就是燕惠王派其他的将军来攻打即墨。到时候，即墨城就危险了。"燕王这下可逮住了机会，派骑劫去接替乐毅。乐毅因与燕惠王又隔阂，怕回到燕国会被杀头，就投靠了赵国。

骑劫率领燕军攻打即墨，田单苦思破敌良策。为鼓舞士气，稳定民心，他想出一计。他命令即墨城中的百姓们，每次吃饭前都要先祭祀祖先。天上的飞鸟儿为了吃百姓们祭祀用的食物，大量飞临即墨城。燕国军每天都看到很多飞鸟，在即墨城上空盘旋，感到非常奇怪。田单乘机对外宣扬说："天上的神仙要下来帮助即墨了。"又对城中百姓说："神仙要帮我们克敌制胜，肯定会下来当我们的老师。"一个士兵走上前，对田单说："我可以做您说的老师吗？"说完，他转身就走。田单马上站了起来，拉住那个士兵，拜他为师。那个士兵被吓坏了，对田单说："大人，我其实骗了您。我根本就什么都不会，更不能当您的老师了。"田单阻止他说："你什么都不用说，只要按照我说的去做就行。"田单拜师后，对百姓们说这就是神仙派给齐国的老师。每次操练军队的时候，田单都要带上这个所谓的神师。

田单又派人对外宣称："我们最怕的就是燕国抓到齐国士兵，割了他们的鼻子，逼着他们在军队前面，和我们交战。"骑劫听说后，非常高兴，马上下令把抓到的齐国俘虏的鼻子割了，又让士兵们用武器顶着他们走在燕军前面，和齐国交战。即墨城中的士兵和百姓们，一看齐国的俘虏遭受了这样的待遇，怒火万丈，痛恨燕军的残忍，更加坚定了守城决心。看到这个计策激励了大家，田单暗自感到欣慰。但又觉得大家的怒火还没有到最盛，还不是反攻的时机。于是他再一次派人施反间计说："齐国人最怕的，就是燕国军队把城外的齐国人的祖坟挖了，鞭打他们先人的尸骨。"骑劫又上了他的当。即墨百姓们在城上看见燕国军队这样残暴，羞愤交加，痛哭流涕，纷纷要求出战，愿意与之以死相拼。

田单知道反攻的最好时机到了，就发动全城的民众去巡逻城池，让士兵们隐蔽起来，又派人去燕国军营，假装要投降。田单还派城中富豪暗中用重金收买燕军军官，假意请求他们攻破了即墨城以后，不要伤害自己的家人。燕军被蒙在鼓里，一天比一天骄傲。

一切准备就绪，田单又找来1000多头牛，给它们披上大红绸绢制成的被服，被服上面画着五颜六色的蛟龙图案，角上绑好锋利的刀子，牛尾绑上浸油的芦苇。田单命人把城墙凿开几十个豁口，把武装好的牛集中在豁口边。时至天黑，齐军点燃牛尾巴上的芦苇，把牛从豁口赶出，并派5000精锐士兵跟在火牛的后面。被赶出豁口的牛群，尾巴着火，被烧得发了疯，死命往前冲进燕军大营。牛尾上的火把夜晚照得像白天一样，身绘龙纹的火牛犹如怪物，当看到这一切，梦中惊醒的燕军无不惊慌失措，被牛触死踩死的不计其数。齐国百姓在城头擂鼓呐喊，天崩地裂一般，5000齐国勇士更是趁火打劫，杀向燕军。几十万燕国军大军即时崩溃，大败而逃，将军骑劫死于乱军之中。燕军纷乱，溃散逃命，齐军紧紧追击溃逃的敌军，所经过的城镇都背叛燕军，归顺田单。田单的兵力也日益增多，乘着战胜的军威，一路追击。燕军仓皇而逃，战斗力一天天减弱，一直退到了黄河边上，原来属于齐国的70多座城池都被收复。于是田单到莒城迎接齐襄王，襄王也就回到都城临淄来处理政务。

田单因为立下大功，被齐襄王封为安平君。

太史公说：用兵作战要一面和敌人正面交锋，一面用奇兵突袭制胜。善于用兵的人，总是能够奇兵叠出，而变化无穷。正面的交锋和背侧的奇袭都要发生作用，这两种战术的相互转化，就如同圆环没有起止一般，使人捉摸不定。用兵之初要像处女那样沉静、柔弱，诱使敌人敞开门户，毫不戒备；然后在时机到来之时，就像逃脱的兔子一般快速、敏捷，使敌人来不及防御。田单用兵，正是如此吧！

当初，在淖齿杀死齐湣王的时候，莒城人访求齐湣王的儿子法章，在太史敫的家里找到了他，当时他正在替人家种地浇田。太史敫的女儿喜欢他并对他很好，后来法章就把自己的情况告诉了她，她就和法章私通了，此后太史的女儿就被立为王后。

　　燕军在开始攻入齐国的时候，听说画邑人王蠋有才有德，就命令军队说："在画邑周围三十里之内不许进入。"这是因为王蠋是画邑人的缘故，所以燕军才不去骚扰。不久，燕国又派人对王蠋说："齐国有许多人都称颂您的高尚品德，我们要任用您为将军，还封赏给您一万户的食邑。"王蠋坚决推辞，不肯接受。燕国人说："您若不肯接受的话，我们就要带领大军，屠平画邑！"王蠋说："尽忠的臣子不能侍奉两个君主，贞烈的女子不能再嫁第二个丈夫。齐王不听从我的劝谏，所以我才隐居在乡间种田。齐国已经破亡，我不能使它复存，现在你们又用武力劫持我当你们的将领，我若是答应了，就是帮助坏人干坏事。与其活着干这不义之事，还不如受烹刑死了更好！"然后他就把自己的脖子吊在树枝上，奋力挣扎，扭断脖子死去。齐国那些四散奔逃的官员们听到这件事，说："王蠋只是一个平民百姓，尚且能坚守节操，不向燕人屈服称臣，更何况我们这些享受国家俸禄的在职官员呢！"于是他们就聚集在一起，赶赴莒城，寻求齐湣王的儿子法章，拥立他为齐襄王。

名　家

　　名家也称辩者、察士或刑名家。名家代表人物为惠施与公孙龙。名家又分为两大分派，一派是以惠施为首的合同异派，该派认为事物不论性质上的同异，都可在大同的基础上，不计小异而混合于一。另一派是以公孙龙为代表的离坚白派，该派认为事物的概念可以脱离事物本身而独立，有着名的"白马非马"辩。名家的学术活动，极大地促进了中国逻辑学的发展。

鲁仲连邹阳列传·第二十三

鲁仲连一言退万兵

鲁仲连是齐国人，长于谋略和辩论，却不肯做官。

秦国大将军白起率领部队在长平大败赵军，第二年，秦军又向东挺进，包围赵都邯郸。邯郸危在旦夕，但没有一个国家敢来援助。魏王派新垣衍对平原君说："秦军之所以围攻赵国，是因为想要称帝。赵国如果能尊秦昭王为帝，秦昭王一定很高兴，就会撤兵离去。"平原君犹豫不决。

正在赵国游历的鲁仲连听说了这件事情，就去见平原君，问他说："大人您打算怎么办呢？"平原君叹了口气，无精打采地说："我哪里有什么办法啊！秦军前不久在长平大败我军，还杀了我们40多万将士。现在他们又围攻邯郸。魏国派新垣衍来赵国，劝说赵王尊秦王为帝。我不知道该怎么办才好。"鲁仲连叹了口气，说："以前我认为您是天下贤明的公子，今天才知道我想错了。您告诉我新垣衍在哪儿？我替您去责问他，让他回魏国去。"平原君连忙点头说："那就拜托先生您了！我马上去告诉他。"平原君找到新垣衍，对他说："我想向您介绍一位客人，他叫鲁仲连，现在在赵国。"新垣衍拒绝说："我听说鲁仲连先生道德高尚，很早就想见他。但我现在有要事在身，实在没时间。"平原君为难地说："我已经告诉他您在我这了，您要是不见的话，我不好交代。"新垣衍无奈，只能答应。

鲁仲连见到新垣衍后，一句话也不说。新垣衍感到很奇怪，想：他不是来游说我的吗？为什么现在一句话都不说呢？就先开口对鲁仲连说："先生，现在邯郸危急，人们都逃到其他地方，先生您怎么还在这呢？"鲁仲连说："秦国是个只崇尚战功的国家，用权诈之术对待士卒，像对待奴隶一样役使百姓。怎么能够让秦王称帝统治天下呢？我就算是跳进东海，也不愿意做秦国的顺民。我今天来见将军您，是为了帮助赵国。"

新垣衍好奇地问："您要怎么样来帮助赵国呢？"鲁仲连说："我要请魏国和燕国帮助它，而且齐国和楚国也正在帮助赵国。"新垣衍觉得鲁仲连说的很荒谬，就质疑说："先生您说的燕国，我相信会听从您的。但是我就是魏国人，您怎么能说服魏国来帮助赵国呢？"鲁仲连笑了笑，说："现在魏国之所以想让赵王尊秦王为帝，那是因为魏国没发现秦国称帝带来的祸患。如果让魏国看清了秦国称帝的危害，魏国就一定会帮助赵国。"

新垣衍问："那么依先生您的看法，秦国称帝，会有什么危害呢？"鲁仲连没有直接回答，却说出以下的话来："先前，周朝贫困弱小，诸侯们没有人去朝拜，只有齐威王奉行仁义，率领天下诸侯朝拜周天子。一年多以后，周烈王去世，齐王奔丧去得迟了，新继位的周显王很生气，责备齐威王说：'天子逝世，就好像天崩地裂一样，连我都要守丧，但你的使者居然敢迟到，当斩。'齐威王勃然大怒，破口大骂：'呸！您母亲原先还是个婢女呢！'周显王最终被天下人耻笑。齐威王之所以生气，实在是忍受不了周显王的苛求。本来就那样，这么做不奇怪吧。"

新垣衍反驳说："先生您难道没有见过奴仆吗？10个奴仆侍奉一个主人，不是因为力气和智力赶不上他，而是害怕他啊。"鲁仲连反问道："那么魏王难道是秦王的奴仆吗？"新垣衍说："是。"鲁仲连说："我能够让秦王烹了魏王，把魏王剁成肉酱。"新垣衍很不高兴，脸色一沉，说："先生您实在太过分了！您又怎么能够让秦王烹了魏王，把魏王剁成肉酱呢？"鲁仲连说："当然能。从前，九侯、鄂侯、文王是纣王的3个诸侯。九侯把自己漂亮的女儿献给纣王，可是纣王却认为她很丑，就把九侯剁成了肉酱。鄂侯刚正不阿，指出纣王的错误，纣王又把鄂侯杀死做成肉干。文王听说了这件事，只是叹了一口气，就被纣王关在牢里。为什么他们3个人最终落到被剁成肉酱、做成肉干、囚禁起来的地步呢？齐湣王前往鲁国，夷维子替他赶车。夷维子问鲁国官员：'你们是按照什么礼仪接待我们的国君？我们国君是天子啊。天子到各国巡察，诸侯应该迁出正宫，移居别处，交出钥匙，撩起衣襟，安排桌椅，站在堂下伺候天子吃饭。天子吃完后，诸侯才可以退回朝堂听政理事。'鲁国官员非常生气，干脆不让齐湣王入境。齐湣王只得借道邹国前往薛地，这时，邹国国君去世，齐王想去吊丧，夷维子对邹国新即位的国君说：'天子吊丧，丧主一定要把灵柩转换方向，使灵位朝北，然后天子好面朝南吊丧。'邹国的大臣们说：'我们宁愿自杀，也不会这样。'所以齐王也不敢进入邹国。现在秦国和魏国都是万乘大国，也都各自称王，但是魏国只看到秦国打了一场胜仗，就要尊它为帝，赵、魏两国的大臣连小小邹国、鲁国的臣民都比不上啊！秦王称帝以后，要是还贪心不足，就会更换诸侯的大臣，还要把秦国的女子嫁给诸侯，让她们住在魏国的宫廷里，到时候，魏王又还会感到安全吗？而将军您还能像原来一样得到魏王的宠信吗？"

听完这些话，新垣衍恭恭敬敬地向鲁仲连拜了两拜，说："原来我以为您是个普通人，现在我才知道自己错了。我马上回魏国，不再要赵王尊秦王为帝了。"秦军听到这个消息，后撤了五十里。不久，魏国信陵君夺了晋鄙的军权，率军赶来援救，秦军撤离邯郸。

平原君要封赏鲁仲连，鲁仲连再三推辞。平原君又设宴招待他，喝到痛快时，平原君站了起来，拿出一千镒黄金，要给鲁仲连。鲁仲连笑着说："杰出的人之所以被人们尊敬，是因为他们替人消灾解难，而不取报酬。如果收了，那就成了生意人了。我鲁仲连决不会那样做。"告别平原君，终生不再和他相见。

书取聊城

燕国攻打齐国的时候，燕国一个将军率兵攻占了聊城。有些聊城人在燕王面前说他的坏话，说他想独自占据聊城。燕国将军知道以后，害怕燕王杀害自己，就一直留在聊城，不敢回去。齐国的田单率领齐国军队攻打聊城，打了一年多了，死伤惨重，没能攻下来。鲁仲连就给燕国将军写了一封信，系在箭上射进城去。信上说："我听说，明智的人不会放弃好的机会，勇敢的人不会躲避死亡，忠诚的臣子不会先考虑自己，再考虑国君。但是现在您却因为一时的愤怒，就选择留在聊城，不回燕国，一点儿也不顾及您的国君在朝廷的威信，这是不忠；您要是战败身亡，丢了聊城，这是不勇；功业失败，名声破灭，后世没有人会称赞您，这是不智。您有了这3条，天下所有的君主都不会把您当自己的臣子，天下所有的游说之士都不会传颂您的功绩。聪明的人不能犹豫不决，勇敢的人不会害怕死亡。现在是关系到您的生死荣辱、贵贱尊卑的关键时

将相分权制

战国时期，各诸侯国鉴于春秋时期卿大夫出将入相，大权在握，导致君权旁落的教训，也为了适应军队扩大、战争发展、指挥复杂的客观现实，普遍实行将、相分权的制度。齐、赵、魏、韩等国把统领军队的军官称为将、将军、上将军、大将军等。秦惠王从秦国将相合一的大良造中分离出来的相邦，后又被秦武王进一步分为左右二相。大良造在相权分出后，成为秦国武官之长。后撤销大良造，国尉升为武官之长。楚国武官之长称柱国、上柱国。战国时期将以下的武官设置也比较完备了，赵国设左司马、都尉，齐国设司马。秦、齐、赵、楚设郎中，郎中是国君的侍卫。各诸侯国都普遍设都尉，负责卫戍之职。秦国除了设立都尉外，又有中尉一职，负责警卫国都。秦王嬴政时设立卫尉，负责警卫宫廷。

刻，您要是再不果断地做出决定，机会就会失去。希望您好好考虑，不要和那些俗人一样。

"先前，楚国进攻齐国的南阳，魏国进攻齐国的平陆。齐国不向南反击，是认为即使是丢了南阳，损失也不大，根本比不上夺得济北的获得的利益。现在秦国已经派出军队，魏国就不敢向东进军。齐国与秦国连横，楚国处境危险，不能再打齐国了。齐国放弃南阳，下定决心要夺回聊城，是经过考虑定下的策略，您千万不要再观望了。现在，攻打齐国的楚国和魏国的军队都撤走了，而燕国又不向你派出救兵。齐国集中全国的兵力，全力来攻打聊城，您如果还一定要坚守下去，我看您是无能为力的。再说，燕国国内发生动乱，上至燕王，下至大臣，都束手无策，一片茫然；燕国将军栗腹带领10万大军在国外连打5仗，都输了，堂堂一个拥有万辆战车的大国却被赵国所包围，落了个土地被夺、国君被困的结果，最后招致天下人的耻笑。可以说，现在的燕国，是国家衰败，祸患丛生，民心浮动。现在，您还率领着聊城疲惫的军民抵抗齐国全部军队的进攻，确实像墨翟一样善于据守；您的军队缺乏粮食，吃人肉充饥，用人骨头当柴烧，却没有哪个士兵背叛您，确实像孙膑一样擅长带兵。从这两点，天下人已经知道了您带兵的才能。

"但是，我为您考虑，觉得您不如保全兵力来报答燕国。只要您率领燕国军队完好无损地回到燕国，燕王一定非常高兴。百姓们也一定会赞扬您的功绩，这样您就能名扬后世。那样的话，您既能辅佐燕王，统率大臣，又资助士人和百姓，安定燕国，可以说是名利两全。您要是实在不想回到燕国，那么您还可以投靠齐国，齐王肯定会给您封地，让您的子孙后代永远富贵。这两个方案，希望您仔细考虑，加以选择。

"我听说，追求小节的人不能得到荣耀，以小耻为耻的人不能建立功业。从前管仲想射死齐桓公，但是却射中了他的衣带钩，这是犯上；他没有追随公子纠去死，这是怯懦；还身带刑具，被囚禁起来，这是耻辱。但凡有这3种情况的人，国君都不会用他作臣子，百姓也不会和他来往。如果管仲因此死了，那么到最后他也难免得到一个耻辱的名声，恐怕连奴仆都会羞于和他同名，更何况是老百姓呢！但是管仲不以被囚禁为耻辱，却以天下不能太平为耻辱；不以没有追随公子纠去死为耻辱，却以不能在诸侯中扬名为耻辱。所以最后他辅佐齐桓公成为五霸之首，自己也得以名扬后世。从前曹沫担任鲁国将军，打了几仗都输了，丢了500里的土地。如果曹沫因为羞耻而刎颈自杀，那么，到最后他也难免落个无能败将的丑名。但是曹沫却忘记耻辱，趁齐桓公大会天下诸侯的时候，凭着一把短剑，胁持齐桓公，让他归还鲁国被占的土地，自己却脸色不变，谈吐从容。这一下，就让天下人震惊，诸侯害怕，还让鲁国威名远扬。这两个人，忍受了一时的愤怒，树立了一世的威名，他们的功绩，和天地共存。希望您仔细考虑，尽快作出决定。"

燕国将军看了鲁仲连的信以后，哭了好几天，心里还是犹豫，不知道该怎么办才好。要是回燕国吧，和燕王有了嫌隙，可能会被杀；投降齐国吧，自己杀的齐人太多，齐国百姓也不会饶了自己。最后，百般无奈之下，他长长地叹了一口气，说："与其让别人来杀我，还不如自杀。"就拔出宝剑，自杀了。田单这才占领了聊城。

回到都城后，田单把鲁仲连写信给燕国将军、燕国将军因此自杀的事情告诉了齐王。齐王想要封赏鲁仲连。鲁仲连知道以后，就躲到海边，隐居起来，还说："与其屈身于人，获得富贵，还不如自由自在地生活，即便是穷困潦倒。"

太史公说：鲁仲连的议论主要旨意即使不合大义，可是我赞许他能以平民百姓的身份，纵横快意地放浪形骸，不屈服于诸侯，评论当世，却使大权在握的公卿宰相们折服。

屈原贾生列传·第二十四

屈原和《离骚》

屈原名平，担任过楚国左徒和三闾大夫的官职。他学识渊博，记忆力强，明白国家治乱兴衰的道理，擅长辞令。屈原不但经常和楚王一起讨论国家大事，制定各种政策法令，而且负责接待各国来的使者，处理楚国的外交事务。楚怀王对他非常信任。

楚国有一个大夫，姓上官。他虽然和屈原职位相同，但非常嫉妒屈原的才能。有一次，楚怀王命令屈原制定法令，屈原刚写完草稿，还没修改，上官大夫就想夺为己有，屈原不肯给他。上官大夫就在楚怀王面前说起屈原的坏话："大王，您让屈原制定法令，朝廷内外没有人不知道。但是每公布一条法令，屈原就自吹自擂，说是自己的功劳。"楚怀王听了以后，非常生气，就慢慢地和屈原疏远起来。

屈原见楚怀王不能分辨是非，不能辨明真伪，重用只知道溜须拍马的小人，不相信廉洁正直的人，感到万分痛心，最后忧愁苦闷，写下了《离骚》。

离骚，就是遭遇忧患的意思。上天是人的始祖；父母是人的根本。人在窘迫的时候，就会追念根本。所以在穷困疲惫的时候，没有不呼叫上天的；在疼痛难忍的时候，没有不呼叫父母的。屈原廉洁正直，一片忠心，为了楚国而竭尽才智，却被小人陷害，他的处境可以说是极端窘迫了。他忠心为国却被国君怀疑，又怎么会没有悲愤之情呢？屈原写《离骚》，就是为了抒发这种感情。《诗经·国风》虽然有许多描写男女恋情的作品，但却并不淫乱；《诗经·小雅》虽然表达了百姓对朝政的怨恨之情，但却不主张反叛。而屈原的《离骚》，可以说是兼有以上两者的优点。《离骚》往上追述帝喾的事迹，赞扬齐桓公的伟业，中间还叙述商汤、周武的德政，来批评时政。

《离骚》的语言非常简单凝练，内容托意深微，情志高洁，品行廉正。虽然描写的是细小的事物，但是却非常精深博大；虽然举的例子随处可见，含义却非常深远。情志高洁，所以经常用香草来作比喻。品行廉正，所以至死也不放松对自己的要求。身处污泥浊水之中而能洗涤干净，就像蝉从浊污中解脱出来，在尘埃之外浮游一样，不被世俗混浊玷污，出污泥而不染。可以说，屈原高尚的情志，可以和日月争辉。

屈原被贬以后，秦

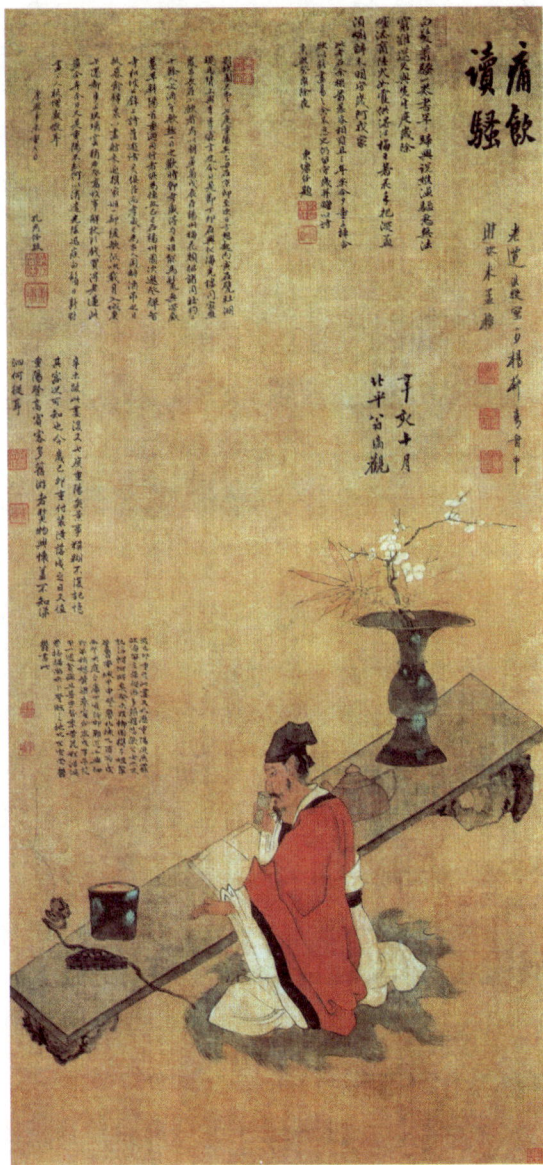

饮酒读《离骚》图　明　陈洪绶
《离骚》历来为忧愤之士所爱，图为一位士人坐于兽皮褥上正饮酒读《离骚》，一副激愤而又无可奈何之状，大有击碎唾壶一展悲吟之意。

国想攻打齐国，可是齐国和楚国合纵。秦惠王就派张仪带着丰厚的礼品来到楚国，对楚怀王说："秦国非常痛恨齐国，想攻打齐国，如果楚国和齐国断交，那么秦国愿意献出商於一带六百里土地给大王您。"楚怀王贪图小利，相信了张仪，就和齐国断绝了关系，然后派使者和张仪一起去秦国接收土地。没想到到了秦国，张仪却对使者说："我和楚王约好的是六里地，而不是六百里。"楚国使者马上赶回楚国，告诉楚怀王。楚怀王气得七窍生烟，马上派部队攻打秦国。秦国派兵迎击，在丹水、淅水一带大破楚军，杀了楚军八万人，还俘虏了楚国将军屈丐，又攻占了楚国汉中一带。楚怀王又发动全国的军队，攻打秦国，在蓝田和秦国军队交战。没想到螳螂捕蝉，黄雀在后。魏国趁着楚国国内空虚，偷袭楚国。楚国军队不得不从秦国撤军回国。齐国因为痛恨楚怀王背弃盟约，不肯派兵援救楚国，楚国顿时处境非常艰难。

第二年，秦国想用武关外一带的土地交换楚国黔中一带。但楚怀王怨恨张仪欺骗自己，就说："我不要土地，只要得到张仪就甘心了。"张仪知道以后，就对秦王说："我一个人，就能换来黔中一带的土地，实在是秦国的福气。我愿意去楚国。"张仪去了楚国。

到了楚国之后，张仪就给大臣靳尚送上厚礼，让他说服楚怀王的宠姬郑袖，让她在楚怀王面前为自己求情。枕边风还真是厉害，怀王马上听信了郑袖的话，放了张仪。刚从齐国回来的屈原向怀王进谏说："上次张仪那样欺骗大王您，您为什么不杀了张仪呢？"楚怀王听了屈原的话，想起自己上当了，非常后悔，连忙派人快马加鞭地去追杀张仪，但已经晚了。

后来秦昭王想和楚怀王见面，楚怀王想要去，屈原又劝他说："大王，现在的秦国就像虎狼一样，不值得信任。大王您最好还是不要去。"可是楚怀王的小儿子子兰却劝怀王说："您为什么要拒绝秦王的好意呢？还是去好。"怀王最终还是去了。

果然和屈原预料的一样，楚怀王一到武关，就被秦国扣留。秦国要挟楚怀王割让土地，楚怀王坚持不肯答应，最后死在秦国。

屈原投江

楚怀王死在秦国以后，他的长子继承王位，也就是顷襄王。顷襄王任用他的弟弟子兰做令尹。楚国百姓们都非常怨恨子兰，因为当时秦王邀请楚怀王去秦国的时候，就是子兰劝楚怀王去的秦国。

屈原虽然被楚王流放在外，但是他却仍然一心眷恋着楚国，怀念着怀王，从来就没有放弃回到朝廷、重新服侍怀王的希望。他一心希望楚王能够觉悟过来，改正以前的错误。他还一心想着应该怎样做才能让楚国重新强大起来。

在他的作品里面，他多次表达了自己的这些思想。一个国君，不管他是笨还是聪明、贤明还是不贤明，都希望有忠臣来帮自己。但是历史上却总是发生国破家亡的事，几代也见不到一个能够治理国家的明

屈原卜居图卷　清　黄应谌　绢本

本画描绘屈原被放逐后，心怀国事而不能为，因而心思迷乱，遂拜访太卜郑詹尹，询问自处之道的情景。图中山势高峻，树木蓊郁，溪水潺潺，近处殿堂折落，堂内桌案之上日晷、龟策等卜器整齐排放，一白发苍苍的老者拱手迎接来客。屈原头戴纶巾，身披广袖长袍，腰系丝绦，长可及地，两人隔门相揖。旁边童子执杖侍立，树下吴官牵马等候。

君，这是因为那些国君们所说的忠臣其实并不忠心，他们所说的贤人也并不贤能。楚怀王在宫殿里面被郑袖迷惑，在朝廷上又被张仪欺骗，最后疏远了屈原，反而去信任上官大夫和令尹子兰，最后落了个兵败割地、客死他乡的结果，被天下人耻笑，这就是不了解人所带来的祸害。《易经》说："井里的水已经淘干净了，却还没有人喝，我心里感到难过。因为井水本来是给人饮用的。国君英明，天下就都能得福。"国王不英明，又怎么会有幸福呢？

楚国令尹子兰听说流放在外的屈原对他心怀怨恨，非常生气，就让上官大夫在顷襄王面前说屈原的坏话。顷襄王本来就不喜欢屈原在自己旁边啰啰唆唆，就听信了上官大夫说的坏话，又把屈原放逐到了更远的地方。

无比抑郁的屈原披头散发，来到了江边。江边有一个渔父在悠闲地钓鱼。渔父看见一个人远远地走了过来，心里就想：这不是三闾大夫屈大人吗？等到走近了，渔父就问他："您不是三闾大夫吗？怎么不在都城啊，为什么来到了这个地方？"屈原说："世上都混浊，只有我一个人清白。其他的人都醉了，唯独我一个人还清醒，所以我被放逐了。"渔父说："我听说只要是圣人，就都不被外界的事物所拘束，而且能够顺应时世的转移变化来自我调节。现在既然世上都混浊了，那大人您为什么不随波逐流呢？既然其他人都醉了，您又为什么不去吃他们吃过的酒糟，喝他们喝过的薄酒呢？却还要保持美玉一样的节操，自取被逐？"屈原说："我听说，刚洗过头的人，必须弹去帽子上的灰尘，刚洗完澡的人，必须抖掉衣服上的尘土。又有哪个人愿意让自己洁白的身体，受到外界事物的污染呢？我宁肯投进长流的大江，葬身在鱼腹之中，也不愿意让我高洁的品德，蒙受世俗的尘滓的污垢！"

愤怒和忧郁充斥于胸，屈原写下了著名的《怀沙》一赋。此文里面说：

"阳光灿烂的初夏呀，草木茂盛。悲伤总是充满胸膛啊，我匆匆来到南方。眼前一片茫茫啊，没有一点儿声响。我是这么的忧郁啊，这样的日子实在太长了。我自我反省，但是却总感觉自己没有过错，却总是蒙受冤屈。

"事情竟然黑白混淆，上下颠倒。凤凰被关在笼子里啊，野鸡也在外面飞翔。美玉劣石掺杂在一起啊，人们竟然认为差不多。小人嫉妒我啊，不了解我的情操。

"任重道远啊，不能向前。身怀美玉品德啊，又可以向谁倾诉？外拙内秀啊，大家不知道我的异彩。濮玉被丢弃啊，没人知道我的才智品德。我秉持仁义啊，注重恭候。虞舜不可再求啊，谁能知道我的志向？古代的圣贤也不在啊，又有谁能了解？商汤夏禹多么久远啊，实在难以追述。强忍不平啊，更加坚强。经历磨难而不改变初衷啊，只盼我的志向成为后人的榜样。我顺路向北啊，迎着昏暗的阳光。强颜欢笑啊，迎接前方的死亡。"

屈原写了《怀沙》之后，就抱住一块石头，跳进了汨罗江，希望能够用自己的一死，来唤醒楚国国君和百姓。

屈原死了以后，楚国有宋玉、唐勒、景差一些人，都爱好文学创作，也都以善于作赋而闻名。他们和屈原的风格一样，委婉含蓄，但美中不足的是他们却没有屈原的铮铮铁骨，不敢直言规劝楚王。从此以后，楚国的领土一天天被削减，仅仅过了几十年，就被秦国灭亡。

屈原投江100多年以后，汉代有个叫贾谊的人，做了长沙王的太傅。他在路过湘水的时候，写文章投进江水里，凭吊屈原。

不得志的贾谊

贾谊是洛阳人，18岁就能吟诗作赋写文章。吴郡的廷尉是河南的太守，听说贾谊才华出众，就召他到自己门下，而且非常喜欢他。汉文帝即位以后，听说河南太守治理地方是天下第一，而且曾经和李斯在同一个地方一起学习过，就任命他为廷尉。吴廷尉又向文帝推荐贾谊，说他年纪虽轻，但是非常精通诸子百家。于是文帝召贾谊为博士。当时贾谊才20来岁，是所有博士中最年轻的。每次要商讨事情，其他人都没有办法应对，只有贾谊能够从容应付。文帝更加欣赏他，才过了一年就提拔他为太中大夫。

贾谊不仅才华出众，还非常关心当时的政治局势。他认为从汉朝建立到文帝即位的几十年，天下太平，应该改正历法并且振兴礼乐。文帝听了他的建议以后，就想任命他担任公卿的职位，但是绛侯、灌侯、东阳侯以及冯敬他们的属下都在文帝面前说贾谊的坏话，说："贾谊只不过是一个洛阳人，年纪轻轻的，稍微学到点东西，就想着执掌朝廷的大权，扰乱皇上您的决定。"文帝听了他们的谗言以后，就逐渐疏远了贾谊，也就不听取他的建议，还让他去担任长沙王的太傅。

贾谊于是告别了汉文帝，前去长沙。在经过湘水的时候，贾谊有感而发，写下了一篇辞赋，凭吊楚国的屈原。辞赋里面这样说：

"我奉天子的命令，带罪来到长沙。听说屈原自投汨罗，坠江而死。现在在这湘水旁边，特意来凭吊先生。是那纷乱的社会，让您自杀身亡。唉，这是多么悲伤的事情啊！您在那个不幸的时代，鸾凤潜伏隐藏，鸱枭却自在翱翔。没有才华的小人横行当道，溜须拍马的人得志猖狂；圣贤的人不能随心所欲，方正的人却居人之下。世上的人竟然说伯夷很贪婪，盗跖很廉洁；还说莫邪宝剑太钝了，而铅做的刀反而锋利。唉呀！先生您真是太不幸了，无缘无故遭到这样的灾祸！丢弃了周代无价鼎，却反而把破烂的瓠当奇货。驾着老牛和跛驴，却让骏马拉盐车。还把帽子当鞋垫，这样的日子又怎么能够长远？哎呀，先生您真是不幸，只有您遭受这样的灾祸！

"还是算了吧！既然大家都不了解我，我又能够去向谁诉说自己的不快呢？凤凰远去，本应引退。效法神龙，隐在深渊，躲藏祸害。韬光晦迹，不与水蛭为邻。如果说是良马，又怎么和牛羊区分！您遭到这样的灾祸，其实您自己也有责任。您尽可以浪迹天涯，又何必留恋故乡？凤凰在天空飞翔，看到有德行的国君才下来栖息。但是一旦发现有危险，就会振翅飞走。小水坑又怎么能容下大鱼？但是大鱼，最后却还要受制于蝼蚁。"

担任长沙王太傅第三年，有一天，一只鸟飞进他的房间，停在他的座位旁边。贾谊原本就因为被贬到长沙来，心里很忧郁，而且长沙气候潮湿，地势低洼，总以为自己寿命不长，看见这只鸟，就更加伤痛，于是又写下了《鵩鸟赋》，自我安慰。

一年多之后，贾谊奉命回到京城，拜见汉文帝。汉文帝有感于鬼神之事，就问贾谊鬼神的本质是什么。贾谊就详细地讲述了鬼神之事的种种情形。文帝听得全神贯注，不知不觉地在座席上往贾谊身边移动。听完以后，文帝对别人慨叹说："我很久没见贾谊了，自以为自己的才华已经超过了他，现在看来，我还是比不上他啊。"

文帝任命贾谊为梁怀王太傅。梁怀王是汉文帝的小儿子，喜欢读书，非常得汉文帝的宠爱，所以汉文帝才让贾谊当他的老师。几年后，梁怀王骑马的时候不小心掉下来摔死了，没有留下后代。贾谊认为自己没有尽到责任，非常伤心，哭了一年多，也死了，年仅33岁。

吕不韦列传·第二十五

奇货可居

吕不韦是阳翟的大商人，他低价买进货物，然后高价卖出，赚取差价，积累了几千两黄金。

秦昭王四十二年（公元前265年），秦昭王立安国君为太子。安国君把他最宠爱的姬妾华阳夫人立为正夫人，华阳夫人没有儿子。安国君有20多个儿子，其中一个叫做子楚。子楚的母亲叫做夏姬，不得安国君的宠爱。子楚作为秦国的人质，被质留在赵国。秦国几次攻打赵国，所以赵国对子楚不是很和善。

子楚在赵国，因为秦国和赵国的关系，十分郁闷了。他出入连马车都没有，手中拮据。吕不韦听说了子楚的事情，就说："真是奇货可居啊！"吕不韦一路打听，找到了子楚的住处。吕不韦一见子楚，就对他说："我能够让你变得富贵。"子楚见他不过是一个商人，不由得哈哈大笑，说："你只是一个小商人而已，你还是先自己得到富贵，然后再来帮我吧！"吕不韦根本不在意他的嘲笑，反而严肃地说："只有你富贵了，我才能够富贵啊！"子楚心里一惊，明白了他的意思。于是，子楚一改刚才狂妄的态度，恭敬地请吕不韦进了房间。

子楚让吕不韦坐上座，然后拜了一拜，说："请问您来有什么能够帮我的吗？"吕不韦毫不客气地说："现在秦王已经老了，太子安国君非常宠爱华阳夫人，但是华阳夫人却没有儿子，是吗？"子楚回答说："是的。"吕不韦又紧接着说："安国君既然那么宠爱华阳夫人，而华阳夫人又没有儿子，那么肯定华阳夫人能够左右安国君立谁为太子了。安国君有20多个儿子，公子您呢，既不是大儿子，也不得安国君的宠爱，再加上您在赵国充当人质，可以说，您是没什么机会成为嗣君的。"子楚听到这些话，再想想自己在赵国受到的待遇，黯然地点了点头，说："您说的很对啊。但是又有什么办法呢？"吕不韦见状，马上说道："办法还是有的。虽然您现在落魄，客居赵国充当人质，没办法去结交诸侯各国的宾客和秦国的亲人，但是您要是看得起我的话，就请允许我带千两黄金，去秦国为您打通华阳夫人和安国君的关节，让他们立您为嗣君。"子楚此时已经把希望都寄托在他身上，闻此言重重地磕了一个头，说："您要是真的成功了，等我当上秦国国君，我一定和您共享荣华富贵。"

吕不韦给了子楚五百两黄金，让他在赵国结交宾客。之后，他又花了五百两黄金，买了一些珍玩宝物，亲自来到秦国。到了秦国后，吕不韦先拜见了华阳夫人的姐姐。通过华阳夫人的姐姐把所有的财宝以子楚的名义统统献给华阳夫人，并让她转告华阳夫人说："子楚虽然是被扣留在赵国，但是他非常贤能，在赵国广交天下宾客。他把夫人看成自己的天，常常痛哭流涕，思念夫人您和安国君。"接下来，吕不韦又让华阳夫人的姐姐对华阳夫人说："我听说依靠美色来取得宠爱的人，等到老了，也就不会被宠爱了。现在夫人您侍奉太子，虽然得到宠爱，但是却没有生到儿子。如果您不趁早从诸公子当中选一个英明贤能的，然后扶立他为继承人，您又怎样保有自己的富贵呢。在赵国作人质的子楚，排行居中，生母又不受太子宠爱，您要是不帮他，被立为继承人的可能几乎没有。而今他自己主动来依附夫人，您不如在此时选立他为继承人。他一定会对您感恩戴德，这样，您也能永享富贵。"华阳夫人听后，便下了决心。

华阳夫人趁着安国君空闲的时候，哭着对他说："臣妾得到上天的眷顾，让太子您如此得宠爱我，但是我却没能为您生下一个儿子，实在是我的无能。现在太子您的儿子子楚在赵国充当人质，他非常贤能，而且对我非常孝顺。希望太子您能够立他为嗣君，这样我老了也就能够有所依靠了。"安国君答应了她，和她刻下玉符作为约定，又赏赐很多礼物给子楚，还让吕不韦辅佐他。

李代桃僵

吕不韦帮助子楚获得安国君和华阳夫人的欢心以后，又被安国君任命为子楚的师傅，负责辅佐教导子楚。

吕不韦娶了赵国一个富豪的女儿为妾，不久赵女有了身孕。一天，子楚来到吕不韦家里，吕不韦设酒宴款待他。酒酣耳热之际，吕不韦让赵姬出来跳舞。子楚一看见赵姬，两只眼睛就瞪得大大的。一曲终了，子楚对吕不韦说："先生，不知道这位女子是何人啊？"吕不韦知道他的心意，就回答说："哦，公子，这是我前几天刚买回来的一个舞女。"子楚一听是个舞女，连忙说："先生，我有个请求，不知道您是否能够答应啊？"吕不韦道："公子您请说，只要我吕不韦能够办到的，我都尽力而为。"子楚高兴地说："那就多谢先生您了。是这样的，我，我想请先生您把这位女子送给我，作我的姬妾。"吕不韦虽然很心痛，但是还是回答说："公子您先回去，我把她打扮打扮，再把她送给您吧！"子楚虽然迫不及待地想得到赵姬，但是也知道这种事情急不来，就说："这样也好。那就要麻烦先生您了。我先回去了。"离开了吕府。

子楚一走，吕不韦就按捺不住怒火，一把抓起桌子上的酒杯，用力往地上一摔，说："不知道进退的家伙！我拿出万贯家产，好心好意帮你打通关节，让你得到安国君和华阳夫人的欣赏，满以为能够依靠你得到富贵，没想到你现在还没当上国君，就连我最宠爱的姬妾都想要了。真是岂有此理！"吕不韦怒气冲天，但转而一想，自己为了子楚，连毕生的积蓄都搭进去了，要是现在为一个女人得罪了子楚，那么以往所有的努力，不是都白费了吗？到时候，自己不但不能官居高位，享受荣华富贵，反而会两手空空，一无所获了。算了，还是把赵姬高高兴兴地献给子楚吧。

子楚得到赵姬后欣喜若狂，对吕不韦感激涕零。不久后，赵姬顺利地生下了一个儿子，取名叫政（他就是后来的秦始皇）。子楚非常高兴，马上立赵姬为夫人，但赵姬对子楚隐瞒了之前已经怀孕的真相。

公元前257年，秦国派军队围攻邯郸，赵国人痛恨秦国，想杀了子楚。子楚就和吕不韦密谋，收买了赵国守城的官员，逃到秦军大营，最后回到了秦国。赵国又想杀子楚的妻子和儿子，然而赵姬是赵国人，她就设法藏了起来，逃脱一死。公元前251年，秦昭王去世，安国君继位，也就是孝文王，他立华阳夫人为王后，子楚为太子。赵国得信，便派人护送子楚的夫人和儿子嬴政回到秦国。

公元前250年，秦孝文王去世，子楚即位，他就是庄襄王。庄襄王尊奉华阳王后为华阳太后，生母夏姬为夏太后，又任命吕不韦为丞相，封为文信侯。3年后，庄襄王去世，太子嬴政继立为王。嬴政仍以吕不韦为丞相，尊称他为"仲父"。这个时候的吕不韦，可以说是权势赫赫，威震八方。

当时，魏国信陵君、楚国春申君、赵国平原君和齐国孟尝君，被称为"四公子"。他们礼贤下士，结交宾客，名扬四海。吕不韦认为秦国如此强大，而自己也是堂堂丞相、秦王的仲父，不应该被他们比下去，就让门客把平生看到的和听到的东西和事情都记录下来，综合在一起，汇成一书，定名为《吕氏春秋》。全书分八览、六论、十二纪，一共20多万字。他还把书的内容写在布匹上，挂在咸阳的城门上，宣布谁要是能够增加或者修改一个字，就给他一千两黄金的赏金。但是最后也没有一个人能够做到。

饮鸩自杀

吕不韦当上秦国的丞相后，在秦国可以说是一手遮天，再加上嬴政当时年纪还很小，尊他为仲父，他的权势就更大了。

但是嬴政日渐长大，对秦国的局势和宫中的情况也越来越了解。更重要的是，嬴政年龄虽小，却有着统治天下的野心。他知道吕不韦是他掌握秦国实权的最大障碍，一直在考虑如何来铲除他。

庄襄王去世后，太后赵姬非常淫乱。她和吕不韦旧情重燃，经常秘密来往，吕不韦也经常出入太后的宫殿。看着嬴政渐渐长大，吕不韦害怕了，担心自己和太后私通的事会被秦王得知。而且，他意识到像赵姬这样不检点，迟早会出事的，自己可不能不收敛一些。

吕不韦偷偷地找到一个叫做嫪毐的人，让他做自己的门客。吕不韦又想办法让太后知道咸阳有这么一个人，来引诱她。

太后听说之后，果然动了占据嫪毐的念头。吕不韦心里暗自高兴，就进献嫪毐，还假装让人告发嫪毐，说他犯了罪，应该处以宫刑。吕不韦又暗中对太后说："您可以让嫪毐假装受了宫刑，然后再让他进宫服侍您。"太后一听这个主意，非常高兴，就偷偷地送给主持宫刑的官吏许多东西，让他假装处罚嫪毐，又拔掉嫪毐的胡须，让他扮成宦官，进宫服侍。太后得到嫪毐后，非常宠爱他，暗中和他通奸。后来太后怀了嫪毐的孩子，害怕被别人知道，就假装说住在咸阳不吉利，需要换一个环境，于是搬到雍城的宫殿里居住。嫪毐总是陪同在太后左右，宫中的事情都由他决定，而且嫪毐的门客和奴仆有好几千人。

秦王政七年（公元前240年），庄襄王的生母夏太后去世。因为孝文王后，也就是华阳太后，和孝文王一起合葬在寿陵。夏太后的儿子庄襄王葬在芷阳，所以夏太后就决定单独埋葬在杜原之东，说是"向东可以看到我的儿子，向西可以看到我的丈夫。在百年之后，旁边定会有个万户的城邑"。

秦王政九年（公元前238年），有人告发嫪毐其实并不是宦官，还和太后私通，生下了两个儿子。嫪毐知道有人告发了自己，就把两个儿子藏起来，不让别人知道，还和太后谋议说："如果秦王死了，就立我们的儿子继位。"秦王政勃然大怒，命令手下严厉查处这件事情，一定要弄清出全部真相。

这年九月，查清事实之后，愤怒的秦王嬴政将嫪毐一家三族全部杀光，还杀了太后和嫪毐生的两个儿子。嬴政又把嫪毐的门客全部迁往蜀地，并且没收了他们的财产。随后，秦王把太后迁到雍地幽禁起来。

因为这件事情牵涉到丞相吕不韦，秦王想杀掉他，考虑到他辅佐先王的时候，功劳太大，再加上有很多的宾客和游说的人为他说情，秦王不忍心，便放过了他。

秦王政十年（公元前237年）十月，秦王免去了吕不韦的丞相职务。在齐人茅焦的劝说下，秦王嬴政到雍地迎接太后，接她回到咸阳居住。不久，秦王又把吕不韦遣出京城，让他去河南的封地。

又过了一年多的时间，各诸侯国的宾客使者络绎不绝，前来问候吕不韦。秦王担心吕不韦势力太大，会发动叛乱，就写信给吕不韦说："你对秦国有什么功劳？秦国封你在河南，给你封邑10万户。你和秦王有什么关系？却叫你做仲父。现在命令你和你全家都迁到蜀地去居住！"吕不韦想到秦王对自己一再逼迫，害怕日后被杀，就喝下毒酒自杀而死。

秦王看见自己痛恨的吕不韦和嫪毐都相继死去，就让迁徙到蜀地的嫪毐门客们回到了京城。秦王政十九年（公元前228年），太后去世，谥号为帝太后，和庄襄王一起合葬在芷阳。

刺客列传·第二十六

专诸刺吴王

专诸，是吴国堂邑人，长得虎背熊腰，英武有力。专诸对母亲非常孝顺，是有名的孝子。

伍子胥到了吴国后，就劝说吴王僚攻打楚国。但是公子光却对吴王僚说："大王，那个伍子胥，他的父亲和哥哥都是被楚王杀死的，所以他才会劝说您攻打楚国。他这样做，只不过是为了给他的父亲和哥哥报仇，并不是替大王您考虑。"吴王一听，觉得公子光说得很对，就不再商量讨伐楚国的事情。伍子胥知道公子光有杀掉吴王僚、自立为吴国国君的想法，就把专诸推荐给公子光。公子光结识专诸以后，对他非常尊敬。

公子光的父亲是吴王诸樊。诸樊有3个弟弟：大弟弟余祭，二弟弟夷眛，最小的弟弟季札。诸樊知道季札贤明，就故意不立太子，想依照兄弟的次序把王位传下去，最后就能把国君的位置传给季札。等到诸樊死了以后，王位传给了余祭。余祭死后，又传给夷眛。但是夷眛死后，季札却不肯当吴国的国君，于是吴国人就拥立夷眛的儿子僚做了国君。公子光非常生气，说："如果按照兄弟次序，那么是季札应该立为国君；但是如果传给儿子的话，我是诸樊的嫡子，也应该是我做国君。"所以他常秘密地结交一些敢死之士，想靠他们的帮助夺得王位。

吴王僚十一年（公元前516年），楚平王去世。吴王僚趁着楚国办丧事，派他的两个弟弟公子盖余、烛庸率领军队包围楚国的潜城，派延陵季子（指季札）到晋国，观察各诸侯国的动静。没想到楚国出动军队，断绝了盖余和烛庸的后路，吴国军队没有了退路，回不了吴国。这时公子光兴奋不已，就对专诸说："好机会如果不去争取的话，又怎么能够有所得呢！现在机会这么好，况且我又是真正的继承人，应该做吴国的国君。我要做了国君，即使是季札回来，他也不能废掉我呀。"专诸听了，便自告奋勇地回答说："我可以去刺杀吴王僚。"公子光一听，非常激动，跪在地上，对专诸叩头，说："先生，我公子光的身体，也就是您的身体，其他的事情，您就不用管了，我会为您办好的。"

公子光召集专诸和伍子胥等人，一起商议该怎么安排。公子光决定假装邀请吴王僚来自己家里做客，说有从太湖来的厨师非常善于烤鱼，然后自己事先派许多人藏在四周，伍子胥再带领几百个人在外面接应。

等到一切都安排好了以后，公子光就去吴王宫殿里面，拜见吴王僚，说："大王，我家里有一个从太湖来的厨师，他非常擅长烤鱼。他烤的鱼，味道特别好。我想邀请大王您前去品尝。"吴王僚答应了他。

但是吴王并没有急着去，而是派出了一些人先去公子光的家里进行密查，预先布置安全措施。幸好公子光已经事先把自己府里面的勇

• 战国五大刺客 •

荆轲，战国末年刺客。卫国人。燕国的太子丹想寻找能刺杀秦王政的人，就把荆轲请来，奉为上宾。结果，没有成功，荆轲和秦舞阳都死在了秦国武士们的刀下。

曹沫，生卒年不详，他在齐桓公和鲁庄公于柯（今山东东阿）会盟时，持匕首劫持齐桓公，强迫他归还侵占鲁国的土地，齐桓公被迫同意。

专诸，公元前575年，他用藏在鱼腹中的匕首刺死了吴王僚，帮助吴公子光（即阖闾）夺取了王位。

豫让，生卒年不详，本为晋国大夫智伯的卫士。智伯被赵襄子杀死后，他先后两次化装刺杀赵襄子，企图为智伯报仇，但都未成功，后被捕。

聂政，于公元前397年帮韩国大夫严遂刺死了与之争权夺利的相国侠累，他也自刎而死。

士都分散在隐蔽的地方藏了起来，才没有被来人发现什么破绽。

这年四月丙子日，公子光在自家的地下室里埋伏下身披铠甲的武士，精心置办酒席，宴请吴王僚。吴王僚知道公子光心怀不轨，颇为戒备。从王宫到公子光家的路上，布满忠诚精锐的王宫卫队。不仅如此，他还在公子光家的门口和要经过的台阶两旁，都安排上自己的亲兵卫士。负责保卫吴王僚的侍卫们夹道站立，手持长剑，高举着长矛，气象森严。

吴王僚来到公子光家，开宴欢饮，酒酣耳热之际，公子光假装对吴王僚说自己脚痛得难受，就躲了起来。知道公子光出去以后，专诸扮作厨师，用手托着托盘，盘里面盛着一只鱼，走了出来。到了吴王面前，专诸假装把鱼献给他。说时迟，那时快，专诸突然抽出事先藏在鱼肚子里的鱼肠剑，猛地刺向吴王僚。吴王僚大叫一声，立即死去。专诸也被吴王僚的卫士们杀了。公子光带着自己的那些勇士，全歼了吴王僚的卫士。随后，公子光自立为吴王，他就是阖闾。而专诸的儿子被阖闾封为上卿。

豫让报智伯

豫让是晋国人。当时晋国有几个大家族，其中有范氏、中行氏、智氏等。豫让曾经在范氏和中行氏两家做事，但是都没有得到他们的重用，也没混出什么名声。他又去投靠智伯，智伯特别尊重他，把他当做上宾对待。

后来智伯攻打赵襄子，赵襄子就和韩氏、魏氏一起合谋消灭了智伯。赵、韩、魏三家灭了智伯以后，瓜分了他家的封土，赵襄子更是把智伯的头盖骨做成了喝酒用的罐子。

智伯一死，豫让就躲藏起来，隐居到深山里，说："唉！士为知己者死，女为悦己者容。智伯是我的知己，只有他能够了解我，对我那么好，我一定要用自己的生命来报答他，为他报仇。如果我真的能够给他报仇的话，那么，即便是死了，也没有什么愧疚的了。"

为了给智伯报仇，豫让改名换姓，装成受了刑的人，去赵襄子的宫里面清理厕所，想寻找机会刺杀赵襄子。为了能够抓住机会，他身上时时刻刻都藏着一把匕首。有一次，赵襄子要上厕所，突然觉得有一种杀气，心里顿时感到非常不安。他立刻派人拘拿清理厕所的人，审问后才知道他是豫让，而且衣服里面还藏着一把匕首。豫让盯着赵襄子，坚定地说："我来这就是为了杀你，替智伯报仇！"赵襄子的侍卫们都请求赵

《司马法》

《司马法》是中国古代一部著名的兵书。相传是姜子牙所写，但到了战国时已经散佚。据《汉书·艺文志》记载，当时《司马法》共155卷。东汉以后，马融、郑玄、曹操等人的著作中，都曾以《司马法》为重要文献资料而加以征引，据以考证西周和春秋时期的军制。晋唐之间，杜预、贾公彦、杜佑、杜牧等人，也多以《司马法》为立说的根据，可见《司马法》在当时仍具有军事权威著作的声誉。宋元丰中（1078~1085年）把《司马法》列为"武经七书"之一，颁行武学，定为将校必读之书，其重视程度，也不减晋唐。迄至清代，姚际恒、龚自珍等人，疑为伪书。但对他们所质疑的问题，详加考查，显然根据不足。《司马法》流传至今已2000多年，亡佚很多，现仅残存5篇。但就在这残存的5篇中，也还记载着从殷周到春秋、战国时期的一些古代作战原则和方法，对我们研究那个时期的军事思想，提供了重要的资料。

襄子下令杀了他。赵襄子却说："他给自己的主人报仇，也可以说是义士了，我又怎么能够杀了他呢？以后我自己小心避开他就是了。"于是把豫让放走了。

但是豫让不死心，继续寻找机会。为了不被人认出来，他在身上涂上漆，皮肤因此红肿溃烂，好像浑身得了癞疮一样。他还吞下火炭，

让自己的声音变得嘶哑。就这样，人们再也认不出他就是豫让，而且也听不出他的声音，就连他的妻子都不认识他了。豫让天天在街上讨饭，就是为了能够刺杀赵襄子。

有一天，豫让在街上乞讨的时候，突然碰上了他原来的一个朋友，还被他给认了出来。朋友看着豫让，非常惊奇地问他说："你不是豫让吗？怎么变成这样了？难道我看错了吗？"看着朋友吃惊的样子，豫让回答说："你没有看错，我就是豫让。"朋友看着他，十分心酸，眼泪禁不住流了下来，对他说："凭着你的才能，只要你去投靠赵襄子，赵襄子肯定会非常重用你。到那个时候，你再去刺杀他，不就容易多了吗？为什么要像现在这样呢？而且你这样来刺杀赵襄子，不是更困难吗？"豫让回答说："你说得不对。如果我去投奔赵襄子，暗中寻找机会去刺杀他，那么可以说我这是怀着二心对待君主。而我之所以现在这样做，不惜毁了自己的容貌，加以自残，就是为了让那些怀着二心侍奉君主的人们感到惭愧和羞耻！"说完这些，豫让就走了。

不久以后，豫让打听到赵襄子的行踪，就事先躲在他一定要经过的桥下面。赵襄子一来到桥上，他的马就不知道为什么受了惊。赵襄子断言说："一定是豫让在这。"他派人去搜查，果然发现了豫让。赵襄子想起豫让一直不放弃对自己的刺杀，感到非常不解，就问他："您原来不是曾经侍奉过范氏和中行氏吗？您侍奉他们的时候，智伯把他们都消灭了，我却没有听说您为他们报仇，最后反而投靠了智伯，当了智伯的家臣。现在智伯已经死了，您又为什么一定要为他报仇呢？难道就不能放弃吗？"豫让听了他的问题，回答说："从前我侍奉范氏和中行氏的时候，他们只把我当做一般人对待，所以我也像一般人一样报答他们。但是我侍奉智伯的时候，他却把我当做国士一样来看待，所以我就像国士那样报答他。"

赵襄子听了他的回答，长长地叹了一口气，流着眼泪说："您真的是一个忠心耿耿、英勇无比的人啊！现在您为智伯报仇，已经成名了；而我也几次都饶恕您了。这一次，我一定不会放过您！"于是士兵们团团围住了豫让。豫让昂头说："我听说贤明的君主不埋没别人的美名，而忠臣也愿意为美名去死。以前您宽恕了我，天下的人都称赞您的贤明。今天我罪该处死，但是我希望您能把您的衣服赐给我，让我刺它几下，这样的话，我即使死了也没有遗恨了。"赵襄子被他的忠心所感动，就脱下衣服，给了他。豫让拔出宝剑，跳了起来，用力地刺赵襄子的衣服，大声地说："我终于可以报答智伯对我的恩情了！"一连刺了几下，才拔剑自杀。

赵国的人听到这个消息，都感叹不已。

聂政为知己者死

聂政是轵地深井里人。他因为杀了人，躲避仇家，就带着母亲、姐姐逃往齐国。到了齐国以后，靠屠宰为生。

濮阳的严仲子和韩国国相侠累结下了仇怨。严仲子怕侠累杀害自己，就逃离了韩国。他四处游历，寻访能替自己杀掉侠累的人。到了齐国，他听说有个叫聂政的人，非常勇猛，只是因为躲避仇家，不得已以屠宰为业。

严仲子亲自登门拜访，此后，经常与聂政来往。一天，严仲子准备了一桌丰盛的宴席，送到聂政家。在酒席上，严仲子亲自给聂政的母亲敬酒，然后又献上一百镒黄金。聂政看到严仲子拿出那么厚重的礼物，就对严仲子说："您的礼物实在是太重了，我不能收。"严仲子诚恳地说："我只是想要表达我对令堂的尊敬之情。您还是收下吧。"聂政还是严词拒绝说："您的好意我心领了，但是我真的不能接受。托老天爷的福，我母亲还健在。我虽然家里面很穷，靠屠宰为生，但还是能养家糊口。您的好意，我真的不能接受。"严仲子见他不肯接受，也没有办法。

严仲子避开聂政的母亲和其他人，偷偷地对聂政说："我因为在韩国有仇人，所以逃亡在外。去了很多个国家，却一直没有找到能够为我报仇的人。我刚来到齐国，就听别人说您非常重义气，所以想和您交个朋友。"聂政听了他的话以后，说："我明白先生您的意思。但是我现在之所以在这个小小的市场上做一个屠夫，只是希望能够好好地奉养我年老的母亲，只要母亲还在世，我就一定不会轻易对别人许诺的。"严仲子无奈，只得告辞而去。

过了很久，聂政的母亲去世了。聂政安葬了母亲，服完丧，就说："我是个平民百姓，严仲子位居卿相。但是他却不远千里，屈尊和我结交，还献上黄金百镒给我母亲，这些都足以说明他特别了解我。这样的恩情，我又怎么能够不报答他呢？况且我那时没有答应他，是因为母亲还在世。现在我母亲已经去世，也是我报答他的时候了。"

聂政就来到濮阳，对严仲子说："我以前之所以没有答应先生您的请求，是因为母亲还在世。现在她老人家已经去世了，我决定报答您的恩情。请问您的仇人是谁，我一定为您办好这件事情。"严仲子原原本本地对他说："我在韩国的时候，在韩哀侯朝中做官，却得罪了韩国的国相侠累。侠累不但是韩国的国相，还是韩哀侯的叔父，宗族旺盛，人丁众多。他居住的地方，防守非常严密，我几次派人去刺杀他，都没有成功。承蒙先生您的高义，愿意帮助我。我现在为您准备车马，再派些勇士，交给您带着作为助手。"聂政说："现在我要去刺杀侠累，而他又是韩国国君的叔父，不能去很多人。人多了，就会走漏消息，如果走漏了消息，不但会增加行刺的难度，也会引起整个韩国人对您的仇恨，这很危险的！"他告别了严仲子，一个人前往韩国。

聂政来到韩国，赶往侠累的家里。当时，恰好侠累坐在堂上，旁边还站着很多拿着刀戟的护卫。聂政拔出自己的宝剑，径直进去，冲上台阶，杀死了侠累。之后，聂政和护卫们杀在一起，连杀了几十个人。最后，他见自己没有办法逃出去，就用剑毁了自己的容貌，挖出眼睛，剖开肚皮，肠子都流了出来，就这样死去了。

韩王把聂政的尸体陈列在街市上，悬赏查问凶手是谁，但是因为聂政已经自己毁了容，所以没有人知道。韩王又悬赏说谁要是知道凶手的名字，赏黄金千两。过了很久，还是没有人知道。

聂政的姐姐聂荌知道这件事以后，就哭着说："大概是我弟弟吧？唉，还是严仲子了解我弟弟！"于是去了韩国，一看果然是聂政，就伤心地趴在尸体上，痛哭流涕。她一边哭，一边说："这是我的弟弟，轵地深井里的聂政。"其他人都问她："这个人杀害了我们韩国的国相，韩哀侯悬赏千金想知道他是谁，您竟然还敢来认尸？"聂荌回答说："这些我都知道。可是严仲子屈尊结交我弟弟，对他恩情深厚，我弟弟还能怎么办呢？更何况，一个勇士本来就应该替知己不顾性命。而我弟弟之所以临死前还不惜毁容，不让别人认出来，就是怕我受到牵连啊。我又怎么能够因为自己的一条命，而让我弟弟的英名埋没呢？"说完以后，痛苦地喊了3下"天哪！"就因为过度哀伤，死了。

人们听说了这件事情以后，非常震惊，都说："不仅聂政是义士，他姐姐也是个烈性的女子啊。如果聂政知道他姐姐会不顾惜自己的生命，来成全他的名声，最后姐弟俩人一起死在韩国，那他也未必会对严仲子以死相许。严仲子可以说是识人啊！"

太子丹求贤

秦王嬴政出生在赵国，而燕国太子丹也曾经在赵国充当人质。嬴政小的时候，和太子丹很要好，嬴政当上秦王以后，太子丹又到秦国作人质。然而太子丹到秦国后，嬴政对他却不好。太子丹怨恨嬴政，就逃回了燕国。

太子丹回到燕国以后，一心想着报复嬴政。但是因为燕国实在过于弱小，如果说派兵攻打秦国，肯定打不赢，甚至还会招致灾祸，所以太子丹非常苦恼。后来，秦国攻打齐、楚、韩、赵、魏，甚至要攻打燕国了，大有兼并天下之意，太子丹更加不安，忧心忡忡。

太子丹去请教他的老师鞠武。鞠武觉得很为难，就回答说："秦国的土地那么广阔，国家又那么强大，已经对其他国家造成了威胁。而且秦国时时刻刻都想着向外扩张，太子您何必为一点个人恩怨去触犯秦王呢？这不是给自己招祸吗？"太子丹虽然心有不甘，想想老师的话也有道理，就说："那我们又该怎么对付秦国呢？"鞠武就说："您让我再想一想吧。"

不久，秦国将军樊於期因为得罪了秦王，逃亡到燕国，投靠太子丹。太子丹接纳了他，并且对他非常好。鞠武就劝太子丹说："太子，您千万不能接纳樊於期啊。樊於期是因为得罪秦王才投靠您。您要是接纳他，不就等于和秦王作对吗？秦王要是迁怒燕国，燕国就麻烦了。您这样做，等于是故意给秦国找攻打燕国的借口呀！到时候，即便是管仲和晏婴再生，也没有办法帮您了。"太子丹问："那么我该怎么办呢？"鞠武说："您不如把樊於期送到匈奴，然后向西和韩、赵、魏三国结盟，向南联络齐国和楚国，再向北结交匈奴，到时就能对付秦国了。"太子丹想了一会，摇了摇头，说："按老师您的计划，需要很长时间，我现在一刻都等不及。更何况，樊於期将军在穷途末路的时候，千里迢迢来投奔我，就是因为他相信我，认为我值得投靠。我总不能因为害怕秦国，再把他送到匈奴吧？我根本不会这样做。希望老师您再想想其他办法。"鞠武见太子丹不接受自己的建议，暗自叹了一口气。他觉得太子丹虽然说仗义，但却过于仁慈了，在这样的时代，根本就无法称霸。于是鞠武就说："太子，您虽然仁慈，但是您想过没有，您为了结交樊於期将军一人，将给整个国家带来的灾难。如今秦国像凶猛的老鹰一样，它一旦对燕国发泄仇恨，我们该怎么办呢？"鞠武叹了一口气，接着说："既然太子您坚持自己的想法，那么我向您推荐一个人，也许他能帮您。这个人叫做田光，他为人机智，而且沉着勇敢，太子您可以和他商量商量。"太子丹一听，非常高兴，对鞠武说："请老师把田光先生介绍给我认识。"

鞫武去拜见田光，对田光说："太子丹希望能够和先生您一起商量国家大事。"田光便去拜访太子丹。

　　太子丹听说田光来找他，连忙出去迎接他。一见到田光，太子丹就作了一个揖，然后给田光带路，到了房间以后，又跪下来，亲自擦拭座位，请田光坐下。等田光坐好以后，太子丹又离开自己的座位，走到田光身边，谦恭地问："先生，现在燕国和秦国势不两立，但是我却不知道该怎么办对付秦国。还请先生您教导我。"田光说："太子您只是听说了我年轻力盛的时候的事情，却不知道我现在已经老了。我听说，好马强壮的时候，一天能够跑几千里，但是老了以后，就连劣等的马，都能跑在它的前面。"太子丹一听，便有些失望。田光看了看太子丹，又接着说："虽然我现在已经不能和太子您一起商量国家大事了，但是我有一个朋友，叫做荆轲，他一定可以帮您。"太子丹喜出望外，连忙问："那么先生您能够把荆先生介绍给我吗？"田光说："可以。"

　　田光马上告别太子丹，太子丹一直把他送到门口。等到田光要走的时候，太子丹对他说："先生，今天我们说的事情，关系到燕国的存亡，希望先生您千万不要泄漏机密。"田光笑着答应了。

　　田光去见荆轲，对他说："我已经把您推荐给太子丹，希望您能够去宫里面拜访太子。"又说："我听说，年长老成的人行事，不能让别人怀疑。但是太子丹却吩咐我说千万不要泄漏了秘密，这是他怀疑我。一个人行事却让别人怀疑他，就说明他不是个有节操、讲义气的人。您去见太子丹的时候，告诉他我已经死了。"说完就拔剑自杀了。

　　荆轲去见太子丹，告诉他田光已经死了，还转达了田光临死前说的话。太子丹懊悔不已，觉得是自己害死了田光。他拜了两拜，跪下来，痛哭流涕地说："我之所以告诫田先生不要泄漏秘密，只是希望计划能成功。但是没想到他竟然一死以表明自己的心志。这难道是我的初衷吗？"

　　太子丹又以头叩地，对荆轲说："荆先生您来到我面前，都是上天对我的眷顾，不忍心抛弃我啊。现在秦王为人贪婪，不占尽天下的土地，是一定不会罢休的。我们燕国弱小，没有办法抵挡秦国的进攻，其他国家又不敢联合起来抵抗秦国，我想来想去，只有一个办法。那就是派遣勇士去秦国，用重利诱惑秦王，秦王为人贪婪，我们乘机劫持秦王。如果能够成功，迫使他全部归还侵占各国的土地，就像曹沫当年劫持齐桓公那样；实在不行的话，就杀了他。而今，秦国各大将在外手握重兵，要是国内出了乱子，君臣之间就会彼此猜疑。到时候各国联合起来，就一定能够打败秦国。不知道先生您能不能帮我的忙？"荆轲想了一会儿，说："我才能不够，恐怕不能胜任这样的重任。"太子丹听到荆轲拒绝，叩头在地，请求荆轲不要推托。荆轲想了想，答应了。

太子丹拜荆轲为上卿，让他住进上等的舍馆，天天去看望他，还不时给荆轲献上奇珍异物，车马美女，迎合他的心意。

荆轲刺秦王

燕国太子丹拜荆轲为上卿，希望他去刺杀秦王嬴政。但是过了很长一段时间，荆轲都没有行动的意思。这时，秦国将军王翦已经灭了赵国，又带领军队杀到燕国南部的边界。太子丹非常害怕，就去拜见荆轲，对他说："先生，现在秦军已经到了燕国的南部，马上就要渡过易水了，燕国一旦不保，即使我想长久地礼遇您，又怎么可能呢？"荆轲说："太子您就是不说，我也打算行动了。但是我现在去秦国，没有让秦王相信我的东西，根本不可能接近秦王。"太子丹急切地问："先生您需要什么东西呢？只要是我有的，一定给先生您送来。"荆轲对太子丹说："如果我得到樊於期将军的脑袋和燕国的地图，把它们献给秦王，秦王一定会非常高兴地接见我，这样我才能够有机会刺杀他。"太子一听，摇了摇头，说："樊将军穷途末路来投奔我，我决不会为了自己的私利而伤害他，先生您还是想想其他的办法吧。"

荆轲知道太子丹不忍心，就私下去见樊於期，对他说："秦王把将军您的全家老少都杀了，现在又悬赏黄金千斤来捉拿您，将军您打算怎么办呢？"樊於期仰天长叹，流着眼泪说："我每次想到这些，就痛入骨髓，恨不得抽嬴政的筋，扒他的皮。但又不知道该怎么办！"荆轲说："现在有一个办法，既可以解除燕国的灾难，又能够替将军您报仇，将军您想知道吗？"樊於期激动地凑上前去，问："什么办法？"荆轲说："只要我能够得到将军您的首级，献给秦

易水送别图　清　吴历　绢本

王，秦王一定会高兴地召见我，到时候，我左手抓住他的衣袖，右手用匕首刺进他的胸膛，那么不但将军您的仇恨可以洗雪，而且燕国的耻辱也可以洗清了。不知道将军您是否同意呢？"樊於期一听，不等他说完，就脱掉一边的衣袖，露出臂膀，一只手紧紧握住另一只手的手腕，对他说："我的血海深仇，就拜托给先生您了！"说完就自杀了。

太子听说以后，马上驾车去了樊於期家，趴在樊於期的尸体上痛哭不已，非常悲哀。但是人死不能复生，已经没有办法挽回，于是就把樊於期的脑袋密封到盒子里面。太子丹准备好了一把宝剑，淬了剧毒，又派秦舞阳做荆轲的助手。

荆轲打算等一个同伴一起到秦国，但是那个人住得很远，还没赶到。又过了几天，那个人还没有消息。太子丹以为荆轲反悔，不想去了，就又催他说："日子不多了，荆先生您还不打算动身吗？如果是这样的话，请允许我派秦舞阳先去。"荆轲一听，非常生气，斥责太子丹说："您这是什么意思？我之所以还没走，是为了等一个朋友。既然太子认为我拖延时间，那我现在就向您告辞，前去秦国！"于是就出发了。

太子及宾客们穿着白衣，戴着白帽给荆轲送行。一行人来到易水岸边，荆轲的朋友高渐离击筑，荆轲和着拍子唱歌，悲凉无比，太子和宾客们都泪流满面。荆轲一边向前走一边唱道："风萧萧兮易水寒，壮士一去兮不复返！"接着又唱出悲壮慷慨的声调，送行的人都怒目圆睁，怒发冲冠。唱完，荆轲登上车，头也不回一下，走了。

秦王嬴政听说燕国派人送来樊於期的头和燕国的地图，非常高兴，就安排了仪式，在咸阳宫召见燕国使者。荆轲捧着樊於期的首级，秦舞阳捧着地图，依次走到殿前的台阶下。秦舞阳脸色突变，浑身发抖，大臣们都感到奇怪。荆轲向秦王谢罪说："他是北方来的粗人，没见过天子，所以害怕。"看清楚确实是樊於期的头以后，嬴政又对荆轲说："递上地图。"荆轲从秦舞阳手里拿过地图，献给嬴政。嬴政展开地图，没想到地图展到尽头，突然露出一把匕首。荆轲趁着嬴政吃惊的时候，左手抓住秦王的衣袖，右手拿起匕首就刺向嬴政。但是没有等他得手，嬴政已经反应过来，慌乱之中跳了起来，挣断了衣袖。嬴政情急之下想拔出自己佩戴的宝剑，但是他的剑实在太长，没法立刻拔出来。荆轲追赶嬴政，嬴政只能绕着柱子奔跑。

荆轲追杀秦王的时候，大臣们吓得呆在一边，不知道怎么办才好。秦国的法律规定，大臣上殿不允许携带任何兵器；而侍卫们也只能拿着武器守在殿外，没有皇帝的命令，谁都不准进殿。仓促之间，医官夏无且用他的药袋砸向荆轲，侍从们也对嬴政喊道："大王，把剑推到背后！"嬴政把剑推到背后，才拔出宝剑，砍向荆轲，砍断了他的左腿。荆轲没有办法追击嬴政，就举起匕首，掷向秦王，可惜没有击中，打在了殿柱上。嬴政又砍了荆轲几剑。荆轲知道自己不能成功，就倚在柱子上，放声大笑，然后张开两腿，坐在地上破口大骂："我之所以没有成功，是因为我想活捉你，逼你归还侵占各国的土地，来报答太子。"刚说完，就被冲上来的侍卫们杀死了。

秦王大怒，增派军队去赵国，又命令王翦的军队去攻打燕国，攻克了蓟城，燕王喜和太子丹率领部队退守辽东。代王嘉写信给燕王喜说："秦国军队之所以追击您，都是因为太子丹的原因。您要是把太子丹的人头献给秦王，秦王一定会宽恕您，就不会攻打燕国了。"燕王喜当真杀了太子丹，把他的人头献给秦王。但没想到秦王还是命令秦国军队攻打燕国，仅仅过了5年，就灭了燕国，俘虏了燕王喜。

●铸剑名家欧冶子●

欧冶子，春秋末期到战国初期越国人。中国古代铸剑鼻祖。欧冶子诞生时，正值东周列国纷争，楚先后吞并了长江以南45国。越国就成了楚灵王的属国。少年时代，欧冶子从母舅那里学会了冶金技术，开始铸造青铜剑和铁锄、铁斧等生产工具。他肯动脑筋，具有非凡的智慧，发现了铜和铁性能的不同之处，冶铸出了第一把铁剑"龙渊"，开创了中国冷兵器之先河。欧冶子铸造的一系列赫赫青铜名剑，冠绝华夏。在春秋五霸、战国七雄的争霸战争中，显示了无穷威力与摄人心魄的艺术魅力。

李斯列传·第二十七

李斯谏逐客

　　李斯是楚国上蔡人。他年轻的时候，在郡里面当个小官。有一次，李斯上厕所的时候，看到厕所里的老鼠在吃脏东西，每当有人或者狗过来的时候，就受惊逃跑。后来李斯去粮仓，看到粮仓里的老鼠，吃的是囤积的粟米，住的是大屋子，不用担心有人或狗的惊扰。将两只老鼠一对比，李斯不由得感慨万分："一个人有没有出息，就和这老鼠一样啊，都是自己所在的环境决定的。"

　　后来，李斯拜当时著名的儒学大师荀子为师，向他学习辅助帝王治理天下的学问。学业完成后，李斯就向荀子辞行说："我听说，一个人要是有了机会，就一定不能失去。现在天下大乱，诸侯各国都忙于战事，游说之士能左右天下局势。目前，强大的秦国想吞并其他国家，称霸天下，这正是我等一展所学、实现抱负的好机会。一个人出生低贱，家里穷困并不可怕，但可怕的是他不去求取功名富贵。那样的人就好像是禽兽一样，只想着去吃现成的肉，没有出息。所以说，最大的耻辱莫过于卑贱，最大的悲哀莫过于贫穷。所以，我打算到秦国去，游说秦王。"

　　李斯告别老师，到了秦国。当时，恰好秦庄襄王去世，李斯就投奔吕不韦，做他的舍人。吕不韦非常赏识他，任命他为郎官，这样李斯就获得了面见秦王的机会。

　　见到秦王以后，李斯对秦王说："平庸的人往往失去机会，而成大业的人就在于他能把握机会并能下狠心。从前秦穆公虽然称霸天下，但却没能吞并其他六国，这是为什么呢？那是因为当时诸侯各国的人还很多，周朝的德望也没有彻底衰落，所以五霸交替兴起，无不推尊周朝。但是自从孝公以来，周朝弱小，诸侯之间互相兼并，函谷关以东地区化为六国，秦国一国独大已经过了六代。现在的诸侯，就好像是秦国的郡县一样。以秦国的强大，大王您的贤明，要灭六国，就好像扫除灶上的灰尘一样，轻而易举。这样的好机会，大王您要是不把握住的话，等到诸侯各国醒悟过来，再联合起来对付秦国，那时，大王您即便是像黄帝一样英明，也不能吞并他们了。"李斯这些话，句句说到了秦王嬴政的心上。于是嬴政任命李斯为长史，听从他的建议：先是暗中派人去游说各国，对各国的官员贵族加以收买，实在不能收买的，就刺杀他们。接着派出秦国的军队，攻打各国。不久，秦王又任命李斯为客卿。

韩国派郑国以修筑渠道为名来秦国做间谍，被发现了。秦国的大臣们劝秦王嬴政下令驱逐各国来秦国游说的人，而李斯也在被驱逐名单里面。李斯就上书说：

"听说大臣们要大王您驱逐客卿，我私下认为这是错误的。从前穆公招揽贤才，从西戎找到由余，从楚国得到了百里奚，从宋国迎来了蹇叔，从晋国招来了丕豹和公孙友。这五个人都不是秦国人，但是穆公却重用他们，最后称霸西戎。孝公

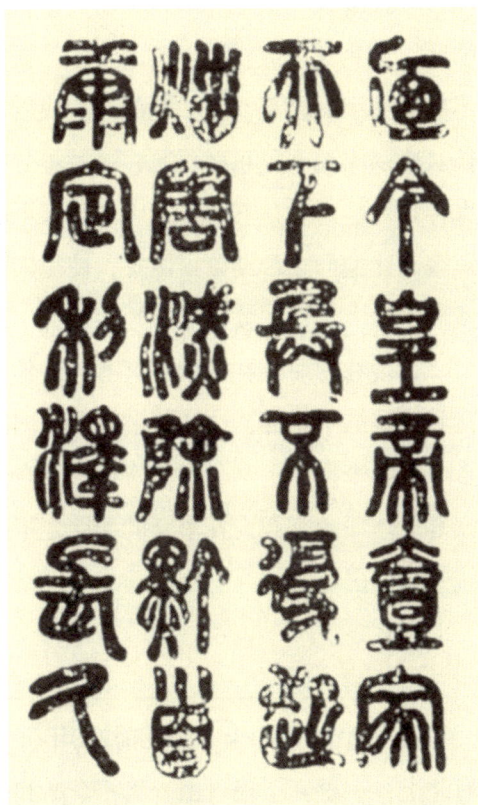

峄山刻石　秦　李斯
相传原本已毁，此为后代摹本。笔画圆劲，古意毕臻，形神俱肖。

采用商鞅的新法，移风易俗，国家因此强大起来，威震天下。秦惠王用张仪的计策，攻占了三川，吞并了巴、蜀，占领了上郡，夺得了汉中，囊括九夷，控制了鄢、郢，占据了成皋。不但得到了肥沃的土地，还进一步瓦解了六国的合纵联盟。昭王得到了范雎，听从他的建议，废黜了穰侯，驱逐了华阳君，削夺了权贵的势力，然后又逐渐吞并其他国家，奠定了大王您现在能够统一天下的基础。这四位君主，都是依靠了别国客卿的力量，让秦国强大起来。这样看来，客卿有哪一点对不起秦国呢？如果这四位君主不接受和重用他们，秦国又怎么能够像现在这样强大呢？

"我听说，土地广阔，粮食就丰富；国家广大，人口就众多；军队强盛，士兵就勇敢。所以泰山不排斥泥土，才能堆积得那样高大；河海不挑剔细小的溪流，才如此深广；成就王业的人不抛弃民众，才显出盛德。所以土地不分东南西北，百姓不分哪个国家，一年四季五谷丰登，鬼神赐福，这就是五帝三王无敌于天下的原因。但是现在陛下您却排斥宾客，让他们去帮助诸侯国家，使得天下人不敢投靠秦国，这正是'借武器给敌人，送粮食给盗贼'啊！

"现在您驱逐在秦国的客卿，让他们去帮助其他国家，削弱自己而又和诸侯结下怨恨，这样下去，要使国家没有危险，是不可能的。"

看了李斯的上书，秦王意识到了自己的错误，马上废除了逐客令，恢复了李斯的官职。在李斯的帮助之下，嬴政仅仅用了20多年的时间就统一了中国。

沙丘之谋

秦始皇三十七年（公元前210年）十月，秦始皇出游到会稽山，沿海北上，一直到了琅玡山。丞相李斯和中车府令兼符玺令赵高随行。秦始皇有20多个儿子，长子扶苏因为多次直言劝谏，被秦始皇派到上郡监督军队。而很受秦始皇宠爱的小儿子胡亥请求一起去，秦始皇答应了。

其他的儿子都没跟着去。

秦始皇到达沙丘以后，病得非常重，命令赵高给公子扶苏写诏书说："把军队交给蒙恬，赶快到咸阳参加葬礼，然后安葬。"但是，还没等把诏书交给使者，秦始皇就去世了。当时，诏书和印玺都在赵高手里，并且只有胡亥、李斯和赵高以及几个宦官知道始皇去世的消息。李斯认为皇帝在外面去世，又没正式确立太子，必须保守秘密，就把秦始皇的尸体放在一辆既保温又通风凉爽的车子里，让宦官假装秦始皇，在车里面应付其他官员。

赵高扣留了始皇写给扶苏的诏书，对胡亥说："皇帝去世了，只赐给长子扶苏一封诏书。等扶苏到了咸阳，就会登位为皇帝，而你却连尺寸的封地也没有，怎么办呢？"胡亥沮丧地说："我听说，圣明的君主最了解臣子，圣明的父亲最了解儿子。父亲临终的时候，既然没有下诏书分封，我又能说什么呢？"赵高却狡猾地一笑，说："您大错特错啊！现在天下的大权，就在公子您、我和丞相李斯3个人手里面掌握着！您是想做别人的臣子呢，还是想让别人做您的臣子呢？"胡亥有些心动，但还有些犹豫，于是摇了摇头，说："废长立幼，这是不义；不听父命，这是不孝；才能浅薄却依靠别人的帮助登上皇帝位置，这是无能。我肯定不会做这样大逆不道的事情。更何况，就算是我当上了皇帝，百姓们也不会信服。"赵高却不以为然，说："办大事不能拘于小节，如果顾忌小事，日后必生祸害。"胡亥听罢，长叹一声："皇帝刚刚去世，还没有发丧，更不用说守丧礼，现在麻烦丞相这件事不合适吧？"赵高说："时光如流水，机遇难再得！我真担心耽误了时机啊！"胡亥禁不住诱惑，同意了赵高的话。

赵高就对丞相李斯说："皇帝去世的事情，除了我们几个人以外，还没人知道。立谁作太子，都是我们俩说了算。你说该怎么办呢？"李斯吓了一跳，连忙斥责他说："你怎么能说这种话呢！这些事情，不是我们做臣子的该想的。"赵高不在意他的责备，反问他说：

"您和蒙恬相比，谁更有本事？谁的功劳更高？谁更受天下百姓的拥戴？谁和扶苏的关系更好？"李斯想了想，回答说："这些我都比不上蒙恬。"

赵高接着说："我管事20多年，从来没有见过被秦王罢免的功臣能够把自己的封爵传给下一代，都是被杀而死。皇帝有20多个儿子，长子扶苏刚毅勇武，能够信任人，激励人，即位之后一定会用蒙恬担任丞相，很显然，您的丞相位置也不能保住了。"李斯点了点头。

赵高又接着说："胡亥慈悲仁爱，诚实厚道，尊重士人，礼贤下士。先皇的其他儿子，没人能比得上他。我们可以立他为太子，到时候他肯定会继续尊您为丞相，您考虑一下。"李斯仍然固执地说："先皇把国家的重任交给了我，我又怎么能辜负了他的重托呢？我李斯只执行皇帝的遗诏，没有什么可考虑的。"

赵高看见利诱不成，就改成威逼，说："我听说圣人不循规蹈矩，而是适应变化。现在天下的权力和命运都掌握在胡亥一个人手里，难道你要等他当上了皇帝，再来处罚你吗？"李斯有些犹豫了，但是仍然说："我听说晋国换太子，三代不安宁；齐桓公兄弟争夺王位，哥哥被杀死；商纣杀死亲戚，又不听从臣下劝谏，到后来都城被夷为废墟，这三件事都违背天意，所以才落得国破家亡。我李斯怎么能参与这样的阴谋呢！"赵高继续诱惑李斯说："您要是听从我的计策，就会永葆富贵，代代相传；要是不听的话，一定会祸及子孙。你也知道，善于为人处世的人是能够转祸为福的人。你自己看着办吧！"李斯无奈之下，仰天长叹："唉！在这样的乱世，既然不能以死尽忠，还能怎么办呢？"于是答应了赵高。

胡亥、赵高和李斯3个人伪造诏书，立胡亥为太子。又伪造了一份诏书给扶苏说："公子扶苏和将军蒙恬带领几十万军队驻守边疆，已经十几年了，不但不能向前进军，还死伤了很多士兵。公子扶苏还几次上书诽谤我，心怀怨恨，不忠不孝，赐剑自杀！将军蒙恬和扶苏一同在外，不纠正他的错误，也应知道他的谋划。作为臣子而不尽忠，一同赐剑自杀。"

扶苏看到诏书后，就要遵从命令自杀。蒙恬劝他说："现在只见到一封诏书，您就立刻自杀，怎么知道事实的真假呢？您最好确认一下，如果是真的，再自杀也不晚。"但是忠顺的扶苏回答说："父亲命令自己的儿子自杀，还要请示什么呢！"说完就拔剑自杀了。而蒙恬不肯自杀，被抓了起来。

听说扶苏自杀和蒙恬被抓的消息，李斯和赵高非常高兴。于是回到都城咸阳，公布了秦始皇的死讯，立胡亥为二世皇帝。赵高担任郎中令，掌握了大权，而李斯仍然担任丞相。

人人自危

胡亥当上皇帝以后，整天只知道吃喝玩乐。有一天，他在宫里闲的没有什么事情，就召来赵高，对他说："一个人活在这个世上，就好像是驾驶着六匹骏马，从缝隙里穿过一样，是那么的短暂。现在我既然当上了皇帝，要是能够在有生之年享受尽我所能想到的一切乐趣，实现自己的全部心愿，而且使国家强大，百姓安居乐业，那该有多好啊！"

赵高说："陛下说的这些，其实对于贤明的君主来说，是非常容易做到的。我冒昧地说一句，也希望您能够注意。我们在沙丘的密谋策划，其他的公子和大臣们已经有所怀疑了。"胡亥一听，急切地问："真的吗？"

赵高点了点头，又说："这些怀疑陛下的人，要么就是您的兄弟，要么就是先皇在世的时候的重臣。现在陛下您刚刚当上皇帝，他们对您可以说是心怀不服与怨恨，迟早会起来造反闹事。而且他们有的人还手握重兵，我之所以天天提心吊胆，就是害怕会闹出什么乱子来。陛下您又怎么能够一心想着行乐呢？"

胡亥一听，顿时沮丧起来，问："那我该怎么办呢？"

《吕氏春秋》

《吕氏春秋》又名《吕览》，是战国末年秦相吕不韦集合手下的门客共同编写的。书出众手，各记所闻，因而内容虽以儒、道为主，亦取墨、法、名、农、阴阳等诸家学说，后被人尊为杂家的代表作。全书分为十二纪、八览、六论，共26卷，160篇。总结了春秋战国时百家争鸣的成果。语言简洁、生动、形象，其中"刻舟求剑"等寓言脍炙人口，流传至今。书中还提出了"法天地"、"传言必察"等思想，有着唯物主义因素。同时，书中还保存了很多的旧说传闻，在理论上和史料上都有很高的参考价值。司马迁在《史记》里将《吕览》与《周易》《春秋》《离骚》等并列，表示了他对《吕氏春秋》的重视。东汉的高诱还为其作注注释，认为此书"大出诸子之右"，即超过了诸子的成就。

赵高阴森森地说："现在最好的办法，就是实行严峻的法律和残酷的刑罚。"停了一下，接着说："把犯法的人和牵连在内的人统统杀死，诛灭全族；把那些和陛下您作对的大臣们都杀了，再疏远您的兄弟，重金厚禄赏赐那些原来贫穷的人，提拔重用那些原来很卑贱的人。把原来侍奉先皇的那些大臣们都彻底铲除，然后安排上陛下您自己的亲信，这样朝廷上下就都是陛下您的人了。到时候，不但大臣们从心底对您感恩戴德，还根除了陛下您所担心的祸害。陛下您就可以高枕无忧，尽情享受了。"

胡亥高兴不已，连忙命令赵高负责制定新的法令条款。而且无论哪个大臣和公子稍有过错，他都把他们交给赵高查处。一时间，全国上下被害被杀者不计其数。

首先倒霉的是蒙氏兄弟。蒙恬、蒙毅虽然屡建奇功，位高权重，但是在赵高的陷害之下，也不能逃脱被处死的命运。

接下来，赵高又在咸阳街头把10个公子斩首示众，又在杜邮把12个公主处死。而那些因为和公子公主们有关系而牵涉进去而被处罚的人，更是多得没法数。

公子高看见自己的兄弟姐妹们都惨遭毒手，估计自己也不能幸免，就想外出逃命，但是又害怕因此被收捕全族，就上书给胡亥说："先帝在世的时候，每次我进宫，都赏赐给我吃的东西。我出宫的时候，还让我乘车回家。先皇还把内府里面的衣服和宝马赐给我。先皇对我这样，我本来应该陪先皇一起死去，但是我却没能那么做，实在是我做儿子的不孝、做臣子的不忠。一个不忠不孝的人，实在没有理由活在这个世上。请陛下允许我追随先帝死去，并且把我埋在骊山脚下。希望皇上可怜我，答应我的请求。"胡亥非常高兴，叫来赵高，把公子高的上书给他看，并且问他说："这可以说是窘急无奈了吧？"赵高说："大臣们整天就担心自己会什么时候被处死，又怎么能造反呢！"胡亥答应了公子高的请求，并且赐给他十万钱，安葬他。

刑罚一天比一天残酷，大臣百姓们人人都为自己的生命担忧。再加上胡亥又忙着征收繁重的赋税，征召大批的百姓来给自己建造阿房宫，修筑直道、驰道，更加激起了人们的反叛之心。先是有陈胜、吴广等人在大泽乡揭竿而起，随后，其他各地的英雄豪杰都纷纷响应，整个国家陷入混乱与动荡之中。

李斯看见全国乱成这样，心急如焚，几次劝说胡亥。胡亥不仅不听，反而责备他说："尧统治天下，宫殿连客店里的一般房舍都不如，他贵为天子，却吃粗米饭，喝野菜汤，吃的连看门人都不如；夏禹拥有天下，为治水奔走，小腿上磨没了汗毛，手脚上都结满了老茧，最终还累死在外，劳神费力，日子过得连奴隶都不如。朕贵为皇帝，难道是为了像他们那样操心受罪吗？这些事都该是下人干的，贤明的人根本就不会做。贤明的君主统治天下，就是要把天下的东西都拿来满足自己的欲望，只有这样才能显示出天子的尊贵。如果自己都不会捞好处，他们又怎么让天下人得到好处，又怎能治理天下？所以我才想尽情享受啊。"李斯无奈，只能由他。

严行督责

李斯的儿子李由担任三川郡守，没能阻止吴广等人的造反。章邯在击败并驱逐了吴广的军队后，朝廷不断派使者去三川调查，并且责备李斯，问他位居三公，为什么还让盗贼猖狂到这个程度。

李斯非常害怕，担心胡亥把自己的官给撤了，因想不出其他办法，就故意讨好胡亥上书，大意是：

"贤明的君主，必定是全面掌握为君之道，又深谙督责、统治臣下之术的君主。对官员们严加督责，那样的话官员们就不敢不尽力为君主效命。这样，君主才能专制天下而不受任何约束，享尽极致的乐趣。贤明的君主，又怎能看不清这一点呢？

"申不害说：'占有了天下，却不知道怎么样享受，这就叫把天下当成自己的镣铐。'这句话的意思，就是说如果不督责臣下尽力，而自己却要辛辛苦苦为天下百姓操劳，就叫做戴上了天下这个镣铐。不能学习申不害、韩非的高明法术，推行督责措施，一心为了天下，而白白地为百姓们操心费力，那就是百姓的奴仆，而不是统治天下的帝王，又有什么值得尊敬的呢？自古以来人们之所以尊重贤人，是因为受尊敬的人自己尊贵；之所以讨厌不肖的人，是因为不肖的人自己卑贱。而尧、禹是为天下献身的人，世人对他们非常尊重，其实是失去了尊贤的用心，可以说是绝大的错误。说尧、禹把天下当做自己的'镣铐'，不也是很合适的吗？这是不能督责的过错。

"韩非说：'慈爱的母亲养出败家的儿子，严厉的主人没有凶悍的奴仆。'为什么呢？这是因为严加惩罚的结果啊！贤明的君主严厉地督责大臣和百姓，连小罪都不轻放。小罪尚且严厉督责，严重处罚，更何况是大罪呢？所以老百姓们不敢犯法。

"所以韩非又说："一般人见到几尺绸布，就会顺手拿走，但是盗跖面对百镒黄金，也不会夺取。"不是因为一般人贪心重、几尺绸布价值高、盗跖品德高尚不爱钱。原因是一旦盗跖夺了那些黄金，他马上就要受到刑法的处罚，他又怎么敢拿呢？如果不坚决施行刑罚的话，那么一般人也就不会放弃几尺绸布的小利了。圣明的君主之所以能够独掌大权，驾驭天下，没有什么特殊的原因，就是因为他们能够精于督责，对犯法的人严加惩处，让天下人不敢违法。如果现在不制定法令来阻止大臣百姓们犯罪，反而像仁慈的母亲一样养

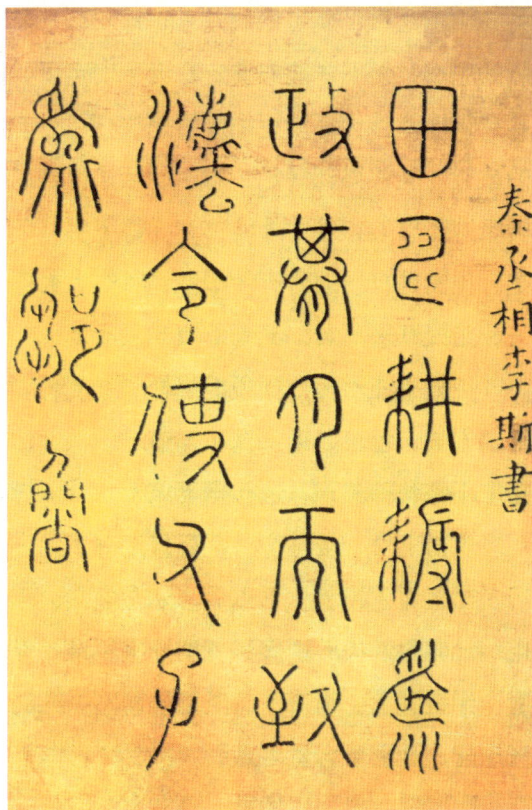

李斯书法　秦

出败家子，那可以说是一点儿也不明白先贤的学说。所以说，如果不严厉治理，那么除了给百姓当奴仆之外，就不能做什么了，更不要说自己尽情地享乐了。这难道不悲伤吗？

"更何况，圣明的君主能够独掌大权，驾驭臣子，建立起严明的法制，达到尊贵自己的目的。圣明的君主，能够改变民间风俗，废弃自己不喜欢的，建立和推广自己喜欢的，所以在他活着的时候能够享有尊贵和权势，在他死了以后又有贤明的谥号。像这样才可以说是了解了申不害和韩非的统治术，学会了商鞅的法治。等到商鞅的法治和韩非子、申不害的统治术都学好了，而且非常精通，天下又怎么会大乱呢？这样的时事情我还没有听说过。

"像这样，才可以说是真正地实行了督责，王公大臣们才不会有反叛的想法，天下才能够安定；天下安定了，君主才能有尊严；君主有了尊严，才能够让督责更加严格地执行；只有更加严格地执行督责，君主的欲望才能够得到满足；君主的欲望得到满足之后，国家才能够富强；国家富强以后，君主才能够享受得更多。所以一旦实行了督责制度，君主就能满足自己的所有欲望。到时候，大臣和百姓们忙着补救自己的过失和错误都来不及，又哪里敢起来造反呢？

　　"如果能够像前面说的那样，那就可以说是真正掌握了帝王统治天下的方法，也可以说是真正知道了该怎么样来驾驭大臣。到时候，即便是申不害和韩非子，也比不上您了。"

　　这份上书，被称为《严行督责书》。

　　胡亥看了这封上书以后，非常高兴，于是更加严厉地实行督责。大臣们谁向百姓收的税多，就奖励重用谁。秦国民不聊生，路上的行人，有一半是犯人，街市上每天都堆着刚杀死的人的尸体。胡亥满意地说："这样才是善于督责了。"

被害身死

　　赵高担任郎中令时，得罪了很多人，他害怕大臣们在胡亥面前揭露自己，就劝胡亥说："天子之所以尊贵，就是因为大臣们只能听到他的声音，却看不到他的面容，所以才自称为'朕'。况且陛下您还年轻，要是惩罚和奖励什么不恰当，就会把自己的短处暴露出来，也就不能向天下人显示您的圣明了。陛下不如呆在宫里，等大臣们把公事呈上来，等公文一旦呈上，陛下您再和我以及其他精通刑法的人研究决定。这样，大臣们就不敢把疑难的事情报上来，天下的人也就称您为圣明之主了。"二世听从了他的主意，不再在朝廷上接见大臣，一直呆在宫殿里面，所有大小事情都由赵高决定。

　　赵高听说李斯不满，就找到李斯，骗他说："函谷关以东地区叛贼很多，而现在皇上只知道玩乐。我想劝说陛下，但我地位卑贱。您贵为丞相，又怎么能够坐视不管呢？"李斯上了赵高的当，说："我早就想对陛下说了。可我现在根本就没有机会见到皇帝陛下啊。"赵高马上对他说："您要是打算向陛下劝谏的话，我能够给您看看陛下哪天有空。"

赵高趁二世和姬妾们玩乐的时候，派人告诉李斯说："皇上有空闲，可以进宫奏事。"李斯就去求见胡亥，但是胡亥玩得正高兴，就没有接见他。李斯一连求见了3次，都是如此。胡亥非常生气，就对赵高说："我空闲的时候，丞相不来。每次我要休息的时候，丞相就来商量事情。丞相他是看不起我呢？还是怎么样啊？"赵高就趁机诋毁李斯说："陛下您难道不知道吗？丞相亲自参与了沙丘密谋。现在陛下您已经当上了皇帝，但是他的地位却没有提高。丞相他是想让您封他为王啊！"胡亥大吃一惊，连忙问为什么。赵高假装小心地说："陛下您要是不问，我还不敢说呢。丞相的大儿子李由担任三川郡守，楚国一带叛贼陈胜等人都是丞相故乡邻县的人，所以他们才横行霸道，那么猖狂。他们经过三川的时候，李由也不攻打他们。我甚至还听说李由和陈胜他们有书信来往，只是因为没有调查清楚，所以不敢向您报告。更何况丞相在外面，权力比陛下您还大。"胡亥听了以后，就想惩治李斯，但又担心情况不实，就派人去调查李由和陈胜勾结的情况。

李斯知道这件事情以后，就上书揭发赵高的罪行。但是胡亥只相信赵高，还将此事暗中告诉了赵高。赵高反过来诬陷李斯，说李斯想造反。胡亥勃然大怒，命令赵高查办李斯。

赵高得到胡亥的命令以后，马上把李斯抓了起来。李斯在监狱中仰天长叹："可悲啊！我怎么能够替这样的无道昏君出谋划策呢？从前夏桀杀死关龙逢，商纣杀死比干，吴王夫差杀死伍子胥。这三个大臣，难道不忠吗？但是最后却免不了一死。他们虽然是尽忠而死，但可惜的是效忠的对象错了。现在论智慧，我赶不上他们；而论暴虐，胡亥超过了桀、纣和夫差。我因为忠君而死，也是活该呀。更何况，二世简直就是胡作非为，暴虐无道啊！不久前，他杀死了自己的哥哥扶苏，自立为皇帝，又大肆杀害忠良，任用小人。还要修建阿房宫，对天下百姓横征暴敛。我劝阻他，他却不听我的话。现在天下已经有一半人造反了，他却不醒悟，还听信奸臣赵高的谗言。我一定会看到盗贼攻进咸阳的那一天。"

在赵高的严刑拷打之下，李斯含冤认罪。尽管如此，李斯仍然认为自己能言善辩，又对秦国有大功，再加上自己确实没有造反之心，皇上一定赦免自己。他上书给胡亥说：

"我担任秦国丞相，已经30多年了。我刚来秦国的时候，秦国土地不过千里，士兵不过几十万。我用尽了自己的才能，让秦国兼并了诸侯六国，立秦王为天子。这是我的第一条罪状。我还在北方驱逐胡人、貉人，在南方平定了百越。这是我的第二条罪状。我提高大臣们的爵位，巩固他们和秦王的关系。这是我的第三条罪状。我建立社稷，修建宗庙，来显示皇上的贤明。这是我的第四条罪状。我还统一度量衡和文字，颁布天下，以树立秦朝的威名。这是我的第五条罪状。修筑驰道，兴建宫殿。这是我的第六条罪状。减轻刑罚，减少税收，让百姓拥戴皇帝，至死都不忘记皇帝的恩德。这是我的第七条罪状。像我李斯这样作臣子的，犯的罪本来早就该处死了，但是皇帝却希望我竭尽所能，让我活到了今天，希望陛下明察。"

没想到赵高把李斯的上书扔在一边，并不上报给胡亥，反而说："李斯一个囚犯，怎么能够上书？"为了彻底蒙蔽二世、害死李斯，赵高派他的门客假扮成朝廷的司法官员，一次又一次地审讯李斯。只要李斯以实对答，赵高就派人严刑拷打。最后，二世派人去验证李斯的口供，李斯被打怕了，就不敢再更改口供，承认了赵高给他捏造的罪状。赵高把李斯的招供书呈给胡亥，胡亥高兴地说："没有赵高，我差点被李斯骗了。"

二世皇帝二年（公元前208年），李斯被判在咸阳街市腰斩。李斯和他的小儿子一同被押解，行刑之前，他对儿子说："我想和你牵着黄狗，一同出上蔡东门去打野兔，也求不得啊！"父子俩人相对痛哭。李斯死了以后，被灭三族。

权宦赵高

赵高是赵国人。秦王政二十五年（公元前222年），秦灭赵，赵高被掳往秦国。秦始皇听说他精通法律，就提拔他作中车府令，负责管理皇帝车马仪仗，还让他教自己的小儿子胡亥判案断狱。由于赵高善于观言察色、逢迎献媚，因而很快就博得了秦始皇的赏识和信任。

秦始皇三十七年（公元前210年）十月，秦始皇第五次出巡全国。七月，因为病重在沙丘去世。秦始皇去世的消息，只有小儿子胡亥、丞相李斯和赵高以及几个亲近的太监知道。秦始皇临死的时候，没有立下太子，但是给正在驻守边境的大儿子扶苏留了一封诏书，让他赶快回都城咸阳主持自己安葬的事情。

赵高明白，一旦扶苏当上皇帝，那么等待自己的，毫无疑问就是受到排挤和冷落，而要想保住原来的富贵，只有支持对自己言听计从的胡亥当上皇帝。赵高劝胡亥说："现在全天下人的生死命运，都掌握在你、我和丞相李斯三个人手中，希望你能早作打算。"胡亥早就梦想着有一天自己能够登上皇帝的宝座，但是因为有些顾忌，害怕天下人说他不忠不孝，不仁不义，所以不敢轻举妄动。现在听到赵高的这些话，顿时野心又膨胀起来，但他还是有一些犹豫，赵高早就知道他真正的想法，胸有成竹地对他说："机不可失，时不再来。我愿意帮你去和丞相谋划。"胡亥一听，正合自己的心意，就答应了。

赵高找到李斯，经过一番威逼利诱，终于说服了李斯，让他一起支持胡亥为太子。于是胡亥、赵高和李斯三人，伪造了诏书，命令扶苏自杀，然后又假借秦始皇的命令，立胡亥为太子。胡亥就是秦二世皇

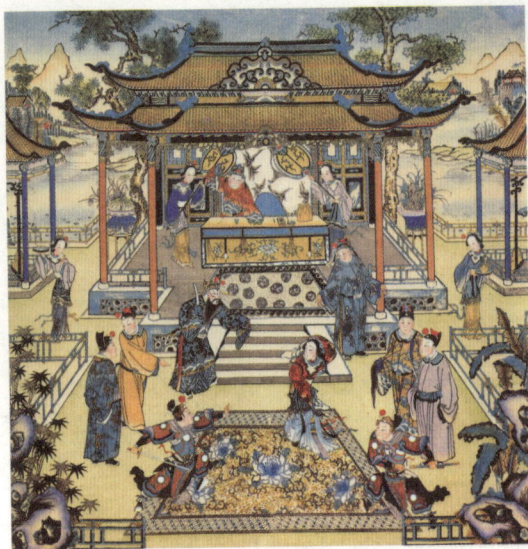

宇宙锋　年画

赵高欲害大臣匡洪，他得知二世赐予匡洪一口"宇宙锋"宝剑，便将女儿赵艳容嫁给匡洪之子匡扶以图盗剑刺杀二世，再嫁祸于匡洪。一天，胡亥夜幸赵府，见赵女貌美，想纳为妃子，赵女扯破衣衫，披发装疯，上殿大骂胡亥，二世无奈只得回宫。

帝。从此以后，赵高就成为秦王朝权势最大的人，而胡亥却整天只知道吃喝玩乐。

权力越大，赵高的野心也就越大。他将眼光转向了一人之下、万人之上的丞相李斯，他每天想的，就是怎么样除掉李斯。经过一系列精心策划，赵高终于罗织好了李斯的罪名，而糊涂的胡亥也大手一挥，让赵高自己处理。为秦王朝的建立立下了汗马功劳的李斯，就被赵高这么一个奸臣给送上了刑场，腰斩而死。

李斯死了以后，赵高名正言顺地当上了丞相，什么事情都由他一个人决定，甚至不把胡亥看在眼里。大臣们对赵高，则更是害怕，都竭尽全力来巴结他。

一天，赵高趁着大臣们给胡亥朝贺的时候，叫人牵来一头鹿，献给胡亥，正正经经地说："这匹马是我呈献给陛下您的。"胡亥一听他献东西给自己，非常高兴，但是一看，却感到奇怪。虽然胡亥糊涂得整天只知道吃喝玩乐，游猎嬉戏，但是鹿是马还是分得清。他忍不住笑着说："丞相您是不是玩笑啊？这明明是一只鹿，您怎么说是一只马呢？"

没想到赵高板起脸，一本正经地问其他大臣："你们说这是鹿还是马？"这一来，下面顿时乱成了一片。虽然都知道这是一只鹿，但是有的人慑于赵高的淫威，只能保持沉默，不说什么；有的人却习惯了溜须拍马，看到这样的好机会，连忙附和赵高，说是马；还有一些正直的大臣，如实说是一只鹿。

胡亥大吃一惊，还以为自己受到了鬼怪的迷惑，连马和鹿都分不清楚，就让太卜给自己算上一卦。太卜说："陛下斋戒的时候不虔诚，所以才会这样。"于是，胡亥就到上林苑里去斋戒。

那么，赵高为什么要在胡亥和其他大臣们的面前，指着一只鹿，却说是马呢？原来这正是他险恶用心所在。虽然他已经是威风赫赫，大臣们也对他阿谀奉承，但是仍然有人不服。这一次，不但可以看看谁不服，以后再来对付他们；还可以看看胡亥究竟是不是信任自己，好为以后的行动做准备。果然，这件事以后，朝中上下都看赵高的眼色行事，任其为所欲为。

胡亥到了上林苑以后，整天只知道游猎嬉戏。有一次，一个行人走进了上林苑，胡亥竟然亲手把他射死。赵高抓住这次机会，想把胡亥支离皇宫，就劝谏胡亥说："您即使贵为天子，但是无缘无故杀死没有罪的人，上天也不允许，鬼神也不会接受您的祭祀，上天也会降下灾祸给您。您应该远离皇宫，去消灾祈祷。"胡亥就离开了皇宫，到望夷宫住。

仅仅在望夷宫里住了3天，赵高就让卫士们穿着白色的衣服，手里拿着兵器，进入宫里，自己却进宫对胡亥说："山东的强盗打进咸阳来了！"胡亥看到卫士拿着兵器朝向宫内，非常害怕。赵高于是逼胡亥自杀，然后自己拿了胡亥的玉玺，想当皇帝。但是文武百官没有一个人听从他的。赵高没有办法，只得立公子子婴为皇帝。子婴即位以后，担心赵高再作乱，就假装有病，暗中却和宦官韩谈商量怎样才能杀了赵高。赵高前来询问病情，子婴就把赵高召进皇宫，让韩谈刺杀了他，还诛灭了他的三族。

蒙恬列传·第二十八

蒙氏兄弟

蒙恬是秦朝一位很有名的大将，祖先是齐国人。祖父蒙骜是秦昭王手下的一名大将，官做到上卿。秦庄襄王元年（公元前249年），蒙骜担任秦国的将领，攻打韩国，夺取了成皋、荥阳，秦国在那设置了三川郡。庄襄王二年（公元前248年），他带兵攻打赵国，夺取37座城。秦王政三年（公元前244年），又率军打败韩国并夺取13座城。秦王政五年（公元前242年），蒙骜带兵夺取了魏国20座城，并设置东郡。秦王政七年（公元前240年），蒙骜去世。蒙恬的父亲蒙武，秦王政二十三年（公元前224年），蒙武成为秦国副将，随王翦一起攻打楚国，杀死楚国将领项燕。第二年，他又带兵攻打楚国，俘虏了楚王。蒙恬还有一个弟弟叫蒙毅。

蒙恬学习过刑法，最初担任狱官，掌管狱讼（审理案件）。秦王政二十六年（公元前221年），蒙恬因出身将门而成为秦军将领，率军攻打齐国。蒙恬作战十分英勇威猛，他手下也都是精兵强将。战场上，秦军一鼓作气，战鼓雷鸣，杀气冲天，士兵们拉开战势，手持长戟盾牌，与齐军厮杀在一起。齐军根本不是秦军的对手，没交几个回合，就已经力不从心了。渐渐地齐军兵力不足，最终溃败。秦军大获全胜，蒙恬也因功被任命为内史。秦国统一六国后，常常受到边疆少数民族的侵扰。在这些少数民族中，匈奴最强大，最凶残。为了解除匈奴对边疆地区的威胁，秦始皇就派蒙恬率30万大军前去抗敌。匈奴人天生具有野性，身材高大魁梧，力大无比，打起仗来不要命。面对强大的匈奴军，蒙恬率将士们浴血奋战，毫不退缩，最终击败劲敌，收复了黄河以南的土地。后来秦朝又根据地势修筑长城。长城西起临洮，东到辽东，绵延1万多里，用于控制险要关塞。此后，蒙恬带兵渡过黄河，占据阳山。他亲自驻守在上郡，和将士们一起守卫边疆十多年。他的能力和威望不仅深受将士们的称赞，而且震慑了与他对抗的匈奴。

蒙恬深受秦始皇赏识，他的弟弟蒙毅也因此受到器重，官至上卿。秦始皇外出时，蒙毅陪同并与之同乘一辆车，在朝廷时便跟随皇帝左右。蒙毅在哥哥蒙恬处理外务时常常代替他在朝内谋划各种事情。二人被秦始皇称为忠信大臣，其他官员谁也不敢和他们对抗。

赵高是赵国王族疏远的亲属，生长于宦官家庭。秦始皇听说他很有能力，又精通刑狱法律，便选拔他为中车府令。赵高经常陪着公子胡亥，教他学习审理案子。有一次赵高犯了大罪，秦始皇命令蒙毅惩处他。蒙毅不敢违抗皇上的旨意，就依照法律判处赵高死刑，并开除他的宦官籍。后来，秦始皇又觉得赵高平时做事十分认真，就免了他的死罪，并且恢复了他的官位。

秦始皇希望游遍天下，沿九原郡出发，直到甘泉宫，于是派蒙恬开路，开山填谷一千八百里，可遗憾的是这段道路并未完成。

秦始皇三十七年（公元前210年）冬，在游会稽的途中，秦始皇生病了，便派蒙毅等向山川神灵祈祷求福。他们还没回来，秦始皇就在沙丘病死了，而大臣们都还不知道。此时丞相李斯、公子胡亥、中车府令赵高陪同在皇帝身边。赵高因深得胡亥宠信，就跟李斯暗中谋划拥立胡亥为太子。赵高对蒙毅怀恨在心，太子确立后，便派遣使者假传圣旨，说公子扶苏和蒙恬有罪，责令他们自杀。公子扶苏不辨真假，奉旨自尽，蒙恬听到消息后，对这件事情很怀疑，就请求申诉。使者把蒙恬交给狱吏，并派人接替了他的职务。胡亥听说扶苏已死，就想释放蒙恬。赵高担心他们兄弟二人再次掌权，心中十分不安。

二蒙受害

　　不久蒙毅回来了。赵高对胡亥说："我听说先帝想立您为太子很久了，蒙毅却说'不行'，明明知道您贤明而拖延不让皇上立您为太子，这是对皇上不忠，我看不如杀了他。"胡亥听了赵高的话，就在代地囚禁了蒙毅。而在此之前，蒙恬已被囚禁在阳周。为秦始皇发丧之后，太子胡亥登位为二世皇帝，赵高最受宠信。他不时毁谤蒙氏二兄弟，弹劾他们。

　　这时子婴进谏劝说道："我听说赵王迁杀死贤臣李牧而任用颜聚；燕王采用荆轲的计策却违背燕秦的盟约；齐王建杀死他的忠臣而听从后胜的建议，这三位君主都是因为改变本国的原来的规矩而导致国家灭亡，并殃及自身。蒙氏兄弟是秦朝的大臣，陛下想抛弃他们，我觉得这种做法不合适。我听说不善于思考的人不能治理国家，不集思广益的人很难保全君位，诛杀贤臣而任用没有德行的人，这样对内使群臣互不信任，对外战士斗志涣散，我认为不可。"胡亥不听，派遣御史前往代地（蒙毅囚禁地），对蒙毅说："当年先帝想立当今陛下为太子，而您却表示反对，这是对皇上的不忠。依照法律，您的罪过已牵连到您的家族。皇上不忍心那样做，只赐您一死，已经很幸运了，您考虑考虑吧！"蒙毅说："如果说我不能取得先帝的欢心，那么我从年轻做官直到先帝去世，可以说算是了解他的心意吧！如果说我不知道太子的才能，那么太子跟随先帝周游天下，深受宠爱，我也没怀疑什么啊！先帝选谁立太子，是他认真考虑的结果，我怎敢劝谏和谋划啊！我不敢巧言辩驳，以图逃避死罪，只是因牵连到先帝的名誉而感到羞耻，希望各位加以考虑，使我死得其罪。顺应天下的正义是大道所推重的，严刑诛杀是道义所唾弃的。秦穆公当初用三位贤臣殉葬，判百里奚不恰当的罪名；秦昭襄王杀死武安君；楚平王杀死伍奢；吴王夫差杀死伍子胥。这四位君主受到天下人的议论，以至于在诸侯国中声名狼藉。因此说，用道义治国的君王不杀害无罪的臣民，而刑罚也不加在无罪者的身上。希望大夫慎重考虑！"尽管使者认为蒙毅说的有道理，但还是按胡亥的意图，把他杀了。

二世皇帝又派使者到阳周，蒙恬说："从我的祖先到子孙，在秦国建功立业已经有三代了。如今我统管着30万大军，虽遭囚禁，我要想反叛朝廷的话也不是难事。但我知道我将被处死还坚守做臣子的道义，是怕违背了祖先的教诲。从前周成王刚登位的时候还是个婴儿，每次上朝的时候都需要周公姬旦背着他去。成王生病很危险，周公姬旦自己剪下指甲投入到黄河中，并说道：'君王年龄还小，是我姬旦在掌控大权。如果有什么罪过的话，就由我来承担灾祸吧。'周成王长大以后，能够治理国家了，周公把朝政交还成王。但还有奸臣说：'周公旦早就想作乱，大王如果不加防备的话，恐怕会出大事的。'周成王十分气愤，就去搜查，当他在档案馆看到周公把指甲投入黄河的记录时，流下了眼泪，于是便把进谗言的人全杀掉，又请周公还朝，而此时周公已逃到楚国去了。如今我蒙氏家族世代尽忠，从来没有二心，没想到会落得这样的下场，一定是因为有奸臣倒行逆施、凌驾王室之上。周成王犯了错误而不断改正，终于使周朝变得繁荣强盛，商纣王杀死了比干而不悔过，终于导致身死国亡。因此，我认为有了过失可以补救，听从劝谏可以觉醒。我所说的话并不是求得免罪，而是为忠言直谏。希望陛下能为天下人考虑考虑。"使者说："我只是受命来执行刑法的，不敢把将军的话转达给皇上。"蒙恬无奈地叹息说："也许我蒙恬犯过大罪，早就该死了，从临洮到辽东，筑城墙，挖壕沟，中间不能没有切断地脉啊！这就是我的罪过吧！"说完便服毒自杀了。

张耳陈馀列传·第二十九

张耳陈馀亲如父子

张耳是魏国大梁人。因为得罪了人，就隐姓埋名逃到了外黄。外黄有一个富人，他有一个漂亮女儿，她的丈夫却十分平庸愚笨。她很讨厌他，就投奔到她父亲的一位老朋友那里。她父亲的老朋友对张耳很了解，就对她说："我认识一个叫张耳的，人很好，如果你想找一个有贤能的丈夫，就跟从张耳吧。"富人的女儿同意了，并由她父亲的老朋友做主，改嫁张耳。因为女家很有钱，所以张耳吃穿都不用愁，并且到处结交朋友，有的人还从千里之外赶来投奔他。不久，张耳当了官，做了外黄的县令，更加有名望了。陈馀也是大梁人。他喜欢儒家学说，多次出访赵国。富人公乘氏，知道他是一个不平凡的人，就把女儿许配给他。由于陈馀更年轻些，对张耳就像对待自己的父亲一样，从此两人结下了生死之交。

当初秦灭大梁时，张耳还在外黄住。那时汉高祖刘邦还是个平民，跟张耳关系很好，曾经在他家里住过几个月。秦国灭亡魏国以后，听说张耳和陈馀是魏国的名人，就悬赏捉拿他们，捉到张耳赏一千两金子，捉到陈馀赏五百两金子。张耳和陈馀知道了这个消息后，就隐姓埋名逃到了陈县，在县里二人充当里门看守谋生。有一次，有个小官故意找茬，拿鞭子抽陈馀，陈馀立刻火冒三丈，要与那小官拼命。张耳见状偷偷踩了他一脚，并用眼神示意他不要反抗。小官打累了，仍下鞭子甩袖走了。张耳把陈馀拉到一棵桑树下责备他说："当初我是怎么对你说的？这么一点点屈辱就忍受不了吗？被鞭子抽了几下就想杀人，你还有没有大志？"陈馀非常惭愧，向他承认了错误。

后来陈胜吴广在大泽乡起义，等攻打到陈县的时候，他们的队伍已经发展到了好几万人。张耳和陈馀去求见陈胜，陈胜早就听说他们二人很有贤德和才能，只是一直没有见过面，现在他们竟然主动找上门来，感到十分高兴。那时起义军力量已经很大了，所以陈县有将士对陈胜说：“将军身穿铠甲，手拿利器，威风凛凛，气度不凡，率领将士反抗残暴的秦国，恢复了被秦消灭的楚国，按照常理来说也该称王了。再说，要想统率天下各部将领，不称王也不行啊，希望您能自立为楚王。”陈胜把这些话告诉了张耳和陈馀，想听听他们的意见。他们听后说：“秦朝很残暴，侵犯别人的国家，断绝别人的后代，百姓生活很苦，几乎一无所有。将军您舍生忘死，为民除害，大家都衷心拥护您。可是您现在就称王的话，天下的人民百姓就会认为您有私心，这对以后的发展是很不好的。所以，请将军暂时不要着急称王，赶快率兵向西进发，派人扶助六国诸侯的后代，聚集一些兵力，壮大自己的力量，给秦国增加敌人。朋友多，力量就强大，敌人多，力量就分散和薄弱。这样，大王就可以借攻打秦国的名义到咸阳称王，对各国诸侯发令也更方便更合乎情理，最后就能够成就大业了。如果按照原来的计划只在陈县称王，没有多少人会服从的。”可是陈胜是个急性子，不管张耳和陈馀怎样劝说，最终还是在陈县自立为王了。

陈胜称王后，陈馀拜见他说：“大王想攻打关中，来不及收复河北，我曾去过赵国，对那里有势力的人物和地形都很了解，请大王让我出兵，攻取赵地。”陈胜同意了，就叫自己的好友武臣当将军，邵骚当护军，张耳、陈馀为左右校尉，率领士兵3000人，向北进军攻打赵地。武臣等人到了黄河以北，向那里有势力的人说：“秦朝残害天下已几十年了，刑罚十分残酷，百姓生活很苦，使天下父子不能相安。现在，陈王要反抗秦国，为天下人作战，很多人都愿意配合，吴广等人已经率军西进了，秦朝马上就要灭亡了！如果不趁这个时候成就功业，还等什么！现在就是一个很好的机会，请各位考虑考虑吧。”那些人听后觉得有道理，纷纷加入了起义军的队伍中。武臣的队伍渐渐发展到了好几万人，赵地的10座城邑很快被他们占领了。

蒯通说县令

武臣的大军攻下赵地城邑后，又向东北范阳大举进攻。

范阳人蒯通，善于言辞，在当地很有名气。听说武臣大军逼近范阳，他到县令府，面见范阳县令："县令近来可好？听说您快要死了，所以提前来看看您。不过，您得庆幸有我蒯通在，我可以让您保住性命。"

范阳县令闻言大怒。

蒯通说："您先别生气，听我慢慢说。秦朝的法律很严酷，这是人人都知道的，当官的没有一个不伤天害理。您当范阳县令已十年了，不知道杀了多少人，不知道害了多少家庭，断脚的、刺字的更是多得数也数不完。您做了这么多坏事，可是那些对您恨之入骨的人竟没有来报复您的，什么原因呢？为什么如今您仍然稳当地做您的县令？这是因为那些人害怕法律。可现在天下大乱了，战争接连而起，残暴的秦朝马上就要被消灭了，秦朝的法律已经没用了，那些对您心怀仇恨的人即将翻身，马上就会来刺杀您，既能报仇，又有了名声。现在各诸侯正反叛残暴的秦国，武臣的军队马上就要杀过来了，城里的人正准备提着您的头去迎接武臣呢！如果您马上派我去见武臣，我可以帮您转危为安，不能再拖了！"

范阳县令听后，吓得两腿直哆嗦。

蒯通于是就来到武臣这里。武臣对他的到来深感惊讶，问道："你找我有什么事吗？"

蒯通对武臣说："将军现在南征北战，实在是太辛苦了！总是要先打了胜仗才能获得土地，先攻破守敌才可占领城邑，这样又劳心又费力，实在不可取。如果您肯听从我的计策，就不会费那么大的力气，只要一声令下，就能平定千里。"

武臣惊讶地说："真有这等好事？快说出来！"

蒯通说："范阳县令贪生怕死，特别想马上投降，但又怕投降后也像以前那些秦朝官吏一样被杀掉。现在范阳城里的年轻人都正想着杀掉他，然后自己守城来对抗您。您为什么不趁机封赏范阳县令呢？这样，那些年轻人也就不敢杀他了。范阳县令能活命，得到财产和俸禄，就会很感激您，很听您的话，把县城完完整整地交给您。您可以让他坐着豪华的车子在燕、赵之间招摇，那里的人们看见他，就会说：'快看哪，这是范阳县令，是最先投降的人！他多么风光啊！'燕、赵两地的官员肯定也争着投降。而您只需一声令下，就平定千里啦！"

武臣直夸蒯通的主意妙，二话不说便听从了他的计策，派蒯通封范阳县令为侯。赵地的人们听到了这个消息，马上有30多个城邑主动投降。

武臣称王

武臣等人到了邯郸之后，张耳、陈馀听说陈王杀了很多有功的大臣，心里对他不满。二人又怨恨陈王当初不采纳他们的计策，不让他们做将军，只当校尉。他们一起劝武臣说："陈王从蕲县起义，到了陈县就称王，不一定会拥立六国诸侯的后代。将军已经攻占了赵地几十座城邑，现在不称王，这么大的地方肯定守不住。另外，我听说陈王对自己的手下人并不仁慈，一旦弄不好，您会功成身死！所以，您不如现在就自立为王，或者拥立赵王的后代。时间紧急，请将军赶快决定吧！"

武臣若有所思地说："真是这样吗？陈王果真这么残忍？"

张耳、陈馀说："陈王什么都干得出来！您还是尽快自立为王，这样就会安全很多！"

武臣自立为赵王。陈馀当大将军，张耳为右丞相，邵骚为左丞相。安排好后，武臣便派人通报陈王。陈王一听，非常愤怒，用拳头使劲捶桌子，大骂："岂有此理！没想到小小一个武臣竟然敢顶我的位子！竟然自己当起王来！我非杀了他不可！"他下令杀掉武臣等人的家属，灭了他们的宗族，并准备出兵进攻赵国。

这时陈王的相国房君进谏说："秦朝还没灭亡，就诛杀武臣等人的家属，这等于又增加了一个秦朝，这对我们可是不利啊！我看不如先去祝贺他们，让他们带兵西进，攻打秦朝。等以后时机成熟，再来处理他们也不迟。"陈王听从了他的意见，派人把武臣等人的家属迁到宫里软禁，并且封张耳的儿子张敖为成都君。随后，陈王派使者假意去祝贺赵王，并命令赵王赶快出兵关中。

张耳、陈馀劝武臣说："大王在赵地称王，陈王其实心里很气愤，他来祝贺大王，只是个权宜之计。等秦朝灭亡以后，他必定会对赵国用兵。所以大王您还是不要听他的，我们现在应该向北攻取燕、代两地，向南收复河内来扩大自己的地盘。如果赵国占据了黄河以及燕、代两地，那么陈王即使消灭了秦朝，也不敢压制赵国。"赵王听取了他们二人的意见，就派韩广攻打燕地，派李良攻打常山，派张厌攻打上党。

韩广到了燕地，自立为燕王。赵王就跟张耳、陈馀率兵围攻燕国。有一次，赵王出去散步，不小心被燕军抓住了。燕国宣称，如果赵国不分出一半土地，就杀了赵王。赵国派使者去商量这件事，燕军把派来的使者都杀了，仍然要求割地。张耳、陈馀虽然足智多谋，这时却也想不出什么办法了。

这时候，赵军中有一名仆从，跟人们说："我去燕国替赵王求情！然后跟赵王坐一辆车回来。"大家都笑他，说："使者都已经派出去好多人了，结果都有去无回，你还要去替赵王求情？就凭你能救得了赵王？你疯了吗？"

这名仆从不听他们还是跑到了燕国。仆从问燕将："您知道我来干什么吗？"

燕将说："你是来救赵王的吧。"

仆从又问道："您知道张耳、陈馀是什么样的人吗？"

燕将回答道："贤人。"

仆从说："那您知道他们二人心里在想什么吗？"

燕将回答："想救赵王啊。"

仆从却笑着说："看来您还是不了解这两个人啊！武臣、张耳、陈馀他们三人，只是轻轻挥动一下马鞭，就占领了赵地几十个城邑。现在武臣当了赵王，可是张耳、陈馀两人呢？您以为他们只甘心当卿相吗？您想错了！现在大势刚刚平定，民心还不稳，他们还不敢各自称王，但已经做好了充分的准备。在这个时候您把赵王抓了起来，他们二人说是救赵王，实际上恨不得燕国立刻杀了赵王，这样张耳和陈馀就可以分割赵地而自立为王了。燕国这么弱小，一个赵国就很难对付了，要是他们二人再联合起来，借着为赵王报仇的机会来攻打燕国，那可怎么办呢？"

燕将听了仆从的话，恍然大悟，认为仆从的话很有道理，赶紧又把赵王放了。仆从亲自驾车和赵王一起回到了赵国。

争权夺利成仇人

李良平定了常山，赵王又派他去攻打太原。秦军封锁了井陉关，李良不能继续前进，就赶回邯郸，请求增援部队。

赵王的姐姐外出游玩，正好与李良他们相遇。李良看见场面十分宏大，以为是赵王的车马，于是赶紧在路边跪拜。而赵王的姐姐因为喝醉了酒，不知道李良是个大将，就随意叫了一个随从请他起来。李良看到自己很受冷落，心里很不高兴。这时李良的一个手下人说："整个天下人都背叛了秦朝，很多有能力的人都已经自立为王了。想当初赵王的地位一向在将军之下，如今他强大了，连他姐姐都不肯下车还礼，简直不把您放在眼里！让我去杀了她！"李良本来就想反叛，现在听手下人这么一说，更加气愤，一怒之下就把赵王的姐姐给杀了，然后率兵进军邯郸杀死了武臣。

张耳和陈馀在赵国提前知道李良要反叛的消息后就逃脱了。有人劝张耳说："你和陈馀都不是本地人，想让赵人归附很难啊！只有拥立原来的赵家后代，才能成就大业。"张耳和陈馀找到了赵家后代赵歇，立他为赵王。

李良听说张耳和陈馀二人拥立了新的赵王，就出兵进攻。陈馀迎战，打败了李良。李良看到自己的兵力不强，就归附了秦将章邯。

张耳跟赵王歇逃到了巨鹿，秦将王离立刻包围了巨鹿。当时陈馀驻军在巨鹿北边，兵力不强，张邯驻军在巨鹿南面，给王离供应军粮。王离兵多粮足，强攻巨鹿。巨鹿城里粮尽兵少，支持不住，张耳十分着急，就派人向陈馀请求救援。而陈馀当时兵力也不足，害怕抵挡不住秦军的强攻，不敢前往。

几个月过后，张耳实在是撑不住了，心里恨起陈馀来。随后张耳派张厌、陈泽到陈馀那里，对他说："当初，我们结下生死之交，现在我和赵王处境十分危险，您有几万兵力却看着不管，还说什么生死与共！我们的情谊哪里去了？秦军就那么厉害？您的性命就那么宝贵？"陈馀说："我怎么能忘咱们的情谊！我只是想，就算我出兵也救不了赵，反而还会失掉这几万兵。我不想和秦军同归于尽，是想以后为赵王和张君报仇。如果一定让我去和他们拼死，就像拿肉给饿虎一样，有什么好处？"张厌、陈泽说道："现在情况危急，顾不得那么多了！"陈馀没办法，最后无可奈何地说："我不是怕死，舍不得这条命，这么做实在是一点好处都没有啊！既然你们这样坚决，我也只好出兵硬拼了！"结果全军覆没。后来赵国在燕、齐、楚三国的帮助下才打败了秦军，俘虏了王离。

后来张耳见到了陈馀，埋怨他袖手旁观，又打听张厌和陈泽的下落。陈馀此时也正生气，说与秦军同归于尽了。张耳不信，以为是陈馀把他们杀了，不停地追问。陈馀说："咱们一向亲如父子，可我没想到，您这么恨我！您是不是想当将军！"说着解下将印并把它塞给了张耳，张耳大吃一惊，不肯接受。陈馀起身去厕所，有人趁机对张耳说："我听说要是不接受上天赐予的东西，就会受到惩罚。陈将军把将印给了您，您要是不接受，就是违背天意呀！还是赶快收下吧！"张耳于是就佩上陈馀的将印。陈馀回来发现将印不见了，知道是张耳收下了，就说道："您还真不客气呀！"然后就气呼呼地走了。陈馀走后，张耳就立刻收编了陈馀的军队，陈馀只好带着几百人到黄河边捕鱼打猎。

从此以后，陈馀和张耳就结下了仇。

汉王元年（公元前206年）二月，项羽分封诸侯。张耳向来好交友，很多人都替他说好话，项羽也常常听人说张耳是个有贤德有才能的人，就从赵地分出一部分土地，封张耳为常山王。而赵王被封到了代地，成了代王。有人劝项羽："陈馀和张耳同样对赵国有功，现在张耳当了王，陈馀也不能什么也不给啊！"项羽想了想，就把南皮附近的三个县封给了陈馀。陈馀知道后，心里很不满意，生气地说："我的功劳一点也不比张耳的小，凭什么封他为王，而我只封个侯？项羽也太小看人了！"不久，齐王田荣反叛项羽，陈馀就派夏说到田荣那里，对他说："项羽一统天下，太不公平了！他把自己的人都安排了好位置，剩下不重要的位置全给了别人，请大王借我一些兵力，我愿意拿南皮担保。"田荣也想在赵地发展一股势力来反抗项羽，就答应了这个请求。

陈馀发动三县兵力攻打常山王张耳。张耳战败，他想到诸侯王之中没有一个值得信赖的人，便说道："汉王刘邦是我的老朋友，但是现在项羽势力最大，还让我当王，我想去楚国。"甘公说："汉王刘邦进入秦地的时候，天上有5颗星星在闪耀，显示着他必定成就霸业。虽然现在楚国很强盛，但最后一定会归属于汉。"张耳于是投奔汉王。

陈馀打败张耳以后，收复了全部赵地。又把赵王从代县接回来，让他仍然当赵国的国王。赵王很感激陈馀，让他做了代王。

汉王二年（公元前205年），汉王进攻楚国，派使者告诉赵国并且希望赵国也一起攻打楚国。陈馀说："汉王如果能把张耳杀了，我们就随同汉军攻打楚国。"汉王于是偷偷找来一个和张耳长得很像的人，把他杀掉并提着头去见陈馀。陈馀见后立即发兵，跟汉军一同出征。不久之后，陈馀发现张耳没死，就又背叛了汉王。汉王三年（公元前204年），汉王派张耳与韩信出兵攻破了赵国，杀掉了赵王和陈馀。随后，汉王封张耳为赵王。汉王五年（公元前202年），张耳去世，他的儿子张敖继位。

贯高守信

汉高祖的大女儿鲁元公主，是赵王张敖的王后。汉高祖七年（公元前200年），汉高祖在赵国住了一段时间。那些日子每天早晚，赵王都会脱掉外衣，换上便服，亲自为岳父汉高祖送食物，恭恭敬敬，很有礼貌。可是汉高祖却对他十分冷淡，虽然是自己的女婿，也毫不客气，甚至有些时候还破口大骂张敖，根本没有宽容可言，简直不把他放在眼里。张敖虽然心里很不是滋味，但在岳父大人面前仍旧很顺从。

贯高、赵午等人看到这些，十分气愤，就鼓动张敖杀掉高祖。张敖一向忠厚正直，从来没有这种念头。贯高、赵午等便偷偷商量说："都怪我们太着急，大王是个忠厚的人，让他做这种事，他怎么能下得了手？我看是我们的方法不好，我们忍受不了别人的侮辱，于是就怨恨高祖，因此想把他杀掉，怎么可以连累大王呢？如果成功了，归功于王，如果失败，我们愿单独受罚！"

高祖八年（公元前199年），高祖路途经过赵国时，贯高等人设下了埋伏，准备刺杀高祖。高祖有所警觉，立刻叫人备好车马离开。

后来，贯高的仇家知道了他的阴谋，就向朝廷告发他。贯高等人被捕了，同时也把赵王一起抓了起来。其中有10多个人想要自杀。贯高怒骂道："你们到底长没长脑袋？大王并没有参与这件事，可是现在竟和我们一样的下场，也被抓到了这里，你们要是都死了，谁来证明大王的清白！"不久，贯高被装进了密封的囚车，连同赵王一起被送往长安。

到了京城之后，开始受审。在庭上，贯高据理力争，说："那件事是我们几个人谋划的，跟我们大王没有关系，他确实不知，请你们放了他，我们甘愿受罚，要杀要剐随你们的便！"几十大板轮番下去，贯高已皮开肉绽，接着又被烧红的铁条烫得伤痕累累，浑身已没有一处完好的地方，他依然坚持着，嘴唇都咬破了也决不肯开口。贯高的行为让众人吃惊。高祖也暗暗惊叹道："没想到贯高还真是个硬汉！不要再用刑了，谁跟他有来往就让谁去问个明白吧！"中大夫泄公站出来说道："我和贯高是同乡，我很了解他的为人。他是赵国最讲信誉、最守承诺的人。"高祖于是就派泄公去看望贯高。贯高躺在床上，身体很沉重，稍微动一下就钻心地痛，眼睛也肿得很厉害。泄公来到他的床前，贯高眯着眼问："是泄公吗？"泄公马上握住了他的手，并叫他不要动，然后坐下来像往常一样聊天，最后问他赵王是否真的清白。贯高回答说："天下人有谁不爱自己的父母和妻儿？如今我的亲戚都要受牵连，难道我会为了赵王而牺牲自己的亲人？赵王确实没有谋反，是我们这些人背着他干的。"接着又把整个事情的来龙去脉说了一遍，从而证实了赵王的清白。泄公上朝把实情报告给了高祖，高祖立刻赦免了赵王。

高祖非常欣赏贯高的为人，便派泄公去赦免他。贯高见到泄公，高兴地问："我王真的被释放了吗？"泄公说："当然。"然后又接着说："高祖很欣赏和尊重您的为人，派我来赦免您。"贯高长出了一口气，说道："我受了这么多的刑罚，如今已经伤得不成样子了，却坚持活下去，就是为了证明赵王没有谋反，是清白的。现在已经真相大白，我的责任已尽，死了也没有什么可遗憾的了。况且，我作为一名臣子，却要谋害当今皇上，还有什么脸面再回到皇上身边呢？即使高祖赦免我，我也是于心有愧啊！"说完，他突然拔刀，割断了自己的喉咙。

黥布列传·第三十

乱世英雄

　　黥布本来姓英，是秦朝的一个普通百姓.在他小的时候，有人给他算命说："你以后要受刑，受刑之后会封王。"黥布当时年纪小，没把这话放在心上，只是笑着答道："等我当了王，就封你为丞相！"说完就又到别处玩耍去了。等到黥布长大后，果然因为犯法而受黥刑。这时黥布猛然想起了小时候的那个算命先生，觉得他简直就是神仙，算得太准了！受刑后，黥布逢人便高兴地说："小时候有人给我看过相，说我受刑以后会封王。他说得多么准啊！"大家听了，都嘲笑他不知天高地厚。可黥布依然一副洋洋自得的神情，好像马上就要称王了一样。

　　黥布被定罪，发配到了骊山。骊山有刑徒好几十万人，黥布整日和他们混在一起，品行越来越坏，而且还跟其中的大小头目拉帮结伙，称兄道弟，关系十分密切。没过多久，他就成了这里的头儿，率领着这些刑徒逃往长江一带，专门抢劫民舍，杀富济贫，成了一伙盗贼。

　　后来陈胜起义的时候，黥布去见番县的县令吴芮，并率领他的部下一起反叛秦朝，聚集了很多兵力。番县县令觉得黥布很有前途，就把女儿嫁给了他。秦朝大将章邯消灭了陈胜等人以后，黥布就带兵向北攻打秦军的左右校尉，在清波打败了他们，然后又带兵向东进军。当时，项梁已经平定了江东，渡过长江又向西进发，陈婴带领自己的军队也归附了项梁。黥布和蒲将军看项梁势力很强，就投奔他。项梁渡过淮河，向西攻打景驹、秦嘉等人，其中数黥布的部队最勇敢。等到了薛地，听说陈王果真死了，他们就拥立楚王后裔怀王之孙熊心为楚怀王。项梁号称武信君，黥布号称当阳君。后来，项梁兵大败，楚怀王便把都城改在了彭城，黥布和将士们也都跟随他去了彭城。

当时，秦军加紧围攻赵国，赵国几次派人请求支援。楚怀王就派宋义担任上将，范增担任末将，项羽担任次将，黥布、蒲将军也都是将军，由宋义统领着去救援赵国。不久项羽把宋义杀了，怀王改立项羽为上将军，统率全军。

《尉缭子》

《尉缭子》是中国古代颇有影响的一部著作。《尉缭子》反对迷信鬼神，主张依靠人的智慧，具有朴素的唯物主义思想。它对政治、经济和军事关系的认识是相当深刻的。在战略、战术上，它主张不打无把握之仗，反对消极防御，主张使用权谋，争取主动，明察敌情，集中兵力，出其不意，出奇制胜。这些观点即使在今天也仍有值得参考的价值。

项羽命令黥布为先头部队，第一个渡河进攻秦军。黥布的军队英勇善战，士兵们奋勇杀敌，连连获胜。与项羽的部队会合后更是力量无穷，势不可挡，秦朝大将章邯最终也彻底认输了。因为黥布善用兵术，指挥得当，用很少的兵力就能够战胜很多强大的敌人，所以在诸侯中功劳最大，诸侯军队也都愿意投靠他。

项羽带领军队向西到达了新安，又派黥布在晚上去偷袭章邯部属，20多万将士被活埋。到了函谷关外，进不去，就又派黥布去偷袭关下的守卫军，才入了关，到了咸阳。到了咸阳之后，项羽封赏各位将领。黥布因为经常担任先锋，冲锋陷阵，战功累累，所以被封为九江王。

汉王元年（公元前206年），诸侯都回到了自己的封国。项羽拥立怀王为义帝，把都城定在了长沙，却暗中命令九江王黥布偷偷跟踪义帝并杀掉他。

汉王二年（公元前205年），齐王田荣背叛了楚王，项羽攻打齐国，向九江王征兵。九江王黥布装作生病，留在原地没动，只派几千人前往。当时汉军在彭城打败楚军的时候，黥布也是装病不肯出兵，项羽因此对他恨之入骨。他多次派人去责备黥布，想要和他面对面地谈话，黥布害怕，不敢前去。当时，项羽的敌人有齐国、赵国，还有汉王刘邦，能够帮忙的只有黥布，而且刘邦又十分看重他，总想拉拢他。项羽虽然对黥布不满，但也没把他怎么样。

汉王三年（公元前204年），汉军攻打楚国，在彭城作战，汉军失败，逃往虞城。

汉王对这次战斗结果十分不满，大骂左右将士："你们这群人，无才无德，根本不值得跟你们一起商量国家大事！要你们有什么用？"这时一个叫随何的大臣走上前说道："我不明白陛下您的意思。"汉王说："现在项羽正在攻打齐国，要是有谁能替我出使淮南国，借助他们的兵力来反叛楚国，让项羽继续在齐国几个月，使劲地拖住他，那么我夺取天下就有百分之百的把握了。"随何说："请陛下让我去淮南国吧。"汉王便派随何和20多个随从一起前往淮南国。

黥布与随何

随何等人被汉王派到了淮南国，他们想尽了一切办法，在淮南国整整呆了3天，还是没见着淮南王的影儿。随何十分着急，就找到淮南国的太宰，对他说："大王不愿意见我，一定是觉得楚国强大，汉国弱小，不值得与汉国交往。我就是为这个来的。如果我能见到淮南王，他觉得我的话有道理，那么一切都好。如果我说的不对，那么，就把我随何及手下20多人杀死，以表大王背弃汉国与楚国友好的心迹。"太宰把随何的话转告给了淮南王，淮南王于是召见了随何。

随何问淮南王："大王为什么和楚国那么友好呢？"淮南王回答说："我用大臣的礼节来服务项王。"随何说："大王和项王都是诸侯，您却自愿做他的臣子，一定是认为楚国强大，可以把国家托付给他。现在项王攻打齐国，耗费了很大的气力，在这种情况下，您作为项王的臣子，就应该出兵，亲自率领军队做楚军的先锋军。可是您却只派了4000人去援助，身为臣子，怎么能这么做！还有当初项王和汉王在彭城打仗的时候，很困难，而大王有上万兵马却看着不管，一点也不肯帮忙，为什么？既然您是项王身边的人，又怎么能做出这样的事？人人都可以看得出来，大王表面上是投靠楚国，实际上是想依靠自己，我认为这样做很不好。

"大王虽然并不是真的投靠楚国，但又不肯背叛楚国，是因为觉得汉国弱小，不值得投靠。实际上，楚汉之间，谁大谁小，很难一眼看出来的。楚国兵力虽然强大，但很不讲义气，不仅不遵守诸侯盟约，还杀害了义帝，天下人都在背地里反对楚国。但是楚王很自大，打了几次胜仗，就以为自己很强大了。

"现在，汉王收了各路诸侯军队，从四面八方运来了粮草，后备资源很充足，城池固若金汤。汉王性格宽厚仁慈，深受人民爱戴，前途无量。而楚军只是个纸老虎，表面看来很厉害其实很软弱，周围常常有敌人包围，想立刻攻城又没有那么大的力量，想围困又支撑不起来，光粮草问题就很难办，要靠老弱残兵到千里之外很远的地方去转运粮草。所以说楚军是靠不住的。即使楚国战胜了汉国，诸侯也一定会觉得很危险，肯定会相互救援，一起对抗楚国的。可以看出，楚国现在的强大并没有给他带来什么好处，反而招得天下人的反抗。所以很明显，楚不如汉。

"如今看大王不投奔坚不可

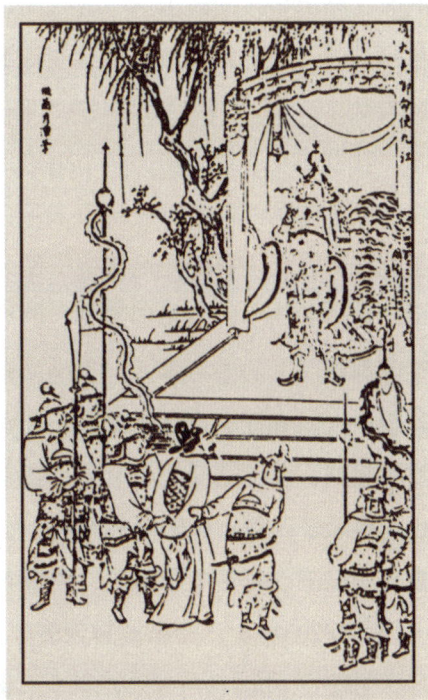

随何说黥布

摧的汉国，却投奔摇摇欲坠的楚国，我真是感到奇怪啊！我觉得淮南的兵力并不一定能战胜楚国，但是大王如果能听取我的意见，愿意出兵反叛楚国，那么项王就一定会被拖在齐国，只要他在齐国留上几个月，那么汉王就绝对能够统一天下！然后，汉王就会拿出一部分土地来赐封给大王。请大王仔细考虑考虑！"

淮南王听了随何的话，仔细琢磨了一下，觉得有理，于是决定背叛楚国，投靠了汉王。

当时，项羽的随从在淮南，正准备让黥布发兵帮忙。随何找到他们的住处，不由分说地闯了进去，说："九江王黥布已经是汉王的人了，楚国凭什么叫他发兵？"黥布听到他的话感到很吃惊，楚国的人也惊讶地站了起来。说着，随何把黥布叫到门外，对他说："淮南王已经投靠了汉王，这是事实。现在已经没有办法了，只能马上把楚国的人杀掉，同时立刻出兵帮助汉国。"黥布同意，马上把楚国的人杀了，然后出兵攻打楚国。楚国派项声、龙且攻打淮南，交战了几个月，最后黥布的军队失败了。黥布想带兵去投奔汉国，但队伍太大，担心项羽来拦路截杀，就带了几个人和随何从小路逃到了汉国。

到了汉国，汉王听说黥布来了，就召见他。黥布进来，正好赶上汉王在洗脚，汉王很随便地接待了他。黥布很不高兴，后悔来到汉国，产生了自杀的念头。黥布到了汉王给他安排的住处一看，帐幔、器具、饭菜等都跟汉王的差不多好，于是又转怒为喜了。等一切安排好之后，黥布想派人回九江把自己的妻子、儿女和手下的人们一起接过来，可是他没有想到，项羽已经提前下手，收走了九江的散兵，自己的妻子、儿女也被他杀了。黥布的随从东奔西走，找到了黥布的老友和近臣，他们去投靠了汉王。汉王十分高兴，给黥布增加了士卒，带他北上。汉王四年（公元前203年），黥布被封为淮南王，一起攻打项羽。

汉王五年（公元前202年），黥布派人到九江，占领了许多个县城。汉王六年（公元前201年），他又和刘贾进入九江，引诱楚国大司马周殷背叛楚国，跟汉军攻打楚军，最后在垓下大败楚军。

项羽死后，天下安定。汉王设酒宴来论功行赏。随何的功劳也很大，可是汉王却说："你的性格呆笨，像书呆子一样，怎么能治理国家呢？"随何不服气，反问汉王："当初，陛下带兵进攻彭城，楚王还没离开齐国。请问陛下，出动5万步兵、5万骑兵，能攻下淮南国吗？"汉王说："不能。"随何说："陛下派我带20人出使淮南，结果陛下很快就如愿以偿了。这就是说我的功劳比5万步兵、5万骑兵还要大。可是陛下却说我是书呆子，不能治理天下！"汉王很惭愧，连忙向随何道歉："是我不对，我会重新看待您的功劳。"

黥布造反

汉高祖十一年（公元前196年），吕后杀了淮阴侯韩信，这件事在黥布心里一直留有阴影。当年，汉高祖杀了梁王彭越，并把他剁成肉酱，分给诸侯。肉酱送到淮南国时，黥布正在打猎。看到肉酱，他十分恐惧，立刻暗自派人部署兵力，以备不测。

黥布的爱妾生病了，请求去看医生。那位医生家跟中大夫贲赫家是对门。平时黥布的爱妾常常到医生家来，贲赫出于对黥布的尊重，就送很多礼物给这位爱妾，还请她在医生家喝酒。爱妾对贲赫的印象很好，有时和黥布聊天的时候还常常夸赞他忠厚。黥布不高兴，问她是怎么知道的，她就把事情从头到尾说了。黥布起了疑心，非常恼怒。贲赫知道后很害怕，就假装生病不出门，在家里躲着。黥布看贲赫躲了起来，更加怀疑，想派人去抓贲赫。贲赫为了逃命，决定诬陷黥布叛国，就偷偷地坐车到长安去了。黥布又派人立刻追赶，但没赶上。贲赫到了长安，向高祖报告说黥布要谋反，必须杀掉他，免得留下后患。高祖便去找萧相国商量。相国说："我看这件事有假，黥布不可能叛变，是他得罪了人，贲赫诬告他。现在不如先把贲赫关押起来，然后派人去查这件事。"黥布知道贲赫向高祖状告自己叛国，心里很不踏实，担心他会把淮南国的秘密说出去。况且还派人来查,更加感到不安,黥布决定杀掉贲赫全家,发兵反叛。

高祖得知黥布反叛的消息后,立刻放了贲赫,并让他做将军。然后,高祖把各将领召集到一起商量怎么对付黥布。将士们纷纷说道:"干脆把这小子活埋了!"汝阴侯滕公又找来以前的楚国令尹,问他该怎么办,令尹说:"黥布要反叛是情理之中啊!这一点没什么可奇怪的。"

滕公不明白,问道:"皇上分地给他,又让他称王,赐给他官当,让他成为大国之主,他还有什么理由反叛啊?"

令尹说:"去年杀了彭越,前年杀了韩信。这3个人论功劳论地位都是平等的,属于一个类型的人物。黥布担心自己被杀,所以才反叛保命。这有什么可奇怪的。"

滕公觉得有道理。然后他就向皇上报告说:"我认识一个人,是以前楚国的令尹薛公,这个人非常聪明,有谋略,关于黥布的事,我看是不是可以请他来帮忙?"皇上同意了,立即召见薛公。

薛公说:"黥布反叛一点儿也不奇怪。他现在有3种计策:如果他使上策,那么山东一带包括陛下您可就保不住了。如果他使中策,那么谁胜谁败还很难说,如果他使下策,陛下您就可以放心吧。"

皇上马上追问:"什么是上策?"

薛公答:"向东攻取吴地,向西攻取楚地,再并吞齐地,夺取鲁地,然后向燕、赵两地发告示,让他们守住自己的土地。这样一来,山东地区就不是汉朝的了。"

皇上又问:"那中策呢?"

薛公答:"如果黥布向东攻取吴地,向西攻占楚地,并吞韩地,攻取魏地,占有敖庚的粮食,封锁成皋的关口,那么谁胜谁负,可不好说了。"

"下策又是什么呢?"皇上接着问道。

"黥布向东攻取吴地,向西攻取下蔡,重点在南越,自己回到长沙,那么陛下便可以放心地睡大觉了。汉朝也会平安无事的。"

皇上问："那依您看，他会使出哪一种计策呢？""下策。"薛公回答。

"为什么不用上策和中策呢？"皇上不明白。

薛公说："黥布原来是骊山的奴隶，到处征战做了一国之王，都是为了自己，从不懂得为百姓做事，按他这种性格和气量，只能使出下策。"

皇上终于放心了。他封薛公为千户侯。然后亲自带兵攻打黥布。

当初，黥布准备反叛时，曾经对手下的将士说："皇上已经年迈体衰，并且也不愿意作战了，一定不会亲自出征，如果派其他将领来，只有韩信和彭越还算厉害，可是这两个人已经死了，别人就没有谁能够抵挡，所以就没什么可担心的！"可他万万没有料到，皇上会亲自出征。

黥布的反叛计策果然被薛公猜中了。他先向东进军，然后渡过淮河攻打楚国。楚国兵分三路来迎战。有人劝说楚国将士："黥布很会用兵，不可大意。按照兵法上说，在自己的地盘作战，士兵容易分散，现在分了三路，他们只要打败一路，剩下那两路就会各自逃命，哪里还会集中力量攻打啊！"楚国将领不听劝说。结果，有一路军队被黥布打败，那两路军果真各自逃散了。

黥布打败楚国后，向西进军，正好与高祖的部队相遇。庸城城墙上，高祖远远望见黥布，黥布像当年的项羽一样排兵布阵，气宇轩昂。高祖心里非常愤怒，对黥布说："我对你并不薄，可是没想到你会反叛！为什么？"黥布大声回答："想当皇帝！"高祖大骂，大开城门，出兵开战。结果黥布大败，与100多名残兵败将逃到了江南。这个时候，长沙哀王派人去诱骗黥布，引他逃往南越。黥布信以为真，跟他到了番阳。最后，番阳人找了个机会杀掉了黥布。

田儋列传·第三十一

田横五百士

　　田儋是原来齐王田氏的族人。田儋的堂弟田荣，田荣的弟弟田横，都是英雄豪杰。田氏宗族很强大，深得人心。

　　在陈涉开始起兵的时候，田儋带人拜见县令，乘机杀死他，然后又召集有势力的官吏和年轻人说："各地诸侯都已经反秦自立，齐地是古代封建的诸侯国，而我田儋，是齐王田氏的同族，应当为王。"于是，田儋自立为齐王。

　　秦将章邯在临济围攻魏王咎，情况紧急，魏王派人到齐国来求救。齐王田儋带领军队援救魏国。章邯把齐魏联军打得大败，在临济城下杀死田儋。齐国人听说田儋战死的消息之后，就拥立以前齐王田建的弟弟田假为齐王。但田荣对齐人立田假为齐王一事非常气愤，于是就带兵回去，攻击齐王田假，田假逃到楚国。田荣于是立田儋的儿子田市为齐王，自任丞相，田横为大将，平定了齐地。项梁派遣使者通报齐国和赵国，要两国共同发兵攻打章邯。田荣说："如果楚国杀死田假，赵国杀死田角、田间，那我们才肯出兵。"楚国、赵国都不肯依从齐国，齐国非常生气，最终也不肯出兵。

　　项羽灭了秦朝，分封诸侯王。田荣因为不肯出兵，因此不能被封为王；陈余也因为失职，没有被封为王，这两个人都很怨恨项羽，于是起兵反对项羽。项羽十分恼怒，派兵讨伐齐国，田荣被杀，田横带兵反攻。而在这时，汉王刘邦起兵，项羽不得不回兵与刘邦对抗。因此田横得以收复齐国大小城邑，立田荣之子田广为齐王，田横自为丞相辅佐他，并专断国政。

田横五百壮士　现代　徐悲鸿

　　田横平定了齐国，3年之后，汉王派郦食其到齐国，想说服齐王田广和相国田横归附汉王。田横也认为归附汉朝对自己确实有好处，就放松了在历下的驻军，对汉朝也不再设防。本来，在郦食其来到齐国之前，汉将韩信带兵攻打齐国，齐国派华无伤和田解在历下驻军抵抗。然而汉王使者郦食其一到，齐军就解除了防备，准备同汉军讲和。齐国万万没有想到，韩信突然攻打齐国在历下的军队，并乘胜打入临淄。齐王田广和相国田横以为郦食其骗了自己，就把他给杀了。然后，齐王田广向东逃到高密，相国田横逃到博阳，代理相国田光逃到城阳，将军田既带兵逃到了胶东。

　　楚国派大将龙且来援救齐军，与齐王在高密会师。汉将韩信和曹参围攻高密，打败了齐楚联军，杀死了龙且，俘虏了齐王田广。同时，汉将灌婴也追击并俘虏了齐国代理相国田光。

　　当时，田横已经逃到了博阳，听说齐王已死，就自立为齐王，率兵反攻灌婴。在嬴城田横的部队被灌婴打败了，田横逃到了梁地，投奔了彭越。彭越这时驻守梁地，既想帮助汉国，又想帮助楚国。

　　韩信杀了龙且之后，派曹参进军胶东，打败并杀死了田既，又派灌婴出击，杀死了齐将田吸。齐国终于被平定了。随后，韩信派人求见汉王，请求汉王让自己当齐国的代理国王，汉王由于当时也正处于艰难的境地，只好让韩信当齐王。

一年后，汉军消灭了项羽，汉王立为皇帝，彭越被封为梁王。当时田横还在彭越那里，害怕自己被杀，就带领手下500多人逃进东海，在岛上居住。汉高祖觉得田横兄弟曾经平定了齐国，深得齐国民心，齐国大多数有贤能的人都投靠田横，如果田横这群人在岛上自由生活，恐怕以后会有变乱的危险。于是高祖就派人来到海岛上，向田横说："皇上赦免了您的罪，想召您回去。"田横推辞说："我把皇上的使者郦食其给杀了，郦食其的弟弟郦商现在是汉朝的将领，而且很有贤德和才能，我害怕他容不下我，不敢再回到汉朝当官。请皇上让我做一名普通百姓吧，在这个海岛上生活

《山海经》

《山海经》是先秦古籍，是一部富于神话传说色彩的最古老的地理书。它主要记述古代地理、物产、神话、巫术、宗教等，也包括古史、医药、民俗、民族等方面的内容。除此之外，《山海经》还以流水账方式记载了一些奇怪的事件，对这些事件至今仍然存在较大的争论。全书现存18篇，约31000字。五藏山经5篇、海外经4篇、海内经5篇、大荒经4篇。《汉书·艺文志》作13篇，未把大荒经和第十八篇海内经计算在内。全书内容，以五藏山经5篇和海外经4篇作为一组，海内经4篇作为一组，而大荒经4篇以及书末海内经1篇又作为一组。每组的组织结构，自具首尾，前后贯串，有纲有目。五藏山经的一组，依南、西、北、东、中的方位次序分篇，每篇又分若干节，前一节和后一节又用有关联的语句相承接，使篇节间的关系表现得非常清楚。古代中国一直把《山海经》作历史看待，但由于该书成书年代久远，内容奇诡，连司马迁写《史记》时也认为："至《禹本纪》，《山海经》所有怪物，余不敢言之也。"

到老。"使者回宫向高祖报告，高祖就派人叫来郦商，并对他说："齐王田横很快就要回来了，谁要是心存不轨敢动他的随从或兵马，立刻诛灭三族！"然后，高祖又召来使者说："去到田横那里，告诉他说，我已经下令郦商不许图谋不轨，让田横尽管放心。并且再对他说，要是愿意归附汉朝，就封他为王，最低也封为侯。要是还不听从，不想归附的话，就别怪我不客气！"

使者到了海岛，把皇上的旨意详细告诉了田横。田横仔细想了想，决定还是回去，就带着两名门客坐着驿车赶往洛阳，去朝见高祖。离洛阳还有三十里左右的时候，田横对使者说："臣子要见天子，应当洗身洗头，否则就是对皇上的不敬。"于是停下来，叫使者和其他人都退下，只留下两名门客。田横对那两位门客说："想当初，我田横和汉王一样，都是南面称王的人。可如今汉王做了天子，我却成了亡国的俘虏，要向他称臣跪拜，这简直就是一种耻辱！我忍受不了！再说，我杀了郦食其，现在却要和他的弟弟一起服侍汉王，即使郦商害怕皇上，不敢动我，我的心里就一点都不觉得惭愧吗？况且，皇上想见我，只不过就是想看看我长的什么样，现在皇上在洛阳，如果把我的头砍下来，奔驰三十里地，容貌还是这个样子，不会改变的，还是可以一看的。"说完，田横拔刀割断了自己的喉咙。

门客捧着田横的头随从使者乘车一路狂奔回去，向汉高祖报告。高祖见了，感叹地说："唉！田氏家族能够崛起，也不是没有理由啊！原本都是地位低下的平民，却能够起家，兄弟三人都先后称王，怎么能不贤能出众呢！"说着，高祖竟流下了眼泪。然后，高祖让田横的两位门客做都尉，派了2000名士兵，按照侯王的礼节安葬了田横。

田横下葬之后，他的两位门客在田横的墓旁也挖了坑，随后就割脖子自杀了，倒在了坑里陪葬田横。田横还有其他门客500人，都留在海岛上等着主人的消息。当门客们听说田横已经死了，也都先后自杀了。